国家社科基金
后期资助项目

非营利组织的民法治理逻辑

伍治良 著

The Logic of Governance of Nonprofit Organizations under Civil Law

上海社会科学院出版社
SHANGHAI ACADEMY OF SOCIAL SCIENCES PRESS

图书在版编目(CIP)数据

非营利组织的民法治理逻辑 / 伍治良著 .— 上海：上海社会科学院出版社，2023
ISBN 978-7-5520-4244-3

Ⅰ.①非… Ⅱ.①伍… Ⅲ.①非营利组织—民法—研究—中国 Ⅳ.①D923.04

中国国家版本馆 CIP 数据核字(2023)第 188170 号

非营利组织的民法治理逻辑

著　　者：伍治良
责任编辑：袁钰超
封面设计：黄婧昉
出版发行：上海社会科学院出版社
　　　　　上海顺昌路 622 号　邮编 200025
　　　　　电话总机 021-63315947　销售热线 021-53063735
　　　　　http://www.sassp.cn　E-mail:sassp@sassp.cn
排　　版：南京展望文化发展有限公司
印　　刷：上海龙腾印务有限公司
开　　本：710 毫米×1010 毫米　1/16
印　　张：22
字　　数：391 千字
版　　次：2023 年 10 月第 1 版　2023 年 10 月第 1 次印刷

ISBN 978-7-5520-4244-3/D·707　　　　定价：108.00 元

版权所有　翻印必究

国家社科基金后期资助项目
出版说明

　　后期资助项目是国家社科基金设立的一类重要项目,旨在鼓励广大社科研究者潜心治学,支持基础研究多出优秀成果。它是经过严格评审,从接近完成的科研成果中遴选立项的。为扩大后期资助项目的影响,更好地推动学术发展,促进成果转化,全国哲学社会科学工作办公室按照"统一设计、统一标识、统一版式、形成系列"的总体要求,组织出版国家社科基金后期资助项目成果。

全国哲学社会科学工作办公室

序　言

随着社会文明的发展与进步,社会结构发生分化,国家、市场与社会三元分立,各自活动主体及运行逻辑迥异,旨在促进人的生存和发展基本需求的社会建设乃世界各国的重要任务,非营利组织乃社会建设的主体力量。党的十八大以来,我国顶层政策上不断推进社会治理体制改革,要求加快建立和形成政社分开、权责明晰、依法自治的现代社会组织体制,激发社会组织活力。当前我国改革步入攻坚期、深水区,社会矛盾处于突发期、高发期,社会体制改革仍滞后于经济体制改革,非营利组织公法治理逻辑主导的管控制度与私法治理制度的供给严重不足已成为社会体制改革的法律障碍,相关理论研究也较为滞后。域外非营利组织的私法治理制度较为发达,以民法典或统一的非营利组织单行法全面规制组织及行为规则,非营利组织私法治理研究较为深入。立法须科学理论引领,后民法典时代迫切需要为科学完备的非营利组织民法治理制度建设提供智识支持。当前,我国非营利组织的民法治理主要涉及非营利组织概念的内涵界定,非营利组织的主体性质及范围,非营利组织的设立要件,未登记非营利组织的地位、财产及责任,非营利组织的类型化体系,非营利组织的理事、监事及高管的信义义务及民事责任,非营利组织民法治理的立法模式及结构设计等民法问题。本书以非营利组织的民法治理为逻辑主线,设导论及七章,分别从我国非营利组织的发展历程及民法治理立法,研究现状,非营利组织概念的内涵界定,非营利组织地位的私法主体定位,非营利组织设立的私法治理,未登记非营利组织的民法规制,非营利组织类型化的民法进路,非营利组织理事、监事及高管的义务及责任,非营利组织民法治理的立法模式及结构设计等方面展开研究。

导论分析我国非营利组织的发展历程及民法治理立法、研究现状。中华人民共和国成立 70 余年来,行政立法主导的非营利组织公法治理长期占据主导地位,非营利组织的发展逐步迈向依附式自主,数量呈波浪式增长,大致经历了停滞发展阶段、恢复发展走向双重管控阶段、管控开始放松的稳步发展阶段和管控放松到收紧的提质增效发展阶段。非营利组织私法治理的制度供给及理论研究明显滞后于社会建设要求,我国缺乏非营利组织统一立法,非营利组织民法治理规范较为分散,缺乏科学性、系统性,存在非营利组织的法律概念缺乏统一称谓,主体性质定位不清,类型化缺乏逻辑自足,设立条件过高,未登记非营利组织缺乏合法地位,理事、监事及高管的信义义务及民事责任缺失等缺陷,学界对其缺乏深入研究且歧见纷呈。本书采用价值分析、规范分析、实证分析、比较分析、历史分析等研究方法,对上述问题展开研究。

第一章研究非营利组织概念的内涵界定。法律概念乃形式上的特征取舍和内容上的价值负荷之有机统一。我国法律文本对非营利性组织"非政府性"属性界定前后矛盾,而顶层政策强调社会组织的"非政府性"特征。《民法典》将事业单位纳入非营利组织范围,剔除非营利组织的"非政府性"属性,未经审慎考量,也非理论共识。域外非营利组织立法和联合国及欧盟层面的法律文件均明确非营利组织概念的"非营利性"和"非政府性"内涵。非营利组织基于民众非经济性结社而产生,非营利性和非政府性特征乃非营利组织概念内涵的必然属性,源于政治、市场与社会的结构分化及政府组织、营利组织与非营利组织的功能区分,即非营利组织具有独立于政府组织、营利组织的功能空间、运行主体及运行逻辑,负荷促进社会自治、补充提供公共服务、动员社会资源、媒介政社互动的独特价值功能。域外学者及我国诸多民法学者、非法学学者认同非营利组织的非营利性、非政府性特征。相较于"社会组织""公益组织""非政府组织""免税组织""慈善组织"等类似概念,"非营利组织"概念更能表征组织的非营利性、非政府性特征。组织性、非营利性和非政府性乃非营利组织的必备特征,非营利组织概念的内涵可界定为:"自然人、法人或非法人组织为公益目的或者其他非营利目的成立的,不向出资人、设立人、会员或者管理人分配所取得的收入或利润且不受政府机构控制的组织。"

第二章研究非营利组织的私法主体定位。公私法人区分乃域外基本法律传统,公法人区分与否影响非营利组织的主体性质定位。我国民法学界多主张我国民法典的法人元分类应采公私法人二分,但未引起重视,《民法总则》及《民法典》的法人元分类采营利法人、非营利法人与特别法人三分,仍延续《民法通则》的公私法人不分思路,模糊了公私法人的功能差异,遮蔽了非营利法人的私法主体性质定位。公法人与私法人的功能不同,公法人概念的引入及公私法人的区分契合现代行政改革及社会体制改革趋势,我国民法典应采公私法人二分的法人元分类,将非营利组织定位为私法主体,可借鉴《德国民法典》专设"公法人准用私法人规定"转介条款即可。公私法人区分标准存在设立准据法区分说、设立人区分说、行为性质区分说、设立目的区分说及贯彻团体自治原则说等五种观点,贯彻团体自治原则说厘清了公法人与私法人的本质差异,契合社会结构功能分化及公私法人功能区分逻辑,更具合理性。基于公私法人区分标准的贯彻组织自治原则说,公法人概念可界定为政府或政府组织设立的管理社会或提供公共服务的组织,公法人之外的法人为私法人,非政府性乃私法人的本质属性。非营利组织乃非营利性、非政府性的组织,非政府性内生的组织自治性凸显非营利组织的私法主体性,域外立法亦将非营利组织定位为私法主体性。《民法典》将事业单位法人不当归入非营利法人,归入非营利法人的社会团体和基金会也未排除群团组织,基层群众性自治组织被不当排除在非营利法人之外,系未能厘清非营利组织的非政府性及私法主体性所致。

  第三章研究非营利组织的私法主体资格取得。私法主体资格系个人或组织参与民事法律关系并享有民事权利和承担民事义务的法律人格。任何组织取得私法主体资格须同时具备事实性、价值性及规范性三个要件,即组织体客观存在、组织体契合法律价值与组织体获得法律承认。我国非营利组织私法主体资格取得重公法治理逻辑,重公法管控、轻私法培育,非营利组织设立重许可主义及强制登记主义,且设立的组织实体要件要求偏高,人员、资金条件较高,组织类型缺乏开放性,限制竞争及规模。域外非营利组织的私法主体资格取得践行私法治理逻辑,非营利组织设立实行准则主义及非强制登记主义,组织实体性要件宽松。我国须回归非营利组织私法主体资格取得规范的私法属性并进行民法续造,取消设立登记的业务主管单位前置许可,取消未登记一律非法的强制登记制度,适度降低人员、数量、规模等组织实体性要件。

  第四章研究未登记非营利组织制度的民法再造。英美法系制定法或普通法,德国、日本、韩国等大陆法系国家和地区立法、司法及学说,混合法系的马耳他民法典及南非普通法均主张赋予未登记非营利组织以法律人格。无害于社会的未登记非营利组织之客观存在具有合理性,我国未来应修订《民法典》赋予其非法人组织的私法主体地位,规定"无害于社会、具备组织特征的未登记非营利组织自成立之日起享有非法人组织资格,可以自己名义取得、转让、抵押、租赁或以其他方式处分动产、不动产,可以自己名义起诉或被诉"。域外立法明确了未登记非营利组织的财产归属及责任承担规则,北美三国及苏格兰等少数法域的未登记非营利社团的财产归属及责任承担规则与我国民法法人规则相同,其他国家和地区的立法、司法及学说主张的未登记非营利组织的财产归属及责任承担规则与我国民法的非法人组织规则相同。参酌域外立法、司法及学说并考量民事主体及财产权制度的体系和谐，我国未来应修订《民法典》再造未登记非营利组织的财产归属及责任承担规则，即"未登记社会团体的会员、设立人对团体财产不享有份额，退出团体时不得请求分割团体财产，团体解散时也不得请求分配剩余财产，但互益性未登记社会团体的章程或组织规则另有规定的除外。公益性未登记社会团体、未登记捐助团体解散或终止时的剩余财产处理，准用公益性非营利法人终止时的剩余财产处理规则。因执行职务或代理行为，以未登记社会团体名义从事民事活动或者造成他人损害，其法律后果由未登记非营利组织承受，成员、设立人、发起人不承担责任。未登记捐助团体亦同。以未登记社会团体或捐助团体的名义从事民事活动的行为人对该行为所产生的债务，首先由组织财产清偿，清偿不足的，由行为人承担补充连带清偿责任；数人行为的，作为连带债务人承担责任"。

第五章研究非营利组织类型化的民法进路。非营利组织类型化的民法进路须考量非营利组织在组织类民事主体体系中的功能定位和非营利组织内部类型的结构及功能差异。大陆法系非营利法人类型化存在非营利社团与财团二分模式、社团法人与财团法人二分模式，两大法系不断创新非营利组织类型化制度，创设了未登记非营利组织、非营利公司（或称社会企业）等新型非营利组织。《民法典》确立的营利法人、非营利法人与特别法人之法人三分模式存在非营利组织的性质定位模糊、外延范围不清之缺陷，具体体现为类型化方法的逻辑与价值双重缺失、类型供给的公法不当管制和新类型缺位。我国非营利组织类型化学说中，相较于非营利法人涵盖公法人说、非营利社团为社团法人亚类型说，非营利法人为私法人亚类型说更为合理，能够彰显非营利组织的非营利性和非政府性特征，契合政企分开、政社分开的价值理念。立足社会建设现实需要，合理吸纳域外立法、司法及域内外学说，《民法典》应创设无害于公序良俗的未登记非营利组织及非营利组织等新类型非营利组织，将基层群众性自治性组织回归社会团体法人类型，将事业单位法人排除在非营利法人之外。我国非营利组织的类型化，应承继我国民事主体三元分类传统，将非营利组织定位为私法组织，采营利组织与非营利组织之私法组织一级分类方法。非营利组织须依据不同层次的主体分类标准予以类型化：依应否登记成立，分为登记型与未登记型；登记型非营利组织，依成员是否承担有限责任，分为法人型与非法人型；依设立基础系人的结合抑或财产的集合，分为社会团体、捐助团体与非营利公司；依设立目的不同，分为公益型与互益型。

第六章研究非营利组织理事、监事及高管的信义义务及民事责任。非营利组织理监高的信义义务源自委托人对受信人的信任及由此建立的信义关系，此信义关系与信托关系及委托人与代理人之间的信义关系不同。非营利组织理监高的信义义务是指理监高负有以非营利组织所信任的人品和能力履行职责以实现非营利组织最佳利益的义务，包括忠实义务和注意义务，理监高履职的诚信义务及合规义务内含于忠实及注意义务之中。忠实义务与注意义务均为人品可信与能力可信之共同体现及诚信之一体要求，二者互为表里，不可分割且相互交融。忠实义务要求理监高诚信履职以实现非营利组织最佳利益，不得将自身或第三人利益置于非营利组织利益之上，注意义务是指理监高所负相似情形、相似职位之人履职应尽的谨慎、勤勉和能力之义务。相较加拿大和新西兰，美国及马耳他确立的"相似情形相似职位之人注意标准"兼"特定董事或高管特别能力注意标准"之信义义务履行标准更合理，大陆法系及加拿大魁北克地区忽视"特定董事或高管特别能力注意标准"。基于价值考量及比较考察，我国非营利组织理监高的信义义务应采统一、客观的履行标准——相似情形、相似职位之人注意标准及兼顾理监高个人特别能力注意标准。大陆法系非营利组织理监高履职不当对非营利组织及第三人均负民事责任，葡萄牙、中国澳门地区的理监高民事责任最重，德国和意大利次之，日本最轻，除意大利外其他立法例均规定非营利组织理监高对第三人的民事责任由理监高与非营利组织承担不真正连带责任，不过日本要求具备理监事等恶意或重大过失要件。美国董事及高管仅对非营利法人承担民事责任且责任比加拿大和新西兰要轻，且以其故意或重大过失履职不当为要件。马耳他非营利组织管理人履职不当对非营利组织及第三人均负民事责任，但对第三人责任限于故意或重大过失履职不当情形。我国非营利组织理监高的民事责任可建构如下：非营利组织理监高执行职务，违反忠实及注意义务，给非营利组织造成损失的，应当承担赔偿责任；因故意或重大过失违反忠实及注意义务给第三人造成损失的，应当与非营利组织承担连带赔偿责任。

第七章研究非营利组织民法治理的立法模式及结构设计。通过实证调研发现，非营利组织的社会功能及基本性质并未被社会全面认知，非营利组织的性质界定、外延范围、类型体系、财产归属、治理结构、政府监督、社会监督、自律监督、税收优惠、财政支持等非营利组织私法治理、公法治理制度明显滞后于社会建设发展，我国亟须出台统一的非营利组织法，尽快完善非营利组织法律制度。为建构实质理性与形式理性相统一的非营利组织法律体系，我国非营利组织立法应遵循非营利组织培育与规制并重、立法传统继承与适度创新以及法律制度体系和谐的原则。基于不同的政治制度及法律传统,英美法系采统一的非营利组织基本法模式,大陆法系存有德国民法典规制模式,日本统一基本法模式与俄罗斯民法典为统帅、统一基本法为支柱模式,混合法系存有南非统一基本法模式与马耳他民法典规制模式。鉴于我国民法承继大陆法系法律传统及法人、非营利法人分类模式,有别于德国、马耳他,同时考量民法典体系化需要及其统帅功能,我国未来非营利组织法律体系应借鉴俄罗斯模式并适度创新,以《民法典》的非营利组织原则规定为统帅、以统一的非营利组织基本法为支柱、以其他配套单行法为补充,统一的《非营利组织法》应设总则,非营利组织的设立,组织机构和治理机制,理事、监事及高管的任职资格,信义义务和民事责任,非营利组织的变更与终止,业务开展,外国非营利组织分支机构和非营利组织的支持和监督,法律责任等九章。

目录

序言 / 1

导论 / 1
    一、研究缘起 / 1
    二、中华人民共和国成立以来非营利组织治理的发展历程 / 3
    三、我国非营利组织的民法治理立法现状 / 12
    四、我国非营利组织的民法治理研究现状 / 16
    五、本书研究思路及研究方法 / 28

第一章 非营利组织概念的内涵界定 / 29
  第一节 我国法律与政策文本中的非营利组织概念内涵分析 / 29
    一、我国法律文本中的非营利组织概念内涵考察 / 30
    二、我国政策文本中的"非营利组织"概念内涵考察 / 35
    三、我国法律与政策文本界定的非营利组织概念内涵差异
        根源 / 40
  第二节 域外法律中的非营利组织概念内涵分析 / 44
    一、英美法系非营利组织概念的内涵考察 / 44
    二、大陆法系非营利组织概念的内涵考察 / 47
    三、混合法系的非营利组织概念内涵考察 / 50
    四、联合国层面的非营利组织概念内涵考察 / 51
    五、欧盟层面的非营利组织概念内涵考察 / 53
    六、小结 / 54
  第三节 非营利组织概念内涵的价值负荷 / 54

一、非营利组织概念内涵的现实价值负荷 / 55
　　二、非营利组织概念内涵价值负荷的逻辑机理 / 59
　第四节　我国非营利组织概念内涵的合理界定 / 63
　　一、非营利组织概念界定内涵之域内学说检视 / 63
　　二、非营利组织概念内涵界定之域外学说审视 / 68
　　三、我国非营利组织概念的基本内涵 / 70

第二章　非营利组织的私法主体定位 / 77
　第一节　公法人与私法人的区分逻辑 / 78
　　一、我国《民法典》的法人元分类应否采行公私法人二分模式 / 78
　　二、公法人与私法人之区分标准 / 87
　第二节　非营利组织的私法主体定位逻辑 / 91
　　一、非政府性内生的组织自治性凸显非营利组织的私法主体性 / 91
　　二、非营利组织的私法主体性定位契合域外立法趋势 / 94
　第三节　我国《民法典》的非营利法人主体性质定位评析 / 98
　　一、非营利法人的主体性质缺乏合理定位 / 98
　　二、基层群众性自治组织被不当排除在非营利法人之外 / 104

第三章　非营利组织的私法主体资格取得 / 109
　第一节　我国非营利组织私法主体资格取得之公法治理逻辑 / 110
　　一、非营利组织私法主体资格的取得重许可主义 / 111
　　二、非营利组织设立的组织性要件要求较高 / 119
　第二节　域外非营利组织私法主体资格取得之私法治理逻辑 / 124
　　一、域外非营利组织私法主体资格取得的准则主义 / 124
　　二、域外非营利组织设立的非强制登记主义 / 129
　　三、域外非营利组织设立的组织实体要件宽松 / 136
　第三节　我国非营利组织私法主体资格取得规则之民法续造 / 139
　　一、非营利组织私法主体资格取得规范之私法属性 / 139

二、非营利组织私法主体资格取得之民法续造路径 / 141

第四章 未登记非营利组织制度的民法再造 / 146

第一节 未登记非营利组织的法律地位 / 146

一、未登记的非营利组织之概念称谓选择 / 146

二、我国未登记非营利组织的主体类型定位 / 152

三、我国未登记非营利组织主体资格之构成要素 / 156

第二节 未登记非营利组织的财产归属 / 162

第三节 未登记非营利组织的责任承担 / 170

一、未登记非营利组织的责任承担之域外考察 / 170

二、我国未登记非营利组织民事责任承担之学说评析 / 180

三、我国未登记非营利组织之民事责任承担 / 181

第五章 非营利组织类型化的民法进路 / 184

第一节 域外非营利组织类型化的比较法考察 / 184

第二节 我国非营利组织类型化的立法评析 / 191

一、非营利组织类型化方法的逻辑与价值缺失 / 191

二、非营利组织类型化的不当公法管制 / 193

三、非营利组织类型化的新类型缺失 / 194

第三节 我国非营利组织类型化的学说述评 / 196

一、非营利法人涵盖公私法人说评析 / 196

二、非营利社团为社团法人亚类型说评析 / 199

三、非营利法人为私法人亚类型说评析 / 201

第四节 我国非营利组织的应然新类型与类型化进路 / 202

一、我国非营利组织的应然新类型 / 203

二、我国非营利组织的类型化进路 / 204

第六章 非营利组织理监高的信义义务及民事责任 / 210

第一节 非营利组织理监高信义义务的内涵阐释 / 211

一、非营利组织理监高信义义务的产生基础 / 211

二、非营利组织理监高信义义务的主要内容 / 217

三、非营利组织理监高忠实义务与注意义务的逻辑关联 / 221

第二节 非营利组织理监高信义义务的履行标准 / 224

一、非营利组织理事及高管信义义务履行标准的英美法系

　　　　考察 / 225

　　　二、非营利组织理监高信义义务履行标准的大陆法系
　　　　考察 / 234

　　　三、混合法系非营利组织管理人或董事信义义务的履行
　　　　标准 / 239

　　　四、我国非营利组织理监高信义义务履行标准的应然
　　　　选择 / 241

　第三节　非营利组织理监高违背信义义务的民事责任 / 243

　　　一、大陆法系非营利组织理监高民事责任的立法考察 / 244

　　　二、英美法系非营利组织理监高民事责任的立法考察 / 248

　　　三、混合法系非营利组织理监高民事责任的立法考察 / 253

　　　四、我国非营利组织理监高民事责任的应然选择 / 254

第七章　非营利组织民法治理的立法模式及结构设计 / 261

　第一节　我国非营利组织统一立法的实证调研 / 262

　　　一、非营利组织统一立法实证调研情况 / 263

　　　二、非营利组织统一立法实证调研的主要启示 / 281

　第二节　我国非营利组织立法的基本原则 / 282

　　　一、非营利组织培育与规制并重原则 / 283

　　　二、立法传统继承与适度创新原则 / 284

　　　三、法律制度体系和谐原则 / 285

　第三节　我国非营利组织民法治理的立法模式 / 286

　　　一、域外非营利组织立法模式的启示 / 286

　　　二、我国非营利组织立法模式之选择 / 294

　第四节　我国非营利组织民法治理的结构设计 / 298

　　　一、我国民法典总则编的非营利组织原则规定再造 / 298

　　　二、我国统一非营利组织基本法的篇章结构设计 / 299

结语 / 305

主要参考文献 / 307

后记 / 334

导　论

一、研究缘起

非营利组织是社会建设的重要力量。随着社会文明的发展与进步,人类进入现代化时期,以政府组织为基础、以官员为代表的国家系统,以企业组织为基础、以商人为代表的市场系统与以非营利组织为基础、以公民为代表的市民社会系统的分化形成现代社会的结构性基础,政府、市场与社会三个领域相互独立,各自遵循不同的运行逻辑、发挥不同的治理功能,三者因各自功能失灵的缺陷又合作共治达至善治目标,实现公共利益的最大化,促进人的自由和全面发展。[①] 建立在法治国家和民主政治基石之上的宪政国家绝非极权主义,绝不排除公民权利和个人自由,国家权威与社会自治形成二元制衡及合作共治格局,不过社会自治权力受限于国家权力的垄断或主导,国家居于主导地位。[②] 民生保障与社会治理乃社会建设的两大任务,[③]旨在满足人的生存和发展基本需要,保持社会稳定,维护国家安全。非营利组织[④]系参与民生保障及社会治理的重要社会力量,组织性、非政府性、非营利性乃其本质属性,系作为自然人、法人或非法人组织为公益或互益目的成立而一般

[①] 俞可平:《走向国家治理现代化——论中国改革开放后的国家、市场与社会关系》,《当代世界》2014年第10期。

[②] 李鹰:《行政主导型社会治理模式之逻辑与路径》,中国政法大学出版社2015年版,第40、62页。

[③] 丁元竹:《民生保障和社会治理制度的核心要义——基于功能、历史逻辑、愿景视角》,《开发导报》2019年第6期。

[④] 我国现行法律交替使用"非营利组织"概念(如《企业所得税法》及其《实施条例》等)与"社会组织"概念(如《民事诉讼法》《环境保护法》等),中共中央和国务院的系列顶层政策设计文件所使用的政治社会学概念"社会组织"概念实指法学概念"非营利组织",即认为"非营利性、非行政性、自治性与志愿性是社会组织的初心、宗旨和使命,也是社会组织发展必须始终不渝坚守的基本属性"(民政部社会组织管理局局长柳拯:《科学谋划"十四五"社会组织高质量发展》,《中国社会报》2020年12月16日第1版)。作为法律概念使用,"非营利组织"术语更为严谨、科学,我国《民法典》采用了"非营利法人"概念,《企业所得税法》采用了"非营利组织"概念,故本书采用"非营利组织"概念。

不向出资人、设立人或会员分配其收入、利润或财产,且其活动不受政府机构干预的组织,乃自然人、法人或非法人组织实现公益追求或互助合作的精神需求工具,能够弥补社会建设领域的政府治理失灵和市场治理失灵缺陷,确实具有促进社会自治、动员社会资源、补充提供公共服务、媒介政社互动、建构社会资本等诸多促进社会建设功能。[1]

我国改革开放40多年来,逐步得到发展的非营利组织功能逐步显现,尤其是在2008年汶川地震和2020年新冠疫情等重大突发事件应急处置中,非营利组织较好弥补了政府治理的短板。随着我国进入特色社会主义新时代,人民的物质生活需求更高,民主、法治、公平、正义、安全、环境等精神需求日益增长,经济社会体制改革进入攻坚期和深水区,人民日益增长的美好生活需要和不平衡不充分的发展之间的矛盾仍然突出,重点领域关键环节改革任务仍然艰巨,创新能力不适应高质量发展要求,农业基础还不稳固,城乡区域发展和收入分配差距较大,生态环保任重道远,民生保障存在短板,社会治理还有弱项。[2] 社会治理弱项的关键领域是非营利组织的活力激发不足,难以弥补政府及市场失灵缺陷。

非营利组织本身既是社会治理的主体,也是社会治理的对象,国家型构依法自治、权责明确、发挥作用的非营利组织体制是非营利组织治理的重点内容,非营利组织治理模式转型的关键是国家在社会有序管理和规范治理中培育发展非营利组织。[3] 党的十八大之后,在推进国家治理体系与治理能力现代化的背景下,我国非营利组织的监管困境与治理挑战共同催生了国家治理改革,促使非营利组织治理模式从"管控"向"治理"转型,监管秩序逐渐从"管控"转向"共建共治共享",国家逐渐有意识地通过有效的制度供给激活、规范、培育和发展非营利组织,推动建立政社分开、权责明确、依法自治的现代非营利组织体制,重塑非营利组织依法自治及参与社会治理的发展空间。[4]

域外社会建设实践证明,非营利组织治理的公法管控逻辑与私法培育逻辑之立法选择决定非营利组织活力激发程度及社会建设成效高低。非营利

---

[1] 王名:《社会组织论纲》,社会科学文献出版社2013年版,第98~108页;伍治良:《我国非营利组织内涵及分类之民法定位》,《法学评论》2014年第6期。

[2] 《国民经济和社会发展第十四个五年规划和2035年远景目标纲要》。

[3] 刘国翰:《社会组织治理的中国经验》,《中国社会科学报》2018年5月2日。

[4] 刘国翰:《社会组织治理的中国经验》,《中国社会科学报》2018年5月2日;关爽、李春生:《走向综合监管:国家治理现代化背景下社会组织治理模式转型研究》,《学习与实践》2021年第7期;王向民:《分类治理与体制扩容:当前中国的社会组织治理》,《华东师范大学学报(哲学社会科学版)》2014年第5期。

组织的组织规则及行为规则本属民事基本法律范畴的立法保留事项,我国却由社会团体、民办非企业单位及基金会管理的三部行政法规予以规制。我国非营利组织行政立法主导非营利组织治理,不仅未经立法授权,且因天生的行政本位观念,无法避免制度安排的公法管控理念,导致非营利组织的管控有余、培育发展不足、活力激发不够,由此难以堪当我国非营利组织治理模式转型的重任。

制度变革须理念先行。社会治理现代化是国家治理现代化的重要组成部分,其根本衡量标准是良法善治,良法是社会治理体系现代化的衡量标准。[①] 非营利组织法律制度的现代化是社会治理体系现代化的重要组成部分,须以良法标准为依归。非营利组织公法治理的管控法思维难以契合非营利组织活力激发目标,非营利组织私法治理的促进法思维天然契合非营利组织活力激发目标。但是,我国缺失统一的非营利组织基本法,原《民法总则》及《民法典》均仅原则性规定了非营利法人的性质、类型及治理结构等内容,缺失非营利组织民法治理的全部内容且存在诸多缺陷,非营利组织的民法治理研究亦严重滞后(详见下文分析)。因此,当下探究我国非营利组织的民法治理逻辑,尤为迫切。

二、中华人民共和国成立以来非营利组织治理的发展历程

回顾中华人民共和国成立 70 多年来我国非营利组织的发展历程,非营利组织的公法治理理念长期占据主导地位,促进非营利组织发育成长的私法治理制度匍匐在强化非营利组织管控的公法治理制度之下,非营利组织法律制度核心理念略微接近于法团主义"有序控制"思路,非营利组织在夹缝中发育成长并逐步迈向依附式自主,[②]数量增长呈波浪式发展、而非螺旋式上升,大致经历了停滞发展阶段、恢复发展走向双重管控阶段、管控开始放松的稳步发展阶段和管控放松到收紧的提质增效发展阶段等四个发展阶段。[③]

第一阶段,非营利组织停滞发展阶段(1949～1977 年)。中华人民共和国刚成立,国家须集中所有社会资源维护政权稳定、恢复经济发展,中央高度集权、国家全面控制社会的计划经济体制,政企不分、政社不分的一元化社会

---

① 伍治良:《良法善治:社会治理现代化的衡量标准》,《光明日报》2014 年 4 月 6 日理论版。
② 王诗宗、宋程成:《独立抑或自主:中国社会组织特征问题重思》,《中国社会科学》2013 年第 5 期。
③ 韦克难、陈晶环:《新中国 70 年社会组织发展的历程、成就和经验——基于国家与社会关系视角下的社会学分析》,《学术研究》2019 年第 11 期;马德坤:《新中国成立以来社会组织治理的政策演变、成就与经验启示》,《山东师范大学学报(社会科学版)》2020 年第 2 期。

应运而生。① 于是,国家借助各种形式的单位化改造实现组织化的社会控制,市场、社会被高度组织化、政治化,从农村到城市逐步建立了高度组织化、政治化的社会组织形式,个体与组织均缺乏自主性,严重影响社会发展的活力和动力,中国现代化事业进展缓慢,人民生活十分困难,至20世纪70年代末,绝大多数农民尚未摆脱贫困,甚至连温饱也未得到解决。② 高度集中的计划经济体制及政治、经济与社会一体化的总体性社会所建构的全能国家消解了非营利组织的非政府性本质属性,非营利组织被改编、整顿和重组,所有的民间力量举办的非营利组织被党政机关同化,非营利组织原有的职能被官办群团组织取代,非营利组织力量极为弱小甚至几乎不存在。③ 为清理、解散当时存在的社会团体提供法律和政策依据,④1950、1951年中央人民政府政务院、内务部先后制定了《社会团体登记暂行办法》《社会团体登记暂行办法施行细则》,前者将社会团体分为免于登记的社会团体与可登记的社会团体,后者明文规定取缔或撤销反动性或具有较浓政治色彩的社会团体,明确了六类可登记社会团体的范围及登记管理机关,设立了社会团体分类分级登记管理、重新登记管理及违法处罚规则。1951年内务部发布的《关于办理社会团体登记工作应注意事项的代电》指示各登记管理机关在办理社会团体登记手续时"批准之原则应以其政治面貌为主"。由此,登记成立的社会团体缺乏独立性,均在党和政府及政府有关部门的直接推动、指导下有计划、按指标建立,许多社会团体被列入行政、事业编制或挂靠某一行政部门,有的社会团体负责人由政府机关行政领导兼职、挂靠的政府有关部门指派或由行政领导任名誉职务。1954年全国人大通过了《城市居民委员会组织条例》,确认了居民委员会为"群众自治性组织"的法律地位,探索政府管控下基层群众自治性组织的建设和发展。据统计,1965年我国有全国性社团将近100个、地方性社团6 000多个,十年"文化大革命"期间"左"的思想和路线愈演愈烈,全国各类社团陷入"瘫痪"状态。⑤ 此阶段,我国奉行非营利组织治理的公法管控

---

① 詹轶:《论中国社会组织管理体制的变迁——现代国家构建的视角》,《武汉大学学报(哲学社会科学版)》2015年第4期。
② 龚维斌:《新中国70年社会组织方式的三次变化》,《中央党校(国家行政学院)学报》2019年第6期。
③ 中国社会科学院"社会组织与公共治理研究"课题组:《严格监管与双轮驱动:社会组织高质量发展的转型之路》(蔡礼强教授执笔),载黄晓勇主编:《社会组织蓝皮书:中国社会组织报告(2019)》,社会科学文献出版社2019年版,第1~49页。
④ 朱卫国:《民间组织的法制建设》,载王名主编:《中国民间组织30年——走向公民社会》,社会科学文献出版社2008年版,第88页。
⑤ 康晓光:《转型时期的中国社团》,载中国青少年发展基金会、基金会发展研究会编:《处于十字路口的中国社团》,天津人民出版社2001年版,第4页。

逻辑,基金会及社会服务机构缺乏制度生存空间,社会团体实行分类分级的政治化管理,社会团体为国家管控社会的延伸组织且主要为官办性质,完全依附于国家权力系统,缺乏自主性。

第二阶段,非营利组织恢复发展走向双重管控阶段(1978～1998年)。1978年中共十一届三中全会开启了中国改革开放历史征程并将全党工作重点转移到经济建设上来,1984年实行有计划的商品经济体制改革,政府与市场逐步分开,国家逐步放松对社会资源的全面控制,社会自主性不断增强,之后出现了10年的非营利组织统一监管空窗期,非营利组织的管理部门各自为政、职责不清,甚至有些社团也审批和管理社团,也有一些社团未经任何部门审批就擅自成立并开展活动,非营利组织发展的无序状态使中国的社团度过了自由自在、迅猛发展的10年,①全国行业协会从改革开放前的唯一一个发展到71个,全国每年成立的各种学术性民间组织达300家以上,1987年底各类研究会、学会及分科学会成立总数达48 270个。② 为逐步推进政社分开并规范发展各类非营利组织,1988年国务院机构改革将社会团体管理职能移交民政部,同年国务院颁布了《基金会管理办法》。1989年政治风波后,国家逐步严格管控、整顿规范非营利组织,同年颁布了《社会团体登记管理条例》并初步确立了归口登记、双重管理、分级负责的非营利组织管理体制,1990年5月经国务院批准的《民政部关于清理整顿社会团体请示》部署了为期半年的社会团体和基金会清理整顿活动。1993年中共十四届三中全会通过《中共中央关于建立社会主义市场经济体制若干问题的决定》,强调"发展市场中介组织……发挥行业协会、商会等组织的作用"。1996年《中共中央办公厅国务院办公厅关于加强社会团体和民办非企业单位管理工作的通知》确立了"归口登记和双重管理"体制并要求分期分批清理整顿社会团体,1997年4月国务院办公厅转发的《民政部关于清理整顿社会团体意见的通知》拉开为期10个月的社会团体清理整顿序幕。1998年,国务院修订《社会团体登记管理条例》并颁布《民办非企业单位登记管理暂行条例》,正式确立业务主管单位批准和登记管理机关登记的非营利组织双重管理制度。这一阶段,经两次清理整顿,非营利组织数量缓慢增长后有所下降,截至1998年底,全

---

① 康晓光:《转型时期的中国社团》,载中国青少年发展基金会、基金会发展研究会编:《处于十字路口的中国社团》,天津人民出版社2001年版,第10页;吴玉章:《双重管理原则:原则、现状和完善》,载黄晓勇主编:《中国民间组织报告(2009～2010)》,社会科学文献出版社2009年版,第73页。
② 韦克难、陈晶环:《新中国70年社会组织发展的历程、成就和经验——基于国家与社会关系视角下的社会学分析》,《学术研究》2019年第11期。

国社会团体降至165 600个;①非营利组织由恢复发展走向双重管控,登记程序复杂且设立门槛较高,草根非营利组织在政府管理区域之外始终存在着一个广阔的"非法活动空间",有的社团注册为企业法人,有的社团干脆不注册。②

第三阶段,非营利组织管控开始放松的稳步发展阶段(1999～2011年)。21世纪以来,传统的非营利组织管控思维难以适应新时期的社会建设需要,党中央和国务院陆续出台非营利组织培育发展与管理监督并重的政策,非营利组织步入稳步发展阶段。1999年全国清理整顿社会团体,依法取缔了"法轮大法研究会"及其所属机构并注销社会团体35 288个,2000年民政部颁布《取缔非法民间组织暂行办法》并明确将未经批准、未经登记或被撤销登记的、擅自以非营利组织名义开展活动的组织界定为必须取缔的非法民间组织,之后又颁布《民办非企业单位年度检查办法》《基金会年度检查办法》《全国性民间组织评估实施办法》《社会组织评估管理办法》,2004年国务院颁布《基金会管理条例》,进一步规范非营利组织的发展。与此同时,发展迅速的非营利组织参与社会建设功能逐步凸显,国家采取多种举措支持性非营利组织的发展:1999年颁布《公益事业捐赠法》《事业单位、社会团体、民办非企业单位企业所得税征收管理办法》,促进公益性非营利组织的发展;2004年国务院颁布《宗教事务条例》,确立宗教团体和宗教活动场所的法律地位;2006年中共十六届六中全会通过《关于构建社会主义和谐社会若干重大问题的决定》,首次提出取代"民间组织"概念的"社会组织"概念,强调"支持社会组织参与社会管理和公共服务""发挥社团、行业组织和社会中介组织提供服务、反映诉求、规范行为的作用,形成社会管理和社会服务的合力";2007年颁布《企业所得税法》及其《实施条例》,确立公益性非营利组织享有税收优惠待遇;2007年10月,中共十七大报告强调"健全党委领导、政府负责、社会协同、公众参与的社会管理格局,健全基层社会管理体制""重视社会组织建设和管理""发挥社会组织在扩大群众参与、反映群众诉求方面的积极作用,增强社会自治功能";2007年,国务院出台《关于加快推进行业协会商会改革和发展的若干意见》;2011年《国家第十二个五年规划纲要》首次设专章"第39章

---

① 资料来源于民政部1990年至1998年《民政事业发展统计报告》,参见http://www.mca.gov.cn/article/sj/tjgb/? 3,2019年3月20日访问。
② 康晓光:《转型时期的中国社团》,载中国青少年发展基金会、基金会发展研究会编:《处于十字路口的中国社团》,天津人民出版社2001年版,第10页;吴玉章:《双重管理原则:原则、现状和完善》,载黄晓勇主编:《中国民间组织报告(2009～2010)》,社会科学文献出版社2009年版,第77～82页。

加强社会组织建设",提出"坚持培育发展和管理监督并重,推动社会组织健康有序发展,发挥其提供服务、反映诉求、规范行为的作用",强调"改进社会组织管理,建立健全统一登记、各司其职、协调配合、分级负责、依法监管的社会组织管理体制。重点培育、优先发展经济类、公益慈善类、民办非企业单位和城乡社区社会组织。推动行业协会、商会改革和发展,强化行业自律,发挥沟通企业与政府的作用""完善法律监督、政府监督、社会监督、自我监督相结合的监管体系"。这一阶段,经济发展与社会建设开始协调发展,不断深化政社分开改革,非营利组织的监管与扶持政策同步推进,双重管理体制逐步放松,非营利组织稳步发展,数量从1999年底的14.2万余个增长至2011年底的46.2万个,截至2011年底全国建立经常性社会捐助工作站、点和慈善超市3.4万个。①

第四阶段,非营利组织管控收紧的提质增效发展阶段(2012年以来)。2012年至2017年期间,我国立足全面深化改革和全面依法治国战略的落实,深化简政放权、放管结合和优化服务的行政体制改革,同步推进社会体制改革,中共中央及国务院陆续出台了非营利组织培育与管控并重的发展政策,逐步加大非营利组织的培育力度,分类放松非营利组织的管控力度。2012年10月,中共十八大报告强调加强和创新社会管理、引导社会组织健康有序发展,提出加快形成"党委领导、政府负责、社会协同、公众参与、法治保障"的社会管理体制,加快形成政社分开、权责明确、依法自治的现代社会组织体制;2013年3月,《国务院机构改革和职能转变方案》提出改革社会组织管理制度,逐步推进行业协会商会与行政机关脱钩,重点培育、优先发展行业协会商会类、科技类、公益慈善类、城乡社区服务类社会组织,建立健全统一登记、各司其职、协调配合、分级负责、依法监管的社会组织管理体制,推动社会组织完善内部治理结构等,随后民政部开展了四类社会组织直接登记的试点工作;2013年11月,中共十八届三中全会通过《中共中央关于全面深化改革若干重大问题的决定》,强调"正确处理政府和社会关系,加快实施政社分开,推进社会组织明确权责、依法自治、发挥作用;适合由社会组织提供的公共服务和解决的事项,交由社会组织承担;支持和发展志愿服务组织;限期实现行业协会商会与行政机关真正脱钩,重点培育和优先发展行业协会商会类、科技类、公益慈善类、城乡社区服务类社会组织,成立时直接依法申请登

---

① 资料来源于民政部1999年至2009年《民政事业发展统计报告》及2010年至2011年《社会服务发展统计公报》,参见 http://www.mca.gov.cn/article/sj/tjgb/? 3,2019年3月20日访问。

记;加强对社会组织和在华境外非政府组织的管理,引导它们依法开展活动";2013年、2016年,国务院先后取消民政部对全国性社会团体分支机构及代表机构的设立、变更和注销登记的行政审批项目,地方性基金会分支机构及代表机构的设立、变更、注销登记;2014年10月,中共十八届四中全会通过《中共中央关于全面推进依法治国若干重大问题的决定》,强调"加强社会组织立法,规范和引导各类社会组织健康发展";2016年,全国人大常委后颁布《境外非政府组织境内活动管理法》《慈善法》,《国民经济和社会发展第十三个五年规划纲要(2016~2020年)》提出"健全社会组织管理制度,形成政社分开、权责明确、依法自治的现代社会组织体制。推动登记制度改革,实行分类登记制度。支持行业协会商会类、科技类、公益慈善类、社区服务类社会组织发展。加快行业协会商会与行政机关脱钩,健全法人治理结构。推进有条件的事业单位转为社会组织,推动社会组织承接政府转移职能";2016年8月、12月中共中央办公厅、国务院办公厅先后印发《关于改革社会组织管理制度促进社会组织健康有序发展的意见》《关于进一步把社会主义核心价值观融入法治建设的指导意见》,提出改革社会组织管理制度、促进社会组织健康有序发展的总体目标,强调"激发社会组织活力,发挥好参与社会事务、维护公共利益、救助困难群众、帮教特殊人群、预防违法犯罪的作用";2017年8月,国务院颁布《志愿服务条例》并修订《宗教事务条例》。这一时期,非营利组织发展数量逐年递增,2012年底为49.9万个,2013年底为54.7万个,2014年底为60.6万个,2015年底为66.2万个,2016年底为70.2万个,2017年底为76.2万个。①

2017年10月至今,我国立足于深化依法治国实践及打造共建共治共享的社会治理格局,非营利组织的提质增效,经历两次非营利组织整治专项行动,不断促使非营利组织步入严登记、严监管、严处罚时代。② 中共十九大报告提出"加强社会治理制度建设,完善党委领导、政府负责、社会协同、公众参与、法治保障的社会治理体制""加强社区治理体系建设,推动社会治理重心向基层下移,发挥社会组织作用,实现政府治理和社会调节、居民自治良性互动"。2017年底,民政部发布《民政部关于大力培育发展社区社会组织的意见》。2018年1月,民政部发布《社会组织信用信息管理办法》,通过非营利

---

① 资料来源于民政部2012年至2017年《社会服务发展统计公报》,参见 http://www.mca.gov.cn/article/sj/tjgb/? 3,2019年3月20日访问。
② 中国社会科学院"社会组织与公共治理研究"课题组:《严格监管与双轮驱动:社会组织高质量发展的转型之路》(蔡礼强教授执笔),载黄晓勇主编:《社会组织蓝皮书:中国社会组织报告(2019)》,社会科学文献出版社2019年版,第1~49页。

组织活动异常及严重违法失信的信息披露强化非营利组织活动的社会监督。2018年4月,民政部、公安部联合开展为期9个月的全国打击整治非法社会组织专项行动,依法处置非法社会组织1.4万余个,打击整治非法社会组织力度、清理规范注册社会组织力度、社会组织年检年报审核与处罚之严、社会组织监管力度及社会组织注册登记审核把关之严格均为近二十年所未有。[1] 2018年5月,中共中央《社会主义核心价值观融入法治建设立法修法规划》提出"完善社会组织立法,积极规范和引导各类社会组织健康发展"。2018年8月,民政部向社会公布《社会组织登记管理条例(草案征求意见稿)》,体现了非营利组织登记从严、监管从严、处罚从严的管控收紧理念。2020年5月通过的《民法典》确立了非营利组织的性质、类型及治理机构等私法治理内容,但并未改变非营利组织管理的三部行政法规对非营利组织的公法管控理念。2020年10月,中共十九届五中全会通过的《中共中央关于制定国民经济和社会发展第十四个五年规划和二〇三五年远景目标的建议》及2021年3月公布的《国民经济和社会发展第十四个五年规划和2035年远景目标纲要》均强调非营利组织参与民生保障服务和社会治理及深化行业协会商会改革,鼓励非营利组织参与扶贫攻坚、发展慈善事业、参与社会治理、凝聚新社会阶层力量。2020年12月,中共中央印发《法治社会建设实施纲要(2020~2025年)》,强调"健全社会组织、城乡社区、社会工作等方面的法律制度,进一步加强和创新社会治理""发挥人民团体和社会组织在法治社会建设中的作用""促进社会组织健康有序发展,推进社会组织明确权责、依法自治、发挥作用""加大培育社会组织力度,重点培育、优先发展行业协会商会类、科技类、公益慈善类、城乡社区服务类社会组织"。2021年1月,中共中央印发《法治中国建设规划(2020~2025年)》,提出"加强保障和改善民生、创新社会治理方面的法律制度建设";3月,民政部、中央宣传部、中央政法委等18个部门联合部署为期3个半月的进一步打击整治非法社会组织专项行动,民政部等22个部门联合印发《关于铲除非法社会组织滋生土壤 净化社会组织生态空间的通知》,专项活动打击整治行动规模广,参与部门多,覆盖范围广,重点突出,打击力度强,措施严厉,进一步促进了非营利组织提质增效;5月,《国务院2021年立法工作计划》将《社会组织登记管理条例》(民政部起草)列为"拟制定、修订的行政法规";7月,《中共中央办公厅国务院办公厅印发关

---

[1] 中国社会科学院"社会组织与公共治理研究"课题组:《严格监管与双轮驱动:社会组织高质量发展的转型之路》(蔡礼强教授执笔),载黄晓勇主编:《社会组织蓝皮书:中国社会组织报告(2019)》,社会科学文献出版社2019年版,第1~49页。

于进一步减轻义务教育阶段学生作业负担和校外培训负担的意见》强调发挥非营利组织补充提供义务教育的功能,提出"课后服务可聘请志愿者提供""现有学科类培训机构统一登记为非营利性机构";9月,民政部发布《社会组织登记管理机关行政处罚程序规定》。这一时期,非营利组织管控趋严,2018年来非营利组织的登记成立出现一定困难,增速呈先降后升趋势:截至2018年底,全国共有非营利组织81.6万个,总量与上年相比增速下降约1.3%;截至2019年底,全国共有非营利组织86.63万个,总量与上年相比增速下降1.36%;①截至2020年底,全国共有非营利组织89.4万个,总量与上年相比增速上升3.19%。②

综观中华人民共和国成立70多年来非营利组织治理的发展历程,非营利组织呈波浪形发展而非螺旋式增长,培育发展不足,活力激发不够,主要原因在于非营利组织的公法治理取代了非营利组织的私法治理,行政立法主导的非营利组织公法治理过分强调非营利组织的管控理念,适度放松非营利组织管控的顶层政策安排却缺乏法的安定性之法治核心要素:③

首先,行政立法主导非营利组织的公法治理逻辑偏重非营利组织的管控。非营利组织的培育与管控之冲突衡平关涉公民结社自由之基本权利保障,非营利组织的设立、治理结构、活动准则、财产归属、民事责任、董监高的资格、义务及责任等涉及公民基本权利,依据《宪法》《立法法》,属全国人大及其常委会立法保留的民事基本法律事项。但是,《民法典》对其缺乏全面规定,全国人大及其常委会也未另行颁布非营利组织单行法,非营利组织治理的"法律—制度"框架却更多地体现为行政法规、部门规章和政策文件等。④非营利组织三大登记管理条例与《市场主体登记管理条例》虽同为行政法规,前者仅规范营利组织的登记管理,后者不仅规范非营利组织的登记管理,且涵盖了本属民事基本法律范畴的非营利组织的部分组织规则及行为规则。若无上位法依据或无立法授权,行政立法无法避免行政本位主义,难以正确处理公民结社自由与非营利组织适度管控之间的冲突平衡关系,极易陷入过

---

① 中国社会科学院"社会组织与公共治理研究"课题组:《严格监管与双轮驱动:社会组织高质量发展的转型之路》(蔡礼强教授执笔),载黄晓勇主编:《社会组织蓝皮书:中国社会组织报告(2019)》,社会科学文献出版社2019年版,第1~49页。
② 民政部、国家发展和改革委员会印发的"十四五"民政事业发展规划》。依据民政部的历年《民政事业发展统计公报》,社会组织数量的统计不含基层群众性自治组织。
③ 戴建华:《论法的安定性原则》,《法学评论》2020年第5期。
④ 王向民、鲁兵:《社会组织治理的"法律—制度"分析》,《华东师范大学学报(哲学社会科学版)》2019年第5期。

分严控非营利组织,而非重在培育发展非营利组织的窠臼。正因如此,我国现行非营利组织立法总体上以义务为本位,体现为国家对非营利组织的严格管控,①管控思维成为非营利组织的公法治理逻辑:(1)双重管理体制导致非营利组织成立的登记门槛高,一些非营利组织登记成立前无法找到业务主管单位,大量开展活动且无害于国家和社会的草根非营利组织无法或不愿通过登记获得合法地位;(2)民政部《取缔非法民间组织管理办法》基于非营利组织严格管控理念,直接将未登记成立的非营利组织规定为非法组织,并对未登记成立的非营利组织不加区分一律取缔并给予行政处罚;(3)改革开放后对非营利组织开展的四次清理整顿或整治,后两次整治专项行动中,活动较少且无明显社会危害的未登记非营利组织被要求自行解散,活动轻微违法的未登记非营利组织也可视情况劝散或取缔;(4)因一些业务主管单位和登记管理部门对非营利组织天然缺乏信任,民办的非营利组织较难获取税收优惠、财政补贴等优惠待遇。正因如此,我国官方公开承认"我国社会组织既培育发展不足,又规范管理不够。主要是成立社会组织的门槛过高,社会组织未经登记开展活动较为普遍,一些社会组织行政化倾向明显,现行管理制度不适应社会组织规范发展需要";②"社会组织工作中还存在法规制度建设滞后、管理体制不健全、支持引导力度不够、社会组织自身建设不足等问题,从总体上看社会组织发挥作用还不够充分";③"基层社会治理中社会力量参与不畅、社区服务能力不足等弱项仍然存在"。④

其次,适度放松非营利组织管控的顶层政策缺乏法的安定性。法的安定性原则之所以存续,其生命力就在于法律的秩序价值以及基于法律权益而衍生的信赖利益保护和法不溯及既往。⑤法的安定性原则要求法律规则具备明确性、稳定性、权威性和公信力。⑥为激发非营利组织活力,中共十八大以来我国陆续颁布了非营利组织培育与管控并重的顶层政策,要求适度放松非营利组织的管控,属效力较高的软法规范,但缺乏硬法规范之法的安定性要

---

① 韩业斌:《社会组织参与社会治理的法律困境及其出路——以泰州天价环境诉讼案为例》,《法治社会》2019年第2期。
② 时任国务委员兼国务院秘书长马凯2013年3月10日在十二届全国人大一次会议上所作《关于国务院机构改革和职能转变方案的说明》,http://www.gov.cn/2013lh/content_2350848.htm,2016年8月10日访问。
③ 2016年8月中共中央办公厅、国务院办公厅印发的《关于改革社会组织管理制度促进社会组织健康有序发展的意见》,http://www.gov.cn/xinwen/2016-08/21/content_5101125.htm,2016年8月21日访问。
④ 民政部、国家发展和改革委员会印发的《"十四五"民政事业发展规划》。
⑤ [德]哈特穆特·毛雷尔:《行政法总论》,高家伟译,法律出版社2000年版,第106页。
⑥ 戴建华:《论法的安定性原则》,《法学评论》2020年第5期。

素。《宪法》第 1 条第 2 款规定"中国共产党领导是中国特色社会主义最本质的特征",中共中央文件在经济社会发展中具有无可替代的重要作用。《关于改革社会组织管理制度促进社会组织健康有序发展的意见》(简称《意见》)强调重点培育、优先发展行业协会商会类、科技类、公益慈善类、城乡社区服务类社会组织并稳妥推进直接登记,但同时强调完善业务主管单位的前置审查、严格民政部门登记审查,被认为是传递了严格社会组织管理与监督的重要信号,①实际上是巩固和完善了双重管理制度的国家意志。②《意见》公布后,非营利组织登记审查更严格、部门监管更全面:《社会组织登记管理条例(草案征求意见稿)》非但没有根本改变原有的非营利组织管控思维,甚至比过去更加严苛,提高了非营利组织的注册门槛,非营利组织发起人、负责人的资格审查由原三大条例的 2 条增加到 5 条;民政部《关于进一步加强和改进社会服务机构登记管理工作的实施意见》强调"从严从紧"把握社会组织的登记管理工作,要求"对于已经制定直接登记专门文件并决定继续探索直接登记的地区,要严格按照《意见》关于社会服务机构直接登记范围要求,从严审慎受理直接登记申请,不得随意扩大社会服务机构直接登记范围;对于尚未制定直接登记专门文件的地区,可以暂时停止受理社会服务机构直接登记申请"。政策文件缺失法的安定性,非营利组织管控思维并未根本改变,《社会组织登记管理条例(草案征求意见稿)》招致不少学者反对,学者建议适当延长立法周期,不宜仓促出台。③

三、我国非营利组织的民法治理立法现状

当前,我国社会建设步伐仍明显滞后于经济建设。进入 21 世纪,随着我国社会主要矛盾逐步转化为人民日益增长的美好生活需要和不平衡不充分的发展之间的矛盾,人民的物质生活需求更高,民主、法治、公平、正义、安全、环境等精神需求日益增长,改革进入攻坚期和深水区,经济社会转型带来社

---

① 王向民、鲁兵:《社会组织治理的"法律—制度"分析》,《华东师范大学学报(哲学社会科学版)》2019 年第 5 期。

② 关爽、李春生:《走向综合监管:国家治理现代化背景下社会组织治理模式转型研究》,《学习与实践》2021 年第 7 期。

③ 刘培峰、马剑银:《〈社会组织条例〉不宜仓促出台,建议延长立法周期》,http://www.nandufoundation.org/content/5976,2018 年 8 月 21 日访问;马剑银:《社会组织立法"三合一":因何?何以?如何?——兼评〈社会组织登记管理条例〉(草案征求意见稿)》,https://www.sohu.com/a/251381907_669645,2018 年 9 月 1 日访问;《多名学者紧急谏言:这部条例不应仓促出台 建议延长立法周期》,https://www.sohu.com/a/249451199_671251,2018 年 8 月 22 日访问。

会利益分层和社会问题的多元化,"民生保障存在短板,社会治理还有弱项"。① 究其根源,非营利组织私法治理的制度供给远远滞后于社会建设要求,导致非营利组织发展不足及参与民生保障和社会治理的活力不够,这主要体现在:

首先,非营利组织立法重行政管控、轻私法治理,缺乏基本法层面的非营利组织统一立法。改革开放后,经济建设乃我国发展的第一要务,私法制度建设长期重营利组织立法、轻非营利组织立法,公司、合伙企业等营利组织立法较为发达,非营利组织的私法制度建设较为落后。非营利组织及其活动的治理关乎公民结社自由及社会自治,系民事基本制度调整范围,属全国人大及其常委会的立法权限。目前,我国缺失民事基本法律层面的非营利组织法,②国务院颁布的非营利组织登记管理三大条例既缺乏上位法依据,亦缺乏立法授权,其内容超越了"登记管理"的行政程序性规范,存在不少调整非营利组织的组织规则及行为规则的民事实体规范,③这种行政主导型立法无法摆脱重行政管控、轻私法治理的公法管控思维。1986年《民法通则》仅第50条规定涉及非营利组织;1999年《公益事业捐赠法》仅涉及非营利组织接受社会捐赠的民法规范。2012年修订的《民事诉讼法》第55条增设民事公益诉讼制度后,2013年修订的《消费者权益保护法》第47条赋予各级消费者协会提起消费民事公益诉讼权利,2014年修订的《环境保护法》第58条赋予符合条件的非营利组织提起环境民事公益诉讼权利,《最高人民法院关于审理环境民事公益诉讼案件适用法律若干问题的解释》《最高人民法院关于审理消费民事公益诉讼案件适用法律若干问题的解释》随后明确了非营利组织提起消费及环境民事公益诉讼的范围及条件。2016年颁布的《慈善法》实质上创设了公益性非营利组织认定规则,但并非规范非营利组织的组织规则及行为规则的统一单行法。2017年、2020年先后颁布的《民法总则》《民法典》原则性规定了非营利法人的设立、组织机构、财产归属,仅建立了非营利法人形态的壳,但非营利法人的私法规范却是空洞洞的。④ 正因如此,我国非营利法人制度系依靠大量的特别法来满足急速膨胀的立法需求,使本应属于私法场域的制度规范只好寄居于公法场域,靠低位阶的行政法规来制定高位阶

---

① 《中国共产党第十九届中央委员会第五次全体会议公报》。
② 喻建中:《社会组织法立法研究》,中国社会科学出版社2017年版,第47、48页。
③ 刘培峰、马剑银:《〈社会组织条例〉不宜仓促出台,建议延长立法周期》,http://www.nandufoundation.org/content/5976,2018年8月21日访问;马剑银:《社会组织立法"三合一":因何? 何以? 如何? ——兼评〈社会组织登记管理条例(草案征求意见稿)〉》,https://www.sohu.com/a/251381907_669645,2018年9月1日访问。
④ 王涌:《法人应如何分类——评〈民法总则〉的选择》,《中外法学》2019年第3期。

的民事规范。①非营利组织的民法治理制度匍匐在行政管控制度之下,2018年民政部公布的《社会组织登记管理条例(草案征求意见稿)》的公法管控思维比过去更加严苛。

其次,非营利组织民法治理的实体规范较为分散,缺乏科学性、系统性:

第一,缺乏非营利组织法律概念的统一称谓,混合使用"非营利组织""非营利法人""社会组织""非政府组织"等概念。顶层政策采用"社会组织"概念,《民法典》采用"非营利法人"概念,《企业所得税法》采用"非营利组织"概念,《环境保护法》《消费者权益保护法》、环境及消费者民事公益诉讼司法解释采用"社会组织"概念,《境外非政府组织境内活动管理法》则采用"非政府组织"概念,缺乏统一的非营利组织法律概念。

第二,《民法典》对非营利组织的主体性质定位不清,非营利组织的类型化缺乏逻辑自足。《民法典》的法人一级分类采"营利法人—非营利法人—特别法人"三分模式,并未采公法人与私法人区分的法人一级分类模式,非营利法人杂糅了公法人性质的事业单位、社会团体、基金会与私法人性质的非营利组织,易造成"将公法人性质的事业单位法人混同于民办机构"的误解,②教育部、民政部等五部门联合印发的《民办学校分类登记实施细则》甚至错误地允许非营利性民办学校登记为事业单位法人,③模糊了非营利组织的主体性质及功能场域,影响真正非营利组织的功能发挥。以营利组织形式实现公共利益目的之非营利公司乃域内外新型非营利组织,《民法典》未予规制。基层群众性自治组织具有非营利组织的非营利性及非政府性特征,《民法典》将其排除在营利法人类型之外。《民法典》物权编缺乏业主自治组织性质的非营利组织定位,导致实践中将业主大会或业主委员会等同于业主自治组织。《民法典》第102条列举的非法人组织类型主要为营利组织,是否包括"不具有法人资格的专业服务机构"之外的非法人型非营利组织具有相当的模糊性和不确定性。④

第三,非营利组织的设立条件过高,导致未登记的非营利组织缺乏合法地位。非营利组织双重管理制度又导致非营利组织设立门槛较高,一些无害

---

① 税兵:《非营利法人解释》,《法学研究》2007年第5期。
② 金锦萍:《为什么"营利法人"与"非营利法人"的分类不是最优选择?》http://www.naradafoundation.org/content/5352,2017年7月13日访问。
③ 张海鹏:《非营利性民办学校登记为事业单位的悖论及其破解——以〈民办学校分类登记实施细则〉第7条为中心》,《复旦教育论坛》2021年第1期。
④ 肖海军、傅利:《非营利组织法人化管制的检讨与厘正——基于公法强制转型私法自治的进路》,《社会科学战线》2017年第9期。

于社会的非营利组织因找不到业务主管单位而无法登记。域外多数国家承认未登记非营利组织的合法地位,我国《取缔非法民间组织暂行办法》却将未登记非营利组织定性为非法组织,导致现实中大量无害于社会的未登记非营利组织缺乏合法地位,且随时可能被整治、取缔。《慈善法草案》曾专设条文允许未登记的慈善组织可以开展活动,但最后被删除了。《民法总则》虽规定了"非法人组织",未登记的非营利组织却并未规定。[①]《民法典》的非法人组织规定以促进经济结社的营利组织为蓝本,尽管学者认为《民法典》第103条规定依文义解释及体系解释蕴含赋予未登记的非营利组织以非法人组织地位之义,[②]但不够明确。[③]

第四,缺失非营利组织的理事、监事及高管的信义义务及其民事责任规则。原《民法总则》及《民法典》的非营利法人一般规定欠缺理事、监事和高管的信义义务及其民事责任内容,[④]《慈善法》及非营利组织管理的三部行政法规均缺乏系统、全面的非营利组织理监高的信义义务及民事责任规则。相较而言,《公司法》对公司董事、监事及高管的信义义务及其民事责任规定较为全面。

此外,非营利组织可否开展必要性营利活动,《民法典》语焉不详,《民办非企业单位登记管理暂行条例》第4条和《社会团体登记管理条例》第4条却规定民办非企业单位、社会团体不得从事营利性经营活动,《基金会管理条例》第28条则允许基金会按照合法、安全、有效的原则实现基金的保值、增值,《社会组织登记管理条例(草案征求意见稿)》却禁止一切非营利组织从事营利性活动;互益性非营利法人可否分配剩余财产,《民法典》第95条允许,《社会组织登记管理条例(草案征求意见稿)》第51条却禁止一切社会组织分配剩余财产,而域外立法均规定互益性非营利组织的剩余财产分配由章程自治;《民法典》第68—73条确立了可适用于非营利组织退

---

① 王涌:《法人应如何分类——评〈民法总则〉的选择》,《中外法学》2019年第3期。
② 李宇:《民法总则要义:规范解释论与判解集注》,法律出版社2017年版,第305页;蔡睿:《论"非法人组织"的认定标准——以〈民法总则〉的颁布为背景》,《司法改革论评》2017年第2辑。
③ 伍治良:《我国非营利组织内涵及分类之民法定位》,《法学评论》2014年第6期;李宇:《民法总则要义:规范解释论与判解集注》,法律出版社2017年版,第305页;柳经纬、亓琳:《比较法视野下的非法人组织主体地位问题》,《暨南学报(哲学社会科学版)》2017年第4期;徐国栋:《〈民法典〉规定的非法人组织制度与三国民法中类似制度的关系梳理》,《河南大学学报(社会科学版)》2021年第1期;肖海军:《非法人组织在民法典中的主体定位及其实现》,《法商研究》2016年第2期;谢海定:《中国民间组织的合法性困境》,《法学研究》2004年第2期。
④ 王涌:《法人应如何分类——评〈民法总则〉的选择》,《中外法学》2019年第3期。

出机制的法人解散及法人破产规则,但缺乏非营利组织解散及破产的配套制度。

四、我国非营利组织的民法治理研究现状

漫长的人类历史长河中,尽管非营利组织以多种形式早已存在并在现代社会中发挥着重要功能,但人们对非营利组织的理论研究远远滞后于对政府组织和营利组织的认识,[①]我国亦不例外。理念引领行动,理论指引方向。因我国社会体制改革远远滞后于经济体制改革,且可能是因为学者认为非营利法人治理结构实际上是营利法人制度延伸、演变或校准的结果,非营利法人处理有关出资关系、决策过程、运行架构的基本法律框架一定程度上只是重述或借鉴了公司制营利法人的内部组织框架而已,[②]非营利法人通常被描述为"现代组织法中被忽视的继子女"。[③] 我国非营利组织的民法治理研究明显滞后,法学界多关注非营利组织的公法治理研究及营利组织的民法理论研究,非营利组织的民法治理制度建设缺乏系统、科学的民法理论基础,这主要表现在:

一是非营利组织民法治理研究并未引起民法学界高度重视,与营利组织民法治理研究成果相比研究成果较少且较为零散。中共十八大以来我国社会建设步伐加快,几乎每年都有全国人大代表或全国政协委员提出制定非营利组织基本法的提案或议案。学界认为非营利组织基本法的制定是当下非营利组织管理从行政法规治理到真正的"法治"转变的必要条件,提出了公法思路说(行政法治理说)、私法思路说(特别民法说)和混合法说(公法与私法结合说)三种立法思路[④],学者起草的三部非营利组织法专家建议稿[⑤]及非营

[①] See Henry B. Hansmann, "The Role of Nonprofit Enterprise", *Yale Law Journal*, April 1980, pp.835~836.

[②] 黎桦:《特别法人制度的法律构造及制度展开——以〈民法典〉第96~101条为分析对象》,《法商研究》2022年第4期。See Henry Hansmann, "The Evolving Law of Nonprofit Organizations: Do Current Trends Make Good Policy", *Case Western Reserve Law Review*, Vol.39(3), 1988, p.814; Denise Ping Lee, "The Business Judgment Rule: Should It Protect Nonprofit Directors", *Columbia Law Review*, Vol.103(4), 2003, p.967.

[③] See Harvey J. Goldschmid, "The Fiduciary Duties of Nonprofit Directors and Officers: Paradoxes, Problem, and Proposed Reforms", *Journal of Corporation Law*, 1998, p.638, Summer.

[④] 刘培峰等:《社会组织基本法的立法思路》,《中国非营利评论》2013年第2期。

[⑤] 陈金罗、金锦萍、刘培峰等:《中国非营利组织法专家建议稿》,社会科学文献出版社2013年版;陈伟斌等:《〈中国社会组织法〉专家建议稿与理由说明》,中国法制出版社2015年版;喻建中:《社会组织法立法研究》,中国社会科学出版社2017年版。

利组织基本法的制定建议①均体现了混合法说立法思路,但均缺乏非营利组织民法治理的基础理论系统研究。也有部分法理学学者立足硬法与软法分析视角,主张非营利组织治理的混合法模式,强调非营利组织的硬法与软法共治,强化非营利组织的硬法规制与软法治理,②或从非营利组织与政府权力制约视角研究非营利组织的法律权利及其保障制度、法律义务及其监督机制研究,但均侧重公法治理,缺乏深入研究非营利组织民法治理的私法制度建设。亦有学者从非营利组织将成为共建共享型法治秩序的重要支撑和推进力量角度分析,主张重塑非营利组织在推进共建共享法治秩序进程中的使命和功能,构建非营利组织发挥功能和作用的平台与机制,③但忽略非营利组织民法治理机制。有的学者从非营利组织的公法治理与私法治理角度分散探究了非营利组织的合法性与登记切割、社会团体备案制、非营利组织的财产权利、非营利组织从事营利活动、社会企业、公益信托及非营利组织行政处罚、所得税优惠等问题,但缺乏系统研究非营利组织的民法治理问题。④有的民法学者虽从非营利法人的概念、立法体例、设立、运行、终止和行为角度系统研究非营利法人的私法规制问题,但非营利组织功能应然定位与非营利组织的主体性质之间的逻辑关联缺乏深入分析,事业单位应否定位为非营利法人的观点前后矛盾,⑤未登记的非营利组织法律地位、财产归属及责任承担亦缺乏探究。有的民法学者虽从民事主体理论视角研究了非营利法人的概念、准入、运行及责任等私法制度,⑥但对非营利组织主体性质的法理基础、非营利组织类型化逻辑、未登记非营利组织、非营利组织法立法模式等问题缺乏深入研究。其他学者虽关注非营利组织私法制度研究,但较为零散,

---

① 刘培峰等:《社会组织基本法的立法思路》,《中国非营利评论》2013年第2期;伍治良:《我国非营利组织立法的原则、模式及结构》,《经济社会体制比较》2014年第6期;马金芳:《我国社会组织立法的困境与出路》,《法商研究》2016年第6期;鲍绍坤:《社会组织及其法制化研究》,《中国法学》2017年第1期;郭剑平:《治理视野下社会组织的作用与法治化建设研究》,中国政法大学出版社2019年版;柴一凡:《新时期社会组织立法路径研究》,《社会保障研究》2020年第3期。

② 张清等:《非政府组织的法治空间:一种硬法规制的视角》,知识产权出版社2013年版;张清、武艳:《包容性法治框架下的社会组织治理》,《中国社会科学》2018年第6期;张清、武艳:《社会组织的软法治理》,法律出版社2015年版;喻建中:《软法视角下的社会组织立法转型》,《时代法学》2016年第5期。

③ 马长山:《从国家构建到共建共享的法治转向——基于社会组织与法治建设之间关系的考察》,《法学研究》2017年第3期。

④ 金锦萍:《中国非营利组织法前沿问题》,社会科学文献出版社2014年版。

⑤ 罗昆:《非营利法人的私法规制》,中国社会科学出版社2017年版,第40、79、115页。

⑥ 税兵:《非营利法人解释——民事主体理论的视角》,法律出版社2010年版,第26~43页。

仅侧重具体类型非营利组织的民法治理或非营利组织治理的局部问题研究。①

二是非政府性、私法主体性应否作为非营利法人的必备特征缺乏统一认识。我国《民法典》继承与发展了《民法通则》确立的企业法人与非企业法人的法人分类模式，采纳营利法人、非营利法人与特别法人三分的法人一级分类模式，将公法人性质的事业单位法人纳入非营利法人范围，并未经充分论证。我国公共管理学者认为，非营利组织作为不同于政府、企业的组织形态源于其社会功能不同，具有非营利性、非政府性和社会性②抑或组织性、民间性、非营利性、自治性、志愿性③的基本属性，非营利性和非政府性乃其必备特征。多数民法学者强调公法人与私法人的功能区分及非营利组织的非营利性和非政府性特征，均主张非营利组织的私法主体性质，认为"非营利法人仅限于私法人，不包括事业单位法人等公法人"；④"《民法通则》规定的四种法人类型混淆了公法人与私法人，应将机关、事业单位和几类社会团体法人定位为公法人，私法人应分为营利法人与非营利法人，非营利法人包括由私人组成的社会团体法人和捐助法人"；⑤"我国《民法典》应回归结构主义法人分类模式，将公法人制度从民法上的法人制度中剥离，民法只需设立转介规范，承认依公法设立之公法人的民事主体资格"；⑥"非营利组织通常具有非营利性、非政府性等基本特征，机关法人、事业单位法人属公法人，不属于非营利法人"。⑦ 其他学者则认为我国

---

① 金锦萍：《非营利法人治理结构研究》，北京大学出版社2005年版；陈晓军：《互益性法人法律制度研究：以商会行业协会为中心》，法律出版社2007年版；李芳：《慈善性公益法人研究》，法律出版社2008年版；刘太刚：《非营利组织及其法律规制》，中国法制出版社2009年版；邹世允：《中国慈善事业法律制度完善研究》，法律出版社2013年版；王利军等：《社会组织建设的法治化路径》，中国检察出版社2013年版；王雪琴：《慈善法人研究》，山东人民出版社2013年版；罗昆：《财团法人制度研究》，武汉大学出版社2009年版；胡岩：《财团法人之研究》，中国政法大学出版社2013年版；韦祎：《中国慈善基金会法人制度研究》，中国政法大学出版社2010年版；赵青航：《民办非企业单位法律制度研究》，浙江人民出版社2011年版；褚莹：《美国私有慈善基金会法律制度》，知识产权出版社2012年版。
② 王名：《社会组织论纲》，社会科学文献出版社2013年版，第3～21页。
③ 张远凤、邓汉慧、徐军玲编著：《非营利组织管理理论、制度与实务》，北京大学出版社2016年版，第7、8页。
④ 税兵：《非营利法人解释——民事主体理论的视角》，法律出版社2010年版，第26～43页。
⑤ 崔拴林：《论我国私法人分类理念的缺陷与修正——以公法人理论为主要视角》，《法律科学》2011年第4期。
⑥ 蔡立东：《法人分类模式的立法选择》，《法律科学》2012年第1期。
⑦ 陈金罗、金锦萍、刘培峰等：《中国非营利组织法专家建议稿》，社会科学文献出版社2013年版，第80、380～381页。

不承认公法人与私法人划分,①赞同将事业单位法人、公办社会团体和公办捐助法人等公法人纳入非营利法人,或一方面认为我国现行法人分类因缺乏公私法人分类削弱了民法的社会功能,另一方面却又主张法人的财产无论是来源于国家财政、社会募集、捐赠抑或来源于非营利收入,均不改变非营利法人性质,主张将机关法人、事业单位法人也纳入非营利法人范围,但未论证非营利法人的性质为何。② 此外,基层群众性自治组织法人的主体性质定位也存有分歧:有学者认为基层群众性自治组织法人基于成立的主要依据为《宪法》《村民委员会组织法》《城市居民委员会组织法》、履行管理职能的服务公益目的及财产来源的公共性,基层群众性自治组织法人定位为特别法人性质定位且属公法人性质;③或认为基层群众性自治组织法人与典型公法人存在明显差别,但从财政来源、科层设置、人员编制和实际功能多个角度看,其是行政权力在基层实践中的有效延伸,难以按照法人分类的经典理论模型去简单分类或定性,与其说基层群众性自治组织是一类特别法人,不如说是一类"特别公法人"更为精准。④ 而其他学者则认为基层群众自治性组织、业主委员会属私法主体性质且属非营利性非法人组织。⑤ 但是,域外诸多国家和地区民法典或非营利组织基本法均恪守非营利组织的私法人性质,强调其非政府性。因此,非营利组织之应然主体性质定位问题须民法理论予以回应。

三是非营利法人的类型化缺乏统一认识,分类标准存在重大理论分歧。非营利法人的类型化取决于法人的分类标准。法人应否采公法人与私法人二分模式,影响非营利法人的类型化;即使采公私法人二分模式,学界对私法

---

① 张新宝:《〈民法总则〉对法人分类的规定及其解读》,《社会治理》2017年第7期;张新宝:《从〈民法通则〉到〈民法总则〉:基于功能主义的法人分类》,《比较法研究》2017年第4期;黎桦:《特别法人制度的法律构造及制度展开——以〈民法典〉第96~101条为分析对象》,《法商研究》2022年第4期。
② 范健:《对〈民法总则〉法人制度立法的思考与建议》,《扬州大学学报(人文社会科学版)》2016年第2期;赵旭东:《民法总则草案中法人分类体系的突破与创新》,《中国人大》2016年第14期;王涌:《中国需要一部商法品格的民法典》,《中国法律评论》2015年第4期;梁慧星(中国民法典草案建议稿课题组负责人):《中国民法典草案建议稿附理由:条文说明理由立法例.总则编》,法律出版社2013年版,第153~154页(尹田教授执笔);尹田:《对民法总则草案关于法人分类的建议》,http://zxzx.chinalaw.org.cn/portal/article/index/id/2655.html,2016年8月25日访问;尹田:《民法总则之理论与立法研究》,法律出版社2010年版,第372~373页。
③ 屈茂辉:《基层群众性自治组织法人制度三论》,《现代法学》2022年第1期。
④ 黎桦:《特别法人制度的法律构造及制度展开——以〈民法典〉第96~101条为分析对象》,《法商研究》2022年第4期。
⑤ 肖海军:《非法人组织在民法典中的主体定位及其实现》,《法商研究》2016年第2期;肖海军:《民法典编纂中非法人组织主体定位的技术进路》,《法学》2016年第5期;伍治良:《我国非营利组织内涵及其分类》,《法学评论》2014年第6期。

人分类又存在营利法人与非营利法人二分的功能主义模式与社团法人和财团法人二分的结构主义模式之争。肯认非营利组织私法主体性的学者主张公法人与私法人二分的法人一级分类标准，既反对《民法通则》的企业法人与非企业法人之法人分类模式，也反对《民法总则》及《民法典》的营利法人、非营利法人与特别法人之法人分类三分模式；但法人二级分类标准即私法人的划分标准存在功能主义与结构主义之争：功能主义立足于法人目的和功能不同导致的产权结构、设立原则差异，主张营利法人与非营利法人的私法人二分、非营利法人再分为社会团体法人与捐助法人之模式；[1]结构主义立足于法人的成立基础不同导致的法人内部制度结构、法人行为规则差异，主张社团法人与财团法人二分的私法人二分、社团法人再分为营利法人与非营利法人之模式。[2] 诸多商法学者及部分民法学者主张法人一级分类不应采公私法人二分模式、应采营利法人与非营利法人二分模式，将非营利法人分为机关法人、事业单位法人、社会团体法人和捐助法人，[3]误将大陆法系社团与财团二分的私法人元分类模式认定为法人元分类模式作为论据，并在此基础上比较营利法人与非营利法人二分模式与社团与财团二分模式之优劣，或误认为营利性与否是法人之间最具有法律意义的根本差异，忽视公私法人区分之于私法人意志自治的基础保障制度价值，或认为我国不承认公法人与私法人划分，营利法人、非营利法人与特别法人三分法具有形式逻辑上的周延性和自足性，将事业单位法人、公办社会团体和公办捐助法人纳入非营利法人，将机关法人纳入特别法人，有利于与其他法律的衔接，便于充分发挥不同类

---

[1] 税兵：《非营利法人解释——民事主体理论的视角》，法律出版社 2010 年版，第 26~43 页；崔拴林：《论我国私法人分类理念的缺陷与修正——以公法人理论为主要视角》，《法律科学》2011 年第 4 期；陈金罗、金锦萍、刘培峰等：《中国非营利组织法专家建议稿》，社会科学文献出版社 2013 年版，第 80、380~381 页；宋亚辉：《营利概念与中国法人法的体系效应》，《中国社会科学》2020 年第 6 期。

[2] 蔡立东、王宇飞：《职能主义法人分类模式批判——兼论我国民法典法人制度设计的支架》，《社会科学战线》2011 年第 9 期；蔡立东：《法人分类模式的立法选择》，《法律科学》2012 年第 1 期；谢鸿飞：《〈民法总则〉法人分类的层次与标准》，《交大法学》2016 年第 4 期；李永军：《以"社团法人与财团法人"的基本分类构建法人制度》，《华东政法大学学报》2016 年第 5 期；李永军：《我国未来民法典中的主体制度的设计思考》，《法学论坛》2016 年第 2 期；谭启平、黄家镇：《民法总则中的法人分类》，《法学家》2016 年第 5 期；罗昆：《我国民法典法人基本类型模式选择》，《法学研究》2016 年第 4 期；王文宇：《揭开法人的神秘面纱——兼论民事主体的法典化》，《清华法学》2016 年第 5 期；谭启平：《中国民法典法人分类和非法人组织的立法构建》，《现代法学》2017 年第 1 期。

[3] 范健：《对〈民法总则〉法人制度立法的思考与建议》，《扬州大学学报（人文社会科学版）》2016 年第 2 期；赵旭东：《民法总则草案中法人分类体系的突破与创新》，《中国人大》2016 年第 14 期；王涌：《中国需要一部商法品格的民法典》，《中国法律评论》2015 年第 4 期。

型法人的功能,便于公共管理;①或认为能够与《民法通则》的法人分类制度相衔接,保持法律制度的稳定。②另有学者主张公私法人区分的法人元分类方法,但私法人分类却将本属公法人的事业单位法人乃至机关法人归入本属私法人的非营利社团法人和财团法人或非营利法人之中。③

如上分析,基层群众性自治组织法人应否纳入非营利法人范围,亦存争议。因此,事业单位法人等公法人、基层群众性自治组织法人应否类型化为非营利组织,须深入研究法人及非营利法人类型化的合理性。

我国现有四部非营利组织法专家建议稿对非营利组织的类型化亦存有分歧。广东海洋大学陈伟斌副教授等起草的《中国社会组织法专家建议稿》④及湘潭大学特聘教授喻建中起草的《中华人民共和国社会组织法(立法建议稿)》⑤实乃现行三部非营利组织管理的三部行政法规之融合,借鉴政策话语,将非营利组织定名为社会组织,将非营利组织分为社会团体、民办非企业单位(或社会服务机构)和基金会三类,事业单位法人、未登记的非营利组织被排除在非营利组织范围之外。中国社会科学院法学研究所莫纪宏教授领衔起草的《中华人民共和国民间组织法(专家建议稿)》⑥将民间组织分为由民政管理部门登记注册的社团、基金会和民办非企业单位和由编制管理部门登记注册的事业单位,事业单位被纳入民间组织范围,互益型非营利组织、非法人型非营利组织、未登记的非营利组织均被排除在非营利组织之外。北京大学法学院金锦萍副教授领衔起草的《中国非营利组织法专家建议稿》⑦将非营利组织分为法人型与非法人组织型,法人型区分为社团法人与财团法

---

① 张新宝:《〈民法总则〉对法人分类的规定及其解读》,《社会治理》2017年第7期;张新宝:《从〈民法通则〉到〈民法总则〉:基于功能主义的法人分类》,《比较法研究》2017年第4期;黎桦:《特别法人制度的法律构造及制度展开——以〈民法典〉第96～101条为分析对象》,《法商研究》2022年第4期。
② 梁慧星:《民法总论》,法律出版社2021年版,第130页。
③ 马俊驹:《法人制度的基本理论和立法问题之探讨(上)》,《法学评论》2004年第4期;梁慧星(中国民法典草案建议稿课题组负责人):《中国民法典草案建议稿附理由:总则编》,法律出版社2013年版,第153～154页(尹田教授执笔);尹田:《民法总则之理论与立法研究》,法律出版社2010年版,第372～373页。
④ 陈伟斌等:《〈中国社会组织法〉专家建议稿与起草说明》,中国法制出版社2015年版。
⑤ 喻建中:《社会组织法立法研究》,中国社会科学出版社2017年版。
⑥ 莫纪宏:《为立法辩护》,武汉大学出版社2007年版,第375～380页。该书第七章"民间组织法"的立法说明及专家建议稿"为2004年度由荷兰大使馆资助的"社团法律制度研究"课题研究成果的一部分,其中专家建议稿中的部分内容吸收了吕艳滨、吴玉章、谢海定等人的意见。
⑦ 陈金罗、金锦萍、刘培峰等:《中国非营利组织法专家建议稿》,社会科学文献出版社2013年版,第1～74页。

人,非法人组织型包括非法人社团与外国非营利法人的分支机构,非法人社团的设立改采备案方式,事业单位法人、非法人财团、未备案的非营利组织被排除在非营利组织之外。

另有学者以非营利法人的成立目的即非营利目的为标准,区分不同类型非营利法人的利益归属方,将非营利法人类型化为公益性法人、互益性法人及自益性法人。[①] 还有学者以非营利组织的成立目的为分类标准,将非营利性非法人组织的类型化为公益性(非营利性)非法人社团与非法人财团。[②]

四是学界多认为我国立法将未登记非营利组织定性为非法组织,不尽合理,不承认未经登记组织的法律地位难以适应经济与社会发展需要,[③]但对未登记非营利组织的主体地位、财产归属及责任承担缺乏深入研究,且存有分歧。

首先,非营利组织应否须经登记成立存有理论分歧。《民法总则》颁布前,有学者认为,在以权利能力为人格基础的立法体系中,非法人团体应定位为无权利能力社团,其是否经过团体登记仅决定其是否适用团体代表规则,不影响团体本身的存在,未经登记的非法人团体以共同行为制作为其对外活动的行为模式。[④] 针对现实生活中大量存在的各种不具备法人资格、依法设立的非营利性组织[⑤]及种类繁多的应登记但未登记的社会团体等非营利组织,部分学者否认其民事主体地位。[⑥] 中国法学会民法典编纂项目领导小组和中国民法学研究会提出的《中华人民共和国民法典·民法总则专家建议稿》也主张非法人组织应当依法办理登记手续,[⑦]排除未登记非营利组织的制度空间。梁慧星教授主持的《中国民法典草案建议稿·总则》一方面认为应确立依法成立、无须登记的非营利组织之非法人组织地位,另一方面却要求"非法人团体非经登记,不得成立""非营利性非法人团体,应当经法定主管部门批准并经登记机关登记",[⑧]否认未登记非营利组织的制度空间。另有

---

① 张新宝、汪榆森:《论"为其他非营利目的"成立的法人》,《法学评论》2018 年第 4 期。
② 肖海军:《民法典编纂中非法人组织主体定位的技术进路》,《法学》2016 年第 5 期。
③ 柳经纬、亓琳:《比较法视野下的非法人组织主体地位问题》,《暨南学报(哲学社会科学版)》2017 年第 4 期。
④ 张翔:《论契约团体事实属性与规范属性间的断裂与弥补》,《法律科学》2016 年第 4 期;张翔:《非法人团体的事实属性与规范属性》,法律出版社 2016 年版,第 276~325 页。
⑤ 梁慧星主编:《中国民法典草案建议稿附理由:总则编》,法律出版社 2013 年版,第 183~184 页(尹田教授执笔)。
⑥ 张新宝、汪榆森:《〈民法总则〉中"非法人组织"基本问题研讨》,《比较法研究》2018 年第 3 期;杨立新:《〈民法总则〉规定的非法人组织的主体地位与规则》,《求是学刊》2017 年第 3 期。
⑦ 第 93 条规定:"其他组织应当依照本法或者其他法律的规定设立。"
⑧ 梁慧星主编:《中国民法典草案建议稿附理由:总则编》,法律出版社 2013 年版,第 183~186 页(尹田教授执笔)。

部分学者主张肯认未登记的非营利组织之民事主体地位:非法人团体分为依法登记或依法设立型与未经登记或未经法定程序设立型,域外民法典规定的非法人团体恰恰是不依法登记的产物,未登记的非营利性非法人团体分为无权利能力社团与无权利能力财团且有权利能力,我国广泛存在的未登记非营利组织包括法定不登记即告成立型与完全事实存在型两类;①未经登记的非营利组织事实上已正式成立并开展经常性活动,若不从事违法活动,不宜以"非法组织"对待,应肯认其为非法人组织;②应区分人格与权利能力概念,人格为权利能力概念的基础,未登记的非营利组织具有相对独立的法律人格并具有权利能力;③民法总则应将未登记的非营利组织作为非法人组织的规范重点,承认未登记的非营利组织之民事主体资格及部分民事权利能力;④孙宪忠教授主持的《民法总则建议稿》(简称《孙稿》)、李永军教授主持的《中华人民共和国民法总则(专家建议稿)》(简称《李稿》)并无非法人团体、非法人社团或非法人财团须"依法成立"及"非经登记不得成立"的规定,龙卫球教授主持的《〈中华人民共和国民法典·通则编〉草案建议稿》直接将"非法人团体"界定为"未经法人登记且不从事营利活动的团体",实乃肯认未登记非营利组织之民事主体地位。⑤

《民法总则》颁布后,不少学者主张应肯认未登记的非法人组织之民事主体地位,但理由各异。有学者认为,意志独立是非法人组织成为民事主体的要旨,合伙协议(对内)、章程(对外)、登记(公示)等是非法人组织意志独立的表示,但登记只是公示方法,不能舍本逐末地认为民事主体资格系由公权力赋予或简单理解成与公权力的某种交易,⑥未登记的非法人组织包括无须批准登记设立与须经批准登记但未登记两类,具有非法人组织的民事主体地位;⑦有学者认为《民法总则》规定的"非法人组织"之成立改采"依照法律的

---

① 石晓波:《非法人团体研究》,法律出版社2009年版,第6~8、80~86、200~250页。
② 伍治良:《我国非营利组织内涵及其分类》,《法学评论》2014年第6期;柳经纬、亓琳:《比较法视野下的非法人组织主体地位问题》,《暨南学报(哲社版)》2017年第4期。
③ 肖海军:《非法人组织在民法典中的主体定位及其实现》,《法商研究》2016年第2期;肖海军:《民法典编纂中非法人组织主体定位的技术进路》,《法学》2016年第5期。
④ 李昊:《我国民法总则非法人团体的制度设计》,《暨南学报(哲学社会科学版)》2015年第12期。
⑤ 柳经纬、亓琳:《比较法视野下的非法人组织主体地位问题》,《暨南学报(哲社版)》2017年第4期。
⑥ 唐勇:《论非法人组织的泛主体化及其教义学回正——兼论合手原理的引入与限度》,《中外法学》2021年第4期。
⑦ 陈甦主编:《民法总则评注(上册)》,法律出版社2017年版,第723~724页(刘承韪教授执笔)。

规定登记",意即非法人组织并非须经登记方可成立,法律未规定应登记成立的非法人组织之成立无须登记,未登记的非法人组织仅限于无须登记设立的非法人组织。① 部分学者主张团体人格的法人一元化立法模式,真正的非法人组织以不登记为标准,特指未登记的组织,观点亦存分歧:有学者认为法律上可以承认未经登记的组织一定的人格,但将未经登记的组织也纳入非法人组织缺乏合理性,未经登记的组织的主体资格究竟应为法人还是新类型主体,留待将来根据社会发展的情况再作规定;② 另有学者认为《民法总则》的"非法人组织"概念名实不符,与法人的权利能力、行为能力及成立方式并无实质差别(除在权利和责任的法律推理上略有差别外),挤压了真正的"非法人组织"的法律空间,真正的"非法人组织"属无权利能力社团;③ 亦有学者基于组织的财产独立与资产分割理论认为法人本质不包括有限责任,目前的非法人组织或者构不上非法人组织的团体都可以成为法人,主张赋予未登记非营利组织以法人地位;④ 有学者主张法律上应认可未登记的非法人组织,将其限定为属稳定的以户为单位的团体和设立中的组织两种类型,将现实社会中大量未登记非营利组织排除在外。⑤

其次,未登记非营利组织的财产归属及责任承担,学界研究较少且存有分歧。因我国行政立法否定未登记非营利组织的合法地位,诸多学者认为,组织因未经登记而自始不成立,自然不存在独立的财产和责任,以未登记组织名义进行民事活动产生的债务当由组织的设立人和出资人承担无限连带责任,⑥ 或认为非法人团体无论是否登记,因其无权利能力,属客观存在的无权利能力社团,民法法系以共有理论和连带责任解决非法人团体(无权利能力社团)的财产关系和对外责任问题,其财产和责任归属于团体成员,团体财产由团体成员共有,团体责任由团体成员负无限连带责任,⑦ 但不排除特殊情况下对无限责任予以微调,⑧ 但未言明如何微调。部分学者认为应肯认未

---

① 李宇:《民法总则要义:规范解释论与判解集注》,法律出版社2017年版,第305页。
② 柳经纬、亓琳:《比较法视野下的非法人组织主体地位问题》,《暨南学报(哲社版)》2017年第4期。
③ 王涌:《法人应如何分类——评〈民法总则〉的选择》,《中外法学》2019年第3期。
④ 张永健:《资产分割理论下的法人与非法人组织——〈民法总则〉欠缺的视角》,《中外法学》2018年第1期。
⑤ 环建芬:《〈民法总则〉中非法人组织具体类型探析》,《时代法学》2019年第1期。
⑥ 陈甦主编:《民法总则评注(上册)》,法律出版社2017年版,第723~724页(刘承韪教授执笔)。
⑦ 王涌:《法人应如何分类——评〈民法总则〉的选择》,《中外法学》2019年第3期。
⑧ 张翔:《论契约团体事实属性与规范属性间的断裂与弥补》,《法律科学》2016年第4期;张翔:《非法人团体的事实属性与规范属性》,法律出版社2016年版,第276~325页。

登记非营利组织的民事主体地位,主张未登记非营利组织享有独立的财产并承担独立责任,但组织成员或设立人对组织债务应否承担责任及如何承担存有分歧:《孙稿》《李稿》及类似观点认为,应区分营利性非法人组织与非营利性非法人组织,营利性非法人组织成员对组织债务承担无限责任,而基于以团体名义作出的、有权代理的法律行为产生的债务,非法人组织的成员、设立人或出资人对组织债务不承担责任,由非营利性非法人组织以自身财产承担责任,组织财产不足以承担责任的,由以未登记非营利组织名义为法律行为的行为人或代理人承担连带责任,行为人为数人的,负连带责任;[1]另有学者认为,未登记的非营利组织之财产归属及责任承担适用非法人组织规定,即未登记的非营利组织的债务首先由组织的财产清偿,其财产不足清偿时由其出资人或设立人承担无限责任,[2]或由未登记的非营利组织之发起人、设立人、组织者或主要成员承担无限连带清偿责任,[3]或由非法人社团负责人承担补充清偿义务,[4]或借鉴德国法上的合手原理,主张应当以合伙作为非法人组织的一般法,[5]或认为未登记的非营利组织可赋予其一般法人地位,一律由团体财产与所有成员财产负连带清偿责任,无论是对团体的债权人或个别成员的债权人而言;[6]亦有学者主张借鉴德国及日本学说,认为未登记非营利组织具有独立的财产,无权利能力社团与无权利能力财团的责任承担应区分营利性与非营利性,非营利性无权利能力社团的构成员负有限责任,营利性无权利能力社团的构成员负无限责任,无权利能力公益财团的设立人对财团债务不负任何责任。[7]

五是非营利组织的理事、监事及高管的信义义务及民事责任缺乏深入研究且歧见纷呈。非营利组织的宗旨实现须依靠非营利组织的理事、监视及高管的信义义务及民事责任制度予以保障,《民法典》虽建立起了非营利法人形

---

[1] 《孙稿》第112条、第113条、第114条规定,《李稿》第86条规定;另参见李昊:《我国民法总则非法人团体的制度设计》,《暨南学报(哲学社会科学版)》2015年第12期。
[2] 龙卫球教授主持的《中华人民共和国民法典·通则编》草案建议稿第85条;陈甦主编:《民法总则评注(上册)》,法律出版社2017年版,第724页(刘承韪教授执笔);李宇:《民法总则要义:规范解释论与判解集注》,法律出版社2017年版,第305页。
[3] 肖海军、傅利:《非营利组织法人化管制的检讨与厘正——基于公法强制转型私法自治的进路》,《社会科学战线》2017年第9期。
[4] 陈金罗、金锦萍、刘培峰等著:《中国非营利组织法专家建议稿》,社会科学文献出版社2013年版,第31页。
[5] 唐勇:《论非法人组织的泛主体化及其教义学回正——兼论合手原理的引入与限度》,《中外法学》2021年第4期。
[6] 张永健:《资产分割理论下的法人与非法人组织——〈民法总则〉欠缺的视角》,《中外法学》2018年第1期。
[7] 石晓波:《非法人团体研究》,法律出版社2009年版,第200~222、251~256页。

态的壳,但内部的私法关系却是空洞洞的,欠缺非营利法人的治理结构、控制人信义义务规定,导致实践中普遍存在非营利法人利用关联交易侵蚀非营利法人非营利性的现象。① 我国学界虽认为非营利组织理监高对非营利组织及社会公众负有信义义务,主张信义义务包括忠实义务和注意义务,但对信义义务的履行标准及违信的民事责任存有分歧。部分学者主张非营利法人理监高注意义务的履行标准为合理审慎人的注意标准,违背信义义务给非营利法人造成损失的须承担赔偿责任;②或主张带薪与否区分注意义务的履行标准,未从非营利法人领取报酬的理监高就其违信过失给非营利法人导致的损害部分可以免除赔偿责任;③或以"商业判断原则"作为理事责任豁免的法定事由,理事仅须对其"故意或过失"承担责任。④ 另有部分学者认为,鉴于非营利组织的公益目的属性、我国公益事业处在发展的初级阶段及我国公司法并不完善的董事义务标准难以被借鉴,主张非营利组织董事注意义务的履行标准应高于公司董事义务标准,可防止过于激进的投资行为及更为严格地防范自我交易等利益移转行为;⑤或认为,捐助法人理事信义义务应比公司董事信义义务更为严格,在非营利组织理事注意义务和忠实义务之外创设顺从义务,理事注意义务遵循谨慎投资人规则而非公司董事商业判断规则,理事违反注意义务的归责原则应当设定更低门槛的归责方式即一般过失原则。⑥ 另有学者认为,非营利组织董事的民事责任包括正态面的董事信义义务(含注意义务与忠实义务)与反态面的董事责任,不能完全套用信托法或公司法规定,董事注意义务标准可适用公司商业判断规则标准,董事忠实义务标准应高于营利法人董事,适用董事与非营利组织之间利益冲突交易的客观公平判断标准,财团法人董事的信义义务标准高于社团法人董事,志愿理事应成为责任减免的法定事由。⑦

六是非营利组织民法治理的立法模式及结构设计缺乏深入研究。近十年来,不少全国人大代表或政协委员在全国"两会"上提出制定我国统一的非

---

① 王涌:《法人应如何分类——评〈民法总则〉的选择》,《中外法学》2019 年第 3 期。
② 喻建中:《社会组织法立法研究》,中国社会科学出版社 2017 年版,第 239~242 页。
③ 陈金罗、金锦萍、刘培峰等:《中国非营利组织法专家建议稿》,社会科学文献出版社 2013 年版,第 197~205 页。
④ 刘利君:《财团法人理事责任制度比较研究》,《罗马法与学说汇纂》2015 年第 1 期。
⑤ 李政辉:《论非营利组织理事义务的标准选择》,《福建江夏学院》2015 年第 3 期。
⑥ 叶熙昊:《论中国捐助法人理事信义义务的构建》,华东政法大学 2021 年硕士学位论文,第 44~61、73 页。
⑦ 税兵:《非营利组织董事责任规则的嬗变与分化——以美国法为分析样本》,《政治与法律》2010 年第 1 期。

营利组织法的议案或提案。① 我国学者多主张我国有必要建构统一的非营利组织基本法,实现促进法与管理法平衡统一的立法目标,②但存在非营利组织统一立法的立法模式(私法思路即特别民法说还是公私法混合法思路)、结构安排(组织法、行为法还是二者的混合法)之争;③私法思路说主张,在民法之下制定统一的非营利领域基本法,立法技术采统一立法与单行立法相结合模式,统一立法的内容定位为组织法;公私法交融的混合法思路说主张,非营利组织基本法应从组织法向行为法转变、从管理法向促进法转变、从程序法向实体法转变,社会组织运行规范包括强制性规范、禁止性规范与诱致性规范三类,或认为社会组织基本法制定的"1+N"即"基本法+单行法"立法模式,基本法内容应当在规制法与促进法之间寻求平衡定位,以组织法为主、行为法为辅,重点规范社会组织的设立制度、内部治理制度、扶持培育制度与监督管理制度。④ 我国学者提出的四部非营利组织统一立法专家建议稿⑤均主张我国非营利组织应采统一立法模式,但非营利组织民法治理的内容安排均存有缺陷:"社会组织"概念与《民法典》的"非营利法人"概念冲突;非营利组织的非政府性及私法主体性定位不明确;非营利组织的类型化不够充分、合理;未登记的非营利组织缺乏合理定位,缺失其财产归属及民事责任规则;非营利组织理监高的信义义务履行标准缺失或不够合理,缺乏理监高履职违信对第三人的民事责任规则等。

---

① 周洪宇:《关于尽快制定〈社会组织法〉的议案》,https://www.mjhb.org.cn/index.php?id=12150,2015年3月5日访问;张雪弢:《王名:加快制定社会组织基本法成立公益银行》,http://gongyi.sina.com.cn/gyzx/2014-03-12/103348227.html,2014年3月12日访问;梁婧:《王名委员:建议社会组织法尽快纳入立法议程》,http://finance.sina.com.cn/roll/2016-03-03/doc-ifxqafrm6755760.shtml,2016年3月3日访问;赵崇强:《人大代表王明雯建议:加快〈社会组织法〉立法进程》,https://www.thepaper.cn/newsDetail_forward_1440937,2016年3月8日访问;王明雯:《加快社会组织法 立法进程》,人民法院报2017年2月17日第5版;韩冬:《全国政协委员杨兴平:建议加快〈社会组织法〉立法进程》,http://www.rmzxb.com.cn/c/2016-03-02/717410.shtml,2016年3月3日访问;孙彦川:《全国人大代表郑功成:尽快制定〈社会组织法〉完善社会治理格局》,《中国社会报》2018年3月16日;殷硕:《人大代表刘守民:建议立法规范非营利组织》,http://news.jcrb.com/jsxw/2020/202005/t20200526_2161635.html,2020年5月25日访问。
② 王涌:《法人应如何分类——评〈民法总则〉的选择》,《中外法学》2019年第3期;贾西津:《以统一立法解决现行社会组织分类中的问题》,《中国社会组织》2014年第14期;张林江:《社会组织立法的三个核心命题》,《行政管理改革》2015年第3期。
③ 刘培峰等:《社会组织基本法的立法思路》,《中国非营利评论》2013年第2期。
④ 陈珊珊:《我国社会组织法立法模式研究》,武汉大学2018年硕士论文,第1~45页。
⑤ 即中国社会科学院法学研究所吴玉章教授领衔的《民间组织法专家建议稿》、北京大学法学院金锦萍副教授领衔起草的《中国非营利组织法专家建议稿》、广东海洋大学陈伟斌教授等起草的《社会组织法专家建议稿》、湘潭大学特聘教授喻建中起草的《中国社会组织法专家建议稿》。

五、本书研究思路及研究方法

本书除导论和结语之外，分为非营利组织概念的内涵界定、非营利组织的私法主体定位、非营利组织设立的私法治理、未登记非营利组织的民法再造、非营利组织类型化的民法进路、非营利组织董监高的义务及责任、非营利组织民法治理的模式及结构七章。本书围绕非营利组织的民法治理逻辑，重点研究非营利组织民法治理的基本内容及立法设计。导论主要探究我国非营利组织发展历程、民法治理的立法及研究现状、本书研究思路及研究方法；第一章从政治社会学的功能主义视角界定非营利组织概念的应然内涵；第二章从法学视角分析非营利组织的私法主体定位；第三章从民法视角研究非营利组织设立的构成要件；第四章探析民法上未登记非营利组织的主体定位、财产归属及责任承担；第五章研究民法上非营利组织类型化的应然进路；第六章研究非营利组织理事、监事及高管的信义义务及民事责任；第七章研究非营利组织民法治理的立法模式及内容结构。

本书研究非营利组织的民法治理，主要采用价值分析、规范分析、实证分析、比较分析、历史分析等研究方法。采用历史分析方法，重在分析我国非营利组织的发展历程、民法治理的立法现状及研究现状；采用价值分析方法，重在从政治社会学角度分析非营利组织的应然功能，进而探究非营利组织的主体性质应然定位；采用规范分析方法及比较分析方法，重在从英美法系、大陆法系及混合法系的非营利组织立法比较角度分析非营利组织设立的构成要件、未登记非营利组织的法律地位、财产归属及责任承担、非营利组织董监高的信义义务及民事责任、非营利组织统一立法的基本模式；采用实证分析方法、比较分析方法及规范分析方法，重在分析我国非营利组织现行公法治理制度的实施现状，梳理域外非营利组织民法治理的立法模式及内容设计的合理经验，建构我国非营利组织立法模式及内容构造的合理方案。

第一章 非营利组织概念的内涵界定

概念是客观事物本质属性的反映,是具有共同属性的一类事物的总称,是思维的最基本形式。人对外界的认识和思考是通过概念和范畴获得的,外界只有经过概念化才能转化为认识和思考的对象。[①] 概念之作用在于承认、共识、储藏特定价值及减轻思维的工作负担,概念之形成在于概念的设计者基于特定目的考虑(规范意旨)对所拟描述或规范对象不重要特征的舍弃及重要特征的保留。[②] 我国非营利组织的私法治理尚未形成科学合理的制度体系,源于我国《民法典》等法律与政策文本中非营利组织概念的统一称谓缺失及具有组织等同功能的类似非营利组织概念的内涵界定不合理。非营利组织系政治、市场与社会三分社会结构模式下社会治理的重要主体,也是社会治理的对象,欲充分发挥其促进社会自治、补充提供公共服务、媒介政社互动和动员社会资源之功能,须首先合理界定非营利组织概念的内涵,合理确定非营利组织的外延范围。本章通过比较考察我国法律文本、政策文本、域外立法及域内外学说中的非营利组织概念内涵界定,从非营利组织现实存在的功能逻辑视角探寻非营利组织之本质属性,提出非营利组织概念内涵界定的合理特征。

第一节 我国法律与政策文本中的非营利组织概念内涵分析

我国现行法律与政策文本缺乏非营利组织概念的统一称谓,其所使用的具有组织等同功能的类似非营利组织概念的内涵界定,虽均强调非营利组织

[①] 金自宁:《公法/私法的二元区分的反思》,北京大学出版社2007年版,第35页。
[②] 黄茂荣:《法学方法与现代民法》,中国政法大学出版社2001年版,第39~60页。

的"非营利性"属性,但应否涵盖"非政府性"特征,明显相互冲突。

一、我国法律文本中的非营利组织概念内涵考察

（一）我国法律文本缺失非营利组织概念的统一称谓

我国学界及实务部门均将社会团体、基金会和民办非企业单位（或称社会服务机构）称为非营利组织,但现行法律缺乏"非营利组织"概念的统一称谓。依据功能比较分析方法,表征内涵相同或相近的概念具有可比性。我国民法和行政法先后使用与非营利组织内涵相近的"社会团体法人""民间组织""民间非营利组织""非营利性社会组织""非营利性法人""非营利组织""社会组织""非政府组织""慈善组织""非营利法人""志愿服务组织""公益性社会组织"等概念,但其外延范围存有差异,现逐一分析如下。

我国1986年《民法通则》将法人分为企业法人、机关法人、事业单位法人和社会团体法人四种类型,基金会法人被纳入社会团体法人范围,1988年《基金会管理办法》第2条故将本属财团法人性质的基金会定性为社会团体法人。1998年《公益事业捐赠法》区分公益性社会团体与公益性非营利的事业单位,明确"公益性社会团体"为"依法成立的,以发展公益事业为宗旨的基金会、慈善组织等社会团体",仅强调"公益性社会团体"受赠的财产及其增值为社会公共财产,暗含"公益性非营利的事业单位"受赠的财产及其增值并非社会公共财产之义。显然,上述法律既无"非营利组织"概念,也无"非营利法人"概念,但将事业单位法人与基金会法人、社会团体法人区分开来。

1998年我国政府机构改革区分了社会团体、民办非企业单位与基金会并将三者统称为"民间组织",民政部相应更名设立了民间组织管理局。1998年《社会团体登记管理条例》及《民办非企业单位登记管理暂行条例》均将社会团体和民办非企业单位界定为"非营利性社会组织"。2000年4月民政部发布的《取缔非法民间组织暂行办法》将未经登记、未经批准或被撤销登记后仍继续开展活动的社会团体（含基金会）和民办非企业单位定性为"非法民间组织"。2004年颁布的《基金会管理条例》将基金会定性为"非营利性法人",民政部却又专门强调"非营利性法人"不是专有名词。[①] 2005年财政部印发的《民间非营利组织会计制度》将依法登记的社会团体、基金会、民办非企业单位和寺院、宫观、清真寺、教堂等统称为"民间非营利组织"。2006年3月第十届全国人大四次会议批准的《中华人民共和国国民经济和社会发展第十一个五年规划纲要》提出"规范引导民间组织有序发展"。显然,上述

---

① 《民政部就〈基金会管理条例〉相关政策答问》,《人民日报海外版》2004年4月20日第6版。

行政法规、规章及全国人大决定使用的"民间组织"或"民间非营利组织"概念涵盖社会团体、民办非企业单位和基金会等三类非营利性组织,并未包括事业单位。

2013年修订的《消费者权益保护法》及2015年修订的《环境保护法》将有权提起消费民事公益诉讼和环境民事公益诉讼的主体界定为符合法定条件的"社会组织",《最高人民法院关于审理消费民事公益诉讼案件适用法律若干问题的解释》及《最高人民法院关于审理环境民事公益诉讼案件适用法律若干问题的解释》也相应使用了"社会组织"概念。2016年颁布的《境外非政府组织境内活动管理法》及《慈善法》分别规制"非政府组织""慈善组织",均将其定性为"社会组织"。国家质量监督检验检疫总局与中国国家标准化委员会联合发布的《2017年国民经济行业分类国家标准》根据经济活动分类区分了事业单位与社会组织。2018年民政部公布的《社会组织登记管理条例(草案征求意见稿)》将"社会组织"范围界定为社会团体、基金会和社会服务机构,并未包括事业单位。显然,上述法律、司法解释、国家标准及立法草案界定的"社会组织"范围均排除了事业单位。

2007年《企业所得税法》第26条首次在我国法律中使用"非营利组织"概念并规定符合条件的非营利组织具有企业所得税免税资格,2007年《企业所得税法实施条例》界定了可取得公益捐赠税前扣除资格的"公益性社会团体"的认定条件(2019年修订时更名为"公益性社会组织")及可取得企业所得税免税资格的"非营利组织"条件,二者的认定条件之一均要求非营利组织的"投入人对投入该组织的财产不保留或者享有任何财产权利",暗含事业单位不属于"公益性社会团体"或"非营利组织"之义,因事业单位的财产为国有资产(《行政事业性国有资产管理条例》第2、3条),而财政部、国家税务总局2009年颁布、2014年、2018年先后修订的《关于非营利组织免税资格认定管理有关问题的通知》界定的"具有免税资格的非营利组织"的外延范围却又涵盖事业单位。申言之,我国企业所得税法缺失非营利组织概念的内涵界定,导致非营利组织的外延范围不清。

我国非营利组织经济核算中,采取狭义的非营利部门概念,不包括官办的群团组织(如工会、妇联、红十字会)、以事业单位身份登记的社会组织(如中国消费者协会、计划生育协会等)等。[①] 国家统计局下发的《中国国民经济核算体系(2016)》在机构部门划分类型中增设"为住户服务的非营利机构",

---

① 伏虎、马庆钰:《中外非营利部门经济核算前沿观点述评》,《行政管理改革》2019年第10期。

将所有常住机构单位划分为非金融企业部门、金融机构部门、广义政府部门、住户部门和为住户服务的非营利机构部门等五个机构部门。[1]《中国国民经济核算体系(2016)》虽未使用"非营利组织"概念,但界定的"为住户服务的非营利机构"为非营利性、非政府性组织,政府部门为涵盖行政单位和事业单位的广义政府部门,[2]"非营利性事业单位"因缺乏非政府性特征被纳入"广义政府部门"范围,并未划入"为住户服务的非营利机构"范围。[3]

2017年《民法总则》第87条和2020年《民法典》第87条采用"非营利法人"概念,明确事业单位属非营利法人。2017年《志愿服务条例》明确"志愿服务组织"为"非营利性组织",但"非营利性组织"并非专有法律概念。

由上可知,我国现行立法对非营利组织概念缺乏统一称谓,不同称谓必然带来非营利组织性质及范围界定的混乱。

(二)我国法律文本中的非营利组织概念内涵冲突分析

我国现行立法未采用统一的"非营利组织"概念称谓,非营利组织概念及与之功能类似的其他概念之外延范围不一致,根源在于这些概念之间的内涵冲突,虽均强调非营利组织及类似称谓组织的"非营利性"特征,即禁止收入、利润和财产分配给公益性非营利组织的成员、设立人或管理人,[4]但非营利性组织应否涵盖"非政府性"属性,界定不一。

1. 我国行政立法对非营利性组织"非政府性"属性界定的前后矛盾

中华人民共和国成立初期,为取缔反动社团,形成广泛的统一战线,稳定国家环境,中央人民政府政务院、内务部先后颁布的《社会团体登记暂行办法》《社会团体登记暂行办法实施细则》要求登记的社会团体排除了参加人民政协会议的各民主党派和人民团体,一定程度上体现了非营利性组织的非政府性特征。20世纪90年代先后颁布的非营利组织三大条例隐含非营利组织的"非政府性"属性:参加中国人民政治协商会议的人民团体及由国务院机构编制管理机关核定并经国务院批准免于登记的团体,全国工商联直接依据公务员法管理,其他22个人民团体和群众团体组织参照公务员法

---

[1] 高敏雪:《在国民经济核算中给予非营利机构一个名分——"中国国民经济核算体系2016"中的一个变化》,《中国统计》2018年第7期;中华人民共和国国家统计局:《2016中国国民经济核算体系》(附录三《中国国民经济核算体系(2016)》的主要变化),中国统计出版社2017年版,第109~117页。

[2] 许彩艳:《2008SNA与2016CSNA关于机构部门分类修订的比较研究》,《统计与决策》2020年第8期。

[3] 许宪春:《论中国国民经济核算体系2015年的修订》,《中国社会科学》2016年第1期;王勇、王云玥、赵洋:《国际标准与本土情景融合下中国非营利机构卫星账户的核算框架》,《统计与信息论坛》2021年第11期。

[4] 詹成付:《必须坚持社会组织的非营利性和非行政性》,《学会》2017年第6期。

进行管理,①均不属《社会团体登记管理条例》调整范围,暗含社会团体类非营利组织的"非政府性"特征;基金会的设立人为"自然人、法人或者其他组织"(《基金会管理条例》第2条),似暗含基金会之类非营利组织的"非政府性"特征;设立民办非企业单位的资产来源须为"非国有资产"(《民办非企业单位登记管理暂行条例》第2条),凸显民办非企业单位类非营利组织的"非政府性"特征。1999年颁布的《公益事业捐赠法》区分公益性社会团体与公益非营利性事业单位,当时的公益性社会团体涵盖基金会、慈善组织(第2、10条),似强调公益性社会团体和基金会的"非政府性"特征。2005年财政部颁布的《民间非营利组织会计制度》一脉相承,将依法登记的社会团体、基金会、民办非企业单位和寺院、宫观、清真寺、教堂等称为"民间非营利组织",实乃强调非营利组织之"非政府性"特征。2016年3月颁布《境外非政府组织境内活动管理法》和《慈善法》,前者明确境外非政府组织的非营利性和非政府性特征,后者列举的组织类型未涵盖事业单位,实乃强调慈善组织的非政府性。《中国国民经济核算体系(2002)》虽依据"非营利"和"政府控制"标准将非营利性事业单位归入政府部门,但《中国国民经济核算体系(2016)》②明确区分非营利组织与政府组织、营利组织,并将"群众团体、事业单位"排除在非营利组织范围之外,实乃强调非营利组织的"非营利性""非政府性"特征。③ 2018年修改的《民办教育促进法》第2、19、59条明确区分营利性与非营利性的民办学校,并强调非营利性民办学校的"非政府性"特征。《企业所得税法实施条例》分别规定了可取得公益捐赠税前扣除资格的"公益性社会组织"和可取得免税资格的"非营利组织"之认定条件,实质上将事业单位排除在"公益性社会组织"和"非营利组织"的外延范围之外,实乃强调"公益性社会组织"和"非营利组织"的"非政府性"特征。

但是,财政部、国家税务总局联合公布的《非营利组织免税资格认定通知》违背行政事业性国有资产管理法律规定,越权解释上位行政法规《企业所得税法实施条例》第84条规定的非营利组织免税资格认定条件,违法改变可取得免税资格的非营利组织之内涵,剔除了非营利组织内涵的"非政府性"属性,仅强调"非营利性"特征,将事业单位不当纳入非营利组织的外延范围。《非营利组织免税资格认定通知》第1条确立的非营利组织取得免税资格的

---

① 中共中央组织部、人事部关于印发《工会、共青团、妇联等人民团体和群众团体机关参照〈中华人民共和国公务员法〉管理的意见》的通知。
② 中华人民共和国国家统计局:《2016中国国民经济核算体系》,中国统计出版社2017年版,第14~23页。
③ 杜金富、王旭:《为住户服务的非营利机构核算范围》,《中国金融》2022年第12期。

8个认定条件明显存在逻辑冲突：一方面认为事业单位属可取得免税资格的非营利组织，而事业单位的设立人多为各级人民政府及其部门，另一方面却要求可取得免税资格的非营利组织的设立人为"除各级人民政府及其部门外的法人、自然人和其他组织"；事业单位注销后的剩余财产处理须严格遵循法定的事业性国有资产监管及审批程序，并非简单依章程或登记管理机关处置方式。

2. 我国民法与行政法对非营利组织内涵的"非政府性"属性界定冲突

如上所析，《企业所得税法》及其《实施条例》、非营利组织"三大条例"和《中国国民经济核算体系(2016)》等行政法律均强调非营利组织内涵的非营利性、非政府性特征。但是，2017年《民法总则》及2020年《民法典》仍沿袭《民法通则》之企业法人与非企业法人二分的法人一级分类思路，按照法人设立目的和功能等方面的不同，将法人分为营利法人、非营利法人和特别法人三类，将事业单位与社会团体、基金会和社会服务机构一道归类为非营利法人，[①]仅强调非营利组织的非营利性特征，舍弃了非政府性特征。

《民法总则》及《民法典》确立的营利法人、非营利法人与特别法人三分的法人一级分类标准不仅将事业单位法人归入非营利法人范围，舍弃了非营利组织的"非政府性"内涵，且未区分公法人与私法人，存在明显逻辑缺陷：同为公法人性质的机关法人和事业单位法人，为何事业单位法人被归入非营利法人范围、机关法人被归入营利法人和非营利法人之外的特别法人之中？事业单位法人的设立人为国家、其财产是国有资产，而社会团体法人、基金会法人和社会服务机构法人等传统非营利法人的设立人并非国家，其财产并非国有资产，为何将设立人与其财产归属明显不同的两类法人归入非营利法人同一类型之中？正如学者所言，非营利法人一般是指国家科层制序列以外的各种民间社会团体，机关法人与事业单位法人均属公法人，将公法人性质的事业单位法人定性为非营利法人，不仅延续了《民法通则》的法人分类不区分公法人与私法人的弊端，且造成"非营利法人"包括政府组织的误解。[②] 此外，如本书第二章所析，将同为公法人的机关法人与事业单位法人分别归类为非营利法人、特别法人，将与社会团体、基金会和社会服务机构的性质无异的基层群众自治组织归类为有别于非营利法人的特别法人，其法理逻辑难谓圆满。

---

① 李建国：《关于〈中华人民共和国民法总则(草案)〉的说明》，载李适时主编：《中华人民共和国民法总则释义》，法律出版社2017年版，第684页；蒲晓磊：《民法总则草案提请审议：法人拟分为营利性和非营利性两类》，《法制日报》2016年6月28日第1版。
② 谢鸿飞：《〈民法总则〉法人分类的层次与标准》，《交大法学》2016年第4期。

二、我国政策文本中的"非营利组织"概念内涵考察

（一）我国政策文本中的"非营利组织"概念称谓演进

我国改革开放以来，随着经济体制改革的深入和政治体制改革的逐步推进，党和国家逐步认识到非营利组织在社会建设中的不可替代功能，社会体制改革步伐随之逐步加快，陆续出台顶层政策以积极引导和培育发展非营利组织，全能政府逐步转向有限政府，原来由国家承担的部分公共职能逐步转由社会力量来提供。我国社会体制改革的政策文本虽未采用"非营利组织"概念，但先后使用了功能类似的"非政府组织""民间组织""社会组织"等概念。

"非政府组织"（Non-Governmental Organization，NGO）概念正式引入我国，始于1995年9月在北京召开的联合国第四次世界妇女大会。① "非政府组织"一词最早出现在1945年《联合国宪章》，联合国根据国际形势的变化和自身的需要，不断深化非政府组织的功能和性质认识，"非政府组织"概念的外延不断拓展。1950年联合国经社理事会第288(X)号决议首次界定"国际非政府组织"为"凡不是根据政府间协议建立的国际组织都可以被看作是非政府组织"，强调其民间性。1998年联合国经社理事会人口与发展委员会报告认为："非政府组织是正式成立的、自我管理的、非营利性的、以一定程度的自愿参与为特点的民间组织。"② 联合国下属机构世界银行将非政府组织界定为：世界各地为数众多的一类组织，有些是正式成立的，有些则是非正式的；大多独立于政府之外，且主要为促进人类合作和社会公益，而非以商业性任务为目标；一般旨在解除苦痛，促进穷人的利益，保护环境，提供基本社会服务或从事社区发展的工作。③ 因此，联合国界定的"非政府组织"是非政府性、非营利性、公益性或互益性、正式或非正式的组织。我国《境外非政府组织境内活动管理法》虽将"在境外合法成立的基金会、社会团体、智库机构等非营利、非政府的社会组织"定名为"境外非政府组织"，但政策层面并未将我国国内成立的非政府性和非营利性的组织称为"非政府组织"，其主要原因可能是：(1) 非政府组织带有较浓厚的政治概念意味，容易引起疑义，使民众误

---

① 文军：《非营利组织与中国社会发展》，贵州人民出版社2004年版，第129页。
② 张远凤、邓汉慧、徐军玲编著：《非营利组织管理理论、制度与实务》，北京大学出版社2016年版，第4页。
③ 马庆钰：《对非政府组织概念和性质的再思考》，《天津行政学院学报》2007年第9卷第4期；顾建光：《非政府组织的兴起及其作用》，《上海交通大学学报（哲学社会科学版）》2003年第6期。

认为"非政府组织"的是"与政府没有任何关系"乃至反对政府的组织。(2)国际上习惯将从事全球性活动的非营利组织称为非政府组织,如日本将致力于日本国外以开发援助、国际协力、扶贫环保等公益活动的社会组织称为"非政府组织"(NGO),而将在日本国内活动的公益性组织称为"非营利组织"(NPO)。① (3)非政府组织概念仅体现非政府性特征,难以直接凸显"非营利性"特征。

1996年以来,中共中央和国务院制定的顶层政策将社会团体、基金会和民办非企业单位统称为"民间组织"。1996年8月,中共中央办公厅、国务院办公厅印发《关于加强社会团体和民办非企业单位登记管理工作的通知》,首次提出"民间组织"概念,明确民间组织包括社会团体和民办非企业单位并由民政部登记管理。1998年6月,国务院批复成立取代原社会团体和民办非企业单位管理司的民间组织管理局,统一管理社会团体、基金会和民办非企业单位。② 1999年11月,中共中央办公厅、国务院办公厅印发《关于进一步加强民间组织管理工作的通知》,正式在中央政策文件名称中使用"民间组织"概念。显然,"民间组织"概念指狭义的民间组织,是指合法的、非政府的、非营利的、非党派性质的、实行自主管理、志愿性的、致力于解决各种社会问题和提供各种社会服务的社会中介组织,③是我国全能政府逐步转向有限政府的改革过程中提出的与政府组织相对应的概念,但带有一定的"官民二分"身份地位歧视色彩,且其外延范围模糊,难以排除营利组织。

2004年3月中国政府工作报告最早使用"社会组织"概念,④2006年中共十六届六中全会审议通过的《关于构建社会主义和谐社会若干问题的重大决议》正式提出"社会组织"概念,之后党中央和国务院制定的顶层政策将传统的非政府组织、非营利组织、第三部门或者民间组织概念改造为"社会组织"概念。⑤ 2007年中共十七大报告进一步确认"社会组织"概念,强调重视社会组织的建设和管理。2011年7月出台的《中共中央国务院关于加强和

---

① 王名、李勇、廖鸿、黄浩明编著:《日本非营利组织》,北京大学出版社2007年版,第46页;胡澎:《日本NPO的发展及其社会功能》,载黄晓勇主编:《中国民间组织报告(2009—2010)》,社会科学文献出版社2009年版,第267、268页。
② 刘志欣、孙莉莉、杨洪刚:《非政府组织管理:结构、功能与制度》,清华大学出版社2013年版,第3页。
③ 李芹:《试论民间组织的非营利性及与政府的关系》,《山东大学学报(哲学社会科学版)》2005年第3期。
④ 李楠、马庆钰:《中德政府与社会组织关系比较》,《行政管理改革》2018年第1期。
⑤ 李学举:《用十七大精神统一思想,充分发挥社会组织在现代化建设中的重要作用》,《社团管理研究》2007年第3期。

创新社会管理的意见》要求完善党委领导、政府负责、社会协同、公众参与的社会管理格局,加强社会组织服务管理。2012年中共十八大报告提出加快推进社会体制改革,加快形成政社分开、权责明确、依法自治的现代社会组织体制,引导社会组织健康有序发展,充分发挥群众参与社会管理的基础作用。2013年3月十二届全国人大一次会议批准通过的《国务院机构改革和职能转变方案的决定》确立改革社会组织管理制度的行政机构职能转变方案。2013年10月中共十八届三中全会审议通过的《中共中央关于全面深化改革若干重大问题的决定》进一步提出创新社会治理体制,激发社会组织活力。2014年10月中共十八届四中全会审议通过的《中共中央关于全面推进依法治国若干重大问题的决定》进一步强调"加强社会组织立法,规范和引导各类社会组织健康发展"。2015年8月中共中央办公厅印发的《关于加强社会组织党的建设工作的意见(试行)》指出"社会组织主要包括社会团体、民办非企业单位、基金会、社会中介组织以及城乡社区社会组织等"。2016年8月中共中央办公厅、国务院办公厅印发的《关于改革社会组织管理制度促进社会组织健康有序发展的意见》明确提出"以社会团体、基金会和社会服务机构为主体组成的社会组织,是我国社会主义现代化建设的重要力量"。2017年中共十九大报告提出加强社区治理体系建设,推动社会治理重心向基层下移,发挥社会组织作用,实现政府治理和社会调节、居民自治良性互动。2020年12月中共中央印发的《法治社会建设实施纲要(2020—2025年)》提出:"健全社会组织、城乡社区、社会工作等方面的法律制度。""加强居民公约、村规民约、行业规章、社会组织章程等社会规范建设。""发挥人民团体和社会组织在法治社会建设中的作用。……促进社会组织健康有序发展,推进社会组织明确权责、依法自治、发挥作用。"与之相应,民政部文件用"社会组织"概念取代了"民间组织"用语,民间组织管理局官方网站更名为"中国社会组织网",民政部民间组织管理局更名为社会组织管理局。我国顶层政策采用"社会组织"概念,理由是有利于纠正社会上对这类组织存在的片面认识,有利于进一步形成各方面重视和支持这类组织的共识,有利于这类组织在经济社会发展中更好地发挥积极作用。①

(二)我国政策文本中的"非营利组织"概念内涵分析

我国顶层政策中的"社会组织"概念,属介于政治与经济之间的中性范畴,本身蕴含非政治、非经济的价值取向,其社会性的根本属性使其区别于与

---

① 李学举:《用十七大精神统一思想,充分发挥社会组织在现代化建设中的重要作用》,《社团管理研究》2007年第3期。

谋求经济利益的企业组织和谋求政治利益的政党组织和政府组织,[1]其范围指涉适用于社会团体、民办非企业单位(社会服务机构)和基金会三个法规的具有法人资格的组织。[2] 质言之,我国政策文本中的"社会组织"实属非营利性、非政府性的组织即"非营利组织","非营利性""非政府性"为其本质属性,"非营利性"乃社会共识,"非政府性"意即其不隶属于政府机构序列,也不能行使国家行政权力。[3] 我国政策文本中社会组织概念内涵的"非政府性"特征体现在该组织的人财物、职能、运行方式等多个方面:

1. 社会组织机构的非政府性

2012年中共十八大报告强调加强和创新社会管理时提出"强化企事业单位、人民团体在社会管理和服务中的职责,引导社会组织健康有序发展",实乃区分企事业单位和人民团体与社会组织,强调社会组织的非政府性。《国务院办公厅关于政府向社会力量购买服务的指导意见》明确社会组织与行政机关、企事业单位、群团组织属政府向社会力量购买服务的不同类型主体,实乃强调社会组织的"非政府性"属性。2014年10月中共十八届三中全会通过的《关于全面深化改革若干重大问题的决定》提出"要建立事业单位法人治理结构,推进有条件的事业单位转为企业或社会组织",明确区分事业单位与社会组织,实即强调社会组织的"非政府性"特征。《国务院关于批转发展改革委等部门法人和其他组织统一社会信用代码制度建设总体方案的通知》要求区分工商部门的工商注册号、机构编制部门的机关及事业单位证书号与民政部门的社会组织登记证号,实乃强调社会组织异于国家机关及事业单位的非政府性。2015年9月中共中央办公厅印发的《关于加强社会组织党的建设工作的意见(试行)》指出"社会组织主要包括社会团体、民办非企业单位、基金会、社会中介组织以及城乡社区社会组织等",2016年8月中共中央办公厅、国务院办公厅印发的《关于改革社会组织管理制度促进社会组织健康有序发展的意见》指出"以社会团体、基金会和社会服务机构为主体组成的社会组织,是我国社会主义现代化建设的重要力量",均明确社会组织并不包括事业单位、参加人民政协会议的人民群体、国务院批准免予登记的社会团体,实乃强调社会组织的"非政府性"特征。[4] 依据中共中央办公厅、国务

---

[1] 张海军《"社会组织"概念的提出及其重要意义》,《社团管理研究》2012年第12期;王名:《社会组织:提出的不仅仅是概念》,《中国社会报》2007年3月12日。
[2] 詹成付:《必须坚持社会组织的非营利性和非行政性》,《学会》2017年第6期;张清:《社会组织的软法治理研究》,法律出版社2015年版,第3页;李培林:《中国社会组织体制的改革和未来》,《社会》2013年第3期。
[3] 李楠、马庆钰:《中德政府与社会组织关系比较》,《行政管理改革》2018年第1期。
[4] 鲍绍坤:《社会组织及其法制化研究》,《中国法学》2017年第1期。

院办公厅印发的《行业协会商会与行政机关脱钩总体方案》,行业协会商会与行政机关脱钩的改革方向是去行政化,首先要求实现机构分离,实现行业协会商会类非营利组织的非政府性。到2021年底,推动实现729家全国性行业协会商会和69 699家地方行业协会商会"应脱尽脱","五分离、五规范"任务基本完成,行业协会商会内在活力和发展动力明显增强。①

2. 社会组织职能的非政府性

以行业协会商会改革为例,《行业协会商会与行政机关脱钩总体方案》要求行政机关与行业协会商会的职能分离,剥离行业协会商会现有的行政职能,加快行政机关转移适合由行业协会商会承担的职能,实乃强调社会组织职能的非政府性。

3. 社会组织资产财务的非政府性

以行业协会商会改革为例,《行业协会商会与行政机关脱钩总体方案》要求行业协会商会的资产财务分离,实现社会组织资产财务的非政府性:行业协会商会应执行民间非营利组织会计制度,单独建账、独立核算;自2018年起取消全国性行业协会商会的财政直接拨款,地方性行业协会商会的财政拨款过渡期和过渡办法,由各地自行确定,但过渡期不得超过2017年底;各业务主管单位对其主管的行业协会商会财务资产状况进行全面摸底和清查登记,厘清财产归属;财政部门会同机关事务主管部门按照所有权、使用权相分离的原则,制定行业协会商会使用国有资产(包括无形资产)管理办法,确保国有资产不流失。

4. 社会组织人员管理的非政府性

以行业协会商会改革为例,《行业协会商会与行政机关脱钩总体方案》要求行业协会商会的人员管理分离:行业协会商会具有人事自主权,逐步实行依章程自主选人用人;行政机关不得推荐、安排在职和退(离)休公务员到行业协会商会任职兼职;对已在行业协会商会中任职、兼职的公务员,按相关规定进行一次性清理;行业协会商会与行政机关脱钩后,使用的事业编制相应核销,全面实行劳动合同制度。

5. 社会组织运行方式的非政府性

我国顶层政策文本均强调,须加快形成政社分开、权责明确、依法自治的现代社会组织体制,理清政府、市场、社会关系,促进社会组织健康有序发展,推进社会组织明确权责、依法自治、发挥作用,充分发挥社会组织在

---

① 民政部:《党的十八大以来民政各领域事业发展情况》,http://www.china.com.cn/zhibo/content_78411204.htm,2022年9月8日访问。

社会建设领域中的自我约束、自我管理、提供服务、反映诉求、规范行为、促进和谐功能。

三、我国法律与政策文本界定的非营利组织概念内涵差异根源

如上文所析,我国现行法律和政策对非营利组织概念的称谓较为混乱且对非营利组织内涵的界定存在一定差异。我国大部分法律法规及顶层政策均强调非营利组织内涵的非营利性和非政府性属性,而部委规章性质的《非营利组织免税资格认定通知》《民法总则》及《民法典》与顶层政策及其他法律法规对非营利组织内涵的界定不一致,将事业单位纳入非营利组织范围,剔除了非营利组织内涵的"非政府性"属性,其主要原因是:

第一,财政部、国家税务总局制定《非营利组织免税资格认定通知》,仅从可免税资格角度考虑公益性非营利组织与事业单位的非营利性共性,并未审慎考量非营利组织与免税资格取得无关的非政府性属性,进而将缺乏非政府性属性的事业单位纳入非营利组织范围。事实上,财政部、国家税务总局《关于事业单位、社会团体征收企业所得税有关问题的通知》及1999年国家税务总局《事业单位、社会团体、民办非企业单位关于企业所得税征收管理办法》曾规定事业单位与社会团体、民办非企业单位均具有免税资格,但明确区分了事业单位与社会团体、民办非企业单位的不同性质。《非营利组织免税资格认定通知》排除非营利组织内涵的非政府性特征,明显存在缺陷:一是违背上位行政法规和顶层政策对非营利组织内涵的界定,越权界定非营利组织内涵,不当扩大非营利组织范围,有损法治权威。域外非营利组织的内涵及外延均由民法典或非营利组织单行法界定,税法并不居于主干位置,[①]即使美国《国内收入法典》界定免税资格,也明确区分公法人与私法人性质的非营利组织。二是将事业单位定性为非营利组织,实将本属国有资产的事业单位财产按非营利组织财产处理,将事业单位注销时剩余财产依章程或由登记管理机关转赠处置,明显违背行政事业性国有资产管理规定。三是模糊了非营利组织的非政府性属性,极易误导非营利组织的真正性质,使社会公众误认为范围广泛、数量众多的事业单位就是非营利组织,不当挤压了真正的非营利组织获取免税待遇的空间。

第二,我国民商法学界长期以来重视营利组织法研究,疏于非营利组织法研究,《民法总则》及《民法典》剔除非营利法人内涵的非政府性属性,并未

---

① 税兵:《非营利法人概念疏议》,《安徽大学学报(哲学社会科学版)》2010年第2期。

经学界充分讨论,且未形成理论共识。《民法总则》起草前,部分民法学者主张民法法人分类采取公法人与私法人二分模式下营利法人与非营利法人之私法人二分方法,[1]实乃强调非营利法人内涵的非营利性和非政府性特征。孙宪忠教授领衔起草的中国社科院版《民法总则建议稿》采公法人与私法人二分的法人元分类法及社团法人与财团法人二分的私法人分类法,明确区分国库、国家机关、事业单位、人民团体等国家依法设立的以管理公共事务为目的的公法人与公司、企业、财团法人、寺庙等依法设立的以从事民事活动为目的的私法人。[2] 李永军教授领衔起草的中国政法大学版《民法总则建议稿》及徐国栋教授领衔起草的《绿色民法典》的法人分类方法及非营利组织法人内涵界定[3]亦区分了本属公法人的事业单位法人与本属私法人的非营利法人(包括非营利性社团法人与财团法人),但未引起法学界及立法机关的重视。

《民法总则》起草过程中,我国民法学者对法人分类方法之争议过多地放在私法人元分类方法应采营利法人与非营利法人二分的功能主义模式还是社团法人与财团法人二分的结构主义模式上面,[4]忽视了法人的元分类方法应采公法人与私法人二分模式与营利法人与非营利法人二分模式之分析,遮蔽了功能主义的法人元分类方法忽视非营利法人的非政府性内涵界定及私法人性质定位的重大理论局限,忽略对功能主义的法人元分类方法缺失非营利法人非政府性属性揭示之批判。非但如此,部分学者还提出我国民法不应

---

[1] 梁慧星:《民法总论》,法律出版社1996年版,第122、123页;马俊驹:《法人制度的基本理论和立法问题之探讨(上)》,《法学评论》2004年第4期;税兵:《非营利法人解释:民事主体的视角》,法律出版社2010年版,第238页;崔拴林:《论我国私法人分类理念的缺陷及修正——以公法人理论为主要视角》,《法律科学》2011年第4期。
[2] 孙宪忠教授领衔的中国社会科学院民法典立法研究课题组:《民法总则建议稿》,http://www.cssn.cn/fx/fx_yzyw/201603/t20160303_2895289.shtml,2016年3月3日访问。
[3] 中国政法大学民商经济法学院民法研究所"中国民法典研究小组"李永军等:《中华人民共和国民法总则(专家建议稿)》,《比较法研究》2016年第3期;徐国栋主编:《绿色民法典草案》,社会科学文献出版社2004年版,第113～134页。
[4] 蔡立东、王宇飞:《职能主义法人分类模式批判——兼论我国民法典法人制度设计的支架》,《社会科学战线》2011年第9期;蔡立东:《法人分类模式的立法选择》,《法律科学》2012年第1期;李永军:《我国未来民法典中主体制度的设计思考》,《法学论坛》2016年第2期;李永军:《以"社团法人与财团法人"的基本分类构建法人制度》,《华东政法大学学报》2016年第5期;罗昆:《我国民法典法人基本类型模式选择》,《法学研究》2016年第4期;王文宇:《揭开法人的神秘面纱——兼论民事主体的法典化》,《清华法学》2016年第5期;谭启平、黄家镇:《民法总则中的法人分类》,《法学家》2016年第5期;谭启平:《中国民法典法人分类和非法人组织的立法构建》,《现代法学》2017年第1期;谭启平、应建均:《"特别法人"问题追问——以〈民法总则(草案)〉(三次审议稿)为研究对象》,《社会科学》2017第3期。

采纳非营利法人概念的诸多不合理理由,进一步加剧了学界对非营利组织基本内涵的合理认知。有学者认为,我国民法不应将营利法人与非营利法人作为法人根本分类,因为营利性与否决定法人在税法上的不同地位和义务。[1] 这明显混淆了非营利组织的设立与其免税组织(或公益组织)认定之间的区别,因为登记成立的非营利组织并非一定享有免税资格,经公益组织认定之后方可享有,即立法分别规定非营利组织的法人资格与结社许可和公益认定,《民法典》解决非营利组织的法人形态问题,行政立法解决非营利组织的结社许可、公益认定、税收减免等管理问题。[2] 另有学者认为,非营利法人的概念界定方式不成熟,法人公益性或非营利性界定艰难,营利与非营利作为法人类型模式的区分标准缺乏确定性,因此2008年美国《统一非营利法人示范法》再次修改时废除了原来的非营利法人列举式界定,日本2006年专门制定的《公益法人认定法》创建了一般社团法人或一般财团法人的公益性认定制度,希望借由程序的公正性和权威性来弥补非营利概念界定的不足,解决法人设立阶段"公益性判断不明确"的问题。[3] 这实乃误读美、日的非营利组织立法改革。《美国示范非营利法人法》2008年版和2021年修订草案尽管废除了1987年版的互益法人、公益法人与宗教法人之非营利法人三分模式,但采取了慈善组织与非慈善组织的非营利组织二分模式,第3版第6.22条和第4版第622条均规定禁止慈善组织回购成员权或其他任何权利并允许非慈善组织依章程或依法律规定回购成员权或其他任何权利,第3版第6.42条和第4版第642条均规定允许有成员的非慈善组织向其成员分配组织资本,且,美国《统一非营利法人示范法》2008年版,第4.01条及2021年修订草案第210条(d)(3)条关于非营利法人名称规定实际上列举了非营利法人的多种类型——公司、社会团体、基金会、合伙及信托。不仅如此,2015年美国统一州法委员会及美国律师协会联合发布的统一规制营利组织与非营利组织的《示范统一商业组织法典》在序言中明确保留现行的《示范商业公司法》和《示范非营利法人法》,待将来条件成熟时一并将这两部单行法纳入《示范统一商业组织法典》,其第1—102条第A款第10项定义的"法律实体"(Entity)范围明确区分营利组织与非营利法人、未登记社团,第9编和第10编分别规制营利法人与非营利法人。2006年日本非营利组织法改革区分非

---

[1] 赵旭东:《民法总则草案中法人分类体系的突破与创新》,《中国人大》2016年第14期。
[2] 王涌:《中国需要一部具有商法品格的民法典》,《中国法律评论》2015年第4期;《民法总则法人部分座谈会简报(2015年10月28日)》,载《民法总则立法背景与观点全集》,法律出版社2017年版,第523页。
[3] 罗昆:《我国民法典法人基本类型模式选择》,《法学研究》2016年第4期。

营利组织法人格的取得与其公益组织身份认定,旨在放松非营利组织的设立条件并实行准则主义,若申请享有免税待遇则须经公益组织认定,实行较为严格的许可主义,①而与非营利概念是否难以界定毫无关系。

王利明教授、梁慧星教授、龙卫球教授分别领衔起草的《民法典总则编草案建议稿》及 2015 年中国商法学研究会向全国人大法工委提交的立法建议报告采营利法人与非营利法人二分,而非公法人与私法人二分的法人元分类方法,②将机关法人、事业单位法人、社会团体法人与捐助法人均定性为非营利法人,仅强调非营利法人的非营利性属性,不考虑其"非政府性"特征。此种依法人功能及目的的不同将营利法人与非营利法人二分作为法人元分类方法,被全国人大常委会公布的《民法总则草案(征求意见稿)》及最终通过的原《民法总则》采纳。但是,其主要基于考量与《民法通则》创设的企业法人与非企业法人之法人分类传统相衔接以保持法律制度稳定。③ 事实上,非营利组织内涵此种定位的理由难以成立,不仅难以契合我国顶层政策对非营利组织非营利性和非政府性的性质定位,且未能合理反映真正的非营利组织培育与发展之现实需求,造成"非营利法人(组织)"包括政府组织的误解之弊端。④

我国 2017 年 7 月下发的《中国国民经济核算体系(2016)》及时适应非营利组织发展变化新情况,并与国际接轨,借鉴 2008SNA 做法,单独设置"为住户服务的非营利机构"的部门分类,突出强调非营利组织的非营利性和非政府性。遗憾的是,2020 年颁布的《民法典》仅考虑民法典及时出台的立法方便需要,完全照搬《民法总则》仅强调非营利法人的非营利性属性规定。

---

① [日]近江幸治:《民法讲义Ⅰ 民法总则(第 6 版补订)》,渠涛等译,北京大学出版社 2015 年版,第 83~90 页;[日]山本敬三:《民法讲义Ⅰ 总则(第 3 版)》,解亘译,北京大学出版社 2012 年版,第 360~364 页。
② 中国法学会民法典编纂项目领导小组和中国民法学研究会组织撰写并于 2015 年 6 月 24 日提交全国人大常委会法制工作委员会的《中华人民共和国民法典·民法总则专家建议稿(提交稿)》,http://www.360doc.com/content/16/0814/15/33935722_583159169.shtml,2016 年 8 月 4 日访问;梁慧星主编:《中国民法典草案建议稿附理由:总则编》,法律出版社 2013 年版,第 153、154 页;北航法学院课题组(龙卫球主持):《中华人民共和国民法典·通则编》草案建议稿【条文版】,http://www.fxcxw.org/index.php/home/xuejie/artindex/id/9597.html,2015 年 12 月 4 日访问。
③ 梁慧星:《〈中华人民共和国民法总则(草案)〉:解读、评论和修改建议》,《华东政法大学学报》2016 年第 5 期。
④ 谢鸿飞:《〈民法总则〉法人分类的层次与标准》,《交大法学》2016 年第 4 期;屈茂辉、张彪:《法人概念的私法性申辩》,《法律科学》2015 年第 5 期。

第二节　域外法律中的非营利
组织概念内涵分析

比较考察域外非营利组织法律制度可知,"非营利性"和"非政府性"之双重属性乃非营利组织概念的基本内涵。

一、英美法系非营利组织概念的内涵考察

美国非营利组织专门法采用了"非营利法人"(Nonprofit Corporation,NPC)概念,强调非营利法人的"非营利性""非政府性"特征,且区分了非营利法人的设立与其免税资格的获取。美国属联邦与州高度分权的联邦制国家,非营利组织的立法权限属于各州。美国非营利组织法的法律渊源主要包括各州参考美国《示范非营利法人法》(Model Nonprofit Corporation Act)、《统一未登记非营利社团法》(Uniform Unincorporated Nonprofit Association Act)分别制定的《非营利法人法》《未登记非营利社团法》《信托法》《公司法》及《联邦国内税收法典》等。《示范非营利法人法》2008版第4.01条及《示范非营利法人法》2021版第210条第(d)款第3项界定非营利法人名称时实乃确立了非营利法人的不同类型——社团、基金、信托等,美国统一州法委员会及美国律师协会2015年联合发布的统一规制营利组织与非营利组织的《示范统一商业组织法典》(Uniform Business Organizations Code)第1—102条第A款第10项定义的"法律实体"(Entity)确立了非营利组织的两种基本类型——登记取得法人资格型非营利组织与未登记非营利社团型非营利组织。具体而言,美国非营利组织类型主要包括非营利法人(Nonprofit Corporation)、公共利益公司(Public Benefit Corporation)、信托(Trust)、宗教组织(Religious Corporation)、未登记非营利社团型(Unincorporated Nonprofit Association)等,非营利法人分为慈善型(Charitable Corporation)与非慈善型(Non-charitable Corporation)、有成员型(Membership Corporation)与无成员型(Nonmembership Corporation)。《示范统一商业组织法典》第1—102条第B款第(v)项规定该法规制的"法律实体"除强调非营利组织的非营利性特征外,还明确强调其非政府性属性,不包括政府(government)、政府分支部门(governmental subdivision)、政府部门(governmental agency)和政府机构(governmental instrumentality)。此外,美国《国内税收法典》区分非营利组织与免税组织,第501(C)条规定以列表形式具体规定了30余种具有免税资格的非营利组织,对不同类型的非营利组织及同一类型非营利组织的不同行为

区别对待,①且区分规定了政府组织[第501(C)(1)条]与公益慈善型非营利性组织[第501(C)(3)条]和从事公益事业的互益型非营利组织[第501(C)(4—12)条]的收入免税待遇,体现了美国联邦法律层面对非营利组织"非政府性"特征的强调。是故,美国国务院官方强调,美国非营利组织是非营利性、非政府性的组织。②

英国虽无专门的非营利组织法,但存在比较完善的非营利组织法律制度。英国非营利组织大体分为社团法人、信托、未登记社团、保证有限公司、社区利益公司等五种类型,经慈善委员会认定为慈善组织的非营利组织可享受税收优惠待遇。规制互益性及公益性社团的立法,体现为适用于英格兰、威尔士及苏格兰的《互益性及公益性社团法》(Co-operative and Community Benefit Societies Act 2014)、适用于北爱尔兰的《工业互助会法》[Industrial and Provident Societies Act (Northern Ireland) 1969]及《储蓄互助会、互益性及公益性社团法》[The Credit Unions and Co-operative and Community Benefit Societies Act (Northern Ireland) 2016];规制保证有限公司、社区利益公司的立法,体现为适用于英格兰、威尔士及苏格兰的《公司法》(2006)、适用于北爱尔兰的《公司法》(2006);规制信托的立法,体现为适用于英格兰及威尔士的《受托人法》、适用于北爱尔兰的《受托人法》、适用于苏格兰的《信托法》及《慈善及受托人投资法(苏格兰)》[The Charities and Trustee Investment (Scotland) Act 2005];规制慈善组织的立法,体现为适用于英格兰、威尔士及苏格兰的《慈善法》、适用于北爱尔兰的《北爱尔兰慈善法》、适用于苏格兰的《慈善及受托人投资法(苏格兰)》等。英国未登记社团可以开展活动,但不具有独立的法律人格,由普通法规制。英国慈善组织及互益性组织独立于政府部门,是以非政府性、非营利性的组织形式出现,其本来功能就是为了弥补政府提供公共产品失灵的缺陷。1998年,英国中央政府与全英慈善与社区中心签署了世界上第一个构建政府部门与非营利组织合作伙伴关系的《政府与志愿及社区部门伙伴关系协定》(COMPACT),确立政府与志愿部门合作的资助和购买、政策咨询、志愿、黑人与少数民族组织、社区组织准则等5项准则。

加拿大、澳大利亚及印度均属英联邦的联邦制国家,其非营利组织均具

---

① 丁晶晶、李勇、王名:《美国非营利组织及其法律规制的发展》,《国外理论动态》2013年第7期。
② FACT SHEET: Non-Governmental Organizations (NGOs) in the United States, https://www.state.gov/non-governmental-organizations-ngos-in-the-united-states/,2017年1月20日访问。

有非营利性、非政府性特征。加拿大联邦层面的统一非营利组织法、各省层面的分散非营利组织法及民法典规制非营利组织等三种模式并存,但其立法内容本质上相同。联邦层面的非营利组织基本法包括《非营利法人法》(The Canada Not-for-profit Corporations Act 2009)、《非营利法人法实施规则》(The Canada Not-for-profit Corporations Regulations 2011)、《慈善组织登记法》[The Charities Registration (Security Information) Act]及《国内税法》(The Income Tax Act),安大略省2020年颁布了《非营利法人法》(The Ontario Not-for-Profit Corporations Act 2009),不列颠哥伦比亚省2016年颁布了新的《社团法》(The British Columbia Societies Act),其他省还颁布了适用于各省的《慈善机构法》或《慈善资金募集企业法》。澳大利亚并无统一的非营利组织法,非营利组织制度分散规定在联邦、州/地区和地方三级法律体系中的公司法、社团法人法、慈善法、信托法等法律制度之中,各州颁布了专门调整非营利组织的《社团法人设立法》《慈善募集法》《慈善基金法》《公益信托法》或《慈善信托法》。印度非营利组织法包括联邦和邦两个层面,印度非营利组织包括社团、公益信托、无股份非营利公司、合作社和工会等五种类型,《社团登记法》《印度信托法》及《印度公司法》第25条主要规制公益社团、公益信托、非营利公司等公益性非营利组织,《合作社法》和《工会法》主要规制互益性非营利组织,《宗教捐赠法》《慈善捐赠法》《慈善和宗教信托法》《教区法》《伊斯兰教区法》《公共教区法》及各邦《公益信托法》主要规制宗教组织和慈善组织,《外国捐赠(管理)法》主要规范所有印度非营利组织接受外国捐赠的行为,《所得税法》专门规制印度非营利组织的免税资格及公益捐赠税前扣除资格的取得。① 因属英联邦,加拿大和澳大利亚的非营利组织制度受英国影响较大,强调非营利组织的"非营利性""非政府性"。2001年、2010年,加拿大、澳大利亚联邦政府先后与非营利组织签订建立政府部门与非营利组织合作伙伴关系的《加拿大政府与志愿部门协议》(An Accord Between the Government of Canada and the Voluntary Sector)、《全国性协议——携手合作》(National Compact—Working Together)。② 与各国相似,印度非营利组

---

① 贾西津:《印度非营利组织及其法律制度环境考察报告》,《学会》2007年第4期;王世强:《印度非营利组织:法律框架、登记管理和税收体制》,《社团管理研究》2012年第9期;何宇飞:《中印两国非营利部门的比较:一个初步的探索》,《华东理工大学学报(社会科学版)》2016年第3期。

② 石国亮:《国外政府与非营利组织合作的新形式——基于英国、加拿大、澳大利亚三国实践创新的分析与展望》,《四川师范大学学报(社会科学版)》2012年第3期;廖洪、石国亮等编组:《澳大利亚非营利组织》,中国社会出版社2011年版;李本公主编:《国外非政府组织法规汇编》,中国社会出版社2003年版,第356~361、401~414、464~475页。

织具有独立于政府、由理事会管理、受益者是组织成员以外的人、成员不能分配利润的特征。①

肯尼亚原属英国殖民地,继承了英美法系普通法传统,但其非营利组织法采取了制定法模式,先后颁布了《社团法》(The Societies Act, Chapter 108 of the Laws of Kenya)和《非政府组织协同合作法》(The Non-Governmental Organizations Coordination Act),2013年虽通过了取代《非政府组织协同合作法》的《公益组织法》(The Public Benefit Organizations Act),但至今尚未正式实施。② 肯尼亚非营利组织的主要类型包括非政府组织(NGOs)、《公司法》规定的担保有限责任公司、《社团法》规定的社团和《受托人法》规定的公益信托,区分非政府组织与政府设立的公益性组织、非营利组织与免税组织。肯尼亚《非政府组织协同合作法》采用的"非政府性组织"概念实乃"非营利组织",具有非营利性、非政府性特征。

综上,美国、英国、加拿大、澳大利亚、印度、肯尼亚等英美法系国家的非营利组织立法均强调非营利组织概念内涵的非营利性、非政府性特征,且区分非营利组织与免税组织(或公益组织)。

二、大陆法系非营利组织概念的内涵考察

德国法虽无非营利组织(法人)概念,但存在实质意义的非营利组织法,分散规定在德国《宪法》《民法典》《社团法》《经营及经济合作社法》《有限责任公司法》及各州自行制定的基金会法(财团法)等法律之中。德文语境中的非营利组织(NPO)并非法律概念,系社会学概念,是指独立于国家和市场之外、以非营利为导向的各种社团、基金会及公益性有限公司等自主管理组织。③ 德国非营利组织的主要组织形态包括登记社团法人、财团法人、未登记社团(即无权利能力团体)、公益合作社和公益有限责任公司。④《德国民法典》的法人分类首先区分公法人与私法人,私法人再分为社团法人与财团法人,社

---

① 王世强:《印度非营利组织:法律框架、登记管理和税收体制》,《社团管理研究》2012年第9期。
② NONPROFIT LAW IN KENYA, https://www.cof.org/country-notes/nonprofit-law-kenya, 2017年1月20日访问。
③ 刘力:《政府采购非营利组织公共服务——德国实践及对中国的启示》,《政法论坛》2013年第4期;杨解朴:《德国民间组织:发展状况与社会功能》,载黄晓勇主编:《中国民间组织报告(2011~2012)》,社会科学文献出版社2013年版,第229~239页;张网成、黄浩明:《德国非营利组织:现状、特点与发展趋势》,《德国研究》2012年第2期。
④ 张网成、黄浩明:《德国非营利组织:现状、特点与发展趋势》,《德国研究》2012年第2期;胡晓静、杨代雄译:《德国商事公司法》,法律出版社2014年版,译者前言第8页;苑鹏:《德国最新〈合作社法〉的修订变化及其对我国的启示》,《学习与实践》2016年第7期。

团法人再分为营利性社团法人与非营利性社团法人。申言之,《德国民法典》确立了非营利组织的基本类型——非营利社团法人、财团法人和未登记社团（即无权利能力团体）,区分非营利组织与政府组织、营利组织,强调非营利组织的"非营利性""非政府性"特征。[1] 依据1976年3月通过的《德国税法通则》第51—68条规定,德国区分非营利组织设立与免税组织认定。

日本法尽管未采用"非营利组织（法人）"概念,但学界认为日本一般社团法人和一般财团法人系非营利法人,具有非营利性和非政府性特征。2006年,日本实行法人制度改革,删除了《日本民法典》的公益法人与营利法人分类规定,废除了《中间法人法》,专门制定了《一般社团法人及一般财团法人法》及《公益社团法人及公益财团法人认定法》,确立了一般社团法人和一般财团法人的非营利性质。日本还广泛存在市民自主设立、独立于政府和企业、不以营利为目的且未注册登记的市民活动团体、志愿者团体及地缘组织（即无权利能力社团或财团）。[2] 因日本法区分公法人与私法人,[3]以民法、一般法人法、公司法等私法设立为依据设立的法人被称为私法人,[4]显然,日本的非营利组织还具有非政府性特征。《公益社团法人和公益财团法人认定法》仅涉及一般社团法人及一般财团法人取得税收优惠待遇的公益社团法人与公益财团法人认定问题,无涉非营利组织的非营利性和非政府性认定问题。

中欧和东欧的15个国家（包括阿尔巴尼亚、波黑、保加利亚、克罗地亚、捷克、爱沙尼亚、科索沃、拉脱维亚、立陶宛、马其顿、黑山、波兰、斯洛伐克、斯洛文尼亚和塞尔维亚）专门立法规定了实质意义上的非营利组织,且区分非营利组织的成立与公益组织的认定。[5] 波兰2003年颁布的《公益活动和志愿服务法》（Law on Public Benefit Activity and Volunteerism）区分非政府组织与公益组织认定,非政府组织（包括社团和基金会）为非公共财政部门的机构且运作不以营利为目的（第3条）,实乃非营利组织,具备非营利性和非政府性特征。《捷克民法典》及《捷克公益法人法》虽均未采用"非营利组织"概念,

---

[1] 李楠、马庆钰:《中德政府与社会组织关系比较》,《行政管理改革》2018年第1期。
[2] 俞祖成:《日本非营利组织:法制建设与改革动向》,《中国机构改革与管理》2016年第7期;胡澎:《日本NPO的发展及其社会功能》,黄晓勇主编:《中国民间组织报告（2009～2010）》,社会科学文献出版社2009年版,第269页。
[3] 如《日本商法典》第2条专门规定,公法人所为商行为,除非法律另外规定,才适用商法典。
[4] ［日］近江幸治:《民法讲义Ⅰ 民法总则》,渠涛等译,北京大学出版社2015年版,第6版补订,第83页。
[5] See Douglas Rutzen, David Moore, and Michael Durham, The Legal Framework for Not-for-Profit Organizations in Central and Eastern Europe, http://www.icnl.org/research/resources/regional/CEE%20Overview_eng.pdf, visited on December 20, 2018.

但《捷克民法典》区分了公司法人(Corporations)与社团法人(Association)、财团法人(Endowed Institutions)、公益法人(A Publicly Beneficial Legal Person),强调社团法人和财团法人的非营利性和非政府性特征。匈牙利虽未采用"非营利组织"概念,但《匈牙利公益组织法》之"更大发挥国内非政府性、非营利性组织在公共服务领域中的功能"宗旨表明,可以向有管辖权的法院申请登记为公益组织的民间社团、财团、公益性公司和行业公会(Public Chambers)实为非营利性、非政府性的组织即非营利组织,登记后的公益组织有权享有免税资格及税前捐赠抵扣资格。①

俄罗斯法采用了"非营利组织"(non-profit organisations)的专门概念,非营利组织法由《民法典》的非营利组织法律规定及《公民公开结社组织法》《非营利组织法》《信仰自由和宗教组织法》组成,2014年俄罗斯修订民法典法人分类制度,整合并完善了之前分散且矛盾的非营利组织法规定。② 俄罗斯《民法典》采商业组织与非营利组织的法人一级分类方法(第50条),列举了15种非营利组织〔包括消费合作社、公共组织(含公共运动)、协会(联合会)、不动产所有者协会、哥萨克协会、社区、社会用途基金、机构(含联邦机构、自治地方机构和私人机构)、自治性非营利组织、宗教组织、公法公司、律师协会、律师组织、国有公司、公证员协会等〕,保留商业组织与非营利组织的法人一级分类既有标准基础上重新划分非营利组织并区分非营利社团组织与非营利财团组织(第123条)。③ 总体上,俄罗斯强调非营利组织的非营利性和非政府性特征,但非政府性特征的贯彻不够彻底,将大体相当于中国的国家机关和事业单位,具有公法人性质的联邦或自治地方设立的机构纳入非营利组织范围,④模糊了非营利组织的非政府性特征,主要原因在于,俄罗斯《民法典》尽管恢复公法与私法之划分,第2条第3款明确划分私法与公法调整

---

① NONPROFIT LAW IN HUNGARY, https://www.cof.org/country-notes/hungary, 2018年12月20日访问;金锦萍、葛云松主编:《外国非营利组织法译汇》,北京大学出版社2006年版,第180~192页。
② 2014年5月,俄罗斯国家杜马通过修订俄联邦民法典第一部分第4章的修订草案(Federal Law No.99 - FZ, "On Introduction of Changes to Chapter 4 of the First Part of the Civil Code of the Russian Federation and Invalidation of Certain Provisions of Legislation", dated 5 May 2014)。
③ 2012年4月2日,时任俄罗斯总统梅德韦杰夫正式提交给国家杜马审议的关于修订俄联邦民法典第一部分、第二部分、第三部分、第四部分以及部分俄联邦立法文件的联邦法律草案有关法人制度的重大体系性变化内容即体现了这一思路。龚兵:《俄联邦民法典现代化之路》,《俄罗斯东欧中亚研究》2013年第2期。
④ 张建文:《俄罗斯联邦民法典的法人财产权理论与模式》,《燕山大学学报(哲学社会科学版)》2010年第1期。

的关系范围,①但并未采行公法人与私法人区分的法人一级分类方法。②

综上,大陆法系国家非营利组织法律制度除强调非营利组织的非营利性之外,绝大多数强调其非政府性,且区分非营利组织与公益组织(免税组织)。

三、混合法系的非营利组织概念内涵考察

混合法系融合了普通法系和民法法系的法律传统,包括混合了罗马-荷兰法和英国法的南非、苏格兰、印度尼西亚及斯里兰卡等,混合了罗马-法国法和英国法的马耳他、魁北克、路易斯安那、毛里求斯、塞舌尔及圣卢西亚等,混合了罗马-西班牙法和英美法的波多黎各和菲律宾等;马耳他、魁北克和路易斯安那州颁布了民法典;南非和苏格兰虽未颁布民法典,但其私法领域采纳大陆法系基本原则,公法领域采纳英美法系复杂的衡平法理念。③ 以马耳他和南非等法域为例,混合法系非营利组织概念蕴含非政府性和非营利性属性。

法国法律传统对马耳他影响较大,《马耳他民法典》以《法国民法典》为蓝本且未规定法人制度,2007 年专门立法增设规制法律组织的《民法典附录二》,《民法典附录二》规定了非营利组织的基本内容,确立非营利组织的类型包括社会目的性基金会、社会目的性或其他非营利性社团、未登记的社团或公益基金会(第 17、26、48 条),强调非营利组织的非营利性和非政府性特征。《民法典附录二》第 1 条将组织分为公共组织与私人组织,公共组织(即公法人)是指政府直接或间接控制的任何组织,公共组织之外的其他组织即为私人组织;第 26 条将基金会分为目的性基金会与私人基金会,前者的设立仅在于慈善、博爱或其他社会目的,后者的设立则为了私人利益;第 48 条将社团区分为营利社团与非营利社团,前者旨在促进私人利益,后者旨在实现某种社会目的或非营利目的。依据《民法典附录二》第 1 条规定,"非营利性"和"社会目的"术语具有《志愿组织法》所赋予的含义。《志愿组织法》第 2 条规定,非营利性是指禁止分配利润给成员、设立人或管理人等,社会目的是指慈

---

① 鄢一美:《俄罗斯社会转型与私法体系的形成》,《法治现代化研究》2018 年第 3 期。不过,另有学者认为俄罗斯法律体系并未采用公法与私法的传统分类方法。孙忠、郗军:《俄罗斯民法学界对新民法典的修订——以对"法人"的修订为中心》,《上海政法学院学报》2013 年第 1 期。
② 《俄联邦民事立法的发展构想》,廖红英译,张建文校,魏磊杰、张建文主编:《俄罗斯联邦民法典的过去、现在及其未来》,中国政法大学出版社 2012 年版,第 360 页。
③ [南非]科尼利厄斯·G.凡·德尔·马尔维:《大陆法系与普通法系在南非和苏格兰的融合》,翟寅生译,《清华法律评论》2010 年第 1 辑;[英]霍普勋爵:《普通法世界中的混合法系》,刘晗译,《清华法学》2012 年第 6 期;黄文艺:《重构还是终结——对法系理论的梳理与反思》,《政法论坛》2011 年第 3 期;夏新华、刘星:《论南非法律体系的混合特性》,《时代法学》2010 年第 4 期。

善目的。申言之,马耳他强调非营利组织的非政府性和非营利性特征。

南非专门制定了《非营利组织法》,南非的非营利组织可采取公益信托、非营利公司、志愿团体、未登记团体等组织形式,强调非营利组织的"非政府性"和"非营利性"特征:①第1、12条明确非营利组织的"非营利性"特征,即非营利组织是为了公共目的且其收入和财产不得分配给其成员或负责人的信托机构、公司或其他团体;第2、3、12条明确营利组织的"非政府性"属性,强调政府与非营利组织的区分,即非营利组织不属于政府机构序列,非营利组织法的立法目的之一是建立非营利组织得以自治的行政管理体制,国家机关负有制定并协调促进、支持及增强非营利组织功能实现能力的政策和措施之义务。不过,南非公益信托由《信托财产控制法》规制,非营利公司由《公司法》规制,志愿团体由普通法规制,以实体形式存续、拥有独立于成员的财产且成员对团体财产不享有权利的志愿团体可被法院认定为具有法人团体地位,否则,属于未登记团体。

非洲的坦桑尼亚、赞比亚、乌干达和南苏丹均原属英国殖民地,亦属混合法系国家。② 2016 年,乌干达废除了 1989 年颁布的《非政府组织法》(Non-Government Organisations Act),并颁布了新的《非政府组织法》;2002 年、2009 年,坦桑尼亚、赞比亚先后颁布《非政府组织法》;南苏丹从苏丹独立后,2016 年颁布了《非政府组织法》。综观这四国《非政府组织法》,其规制的非政府组织实乃非营利组织,均强调其非营利性和非政府性特征。

四、联合国层面的非营利组织概念内涵考察

联合国层面关于非营利组织统计核算的法律文件主要包括三个,即联合国秘书处下辖的经济和社会事务部统计司发布的具有示范法性质的非营利机构统计核算国际标准,分别为《国民账户体系中非营利手册》(Handbook on Non-Profit Institutions in the System of National Accounts, NPI2003)、《国民账户体系 2008》(System of National Accounts, SNA2008)、《非营利和相关机构及志愿者工作的卫星账户 2018》(Satellite Account on Nonprofit and Related Institutions and Volunteer Work, NRV2018)。③ 这三个法律文件均强调非营利组织的非政府性和非营利性特征,确立了非营利组织统计核算的

---

① 乔申乾等:《南非民间组织考察报告》,《学会》2007 年第 3 期。
② 洪永红:《关于非洲法的概念与法系思考》,《法律文化研究》2005 年第 1 辑;朱伟东、刘建平:《多元法律背景下的苏丹冲突法》,《河北法学》2007 年第 12 期。
③ 王勇、王云玥、赵洋:《国际标准与本土情景融合下中国非营利机构卫星账户的核算框架》,《统计与信息论坛》2021 年第 11 期。

非营利组织识别标准。

SNA2008 颁布之前各国参照实施的是联合国 SNA1993，SNA1993 根据主要参与的经济交易、服务目的及控制和资助它们的单位种类之不同，将机构单位区分为金融法人公司、非金融法人公司、政府、住户与服务住户的非营利机构等五个部门，强调"服务住户的非营利机构"的非营利性和非政府性特征，非营利性的判定采"非利润分配"标准，非政府性特征的判定采"不受政府大量资助且不受政府实质控制"标准。为克服 SNA1993 获取非营利机构信息不完善的缺陷，澄清非营利机构与政府、纯市场生产者两者之间的差别，NPI2003 确定了能够适应现有国民账户体系关于非营利机构定义范围内当前所包含的所有实体之非营利机构和非营利机构部门的合适定义。① NPI2003 强调非营利部门的五个特征：组织、非营利和非利润分配、机构上独立于政府、自治和非强制。② 相较 SNA1993，NPI2003 放宽了"政府性"的判定标准，将"主要由政府资助且由政府有效控制"标准修改为"政府有效控制"标准；NPI2003 强化"非营利性"判定标准，即使是市场生产者和以有经济意义的价格出售其任何部分产品或服务者，若为非营利目的或禁止利润分配，仍定性为非营利机构。③

SNA2008 是在联合国、国际货币基金组织、欧盟统计局、经济合作和发展组织和世界银行的主持下制定和发布的，吸纳了 NPI2003 的合理建议，改进了 SNA1993 的一些非营利机构核算规则，将划归政府部门的非市场非营利机构的分类标准由"政府控制与主要资助"简化为"政府控制"，取消"主要资助"的分类标准。④ SNA2008 强调非营利单位应满足如下要求：这些组织应以可识别的机构形式存在；应在机构上独立于政府；不分配利润；自行治理即不受其他单位的控制；该单位的成员资格既不是强制的，也是自动的，而是某种程度上的自愿参与的。⑤ 显然，SNA2008 定义非营利组织概念的内涵，

---

① 约翰斯·霍普金斯大学民间社会研究中心与联合国统计司经济统计处编写：《国民账户体系非营利机构手册》(2003)，联合国出版物 2005 年(ISBN92－1－561000－6)，第 11 页。
② 约翰斯·霍普金斯大学民间社会研究中心与联合国统计司经济统计处编写：《国民账户体系非营利机构手册》(2003)，联合国出版物 2005 年(ISBN92－1－561000－6)，第 13，14 页。
③ 约翰斯·霍普金斯大学民间社会研究中心与联合国统计司经济统计处编写：《国民账户体系非营利机构手册》(2003)，联合国出版物 2005 年(ISBN92－1－561000－6)，第 14 页。
④ 李海东：《SNA 的修订与中国非营利机构核算的改进》，《统计研究》2014 年第 5 期；"SNA 的修订与中国国民经济核算体系改革"课题组：《SNA 关于机构部门分类的修订与中国机构部门的调整研究》，《统计研究》2012 年第 7 期。
⑤ 联合国、欧盟委员会、经济合作与发展组织、国际货币基金组织、世界银行编：《2008 年国民账户体系》，中国国家统计局国民经济核算司、中国人民大学国民经济核算研究所译，中国统计出版社 2012 年版，第 519 页。

仍强调其非营利性和非政府性特征：非营利性特征坚持"非利润分配"标准，非政府性特征仅强调"不受政府控制"标准。①

NRV2018对非营利组织概念的定义采用了与NPI2003相似的五个特征，仅在非营利性特征上有所不同，NPI2003严格限定非营利机构的非营利性，而NRV2018放宽了非营利性特征，不再要求完全的"非利润分配"，允许分配利润但不可超过50%。②

五、欧盟层面的非营利组织概念内涵考察

欧盟层面全面定义非营利组织概念内涵的主要法律文件主要是欧盟委员会2010年发布的《欧洲账户体系2010》(European System of Accounts，ESA2010)，ESA2010旨在为欧盟及其成员国的社会经济统计核算提供参考的中心框架。ESA2010是对《欧洲账户体系1995》(ESA1995)的修改、完善，ESA2010与ESA1995的概念及范围存有差异，二者之间的大多数内容差异对应于SNA1993与SNA2008之间的区别(ESA2010第1.51段)。ESA2010建立在SNA2008的概念基础之上，其结构、概念与SNA2008确立的国民账户体系核算的世界标准基本一致(ESA2010第1.05段、第1.22段、第1.50段)。

与SNA2008一样，ESA2010将机构单位划分为非金融公司、金融公司、广义政府、住户和为住户服务的非营利机构等五个相互排斥部门，将为住户服务的非营利机构(NPISHs)定性为"私人非市场化生产者"(Private Non-Market Producers)并称为私人非营利机构(A Private Non-Profit Institution, NPI)，强调非营利组织概念内涵的非政府性和非营利性特征：若其机构管理人员任命、合约安排、对外融资、风险披露等被政府控制③，则归类为广义政府部门(ESA2010第2.130段、第3.31段)，即突出非营利组织的非政府性特

---

① 联合国、欧盟委员会、经济合作与发展组织、国际货币基金组织、世界银行编：《2008年国民账户体系》，中国国家统计局国民经济核算司、中国人民大学国民经济核算研究所译，中国统计出版社2012年版，第84、85、96页。
② 王勇、王云玥、赵洋：《国际标准与本土情景融合下中国非营利机构卫星账户的核算框架》，《统计与信息论坛》2021年第11期。
③ 所谓"控制"是指决定机构单位总体政策或规划的能力(ESA2010第1.36段)，ESA2010第2.35段至第2.39段详细定义了控制概念的内涵：广义政府通过特别立法、法令或法规授权政府决定公司政策来取得控制，公司是否由政府控制的主要判断指标包括政府享有大多数表决权、政府控制董事会或管理层、政府控制关键人事的任命或解聘、政府控制实体的关键机构、政府拥有大量投票权的股份、政府特别立法、政府作为主要消费者、政府提供融资，这些指标可以单独使用，有时需要合并使用；非营利机构作为独立的法律实体，其应考虑的5个控制指标包括机构管理人员的自主任命、自主合约安排、自主融资程度、政府风险披露程度等，这些指标可以单独使用，有时需要合并使用。

征;私人非营利机构的设立人、控制人或资助人不得从非营利机构的产品及服务生产中获取任何收入、利润或其他金融收入,非营利机构生产活动产生的利润也不得被其他机构单位侵占(ESA2010 第 3.31 段),且作为非市场化生产者,私人非营利机构提供的产品或服务的主要部分是免费或以低于成本的非显著价格销售(ESA2010 第 3.26 段、第 3.19 段),无疑强调非营利组织的非营利性特征——对外从事公益或互益活动,对内禁止分配利润或财产。

1991 年生效的《关于承认国际非政府组织法律人格的欧洲公约》(ETS No.124)第 1 条简单界定了国际非政府组织(International Non-Governmental Organisations,NGOs)概念的内涵及外延:从 NGOs 的外延范围角度定性了非营利组织的非政府性特征,强调 NGOs 的私人组织性,NGOs 包括社团、基金会及其他私立非营利组织,要求非政府组织的建立不依赖于政府间的协议安排且在活动过程中须独立于主权国家及政府;①从 NGOs 的内涵界定及宗旨定位角度强调 NGOs 的非营利性特征,要求 NGOs 具有非营利性目标,且强调 NGOs 宗旨的公益性,NGOs 须从事科学、文化、慈善、卫生及教育事业等有利于国际社会的公益事业。

显然,欧盟突出强调非营利组织概念内涵的非营利性、非政府性特征。

六、小　　结

比较考察域外非营利组织法律制度可知,非营利性和非政府性属性乃非营利组织概念的基本内涵,且区分了非营利组织的设立与公益组织(或免税组织)的认定。其实,非营利组织概念的非营利性和非政府性属性乃非营利组织产生的现实需要及其内在功能的必然要求。

第三节　非营利组织概念内涵的价值负荷

法律概念乃形式上的特征取舍和内容上的价值负荷之有机统一。② 法律概念的生成乃立法者之目光来回往返于形式与内容之间的权衡与取舍过程,形式上法律概念的生成大致借助继承、移植、革新和创造而完成,实质上法律概念的生成必须通过价值衡量而对概念之特征进行取舍。③ 我国《民法

---

① 何志鹏、刘海江:《国际非政府组织的国际法规制:现状、利弊及展望》,《北方法学》2013 年第 4 期。
② 黄茂荣:《法学方法与现代民法》,中国政法大学出版社 2001 年版,第 45~47 页。
③ 吴丙新:《法律概念的生成》,《河南省政法管理干部学院学报》2006 年第 1 期。

总则》创设、《民法典》沿袭的"非营利法人"概念仅强调非营利性特征,舍却非政府性特征,在形式上乃延续了《民法通则》的法人分类思路。我国立法机关尽管强调《民法总则草案》的法人分类制度创设了非营利法人类别,适应了社会组织改革发展要求,有利于健全社会组织法人治理结构,有利于加强对这类组织的引导和规范,促进社会治理创新,[1]但舍却非政府性特征的非营利法人概念内涵,明显未考量非营利组织现实存在的事实合理性及价值合理性,也偏离了我国顶层政策设计对非营利组织性质的定位要求。黑格尔云:"存在即合理。"法律概念的价值负荷根植于社会现实的合理需要,非营利组织概念的内涵取决于非营利组织概念的现实价值负荷及其合理逻辑机理。

一、非营利组织概念内涵的现实价值负荷

恩格斯曾指出,历史进程是受内在的一般规律支配的。马克思和恩格斯在《德意志意识形态》中指出,"不是意识决定生活,而是生活决定意识","只要描绘出这个能动的生活过程,历史就不再像那些本身还是抽象的经验论者所认为的那样,是一些僵死的事实的汇集,也不再像唯心主义者所认为的那样,是想象的主体的想象活动"。[2] 非营利组织的产生源于民众非经济性结社的非物质性需求,非营利组织概念内涵的价值负荷取决于非营利组织的现实功能。

(一)非营利组织的产生源于民众非经济性结社的非物质性需求

美国著名心理学家亚伯拉罕·马斯洛的需求五层次论告诉我们,人类需求像阶梯一样从低到高按层次分为生理需求、安全需求、社交需求、尊重需求和自我实现需求等五种,实乃物质需求与精神需求。人作为社会性的普遍存在,为更好地生存和发展,须克服个人的理性不足和能力缺陷,更好地满足自身的物质需求和精神需求,天生具有结社形成团体的欲望,故人无时无刻不生活在团体中。结社自由是人的社会性的保障,人的社会性通过结社团体生活实现。人类通过经济结社和精神结社分别组建经济团体和精神团体,精神团体包括满足人的感情和繁衍后代需要之首属社会群体和超越家庭的社会化、满足人的再社会化需要之次属社会群体。[3] 次属社会群体乃谋求精神利

---

[1] 李建国:《关于〈中华人民共和国民法总则(草案)〉的说明》,载李适时主编:《中华人民共和国民法总则释义》,法律出版社2017年版,第684页;蒲晓磊:《民法总则草案提请审议:法人拟分为营利性和非营利性两类》,《法制日报》2016年6月28日第1版。

[2] 转引自林岩:《历史发生学视域下的马克思精神生产理论》,《烟台大学学报(哲学社会科学版)》2018年第4期。

[3] 徐国栋:《〈民法典〉规定的非法人组织制度与三国民法中类似制度的关系梳理》,《河南大学学报(社会科学版)》2021年第1期;徐经泽主编:《社会学概论》,山东大学出版社1991年版,第198~200页。

益需求、不以营利为目的之组织即非营利组织,现代社会民众普遍通过非经济性结社组建非营利性组织。

人类进入 20 世纪以来,伴随着各国政治逐步清明,经济逐步繁荣,公民意识的觉醒和社会参与的增强,社会文明建设驶入快车道,公民结社成立非营利组织,发展尤为迅猛。美国约翰·霍普金斯大学莱斯特·萨拉蒙教授说:"我们正置身于一场全球性的'社团革命'之中,历史将证明这场革命对 20 世纪后期世界的重要性丝毫不亚于民族国家的兴起对于 19 世纪后期的世界的重要性。"[1]非营利组织经历了第二次世界大战至 20 世纪 60~70 年代的成长阶段和 20 世纪 60~70 年代至今的全球推进阶段,[2]已成为仅次于政府和市场的第三部门,活跃在世界各个角落,在国内和国际舞台上发挥着越来越重要的作用。20 世纪 80 年代以来,世界范围内爆发了一场"结社革命"[3],人们更加重视非营利组织在解决政府失灵和市场失灵带来的社会问题中的重要功能:发达国家治理模式由福利国家模式转向福利社会模式,非营利组织在提供社会公共服务中举足轻重;[4]发展中国家经济快速发展,国家和市场日益不能完全满足民众物质及精神生活需求,民众结社成立的非营利组织逐步成为社会建设的重要力量。改革开放后,我国逐步重视非营利组织的培育和发展,推进经济体制改革后大力推进社会体制改革,积极构建现代非营利组织体制,激发非营利组织活力,社会团体、社会服务机构、基金会等非营利组织发展迅速。截至 2021 年底,全国共有非营利组织 90.2 万个,比上年增长 0.9%。[5]

(二)非营利组织概念内涵的价值负荷取决于非营利组织的现实功能

民众通过非经济性解释组建非营利组织来满足自身各种精神需求,是通过结社形成的各种类型非营利组织之宗旨和功能的实施来实现的,非营利组织不同的宗旨具有不同的功能。2013 年 11 月至 12 月,课题组问卷调查北京、湖北、广东、四川、重庆、宁夏、河南、江苏等八个省级行政区的 26 家社会团体、民办非企业单位和基金会,民众认为非营利组织的社会功能是动员社

---

[1] 王名:《中国社会改革——从政府选择到社会选择》,社会科学文献出版社 2001 年版,第 3 页。
[2] 张清:《非政府组织的法治空间:一种硬法规制的视角》,知识产权出版社 2010 年版,第 56 页。
[3] 史柏年:《"全球性结社革命"及其启示》,《中国政治青年学院学报》2006 年第 3 期。
[4] 张清:《非政府组织的法治空间:一种硬法规制的视角》,知识产权出版社 2010 年版,第 158 页。
[5] 此统计未含全国基层群众性自治组织 60.6 万个。参见民政部《2021 年民政事业发展统计公报》。

会资源的占84.62%,是弥补政府提供公共服务的不足的占92.31%,是加强社会自我治理的占76.92%,是架构政府与社会沟通的桥梁的占46.15%。① 申言之,民众结社设立非营利组织所欲追求的精神利益系通过非营利组织的独特功能来实现,这种独特功能系政府组织和市场组织等其他组织无法替代,这种独特功能正是非营利组织客观存在的价值负荷,非营利组织负载的促进社会自治、补充提供公共服务、动员社会资源、媒介政社互动等功能实现即为其设立人之精神需求:②

1. 促进社会自治

公民结社设立非营利组织的目的,不是为了追求政治目的,也不是为了谋求利润分配,而是旨在促进不特定多数人的公共利益或特定人员之间相互的精神利益。因此,非营利组织既不是凌驾于社会之上、统治公民的权力体,也不是异化于市场之中、追求利润最大化的经济体,而是源于社会、源于公民、源于公民结社权之基本权利行使,是公民以自组织方式表达意愿和诉求、参与各种社会公共事务的最基本途径之一,并由此形成公民自治的公共空间。③ 公民依法自主结社设立学会、协会、研究会、业主委员会、同学会、同乡会、校友会、驴友会等各类社会团体,自主表达意见、自主管理、服务,自我民主决策,以促进成员之间学术交流、共居环境改善、联络感情等共同利益之实现,可促进社会自我调节的自治空间形成;基于地缘形成的居民自治组织和村民自治组织有权依法排除行政权力的不当干预,居(村)民可通过自我管理、自我服务、自主表达、民主决策实现居(村)民事务的自治。

2. 补充提供公共服务

政府负有向公众提供社会基本公共服务的义务。但是,政府自身内在理性及结构缺陷、能力有限、信息有限、财力有限、政府及官员自利性的无法避免和官僚制的激励与约束机制不足,导致政府提供公共服务的决策失误、效率低、官僚主义、权力寻租、治理成本无限增长,往往产生政府失灵现象,存在公共服务提供的种类限制、数量限制、时间限制、知识限制、规模限制等局限性,④难以满足社会公众的基本需求或多元化需求。营利组织尽管可遵循市场营利规则从事部分公共事业,但其逐利最大化目标使其不能做、不愿做或做不好一些非营利事项,出现市场失灵现象。社会治理中,政府是强制提供

---

① 伍治良:《我国非营利组织统一立法的实证调研》,《法学》2014年第7期。
② 伍治良:《我国非营利组织内涵及分类之民法定位》,《法学评论》2014年第6期;王名:《非营利组织的社会功能及其分类》,《学术月刊》2006年第9期。
③ 王名:《非营利组织的社会功能及其分类》,《学术月刊》2006年第9期。
④ 谢蕾:《西方非营利组织理论研究的新进展》,《国家行政学院学报》2002年第1期。

公益,非营利组织则是自愿提供公益,①公民、法人或非法人组织基于促进公益或互益目标的非营利动机,自愿结社成立社会团体、基金会或社会服务机构等非营利组织,可延伸至社会各个角落,较易掌握民众的具体诉求,且决策机制灵活、运转高效,能够有效弥补政府和市场提供公共服务失灵的缺陷,通过补充提供基本公共服务满足公共服务多元化需求。非营利组织补充提供公共服务,主要体现为政府治理社会领域的公私合作,主要包括契约型公私合作方式(如特许经营、政府购买公共服务、合作规制、行政助手、行政委托、专家参与等)、法定授权性公私合作方式(如法律授权的民事和行政公益诉讼等)和单方行为型公私合作方式(如社会力量提供的志愿服务等)。

3. 媒介政社互动

政府治理社会和社会自治各有自身无法克服的缺陷,前者因理性不足、官僚化机制等原因往往导致政府治理社会决策失误,后者往往志愿失灵现象,主要表现为慈善不足、慈善的特殊主义、慈善的家长作风及慈善的业余主义。② 合作是人类社会的基本生存状态,是人的自身需要。基于共同认可的社会治理公共目标,政府和非营利组织能够建立和维护相互依赖的合作关系。③ 社会是为人而存在的,政府和非营利组织的共同目标是促进人的自由和全面发展。非营利组织乃公民基于共同的精神需求而自愿结社的组织形式,公民通过非营利组织将共同诉求形成集体意志,并通过集体行动方式传达民意、表达诉求、实现民权、维护民生,形成社会公共空间话语权的最为直接参与社会公共事务的制度安排,而非营利组织的志愿参与、利他互助、慈善公益等理念有助于实现人际沟通,在人与人、政府与社会之间搭建对话、互动的桥梁,化解人与人之间、不同群体及利益集团之间、政府与社会之间的各种矛盾和冲突。④ 社会治理实践表明,非营利组织发挥着媒介政社互动的桥梁功能:政府治理社会领域中,非营利组织参与社会治理立法、行政及司法环节的主要方式为公众参与,如非营利组织参与提供立法及行政决策所需信息、提出立法规划建议、起草立法草案及行政决策方案、参与立法草案及行政决策方案的听证及审议、参与监督法律及行政决策的实施、通过舆论发表意见、提起民事或行政公益诉讼等,克服政府科层制官僚低效率、"搭便车"等政

---

① 秦晖:《政府与企业以外的现代化——中西公益事业史比较研究》,浙江人民出版社1999年版,第6页。
② [美]莱斯特·M. 萨拉蒙:《公共服务中的伙伴——现代福利国家中政府与非营利组织的关系》,田凯译,商务印书馆2008年版,第47~50页。
③ 敬乂嘉:《从购买服务到合作治理——政社合作的形态与发展》,《中国行政管理》2014年第7期。
④ 王名:《非营利组织的社会功能及其分类》,《学术月刊》2006年第9期。

府失灵缺陷;社会自治领域中,社会自我调节离不开政府的支持,公民通过非营利组织向政府反映合法合理诉求,争取政府对社会自治的行政指导、税收优惠、行政补贴、行政奖励、孵化培育等政策扶持,夯实社会自治的各项基础。

4. 动员社会资源

法国社会学家布尔迪厄认为,社会资本是由社会关系网络和社会资源所构成的、实际的或潜在的资源的集合。① 公信力是非营利组织存在和发展的关键,以社会信任为核心的社会资本对非营利组织获取社会公众的信任产生重要的影响。② 非营利组织的志愿性、公益性或共益性之属性、培育公众参与意识、培育志愿文化和信任文化、建立开放性的组织社会关系网络及规范非营利组织运作之实践,③有助于促进社会多元主体的融合、社会共识及互信合作机制的达成,强化社会整合,④赋予了非营利组织动员社会资源的强大社会资本。非营利组织通过动员社会资源向社会表达公益或共益理念,以获得社会的广泛信任并得以聚集社会的财产资源(捐赠)和人力资源(志愿者),进而用于各种公益性或互益性活动。通常情况下,慈善捐赠和志愿服务并非企业和政府所能动员的社会资源,非营利组织则具有这两方面的社会资源动员功能:动员社会慈善捐赠资源,通过各种慈善性、公益性的募捐活动筹集善款,吸纳社会捐赠;动员社会志愿服务资源,发动社会各个方面的志愿者参与各种慈善公益活动或互益性活动。⑤ 2018 年 12 月 25 日,中国社会科学院社会学研究所发布了中国志愿服务参与状况调查成果,发现近一年来通过组织化渠道参与志愿服务活动的人数占调查对象的比例达到 16.8%,比个人发起的志愿服务活动的人数占比高 5.2 个百分点,志愿者更倾向于选择制度化、组织化的参与渠道。⑥

二、非营利组织概念内涵价值负荷的逻辑机理

非营利组织概念内涵体现了历史与逻辑的统一,非营利组织作为非营

---

① [法]皮埃尔·布尔迪厄:《文化资本与社会炼金术》,包亚明译,上海人民出版社 1997 年版,第 203 页。
② 李宜钊:《投资社会资本:中国非营利组织发展的另一种策略》,《海南大学学报(人文社会科学版)》2010 年第 2 期。
③ 李琨:《非营利组织社会资本与社会建设研究》,《武汉科技大学学报(社会科学版)》2015 年第 2 期。
④ 曹卉、汪火根:《非营利组织的社会整合功能浅析》,《南昌航空大学学报(社会科学版)》2007 年第 2 期。
⑤ 王名:《非营利组织的社会功能及其分类》,《学术月刊》2006 年第 9 期。
⑥ 《中国志愿服务参与状况调查成果发布》,http://www.mca.gov.cn/article/xw/ywdt/201812/20181200013977.shtml,2018 年 12 月 25 日访问。

利性、非政府性组织的客观存在乃现实必然,非营利性和非政府性特征乃非营利组织客观存在的必然逻辑。西方政治学、社会学、公共管理学、经济学的市场失灵、政府失灵、合约失灵和志愿失灵诸理论,均一定程度上解释了非营利组织可补充提供公共服务的产生可能性,但不能解释其产生的必然性,无法圆满解释非营利组织概念负荷的社会自治、动员社会资源和媒介政社互动等价值。非营利性和非政府性特征作为非营利组织概念内涵的必然属性,源于非营利组织与政府组织、营利组织功能区分的社会结构分化之必然逻辑。

西方历史上,非营利组织的兴衰与福利国家实践之间存在直接关联。因公共产品的提供存在市场失灵问题,西方国家普遍实施福利政策,非营利组织的活动空间被大大压缩,后因政府失灵导致西方福利国家危机,20世纪70年代非营利组织大量涌现。20世纪70年代,美国经济学家伯顿·韦斯布罗德、管理学大师彼得·德鲁克提出市场失灵和政府失灵理论,认为提供公共产品的市场失灵与政府失灵乃非营利组织存在与发展的理论起点与现实依据,市场失灵乃因搭便车现象使市场机制无法提供公共产品,政府失灵乃因政府提供公共产品满足中位选民的偏好而无法满足公共产品的过度需求和特殊需求。[①] 显然,该理论可以解释政府不能提供公共产品和市场不愿提供公共产品的领域需要非营利组织的原因,但不能解释非营利组织的其他功能。美国法律经济学家亨利·汉斯曼提出的合约失灵理论,试图解释非营利组织与营利性组织之间的区别,阐释了公共产品不能由营利组织提供的原因,认为非营利组织是消费者无法通过合约的形式监督生产者即"合约失灵"时的一种制度性反应,即公共产品若由私人部门提供,消费者与生产者在产品和服务的质量上便存在明显的信息不对称,消费者因无法准确判断生产者承诺提供的商品或服务质量而难以防止生产坑害消费者的机会主义行为,影响公共产品的有效提供,从而出现合约失灵现象。[②] 毋庸置疑,该理论可以解释教育、医疗等信息不对称较为严重的领域需要非营利组织运作的原因,但难以解释政府提供公共产品为何出现失灵问题。世界知名非营利组织研究学者萨拉蒙教授提出的志愿失灵理论认为,非营利组织存在志愿资源不足、志愿组织的特殊性、志愿组织的父权心态、志愿组织的业余性等缺陷,政府的介入不是对志愿组织的

[①] 周志忍、陈庆云:《自律与他律:第三部门监督机制个案研究》,浙江人民出版社1999年版,第42页;田凯:《西方非营利组织理论述评》,《中国行政管理》2003年第6期。

[②] 金锦萍:《为什么非得非营利组织——论合约失灵场合中社会公共服务的提供》,《社会保障评论》2018年第1期。

替代,而是补充,①旨在论证公共产品提供中的政府组织与非营利组织的合作关系,并未解释非营利组织提供公共产品的原因。申言之,市场失灵、政府失灵、合约失灵和志愿失灵诸理论均仅从非营利组织提供公共产品这个功能角度分析非营利组织产生的价值动因,并未考量非营利组织的全部功能及非营利组织概念内涵负荷的全部价值。毕竟,非营利组织存在的终极价值在于非营利组织设立人谋求的利他或互助的精神需要,不仅仅在于提供公共产品的利他,非营利组织动员社会资源和媒介政社互动也属利他性质,且互助性质的非营利组织自治亦属非营利组织产生的价值动因之一。

组织是劳动分工和社会需要的产物,组织的功能乃组织的宗旨之具体实现。非营利组织的基本功能实乃非营利组织设立的利他或互助宗旨之具体实现,非营利组织设立人谋求利他或互助的精神需求即为非营利组织概念的价值负荷所在。设立利他或互助性质的非营利组织,必然使其区别于政府组织、营利组织并体现出非政府性、非营利性特征,这源于社会系统结构分化下的市民社会生活需要。社会系统的结构分化是历史与逻辑的产物,不同历史时期的哲学家、政治学家和社会学家对社会大系统的政治、经济与社会领域的区分反映了一定历史时期政治、经济与社会是否区分及区分程度的现实,一定程度上反映了作为主要活动主体的市民社会是否产生抑或是否成熟:古希腊罗马时期的政治社会与市民社会是同一的,社会领域并未从政治领域独立出来,市场经济和市民社会无法获得独立性发展;近代时期的经济领域从政治领域中独立出来,市场经济发展迅速,市民社会并未获得充分发展,此阶段诞生的黑格尔和马克思市民社会理论仅强调政治国家与市民社会的二分。黑格尔虽认为市民社会由"需求的体系——市场经济、多元的体系——自愿组织(同业公会)、司法的体系——警察和司法机构与同业公会"三个部分组成,但从政治学角度出发,其基本上局限于"需要的体系",侧重市民社会的市场经济观,②并未明确区分市民社会与市场经济;马克思的市民社会理论亦为如此。20世纪70年代以来,人类逐步进入后工业社会,高度复杂及高度不确定性的风险社会不期而至,福利国家的弊端日益显现,亟待解决突发易发社会矛盾问题的社会领域渐趋从政治和经济领域中独立出来,市民社会获得独立性发展,各国非营利组织立法纷纷颁布,非营利组织发展迅猛,诞

---

① See Lester M. Salamon, 1987, "Of Market Failure, Voluntary Failure, and Third-Party Government: Toward a Theory of Government-Nonprofit Relations in the Modern Welfare State", in *Nonprofit and Voluntary Sector Quarterly*, p.39, January-April.

② 邓正来:《市民社会理论研究》,中国政法大学出版社2002年版,第37页。

生了哈贝马斯所描述的现代"非官方公共领域"和"生活世界"、美国政治哲学家阿拉托等所描画的现代市民社会理论,其主张区别于政治、经济领域的社会领域之独立存在。①

狭义的社会领域是指"与政治、经济、思想文化各子系统并列的社会子系统的发展、建设和管理"。② 社会领域与政治、经济领域的分离区分了政府组织、市场组织(营利组织)与非市场组织(非营利组织)的不同功能,凸显了社会结构的功能分化逻辑,三者各自具有独特的功能空间、运行主体、运行逻辑:③(1)三者的功能空间不同。政治领域为政府组织为公民、法人和非法人组织的生存和发展提供必需的公共安全、基本服务等公共产品的活动空间,经济领域为公民、法人、非法人组织通过平等、自由、公平、诚信等原则谋求物质财富的活动空间,社会领域为公民、法人或非法人组织谋求利他的公益促进或利己的成员互益实现等精神利益的活动空间。正如学者所言,现代社会中,政治领域的主要职能是提供"垄断性公共物品"(如立法、司法、国防、外交,等等),经济领域的主要职能是提供"私人物品"(如苹果、衣服、计算机、汽车,等等),社会领域的主要职能是提供"非垄断性公共物品"(如环境保护、同乡联谊、人际交往、公共卫生、文化传承、价值确立,等等)。④ (2)三者的运行主体不同。政治领域的主要运行主体是政府组织,经济领域的主要运行主体是营利组织,社会领域的主要运行主体是非营利组织。随着政府的职能转变,政府由全能政府模式向有限政府转变,不断向市场和社会领域放权,营利组织与非营利组织的活动空间不断扩大。但是,三者的运行主体并非截然分开,基于政府组织、营利组织、非营利组织的各自功能优势及他方功能局限,而存在一定的交叉合作关系,营利组织和非营利组织可提供政府购买、公私合作等方式参与提供基本公共服务,非营利组织基于公益性特征而参与政府治理、提供志愿服务,政府基于自身的资源、人力、技术等优势给非营利组织提供税收优惠、财政补贴、行政奖励、行政指导等政策扶持。(3)三者运行逻辑不同。政治、经济和社会领域分别奉行科层权力、市场机制和非市场机制的运行逻辑。政府组织的职权和职责遵循权力法定原则,政府以提供纯公共

---

① 何增科:《市民社会概念的历史演变》,《中国社会科学》1994年第5期。
② 郑杭生:《关于社会建设的内涵和外延——兼论当前中国社会建设的时代内容》,《学海》2008年第4期。
③ 何增科:《市民社会概念的历史演变》,《中国社会科学》1994年第5期;康晓光,《权力的转移——1978~1998年中国权力格局的转变》,《中国社会科学季刊》(香港)2000年夏季号,第45~62页;李培林:《中国社会组织体制的改革和未来》,《社会》2013年第3期。
④ 康晓光,《权力的转移——1978~1998年中国权力格局的转变》,《中国社会科学季刊》(香港)2000年夏季号,第45~62页。

产品和部分准公共产品为己任,以全体社会成员为受益对象,不以营利为目的,经费主要来自税收,通常不太关注组织是否营利及效益;营利组织提供私人物品和服务,以营利为目的,谋求最大限度的组织利益最大化;非营利组织通过公众参与、志愿服务等方式提供公共物品和服务,重在追求精神利益,促进社会公益或实现成员互益,并非以营利为目的。

第四节　我国非营利组织概念内涵的合理界定

大卫·休谟说,法律是被语言所建构的,法律规范是一种有实际性、有效性的语言结构,是一种达到在同一个社群生活的意见一致或理解对手的沟通技术。① 海德格尔认为,人栖居在语言所筑之家中。命名不是把约定的符号加到一个已知的物体上去;相反,命名才始令一存在者就其存在显现出来。② "非营利组织"命名可否显现非营利组织之客观存在,乃命名者目光来回往返于形式上的特征取舍与内容上的价值期待之权衡与取舍的概念生成过程。③ 概念是基于目的考量穷尽列举规范对象的本质属性之语词,承载着特定价值,可减轻思维的工作负担,④概念的内涵差异体现了概念所负荷的价值之不同。我国法律制度文本之间的非营利组织概念内涵冲突且背离政策文本所表达的客观存在之非营利组织,足以说明立法未能合理厘定非营利组织的应然内涵。检视非营利组织概念内涵界定的域内外学说,合理界定我国非营利组织概念的内容,尤为必要。

一、非营利组织概念界定内涵之域内学说检视

(一)非营利组织概念内涵界定之国内民法学者观点评析

我国多数民法学者主张非营利组织概念内涵的非营利性和非政府性特征,观点大同小异。有学者认为,非营利组织是不以营利为目的,主要开展各种志愿性的公益或互益活动的非政府的社会组织。⑤ 另有学者从公法人与私法人的功能区分及营利法人与非营利法人之私法人二分法角度论证非营

---

① [德]考夫曼:《法律哲学》,刘幸义等译,法律出版社2011年版,第172页。
② 陈嘉映:《海德格尔哲学概论》,生活·读书·新知三联书店1995年版,第300、301页。
③ 吴丙新:《法律概念的生成》,《河南省政法管理干部学院学报》2006年第1期。
④ 黄茂荣:《法学方法与现代民法》,中国政法大学出版社2001年版,第39~55页。
⑤ 马俊驹:《法人制度的基本理论和立法问题之探讨(上)》,《法学评论》2004年第4期。

利组织的私法主体性质,主张"非营利组织是独立于企业和政府之外,以获取各种公益性资源和公民志愿参与为基础,主要开展各种形式的公益性或互益性社会服务或中介服务,通常具有非营利性、非政府性等基本特征","《民法通则》规定的四种法人类型混淆了公法人与私法人,应将机关、事业单位和几类社会团体法人定位为公法人,私法人应分为营利法人与非营利法人,非营利法人包括由私人组成的社会团体法人和捐助法人","非营利组织通常具有非营利性、非政府性等基本特征,机关法人、事业单位法人属公法人,不属于非营利法人"。①

我国诸多民法学者反对《民法典》采营利法人与非营利法人的法人一级分类方法,主张公法人与私法人二分的法人一级分类方法及社团法人与财团法人二分的私法人分类方法,其界定的非营利性社团法人与财团法人实乃非政府性、非营利性的组织即非营利组织。②

主张我国《民法总则》采营利法人与非营利法人之法人一级分类方法(如梁慧星教授领衔起草的《民法典总则编草案建议稿》、北航法学院版《民法典通则编草案建议稿》及2015年中国商法学研究会向全国人大法工委提交的立法建议报告③),或主张采机关法人、社团法人与财团法人三分的法人一级分类方法(如王利明教授领衔起草的《民法总则建议稿》④),未严格区分公法

---

① 陈金罗、金锦萍、刘培峰等:《中国非营利组织法专家建议稿》,社会科学文献出版社2013年版,第80、380~381页;崔拴林:《论我国私法人分类理念的缺陷与修正——以公法人理论为主要视角》,《法律科学》2011年第4期;税兵:《非营利法人解释——民事主体理论的视角》,法律出版社2010年版,第26~43页。

② 中国社会科学院民法典立法研究课题组:《民法总则建议稿》,http://www.cssn.cn/fx/fx_yzyw/201603/t20160303_2895289.shtml,2016年3月3日访问;李永军主编:《中国民法典总则编草案建议稿及理由》,中国政法大学出版社2016年版;谢鸿飞:《〈民法总则〉法人分类的层次与标准》,《交大法学》2016年第4期;蔡立东:《法人分类模式的立法选择》,《法律科学》2012年第1期;李永军:《我国未来民法典中主体制度的设计思考》,《法学论坛》2016年第2期;李永军:《以"社团法人与财团法人"的基本分类构建法人制度》,《华东政法大学学报》2016年第5期;罗昆:《我国民法典法人基本类型模式选择》,《法学研究》2016年第4期;王文宇:《揭开法人的神秘面纱——兼论民事主体的法典化》,《清华法学》2016年第5期;谭启平、黄家镇:《民法总则中的法人分类》,《法学家》2016年第5期。

③ 梁慧星:《〈中华人民共和国民法总则(草案)〉:解读、评论和修改建议》,《华东政法大学学报》2016年第5期;梁慧星主编:《中国民法典草案建议稿附理由:总则编》,法律出版社2013年版,第153、154页;北航法学院课题组(龙卫球主持):《〈中华人民共和国民法典·通则编〉草案建议稿【条文版】》,http://www.fxcxw.org/index.php/home/xuejie/artindex/id/9597.html,2015年12月4日访问;《民法总则法人部分座谈会简报(2015年10月28日)》,《民法总则立法背景与观点全集》,法律出版社2017年版,第523页。

④ 中国法学会民法典编纂项目领导小组和中国民法学研究会:《中华人民共和国民法典·民法总则专家建议稿(提交稿)》,http://www.360doc.com/content/16/0814/15/33935722_583159169.shtml,2016年8月4日访问。

人与私法人区分,非营利法人或非营利性社团法人涵盖了公法人性质的事业单位法人与私法人性质的社会团体法人,仅强调非营利组织的非营利性,忽视非营利组织非政府性特征的客观存在的历史与逻辑合理性,过分考虑《民法通则》的法人分类传统的继承性。《民法总则》颁布后,部分学者赞同将事业单位法人、公办社会团体和公办捐助法人等公法人纳入非营利法人,忽视非营利组织的非政府性特征,其理由难谓成立:①所谓"我国不承认公法人与私法人划分"②的论据无法否认非营利性和非政府性组织客观存在的历史与逻辑合理性;主张将本属公法人的事业单位法人纳入本属私法人的非营利法人范围,明显与其"我国现行法人分类因缺乏公私法人分类削弱了民法的社会功能"观点自相矛盾。

非营利组织概念的非政府性内涵的缺失导致立法及学理对基层群众自治组织法人的性质定位错误。《民法总则》及《民法典》将基层群众性自治组织法人定位为非营利法人之外的特别法人,有学者认为合理性在于:我国基层群众性自治组织法人并不属于一级政府机构,与典型公法人存在明显差别,但从财政来源、科层设置、人员编制和实际功能多个角度看其是行政权力在基层实践中的有效延伸,难以按照法人分类的经典理论模型去简单分类或定性,与其说基层群众性自治组织是我国的一类特别法人,不如说是一类"特别公法人"更为精准。③ 另有学者认为,基层群众性自治组织法人基于成立的主要依据为《宪法》《村民委员会组织法》《城市居民委员会组织法》、履行管理职能的服务公益目的及财产来源的公共性,基层群众性自治组织法人定位为特别法人性质定位,较为合理,属公法人。④ 实际上,基层群众自治性组织

---

① 范健:《对〈民法总则〉法人制度立法的思考与建议》,《扬州大学学报(人文社会科学版)》2016年第2期;赵旭东:《民法总则草案中法人分类体系的突破与创新》,《中国人大》2016年第14期;王涌:《中国需要一部商法格的民法典》,《中国法律评论》2015年第4期;梁慧星(中国民法典草案建议稿课题组负责人):《中国民法典草案建议稿附理由:总则编》,法律出版社2013年版,第153〜154页(尹田教授执笔);尹田:《对民法总则草案关于法人分类的建议》,http://zxzx.chinalaw.org.cn/portal/article/index/id/2655.html,2016年8月25日访问;尹田:《民法总则之理论与立法研究》,法律出版社2010年版,第372〜373页。
② 张新宝:《〈民法总则〉对法人分类的规定及其解读》,《社会治理》2017年第7期;张新宝:《从〈民法通则〉到〈民法总则〉:基于功能主义的法人分类》,《比较法研究》2017年第4期;黎桦:《特别法人制度的法律构造及制度展开——以〈民法典〉第96〜101条为分析对象》,《法商研究》2022年第4期。
③ 黎桦:《特别法人制度的法律构造及制度展开——以〈民法典〉第96〜101条为分析对象》,《法商研究》2022年第4期。
④ 屈茂辉:《基层群众性自治组织法人制度三论》,《现代法学》2022年第1期。

属非营利性、非政府性的互益性组织,并非政府组织或市场组织,当属非营利组织,①俄罗斯、新加坡等域外非营利组织立法亦将社区组织纳入非营利组织范围。

非营利组织概念的非政府性内涵的缺失导致非营利组织的功能错位。通过我国非营利组织统一立法的实证调研发现,我国社会建设滞后的主要原因之一是,政府举办的公益性组织以非营利组织名义一定程度上挤占了民间力量举办的非营利组织的生存空间,导致民间力量举办的非营利组织生存及发展较为艰难,难以发挥弥补政府与市场提供公益性或互益性服务失灵双重缺陷的功能。②

综上,民法学者肯认非营利组织非营利性和非政府性的观点具有合理性。

(二)非营利组织概念界定内涵之国内非法学学者观点评析

我国政治学、公共管理学、社会学等领域的非法学学者对非营利组织研究远远早于民法学者,并先后专门成立了非营利组织研究机构,如:1998年成立了清华大学NGO研究所,2007年中国人民大学成立了非营利组织研究所(2016年更名为中国人民大学中国公益创新研究院),2006年成立了上海交通大学第三部门研究中心,2007成立了上海大学中国社会转型与社会组织研究中心,2010年6月北京师范大学成立了壹基金公益研究院(2012年更名为北京师范大学中国公益研究院),2010年武汉科技大学成立了湖北非营利组织研究中心,等等,均从各自学科角度对非营利组织进行了较为深入的研究。这些领域学者大多主张非营利组织概念内涵之非营利性和非政府性。

社会学者李培林教授认为,我国官方政策文本中的社会组织之内涵主体与民政部门管理的"民间组织"基本相同,包括社团、基金会和民办非企业单位,主张社会组织的内涵应当与国际上的"第三部门"和"非营利组织"大体一致,③强调非营利组织的非营利性和非政府性特征。但是,该观点同时主张,我国加快形成现代社会组织体制,要从国情出发,通过社区组织、事业单位和人民团体的改革盘活现有社会组织资源的存量,实乃将事业单位和人民团体

---

① 肖海军:《非法人组织在民法典中的主体定位及其实现》,《法商研究》2016年第2期;肖海军:《民法典编纂中非法人组织主体定位的技术进路》,《法学》2016年第5期;伍治良:《我国非营利组织内涵及其分类》,《法学评论》2014年第6期。不过,肖海军教授将基层群众性自治组织定性为非营利性非法人组织,并非允当,因为基层群众性自治组织明显符合法人的成立条件。
② 伍治良:《我国非营利组织统一立法的实证调研》,《法学》2014年第7期。
③ 李培林:《中国社会组织体制的改革和未来》,《社会》2013年第3期。

等政府组织纳入非营利组织范围,明显前后逻辑矛盾。

政治学者俞可平教授认为,非营利组织[①]是指有着共同利益追求的公民自愿组成的非营利性社团,具有非政府性、非营利性、相对独立性、自愿性、非政党性和非宗教性等显著特点。该观点突出非营利组织的"非政府性"特征,强调非营利组织不属于党和政府的组织系统,相对独立于党政权力机关,"相对独立性"强调非营利组织在政治上、管理上、财政上都在相当程度上独立于政府。但是,该观点将受政府控制、行政色彩浓厚的人民团体纳入非营利组织范围,与其认定的非政府性特征矛盾,且将宗教社会团体和寺庙、道观、教堂等宗教组织排除在非营利组织之外,不符合非营利组织客观存在的历史与逻辑。

公共管理学者马庆钰教授认为,非营利组织是指依法建立的、相对独立于政党和国家政府系统的,以社会成员的自愿参与、自我组织、自主管理为基础的,以社会公益活动或者互益活动为主旨的非营利性、非政治性、非宗教性的一类组织,强调非营利组织的非营利性、非政府性、非政治性、非宗教性,明确将事业单位明确排除在非营利组织之外,并将具有很强的政治和行政色彩的"人民团体"或"群众团体"定位为政府组织。[②] 王名教授认为,非营利组织是指不以营利为目的、主要开展各种志愿性的公益或互益活动的非政府的社会组织,具有非营利性、非政府性、社会性(志愿公益性或互益性)等三个基本属性,非政府性体现为独立自主的自治组织、自下而上的民间组织及属于竞争性的公共部门。[③] 张远凤教授等亦认为,组织性、民间性、非营利性、自治性、志愿性乃非营利组织的基本属性。[④] 上述公共管理学者均突出强调非营利组织的非政府性特征,明确将我国具有行政色彩的官办社会组织排除在外。

公共管理学者康晓光教授采用功能主义方法界定非营利组织的内涵,认为在中国大陆判断非营利组织,不必看其是否具有正规性、非政府性、非营利性、自治性、志愿性、合法免税权利,而要看是否履行了非营利组织的社会功能,进而将我国非营利组织分为以下类型:人民团体类组织、国家规定的免

---

① 俞可平教授所称的"民间组织"实乃非营利组织。俞可平:《中国公民社会:概念、分类及制度环境》,《中国社会科学》2006年第1期。
② 马庆钰教授所称的非政府组织实乃非营利组织。马庆钰:《对非政府组织概念和性质的再思考》,《天津行政学院学报》2007年第9卷第4期。
③ 王名:《非营利组织管理概论》,中国人民大学出版社2010年版,第2~5页;王名:《社会组织纲论》,社会科学文献出版社2013年版,第3~21页。
④ 张远凤、邓汉慧、徐军玲编著:《非营利组织管理理论、制度与实务》,北京大学出版社2016年版,第7、8页。

登记社团、事业单位、城乡居民委员会、在民政部门登记注册的社会团体、民办非企业单位、基金会、在其他政府部门登记注册的非营利组织、以企业法人身份登记注册的非营利组织、海外非营利组织在中国的分支机构、挂靠合法组织的非营利组织、单位或社区内部活动的非营利组织、各种兴趣组织及互联网虚拟社团等。① 该观点的缺陷在于，仅关注非营利组织的非营利性特征，未考虑其非政府性特征，模糊了政府组织与非营利组织的性质及功能差异，将本属政府组织范畴的人民团体、群众团体和事业单位法人纳入了非营利组织范围。

具有宪法学背景的公共管理学者刘太刚教授将非营利组织界定为政府之外自主从事非营利活动的合法社会组织，强调非营利组织的非营利性、非政府性、组织性、自主性和合法性等五个基本特征。但是，其对"非政府性"采宽泛理解，重在强调非营利组织是否在形式上属于国家机关系列，而不考虑"非营利组织是否受政府控制"因素，将事业单位纳入非营利组织范围，②明显与非营利组织的本质属性不符，且域外非营利组织的非政府性之立法趋势相左。

综上，我国非法学学者大多认同非营利组织的非营利性、非政府性特征。

二、非营利组织概念内涵界定之域外学说审视

尽管世界各国政治、经济、文化传统不同，但因非营利组织与生俱来的功能相似性，国外学者对非营利组织概念内涵的界定总体差别不大，均强调非营利组织的非营利性和非政府性特征，仅在具体特征界定上略存差异。

美国学者最具代表性的非营利组织概念内涵界定，属美国约翰·霍普金斯大学萨拉蒙教授的"五特征"定义法。萨拉蒙教授早期提出非营利组织的"七特征"界定法，后删除了"非政治性""非宗教性"特征，保留了其余五个特征：组织性、非政府性、非营利性、自治性、志愿性。组织性是指有活动章程、负责人、经常性活动，而非临时性组织；非政府性是指不是政府的组成部分，但并不意味着不能接受政府资助；非营利性是指可以营利，但须用于实现组织目的，禁止在成员之间分配；自治性是指组织拥有独立的内部管理系统，不受外部控制；志愿性是指组织的运转和活动都有显著程度的志愿参与。③ "五特征"定义法被联合国《国民账户体系非营利组织手

---

① 康晓光：《非营利组织管理》，中国人民大学出版社2011年版，第5页。
② 刘太刚：《非营利组织及其法律规制》，中国法制出版社2009年版，第54、66～67页。
③ 李培林、徐崇温、李林：《当代西方社会的非营利组织——美国、加拿大非营利组织考察报告》，《河北学刊》2006年第2期。

册(2003)》《国民经济核算体系(1993、2008)》及世界大多数国家的非营利组织立法采纳。但是,该观点亦存一定缺陷:组织性、自治性和志愿性不是非营利组织的本质特征,自治性乃非政府性之必然逻辑,志愿性内含于非营利性的公益性或互益性之中;"非政治性"特征的舍却并不契合非营利组织立法国际趋势。

美国学者沃尔夫(Wolf)认为,非营利组织具有以下五个特征:具有服务大众的宗旨;具有不以营利为目的的组织结构;具有不致令任何个人利己营私的管理制度;具有合法免税地位;具有可提供捐赠人减免税的合法地位。[①] 质言之,前三项特征突出非营利组织的非营利性和组织性,后两项特征强调非营利组织的免税地位及公益捐赠税前抵扣资格。该观点的缺陷在于:忽视了非营利组织的非政府性和非政治性特征;混淆了非营利组织与免税组织,免税资格及公益捐赠税前抵扣资格并非非营利组织的本质特征或设立条件。

英国谢菲尔德哈勒姆大学慈善研究讲席教授摩根先生强调非营利组织的非营利性和非政府性特征,主张非营利组织是建立在非营利、不分配约束(non-profit-distributing)且不属于国家机构(not part of the state)的双重属性基础上的组织,非营利组织是非常重要的民间组织,因为没有任何强力迫使民众支持他们或参与他们的活动。[②]

澳大利亚统计局借鉴了联合国等五个国际组织联合颁布的《国民经济核算体系》,采用政府组织、营利组织与非营利组织的机构部门区分法,非营利组织的性质被界定为"非营利性;不进行利润分配;在机构上独立于政府;进行自我管理;具有非强制性"。故,澳大利亚学者、官员及其他民众谈到非营利组织,是指非营利性、非政府性、自治性和非强制性的组织。[③]

日本学者普遍认为,非营利组织(NPO)是市民自主设立、独立于政府和企业且不以营利为目的的民间组织,不管其是否注册为法人。[④] 日本学者雨森孝悦主张,日本法人型NPO至少包括NPO法人、公益社团/财团法人、一般社团/财团法人、社会福祉法人、宗教法人、医疗法人、学校法人、更生保护法人、管理组合法人、许可地缘团体以及消费生活协同组合。日本学者重富真一结合亚洲国家的国情,强调非营利组织的非政府性、非营利性、自发性、

---

① 李恒光:《非营利组织概念界定的国际比较》,《青岛科技大学学报》2004年第1期。
② 摩根教授将非营利组织称之为第三部门(the Third Sector)。见 Gareth Morgan, "The spirit of Charity", Charity Studies Professional Lecture, p.2, April, 2008。
③ 廖鸿、石国亮等编著:《澳大利亚非营利组织》,中国社会出版社2011年版,第30页。
④ 俞祖成:《日本非营利组织:法制建设与改革动向》,《中国机构改革与管理》2016年第7期。

持续性/形式性、利他性和慈善性等六个特征,①但利他性和慈善性特征的强调实乃将非营利组织的非营利性目的限定在公益慈善范围,不当排除了互益性非营利组织的存在空间。日本民法学者认为日本民法区分公法人与私法人,国家、自治体等均为公法人,以民法、一般社团法人及一般财团法人法、公司法等私法为依据设立的法人为私法人,②依据一般法人法设立的两类非营利组织——一般社团法人和一般财团法人显然具有非政府性特征。

综上,域外诸国学者均主张非营利组织的非营利性、非政府性特征。

三、我国非营利组织概念的基本内涵

(一)非营利组织概念与相关术语取舍

概念与意义之间应当形成固定的指称关系,固定的名称有助于克服理解的任意性,调动名称背后的社会认知资源,节约社会交易成本,是主体间理解与互动的基础。③ 我国法律与政策文本的非营利组织概念使用缺乏统一性,学者也使用不一,须分析与"非营利组织"概念类似的"公民社会组织""第三部门""社会组织""公益组织""非政府组织""民间组织""免税组织""慈善组织""非营利法人"等概念表征非营利性、非政府性组织的合理性。

"公民社会组织"不宜作为指称非营利性、非政府性组织的法律概念。(1)内涵不清晰,未能表征组织的非营利性和非政府性。当代的政治学家、社会学家多将社会系统区分为政治国家、市场经济与市民社会,市民社会的重要活动主体为非营利性、非政府性的组织。而"公民社会组织"与黑格尔提出的"Civil Society"概念有关,按照黑格尔的解释,公民社会是相对独立于国家领域的市场经济组织和自愿团体的综合,④公民社会组织涵盖非营利组织与营利组织,其外延范围大于非营利组织,难以揭示非营利组织的合理内涵。(2)"公民社会组织"并非严谨的法律概念,域外非营利组织立法均未采纳此概念。

"第三部门"不宜作为指称非营利性、非政府性组织的法律概念。哈佛大学商学院教授西奥多·莱维特和现代管理之父彼得·德鲁克教授等学者认为,第一部门、第二部门分别关注的是政治活动和经济活动,第三部门关注的

---

① 重富真一:《アジアの国家とNGO》,明石书店2001年版,第17~19页。转引自北京市民政局课题组:《关于促进民办非企业单位发展研究报告》,http://zyzx.mca.gov.cn/article/yjcg/mjzz/200807/20080700018673.shtml,2018年8月10日访问。

② [日]近江幸治:《民法讲义Ⅰ·民法总则》,渠涛等译,北京大学出版社2015年版,第6版补订,第83~90页。

③ 袁雪石:《论行政许可名称法定——以"放管服"改革为背景》,《财经法学》2017年第3期。

④ 马庆钰:《对非政府组织概念和性质的再思考》,《天津行政学院学报》2007年第4期。

是社会活动,是介于政府部门与市场部门之间的"第三域",非营利组织主要提供有别于政府、市场的公共服务活动(包括公益和互益活动)。① 尽管第三部门的组织形态是非营利组织,但将"第三部门"作为界定有别于政府、市场的公共服务提供组织之概念,不够科学:(1)第三部门不一定后于第一部门和第二部门产生,如公益服务的志愿组织实际上最先出现,先于正式的政府或商业组织而存在。②(2)"第三部门"并非法律术语,系从社会结构分化视角强调与公共部门、私人部门相区分的社会领域,名称无法反映该领域活动主体的组织形态,也无法揭示第三领域活动主体的"非营利性""非政府性"之核心特征。③(3)从概念使用的语境而言,西方公共管理学、行政学的"第三部门"概念极易与经济领域中国民经济的"第三部门""第三产业"概念相混淆。④ 国民经济的第三部门是指相对于第一产业(农业)、第二产业(工业)的第三产业即服务业,既包括营利性服务行业,也包括非营利服务行业,外延范围明显广于公共管理学、行政学的"第三部门"概念。

"非政府组织"概念不宜作为我国表征非营利性、非政府性组织的概念。(1)国际上多用非政府组织概念表征开展非营利国际活动的非营利组织,非营利组织活动范围往往限于一国之内。(2)依中文语言习惯,"非政府组织"概念易引起误解,使民众误认为是与政府没有任何关系乃至反政府的组织。

"民间组织"概念不宜为我国立法采用。(1)"民间组织"术语缺乏政治合法性基础。我国官方曾使用"民间组织"术语指代社会团体、民办非企业单位、基金会,后被"社会组织"概念取代,民政部民间组织管理局也更名为社会组织管理局。(2)"民间组织"术语难以体现组织的非营利性特征。我国行政机构与学界多从两个层面解释"民间组织":广义民间组织指所有非政府、非企业的社会组织,狭义民间组织指合法的、非政府的、非营利的、非党派性质的、实行自主管理、志愿性的、致力于解决各种社会问题和提供各种社会服务的社会中介组织。⑤ 狭义的民间组织概念与非营利组织基本等同,但其字面含义难以彰显"非营利性"内涵,外延范围难以排除民间营利组织。

"公益组织"外延范围窄于非营利组织,不能代替非营利组织概念。

---

① 张远凤:《德鲁克管理学》,北京燕山出版社2017年版,第172页;马庆钰:《对非政府组织概念和性质的再思考》,《天津行政学院学报》2007年第4期。
② [美]罗伯特·L.佩顿、迈克尔·P.穆迪:《慈善的意义与使命》,郭烁译,中国劳动社会保障出版社2013年版,第43~44页。
③ 税兵:《非营利法人概念疏议》,《安徽大学学报(哲学社会科学版)》2010年第2期。
④ 俞可平:《中国公民社会:概念、分类与制度环境》,《中国社会科学》2006年第1期。
⑤ 李芹:《试论民间组织的非营利性及其与政府的关系》,《山东大学学报(哲学社会科学版)》2005年第3期。

(1)非营利组织的设立层面,公益组织乃非营利组织的下位概念,外延窄于"非营利组织"概念,无法涵盖行业协会、商会、学会、研究会、俱乐部、同学会等互益性非营利组织。(2)非营利组织的免税资格及公益捐赠税前扣除资格认定层面,公益组织认定乃非营利组织获取税收优惠待遇的前提条件,认定条件较为严格,采许可主义,而非营利组织的设立条件较为宽松,采准则主义,若以"公益组织"概念代称非营利组织,无疑影响非营利组织的设立。

"慈善组织"不能完全等同于非营利组织。(1)慈善组织系公益慈善性质的非营利组织,并非法定的非营利组织形态。可直接登记成立具体非营利组织形态的慈善组织,也可在非营利组织成立后另行登记。(2)慈善组织与非营利组织的功能不同,前者旨在明确非营利组织的慈善组织性质,便于其开展慈善活动及获取税收优惠及公开募捐资格,后者仅解决非经济性结社问题。

"免税组织"不能完全等同于非营利组织。(1)免税组织并非法定的非营利组织形态,仅系税法上取得免税资格组织的概念。(2)二者外延不一致,非营利组织不一定是免税组织,免税组织也未必一定就是非营利组织,如政府组织具有免税资格,但不是非营利组织,互益性非营利组织不具有免税资格。

"社会组织"概念尽管被我国官方用来指称非营利性、非政府性的组织,但不宜作为法律概念。(1)社会组织概念内涵较为抽象,外延较为宽泛,可以指称一切组织,缺乏法律概念表征内涵和外延的严谨性,难以凸显组织的非营利性和非政府性特征。正因如此,《民法典》颁布后,我国有学者将营利法人也定性为社会组织。[1](2)域外非营利组织法多未采用"社会组织"概念,若采该概念,无疑会削弱我国非营利组织立法的国际影响力。(3)"社会组织"概念虽为官方政策用语,但未被《民法典》《企业所得税法》等基本法采用。

"非营利法人"概念难以指称所有的非营利组织,应作为"非营利组织"概念的下位概念使用。毕竟,非营利法人仅指法人型非营利组织,并未涵盖非法人组织型非营利组织,也未包括未登记的非营利性组织即草根组织。

相较而言,"非营利组织"概念表征非营利性、非政府性的组织,更为合理:(1)凸显非营利组织产生的历史基础及存在逻辑。非营利组织是政治、经济与社会之功能分化的历史产物,政治领域奉行科层权力逻辑,经济领域遵循营利逻辑,社会领域崇尚非营利逻辑,非营利组织主要活动在社会领域,

---

[1] 王利明:《民法典:国家治理体系现代化的保障》,《中外法学》2020年第4期。

"非营利组织"概念可直观地凸显其存在逻辑、表彰其非营利性和非政府性的基本特征。(2)契合非营利组织国际立法趋势。美国、加拿大、南非、肯尼亚、俄罗斯、中东欧及亚洲诸多国家均制定了统一的非营利组织单行法；国际组织层面的示范法采纳了非营利组织概念，联合国《国民账户体系非营利组织手册》明确使用非营利组织概念，联合国《国民账户体系》也采用非营利机构概念且被世界绝大多数发达国家和部分发展中国家采纳，《欧盟账户体系》及我国2016年《国民经济核算体系》也采用了非营利机构概念。(3)具有社会可接受性，非营利组织概念得到域内外学者的普遍认同。(4)外延范围合理，既涵盖了法人型与非法人组织型非营利组织，也可以包括未登记的非营利性组织。

正因如此，2018年《社会组织登记管理条例（草案征求意见稿）》后，多名非营利组织法研究专家认为立法要科学，"社会组织"概念不清，我国多部法律及政府文件惯用了"非营利组织"概念，《民法总则》使用了"非营利法人"概念，"非营利组织"概念已广泛应用于许多国家，建议采用"非营利组织"概念并更名为《非营利组织登记管理条例》或《非营利组织管理条例》。[①]

（二）我国非营利组织概念内涵的正本清源

非营利组织的产生和发展是社会系统结构分化的必然产物，具有政府组织和市场组织无法替代的独特功能。非营利组织概念的价值负荷体现为非营利组织承载的促进社会自治、补充提供公共服务、动员社会资源、媒介政社互动之基本功能，非营利组织概念的内涵则由价值负荷概括、提炼而来。依循非营利组织产生的现实合理性及价值合理性，参考域内外非营利组织立法、政策及学说，非营利组织概念的内涵可界定为"自然人、法人或非法人组织为公益目的或者其他非营利目的成立的，不向出资人、设立人、会员或者管理人分配所取得的收入或利润且不受政府机构控制的组织"，从该内涵可抽象出非营利组织的三个基本特征——组织性、非营利性和非政府性。

1. 组织性

组织性乃非营利组织成立的必备条件，是指非营利组织应当建立支撑组织正常运转的治理结构，有组织地从事经常性的活动，而非临时性组织。组织区别于自然人个人的根本标准是团体意志的存在，缺乏稳定的组织机构，组织的团体意志无从产生、无从表达，组织的团体性也无法判断。因此，明确非营利组织的组织特征，有助于非营利组织的外延范围。现实生活中，大量

[①] 刘素楠：《社会组织登记管理条例征求意见将结束概念不清、登记门槛高存争议》，https://www.jiemian.com/article/2430995_qq.html，2018年8月31日访问。

存在临时性老乡会、同学会等群体,极为松散,缺乏规章制度、组织结构,只是临时性的聚集,并无将其作为非营利组织的必要。而大量开展活动的未登记非营利社会团体,如地方商会、车友俱乐部、社区非营利组织等组织,往往具有稳定的组织机构和负责人、管理人员,且收取成员会费,接受定向社会捐赠,对外以组织名义开展促进成员共同利益活动或公益性质的志愿活动,显然具备组织特征,应将其纳入非营利组织范围,欧美、澳大利亚、日本等非营利组织法均承认未登记非营利团体的民事主体地位,即为例证。

2. 非政府性

非政府性乃非营利组织的本质属性,系区分非营利组织与政府组织的根本标准。一定范围的公共利益促进事务,非营利组织与政府组织均可完成,只是完成主体的性质不同而已。非政府性是指非营利组织独立于政府组织体系,不受政府控制。不受政府控制,是指非营利组织的人事任免、宏观决策、具体运营均不受政府、政府机构或政府控制的机构所控制,但不排除党和国家的宏观领导,也不排除政府的行政支持。调查显示,我国多数非营利组织认为非营利组织不是由国家设立的,[①]一定程度上体现了非营利组织的非政府性要求。须注意,自治性和非政治性内含于非政府性特征之中,并非非营利组织的独立特征。非营利组织的活动开展旨在谋求私法上的非物质性利益,而非政治利益,其应独立于政党组织,不参与党派斗争、竞选等与控制政权相关的活动,故诸多国家将政党排除在非营利组织之外,如:美国联邦税法典直接规定免税组织不得参与政治活动;澳大利亚非营利组织相当独立,既不与政党同盟,又不与政府一体;[②]波兰、匈牙利、吉尔吉斯斯坦、日本、越南等国[③]均将政党组织排除在非营利组织之外。我国执政党中国共产党、作为参政党的各民主党派,属国家机关,系公法人,缺乏非政府性特征,当然不属于非营利组织;具有政治性的人民团体和群众团体机关也作为参公单位对待(工商联机关直接作为国家机关除外),参照公务员法管理,均不属于非营利组织。质言之,政治组织系政治国家领域的活动主体,属政府组织的重要组成部分,其政治性特征蕴含在政府性特征之中,非营利组织的非政府性特征当然涵盖非政治性特征。此外,非营利组织的自治性乃非政府性的内在要求,非政府要求非营利组织独立于政府和市场,不受政府组织和营利组织的控制,具有决策、运营的自主性、自治性,若缺乏自治性,难谓非政府性。有

---

① 伍治良:《我国非营利组织统一立法的实证调研》,《法学》2014年第7期。
② 李本松:《国外非政府组织法规汇编》,中国社会出版社2003年版,第435页。
③ 金锦萍、葛云松:《外国非营利组织法译汇》,北京大学出版社2006年版,第150、180、296、308~309、345页。

学者将非政府性特征解释为"不属于国家机关序列",导致公益性的事业单位被不当纳入非营利组织。① 毕竟,事业单位的人、财、物均受政府控制,其财产属国有资产,并无自治性可言,缺乏非政府性特征。我国《民法典》仅强调非营利组织的"非营利性",剔除其"非政府性",导致公法主体性质的事业单位及公立社会团体、公立基金会纳入非营利组织外延范围,挤占了社会力量举办的非营利组织之生存空间。②

3. 非营利性

非营利性是指非营利组织设立目的是促进社会公共利益或者实现成员共同的非物质性利益,且公益型非营利组织的收入、利润及剩余财产不得分配给设立人、出资人、成员或者管理人,具体包括两层含义:(1) 组织目的事业的非营利性。非营利目的即非营利组织设立目的在于谋求非物质性利益,而非物质利益,故非营利组织的目的事业主要为非营利活动,营利活动为营利组织的目的事业。但是,为解决非营利组织开展非营利目的事业活动所需资金的自身造血功能,各国立法允许非营利组织开展与组织宗旨相关的营利活动且仅能将营利活动收入用于非营利目的事业,不得分配给成员、发起人或管理人。我国《企业所得税法实施条例》第85条规定非营利组织的收入免税范围不包括非营利组织从事营利性活动取得的收入,实乃赋予非营利组织从事营利活动的权利。《社会组织登记管理条例(征求意见稿)》禁止非营利组织开展营利活动,实系对非营利目的事业的错误理解。非营利目的事业分为公益目的事业与互益目的事业,前者受益对象为不特定公众,后者受益对象为特定成员。非营利目的事业涵盖互益目的事业。《美国非营利法人示范法》曾将互益法人单列为非营利法人的类型之一,英国将互益性法人称为民事法人以区别于以公益为目的的慈善法人,德国立法界定为公法人的工商会实为互益性非营利组织,③日本《一般社团法人及一般财团法人法》规制的一般社团法人涵盖互益性社团法人,我国《民法典》也确立了公益性与互益性社团团体法人类型。正如学者所言,行业协会、商会、俱乐部、兴趣协会、同乡会等组织是一种以成员间的互助、互益为目的的组织,着眼于特定会员的共同利益,而非不特定多数人的利益,应与公益组织区分开来。④ 志愿活动属公益性非营利活动,志愿性可被非营利性特征涵盖,没必要将"志愿性"作为非营利组织独立特征。宗教信仰自由已为世界共识,宗教社会团体和教会、寺、

---

① 刘太刚:《非营利组织及其法律规制》,中国法制出版社2009年版,第54页。
② 伍治良:《我国非营利组织统一立法的实证调研》,《法学》2014年第7期。
③ 陈晓军:《互益性法人法律制度研究》,法律出版社2007年版,第48、61页。
④ 陈晓军:《互益性法人法律制度研究》,法律出版社2007年版,第78页。

庙、道、观等宗教捐助法人所实现的利益属宗教利益,且宗教活动与慈善、公益密切相关,宗教利益可归入公益,诸多国家立法也直接将宗教组织界定为非营利组织。(2)一般禁止收入、利润或剩余财产的分配。公益性非营利组织的非营利性核心内涵为"禁止分配原则",已为世界共识。"禁止分配原则"要求公益性非营利组织存续期间不得分配收入或利润给设立人、出资人、成员或管理人,终止时不得将剩余财产分配给设立人、出资人、成员或管理人,只能用于相同或类似公益目的。但是,应区别对待互益型非营组织终止时的剩余财产处理:互益性非营利组织因不存在公益目的宗旨,在财产性质、税收优惠、政府资助等方面与公益组织有较大差异,应允许其章程自治,自由约定剩余财产的处理方式。[①]

[①] 张清:《非政府组织的法治空间:一种硬法规制的视角》,知识产权出版社 2010 年版,第 73~74 页;马庆钰:《对非政府组织概念和性质的再思考》,《天津行政学院学报》2007 年第 9 卷第 4 期。

第二章 非营利组织的私法主体定位

非营利组织乃非营利性、非政府性的组织。非营利组织的非政府性贯穿于非营利组织的组成、申请、设立、存续、终止、清算、解散整个过程,非营利组织的设立、运行及终止基本取决于组织自身的团体意志,[1]彰显了私法自治理念及非营利组织的私法主体性质。我国《民法典》在世界上首创的营利法人、非营利法人与特别法人之法人元分类方法系缺乏公私法人区分,非营利法人和特别法人的类型体系乃公法人与私法人混合交叉,事业单位法人被纳入非营利法人,基层群众自治组织被定位为特别法人,混淆了公法人与私法人之功能及性质差异,模糊了非营利组织的私法组织性质,导致我国非营利法人和特别法人制度存在"公因式"提取的困境,[2]真正的非营利组织范围被不适当扩大或缩小,非营利组织法律制度出现功能偏差,影响真正的非营利组织之功能发挥。究其根源,此种法人分类方法乃管理性思维影响民事立法的结果,[3]实系以民族性及政治性为支点的实用主义法律观之秉持和本土化意旨之贯彻,不惜以舍弃法典化所追求的形式完备性为代价。[4] 但是,我国民商法学界不少学者支持《民法典》不区分公私法人及非营利法人杂糅公私法人之法人分类技术,主张《民法典》应采公私法人区分的法人元分类方法的诸多学者却反对营利法人与非营利法人二分作为私法人分类方法,这两股缺乏合理理由的学术发声遮蔽了私法主体定位之于非营利法人重大意义之深层价值。支持《民法典》应采公私法人区分的法人元分类方法的其他学者虽主张私法人分类应采营利法人与非营利法人二分模式,但过分关注社团法

---

[1] 马庆钰:《对非政府组织概念和性质的再思考》,《天津行政学院学报》2007年第4期。
[2] 杨道波:《〈民法典〉中的非营利法人制度》,《聊城大学学报(社会科学版)》2020年第2期;伍治良:《我国非营利组织统一立法的实证调研》,《法学》2014年第7期。
[3] 杨道波:《〈民法典〉中的非营利法人制度》,《聊城大学学报(社会科学版)》2020年第2期。
[4] 陈小君:《〈民法典〉特别法人制度立法透视》,《苏州大学学报(法学版)》2021年第1期;蒋大兴:《〈民法总则〉的商法意义——以法人类型区分及规范构造为中心》,《比较法研究》2017年第4期。

人与财团法人二分的私法人分类方法之反驳,忽视对《民法典》不区分公私法人及非营利法人混杂公私法人之法人分类技术的学术回应。故,非营利组织应定位为公法人还是私法人,公私法人应否区分及如何区分之探究乃逻辑前提。

第一节　公法人与私法人的区分逻辑

我国《民法典》的法人元分类方法采营利法人、非营利法人与特别法人三分模式,不采公私法人区分模式。[①] 我国民法学者多孤立研究公私法人区分价值,较少分析公私法人区分之于非营利法人主体性质定位的重要意义,[②] 且对公法人的功能、价值、法律地位缺乏合理认知,将法人理解为纯粹的民事主体,将公私法人区分停留在公法人与私法人区分先验成立的准据法、主体能力等结果区别方面,缺乏分析目标组织何以被判定为公法人或私法人的根据与合理性。[③] 行政法学界一般不以公法人来说明行政主体地位,其提出的行政主体概念的定义、范围与大陆法系有极大差异,[④] 少数行政法学者探究了公法人概念的功能和价值,[⑤] 缺乏探究公私法人区分之于非营利法人主体性质定位的深层价值。

一、我国《民法典》的法人元分类应否采行公私法人二分模式

大多数大陆法系民法典的法人分类标配是公法人与私法人的区分。公

[①] 少数学者认为我国《民法总则》采行了公法人与私法人区分的做法。王利明等:《民法学》,法律出版社 2017 年版,第 81 页。

[②] 葛云松:《法人与行政主体理论的再探讨——以公法人概念为重点》,《中国法学》2007 年第 3 期;周友军:《德国民法上的公法人制度研究》,《法学家》2007 年第 4 期;崔拴林:《论我国私法人分类理念的缺陷与修正——以公法人理论为主要视角》,《法律科学》2011 年第 4 期;张力:《行政法人在公法组织主体化进程中的功能、构造与适用范围》,《河北法学》2016 年第 6 期;张力:《法人制度中的公、私法调整方法辨析——兼对公、私法人区分标准另解》,《东南学术》2016 年第 6 期。

[③] 张力:《法人制度中的公、私法调整方法辨析——兼对公、私法人区分标准另解》,《东南学术》2016 年第 6 期。

[④] 葛云松:《法人与行政主体理论的再探讨——以公法人概念为重点》,《中国法学》2007 年第 3 期。

[⑤] 李昕:《论公法人制度建构的意义和治理功能》,《甘肃行政学院学报》2009 年第 4 期;李昕:《法人概念的公法意义》,《浙江学刊》2008 年第 1 期;李昕:《公法人概念缘起的法哲学思考》,《哲学动态》2008 年第 12 期;李昕:《论目的主导的公法人组织形态类型化》,《法学杂志》2015 年第 11 期。

法人概念缘起于1896年德国民法典,是指依据公法成立的专门从事公共事务并具有权利能力的组织。① 公法人概念与法人分类相伴而生。法人分类是大陆法系法人制度的基础性问题,是法人制度的制度枢纽和法人制度立法的支架。② 法人分类是立法对不同法人形态的组织结构和行为规则进行系统化抽象的结果,法人的设立目的与组织设计相互为用,法人设立的不同目的透过法人的不同组织形态来实现。质言之,法人类型不仅仅是立法技术上的工具概念,且为不同目的和法律价值的体现,③关涉宪法上的公民结社自由权、政府组织分权控制及公共服务提供功能之价值贯彻。在大陆法系,德国、意大利、瑞士、西班牙、巴西、阿尔及利亚、越南等诸国民法典明确或暗含引入公法人概念,法人元分类采行公法人与私法人区分方法;法国、葡萄牙、日本、韩国等国民法典的法人元分类虽未明确公私法人二分模式,实质上贯穿了公法人与私法人区分理念。④ 但是,我国《民法典》制定过程中,《民法典》的法人分类方法应否采用公法人与私法人二分模式,我国学界观点不一且未形成理论共识。

我国诸多公共管理学者非营利组织的非营利性及非政府性特征,不少民商法学者主张我国法人分类应区分公私法人,私法人再分为营利法人与非营利法人。公共管理学者认为,非营利组织作为不同于政府、企业的组织形态源于其社会功能不同,具有非营利性、非政府性和社会性⑤抑或组织性、民间性、非营利性、自治性、志愿性⑥的基本属性,非营利性和非政府性乃其必备特征。部分民法学者强调公法人与私法人的功能区分及非营利组织的非营利性和非政府性特征,主张非营利组织的私法主体性质,认为"法人的'元分类'应是'公法人与私法人',其下再区分'营利—非营利'法人,后两者之下还可再根据区分及调整之可能性,细分为'社团—财团'法人";⑦或认为"非营利法人仅限于私法人,不包括事业单位法人等公法人";⑧或认为"我国《民法

---

① 李昕:《论目的主导的公法人组织形态类型化》,《法学杂志》2015年第11期。
② 蔡立东:《法人分类模式的立法选择》,《法律科学》2012年第1期。
③ 李昕:《法人概念的公法意义》,《浙江学刊》2008年第1期。
④ [葡]卡洛斯·莫塔·平托:《民法总论》,林炳辉等译,澳门法律翻译办公室、澳门大学法学院,1999年,第152~156页;[日]近江幸治:《民法讲义Ⅰ·民法总则》,渠涛等译,北京大学出版社2015年版,第83~90页。
⑤ 王名:《社会组织论纲》,社会科学文献出版社2013年版,第3~21页。
⑥ 张远凤、邓汉慧、徐军玲编著:《非营利组织管理理论、制度与实务》,北京大学出版社2016年版,第7,8页。
⑦ 蒋大兴:《〈民法总则〉的商法意义——以法人类型区分及规范构造为中心》,《比较法研究》2017年第4期。
⑧ 税兵:《非营利法人解释——民事主体理论的视角》,法律出版社2010年版,第26~43页。

总则》中应当设立公法人与私法人两节,并在私法人一节下设置营利法人与非营利法人两个条目";①或认为"《民法通则》规定的四种法人类型混淆了公法人与私法人,应将机关、事业单位和几类社会团体法人定位为公法人,私法人应分为营利法人与非营利法人,非营利法人包括由私人组成的社会团体法人和捐助法人";②或认为"非营利组织通常具有非营利性、非政府性等基本特征,机关法人、事业单位法人属公法人,不属于非营利法人";③或认为"应从更具体的私法层面褪去非营利组织不应负载的太多政治色彩和公法功能,把非营利组织是否登记为法人交由设立人、申请人自主选择而非立法硬性规制,使非营利组织的私法主体地位得以正本清源,使非营利组织的社会功能、组织张性和自治活力得以适度发挥";④或认为"《民法典》是典型的私法,其法人元分类构建宜对公法人和私法人的划分作一般宣示性,并明确公法人参与民事活动的地位,为公法人参与民事活动确立行为指引,使营利法人和非营利法人的规范进一步纯化"。⑤ 孙宪忠教授、李永军教授领衔起草的《民法总则建议稿》认为公法人与私法人的设立规则、意思机关、权利行使和义务承担等方面均有不同,有必要对公私法人划分予以说明,均建议我国《民法典》的法人元分类方法采公法人与私法人区分模式,区分国库、国家机关、事业单位、人民团体等国家依法设立的以管理公共事务为目的的公法人与公司、企业、财团法人、寺庙等依法设立的以从事民事活动为目的的私法人,尽管采取社团法人与财团法人二分的私法人分类模式,⑥但实质上仍确立了非营利社团法人、财团法人、非营利性非法人社团和非法人财团等非营利组织的私法主体性质。李永军教授认为民法本来就是私法,民法规范的法人当然应该就是私法上的分类,公法人本来就不是私法上的法人,其成立基础、依据的规范、职能、解散等本来就与民法无关,故公法人与私法人的分类在民法上并没

---

① 张闻祺:《我国民法总则中的法人分类方式探析》,《中州学刊》2017年第2期。
② 崔拴林:《论我国私法人分类理念的缺陷与修正——以公法人理论为主要视角》,《法律科学》2011年第4期;伍治良:《我国非营利组织内涵及分类之民法定位》,《法学评论》2014年第6期。
③ 陈金罗、金锦萍、刘培峰等:《中国非营利组织法专家建议稿》,社会科学文献出版社2013年版,第80、380~381页。
④ 肖海军、傅利:《非营利组织法人化管制的检讨与厘正——基于公法强制转型私法自治的进路》,《社会科学战线》2017年第9期。
⑤ 杨道波:《〈民法典〉中的非营利法人制度》,《聊城大学学报(社会科学版)》2020年第2期;伍治良:《我国非营利组织统一立法的实证调研》,《法学》2014年第7期。
⑥ 李永军主编:《中国民法典总则编草案建议稿及理由》,中国政法大学出版社2016年版,第113、114页(费安玲教授、刘智慧教授、刘家安教授执笔)。

有太重要的价值和意义,①其实乃赞同公私法人区分,只不过主张公法人规范属公法调整范围而已。但是,上述学者过分关注社团法人与财团法人二分的私法人分类方法之反驳,忽视对《民法典》不区分公私法人及非营利法人混杂公私法人之法人分类技术的学术回应。

我国部分民商法学者反对《民法典》采公私法人二分的法人元分类方法,赞同营利法人与非营利法人(或公益法人)二分作为法人元分类方法,或支持《民法典》的营利法人、非营利法人与特别法人三分的法人元分类方法,肯认非营利法人和特别法人均不区分公私法人的法人分类技术,均缺乏充分理由,且遮蔽了非营利组织私法主体定位的重要意义。龙卫球教授领衔起草的《民法典总则编专家建议稿》的法人元分类方法不区分公私法人,将法人区分为营利法人(企业法人)与公益法人,将营利法人分为公司法人、国有企业法人、集体所有制企业法人、农村集体经济组织、合作社法人,将公益法人分为国家机关、国库、事业单位、社会组织和基金会。② 公益法人类型不当杂糅机关法人、国库和事业单位法人等公法人与社会组织和基金会等私法人,且以"社会组织"概念替代我国立法惯常使用的"社会团体"概念,显非妥当。部分商法学者主张法人元分类不应采公私法人区分模式、应采营利法人与非营利法人二分或营利法人的理由明显缺乏合理性:有的将大陆法系民法典采行的社团与财团二分之"私法人元分类"误认为"法人元分类",③以此论证营利法人与非营利法人二分法与社团与财团二分法的优劣之结论显非妥当;有的认为"法人的分类应以法人之间最具有法律意义的根本差异作为分类的根据。在我国的法人组织中,是否具有营利性无疑是最具有法律意义的根本差异,营利性与否决定了法人完全不同的权利能力和行为能力",④忽视了公私法人区分蕴含的私法自治理念及制度之于作为非营利组织意志和行为自治必备前提的私法主体定位之重大意义。部分民法学者认为,《民法典》的法人元分类不区分公私法人,采营利法人与非营利法人二分模式,将事业单位法人、基层群众自治组织分别归入非营利法人、特别法人,能够与《民法通则》的

---

① 李永军:《我国未来民法典中主体制度的设计思考》,《法学论坛》2016年第2期。
② 北航法学院课题组(龙卫球主持):《中华人民共和国民法典·通则编》草案建议稿【条文版】,http://www.fxcxw.org/index.php/home/xuejie/artindex/id/9597.html,2015年12月4日访问。
③ 王涌:《法人应如何分类——评〈民法总则〉的选择》,《中外法学》2019年第3期;王涌:《中国需要一部商法品格的民法典》,《中国法律评论》2015年第4期。
④ 范健:《对〈民法总则〉法人制度立法的思考与建议》,《扬州大学学报(人文社会科学版)》2016年第2期;赵旭东:《民法总则草案中法人分类体系的突破与创新》,《中国人大》2016年第14期。

法人分类相衔接,有利于保持法律制度的稳定,①具有形式逻辑上的周延性和自足性,有利于与其他法律的衔接,便于充分发挥不同类型法人的功能,便于公共管理。② 王利明教授领衔起草的《民法总则专家建议稿(提交稿)》的法人元分类既未采公法人与私法人二分模式,也未采行营利法人与非营利法人二分模式,而是将《民法通则》的企业法人与非企业法人二分思路与大陆法系私法人分类的社团与财团二分法糅合在一起,将法人分为机关法人、社团法人与财团法人,社团法人分为营利性社团法人与非营利性社团法人,事业单位法人被纳入非营利性社团法人。③ 这种不区分公私法人且将事业单位法人纳入非营利法人范围的思路显非允当:(1)《民法通则》的法人分类方法不区分公私法人,体现的是计划经济管理思维,简单套用当时国务院编制管理规定核定的机构分类标准,且法人类型制度供给严重不足,备受学界诟病。④ 受我国传统计划经济体制下公私界限不明、公私领域混同的影响,此种法人分类方法仅侧重法人财产责任角度肯定公法人在民事活动中的身份与地位,并未将公法人身份与其行政职能、公法目的相结合,从而忽视了公法人与私法人之间质的差异及公法人在个性特征及规制手段上的质的区别,将不同性质的法人的同质化,存在法人范围与性质模糊的弊端,不利于对法人的功能、价值、法律地位的全面认识。⑤ (2)剔除非营利组织的非政府性特征,将本属公法人的机关法人和事业单位法人归入非营利法人,将两大法系的法人二级分类标准即营利法人与非营利法人二分的私法人分类标准上升为法人一级分类标准,徒具营利法人与非营利法人之法人一级分类方法之"形",失却了其作为法人二级分类方法之"神",遮蔽了公私法人区分蕴含的私主体自治理念及制度之于作为非营利组织意志和行为自治前提基础的私法主体定位之重要意义。(3)难以解释本属公法人的事业单位法人与本属私法人的社会团体、基金会及社会服务机构杂糅纳入非营利法人的合理性,亦难以解释本属非营利组织的基层群众自治组织被排除在非营利法人之外

---

① 梁慧星:《民法总论》,法律出版社2021年版,第130页。
② 张新宝:《〈民法总则〉对法人分类的规定及其解读》,《社会治理》2017年第7期;张新宝:《从〈民法通则〉到〈民法总则〉:基于功能主义的法人分类》,《比较法研究》2017年第4期;黎桦:《特别法人制度的法律构造及制度展开——以〈民法典〉第96~101条为分析对象》,《法商研究》2022年第4期。
③ 中国法学会民法典编纂项目领导小组和中国民法学研究会:《中华人民共和国民法典·民法总则专家建议稿(提交稿)》,http://www.360doc.com/content/16/0814/15/33935722_583159169.shtml,2016年8月4日访问。
④ 陈甦主编、谢鸿飞、朱广新副主编:《民法总则评注》(上册),法律出版社2017年版,第516页。
⑤ 李昕:《法人概念的公法意义》,《浙江学刊》2008年第1期。

的合理性。

部分民法学者虽赞同公私法人区分的法人一级分类方法,但贯彻不够彻底,法人的二级分类即私法人的分类,却将本属公法人的事业单位法人乃至机关法人归入本属私法人的非营利社团法人和财团法人或非营利法人范围之中。如,有学者认为"我国民法典应将法人划分为公法人和私法人,将私法人划分为社团法人和财团法人并对社团法人辅之以营利、公益和中间法人的立法模式,以公益为目的的事业单位法人和社会团体法人构成社团法人中的公益法人,非以公益非营利为目的的事业单位和社会团体构成社团法人中的中间法人或归入社团法人中的公益法人,事业单位法人和社会团体法人中以国家划拨的专用财产或以指定用途的捐赠财产为成立基础、且设有专门管理机构的法人构成财团法人"。① 另有学者认为:"我国民法典应区分公法人与私法人,私法人可分为营利法人与非营利法人,非营利法人包括机关法人、事业单位法人、社会团体法人和捐助法人。"②

赞同《民法典》采公私法人区分的法人元分类方法的诸多民法学者反对《民法典》的私法人分类方法采营利法人与非营利法人二分或营利法人、非营利法人与特别法人三分的功能主义模式,认为法人的成立基础不同导致法人内部制度结构、法人行为规则差异,主张立足于私法人分类的结构主义思路,采社团法人与财团法人二分、社团法人再分为营利法人与非营利法人的私法人分类模式。③ 此分类模式下的非营利社团法人与财团法人实乃非营利法人,仍明确了非营利法人的私法人性质定位,但过分强调对私法人二分为社团与财团的大陆法系传统民法理论的借鉴,忽视了社团法人之下营利法人与非营利法人成立基础的形式共性,忽视了营利法人与非营利法人设立宗旨、基本功能及运行规则的实质差异,遮蔽了非营利组织之于促进社会自治及参与社会治理的独特功能,且忽视或误读了私法人二分为营利法人与非营利法

---

① 马俊驹:《法人制度的基本理论和立法问题之探讨(上)》,《法学评论》2004年第4期。
② 梁慧星(中国民法典草案建议稿课题组负责人):《中国民法典草案建议稿附理由:总则编》,法律出版社2013年版,第153~154页(尹田教授执笔);尹田:《民法总则之理论与立法研究》,法律出版社2010年版,第372~373页。
③ 蔡立东、王宇飞:《职能主义法人分类模式批判——兼论我国民法典法人制度设计的支架》,《社会科学战线》2011年第9期;蔡立东:《法人分类模式的立法选择》,《法律科学》2012年第1期;谢鸿飞:《〈民法总则〉法人分类的层次与标准》,《交大法学》2016年第4期;李永军:《以"社团法人与财团法人"的基本分类构建法人制度》,《华东政法大学学报》2016年第5期;谭启平、黄家镇:《民法总则中的法人分类》,《法学家》2016年第5期;罗昆:《我国民法典法人基本类型模式选择》,《法学研究》2016年第4期;王文宇:《揭开法人的神秘面纱——兼论民事主体的法典化》,《清华法学》2016年第5期;谭启平:《中国民法典法人分类和非法人组织的立法构建》,《现代法学》2017年第1期。

人的域外立法趋势。正因为诸多民法学者过分青睐私法人二分为社团与财团的大陆法系传统民法理论,导致将研究精力过分放在反驳营利法人与非营利法人作为私法人分类方法之上,忽视及时反驳《民法典》不区分公私法人及非营利法人混杂公私法人之法人分类技术的不合理性,也未对"否认法人概念的公法性,为法人概念的私法性申辩"的个别观点①予以回应,进而导致"鹬蚌相争渔翁得利",在未形成学术共识的情形下不区分公私法人的法人分类技术轻而易举地进入民法典了。

由上可知,我国大多数民商法学者、公法学者及非法学学者主张我国民法典应引入公法人概念,法人元分类应采公法人与私法人二分法,非营利组织应定位为私法主体,其实,其合理性主要在于:

首先,公法人与私法人的基本功能明显不同,公法人即使参与民商事活动,也无法归入私法人的组织类型之中。② 公法人是国家和公权者以履行公共职能和维护公共利益为目的事业的组织,私法人则系私人以实现私人利益或促进公共利益为目的事业的组织,二者的基本功能明显不同,前者的目的事业指向政治国家领域的公共职能履行和公共利益维护,后者的目的事业则指向市民社会领域的物质利益或非物质利益追求。私法人的规范基础是意思自治原则,营利法人与非营利法人的基本功能在于营利或非营利,而公法人的规范基础是国家强制原则,机关法人、事业单位法人的基本功能并不在于营利或非营利,而在于公法职能的履行。易言之,是否营利的标准在私法人分类中尚可适用,对公法人的分类则完全没有适用价值,③故有必要引入公法人概念并将公法人与私法人的区分作为法人的元分类方法。此外,从政府组织参与私法活动的主体身份之组织类型归属出发,我国应引入公法人概念,区分公法人与私法人。④ 公法人基于日常运行及职能履行必然经常参与民商事活动,也可能基于职能履行效率及效益最大化须将其部分任务通过公私合作方式完成,因我国有着公权强势、私权羸弱的公法管制传统且缺乏公私法人区分传统,在民法典中规定公法人制度并明确公法人在什么条件下应该遵守或可以参照适用私法人规则,极其必要。⑤ 这样,既可明确参与民商事活动的公法人与私法人之主体地位平等,⑥也可凸显公法人不同于私法人

---

① 屈茂辉、张彪:《法人概念的私法性申辩》,《法律科学》2015 年第 5 期。
② 谭启平:《中国民法典法人分类和非法人组织的立法建构》,《现代法学》2017 年第 1 期。
③ 张闯祺:《我国民法总则中的法人分类方式探析》,《中州学刊》2017 年第 2 期。
④ 高星阁:《论作为民事执行对象的"公法人"——以我国台湾地区"立法"为镜鉴》,《西部法学评论》2020 年第 2 期。
⑤ 谭启平:《中国民法典法人分类和非法人组织的立法建构》,《现代法学》2017 年第 1 期。
⑥ 张闯祺:《我国民法总则中的法人分类方式探析》,《中州学刊》2017 年第 2 期。

的特性并强调其参与民商事活动亦须受公法限制,且为公法人与私法人找到"法人"概念的公分母,使法人概念更为科学。

其次,我国现行行政法、组织法等公法均未建立公法人制度,民法典构建与私法人相对的一般公法人制度,能够弥补公法人制度供给阙如之缺陷。①

其三,公法人概念的引入契合以公法人组织形态作为行政治理手段的现代行政改革趋势。公法人制度是法人制度实现私法到公法转变之产物,伴随着的是以国家为代表的现代行政组织在社会治理理念上的发展和进步。②公法人制度是大陆法系国家对公共事务进行组织和整合的法技术手段,是公共政策与法律技术相结合的产物。③ 分权授能是公法人制度繁荣的基础,公法人是间接行政的组织载体,以公法人这一组织形态作为行政治理手段是现代行政改革的重要内容,公法人制度通过法人组织形态实现公务的分散化,以公法人不同于科层机关的特有的意志独立与行为自主的法律属性丰富并补充现代行政的治理体系,即以法人格化的方式实现行政分权下的自治,以法人化的方式应对科层制的弊端。④ 公法人组织形态的类型化旨在将不同公法人的目的内化为组织制度、治理模式,是立法对不同公法人形态的组织结构和行为规则进行系统化抽象的结果,公法人主要包括作为自治载体的公法社团、以给付保障为组织建构核心的公营造物(如公立医院、大学等)和以绩效管理为核心的公法财团,公营造物的外延与我国事业法人基本相同。⑤ 因此,从整个法人制度体系的科学完备和法律适用角度考虑,无论《民法典》采用何种法人基本类型模式,《民法典》都应当引入公法人概念,适当创制有关公法人的法律规定,实现对公法人的"接应"。⑥

有民法学者为法人概念的私法性申辩,认为公法中的法人概念与民法中法人概念的指称意义不同,二者并存将导致法人概念的指称价值丧失、法人概念体系化矛盾和困难,应坚持法人概念私法性前提下实现法律主体概念的体系化,公法应舍弃法人概念并以"行政主体"概念指称公法权力归属者,不会危及公法学理论和制度构建。⑦ 也有行政法学者借鉴德国公法人制度,参

---

① 谭启平:《中国民法典法人分类和非法人组织的立法构建》,《现代法学》2017年第1期。
② 高星阁:《论作为民事执行对象的"公法人"——以我国台湾地区"立法"为镜鉴》,《西部法学评论》2020年第2期。
③ 李昕:《论目的主导的公法人组织形态类型化》,《法学杂志》2015年第11期。
④ 李昕:《论公法人制度建构的意义和治理功能》,《甘肃行政学院学报》2009年第4期;《论目的主导的公法人组织形态类型化》,《法学杂志》2015年第11期。
⑤ 李昕:《论目的主导的公法人组织形态类型化》,《法学杂志》2015年第11期。
⑥ 谭启平、黄家镇:《民法总则中的法人分类》,《法学家》2016年第5期。
⑦ 屈茂辉、张彪:《法人概念的私法性申辩》,《法律科学》2015年第5期。

考日本和我国台湾地区的公法人制度改革，主张公法人为国家之外的公法组织，将公法人限定在间接行政下提供公共服务的组织体范围内，认为公法人系根据公法或公法授权而设立、具有权利能力、以间接行政方式履行公共任务的组织体。① 上述观点值得商榷：（1）公法与私法的价值理念不同，相同的法律概念在公法与私法中因价值负荷不同而内涵有别乃属合理的立法技术选择，如公、私法理论对同一个法律行为效力的判断标准不同，决定公权力行为(如立法、行政或司法行为)效力的根本因素是合法性，而决定民事法律行为效力的核心要素是意思表示的真实、合法性。② （2）德国、瑞士、意大利等域外诸国民法典引入公法人概念并设置公法人在公法缺乏相应规定时准用民法的法人规定之转介规范，并未导致民法的法人概念体系化矛盾。（3）以"行政主体"概念指称行政机关以外的公法人(如我国政党机关、立法机关、政协机关、司法机关、人民团体等)缺乏合理性，且行政法学界广为接受的行政主体概念之外延并不限于公权力一方，亦包括公权力行使的相对人。同理，以公法人指称国家之外的公法组织，将机关法人排除在公法人外延范围之外，不当限缩了公法人概念在私法领域中指称所有类型公法人的符号功能。

《民法典》引入公法人概念并区分公私法人，并不意味着《民法典》须设置公法人的全部规范。可借鉴《德国民法典》专设"公法人准用私法人规定"之转介条款技术，《民法典》无须明示公私法人区分，设置公法人的设立准则(如"公法人仅得依法律或者行政法规的规定设立")、法律适用(如"公法人的民事权利能力、成立、债务清偿等事项，依其据以设立的法律和行政法规确定，无特别规定的，可以参照适用本法的一般规定")之转介规范，将公法人的设立依据、成立条件、权限范围、责任承担、清算、终止等问题交由行政法、程序法等公法解决，《民法典》确认公法人参与必要民事活动的平等民事主体地位及民事权利能力、同等适用民法有关法人制度等基本准则即可，为公共权力机构、公立事业单位、公立社会团体法人参与民事活动提供民法依据。③

---

① 李昕：《作为组织手段的公法人制度研究》，中国政法大学出版社 2009 年版，第 81~111 页；李昕：《论目的主导的公法人组织形态类型化》，《法学杂志》2015 年第 11 期。
② 江必新：《法律行为效力：公法与私法之异同》，《法律适用》2019 年第 3 期。
③ 李永军：《我国未来民法典中主体制度的设计思考》，《法学论坛》2016 年第 2 期；蔡立东、王宇飞：《职能主义法人分类模式批判——兼论我国民法典法人制度设计的支架》，《社会科学战线》2011 年第 9 期；李永军主编：《中国民法典总则编草案建议稿及理由》，中国政法大学出版社 2016 年版，第 113、114 页；方流芳：《从法律视角看中国事业单位改革》，《比较法研究》2007 年第 3 期；尹田：《民法典总则之理论与立法研究》，法律出版社 2010 年版，第 357、371 页。

二、公法人与私法人之区分标准

概念内涵是事物本质属性的客观反映,是客观事物本质属性主观化的结果,体现了概念定义者对事物本质属性的价值期待。公法人概念内涵蕴含了公法人区别于私法人的本质属性,即公法人概念与公私法人区分乃一枚硬币的两面,二者互为表里。公法人与私法人的区分标准众说纷纭,尚未形成通说,主要包括五种观点:[1](1) 设立的准据法区分说以设立法人的法律性质不同为标准,认为依公法或基于公权力行为设立的法人为公法人,依私法中的设立行为(如设立协议和捐助行为)设立的法人为私法人;(2) 设立人区分说以法人的设立者为标准,认为由国家或地方公共团体设立的为公法人,由其他主体设立的为私法人;(3) 行为性质区分说以法人是否行使或分担国家权力为标准,认为行使或分担国家权力或政府职能的法人为公法人,公法人一般以公法特有的强制手段来对付其成员或非成员,反之,则为私法人;(4) 设立目的区分说以法人存在的目的为标准,认为凡存在目的是增进社会公共利益的法人为公法人,旨在实现民事主体的私人利益的法人为私法人;(5) 贯彻团体自治原则说以法人能否贯彻团体自治原则为标准,认为法人分类的基本标准是法人主体贯彻私主体自治原则的程度与方式,公法人奉行职权法定与法律保留原则,其行为空间和范围受到法律的严格控制,而私法人贯彻私主体自治原则,其行为目的与准则均可自主决定。相较而言,前四种观点均存在一定缺陷。

设立的准据法区分说难以把握公法与私法的划分标准。(1) 公法与私法的立法区分具有相对性,难以准确界定某一法律的性质。尽管公法人与私法人之法人分类乃公法与私法的逻辑划分之必然结论,[2]但是,社会关系调整是项复杂的系统工程,解决现实社会问题的立法并非以纯粹的公法与私法的逻辑区分为偏好,立法技术主要采取以学科划分为导向的单一调整方法(如民法、刑法、行政法及对应的诉讼法等)与以综合施策为导向的综合调整

---

[1] [德]迪特尔·梅迪库斯:《德国民法总论》,邵建东译,法律出版社 2000 年版,第 817 页;[德]卡尔·拉伦茨:《德国民法通论(上册)》,王晓晔等译,法律出版社 2003 年版,第 179 页;黄立:《民法总则》,中国政法大学出版社 2002 年版,第 111 页;谭启平、黄家镇:《民法总则中的法人分类》,《法学家》2016 年第 5 期;申素平:《高等学校的公法人地位研究》,北京师范大学出版社 2010 年版,第 39 页。

[2] 梁慧星:《民法总论》,法律出版社 1996 年版,第 122、123 页;马俊驹:《法人制度的基本理论和立法问题之探讨(上)》,《法学评论》2004 年第 4 期;税兵:《非营利法人解释——民事主体的视角》,法律出版社 2010 年版,第 238 页;崔拴林:《论我国私法人分类理念的缺陷与修正——以公法人理论为主要视角》,《法律科学》2011 年第 4 期。

方法(如产品质量法、环境保护法均涉及民事、行政和刑法规范),单一调整方法的立法技术也不排除其他调整方法的规范进入(如刑诉法存在一定民事规范,民法存在一定公法规范),致使诸多部门法或单行法的公法规范与私法规范相互交叉,部门法或单行法之公法或私法性质界定具有相对性。因此,公法与私法的区分标准仅具相对合理性。(2)公法与私法的区分标准歧见纷呈。大陆法系学者大多认同公私法二元区分,公法与私法的具体区分标准却众说纷纭。[1] 传统理论对公法与私法的区分标准存在主体说、法律关系说(或服从关系说)、利益说与强行法说之争,[2]均系截取法律关系的某个层面进行分析。[3] 故学者认为,公法与私法区分的基本标准在于法主体的差异,由法的成立根据或法的规律之内容的差异可显示出公法与私法的大体倾向之不同,[4]或主张应从法律关系的基本范畴本源探索,规制权力运作(即公共权力之间及公共权力与私权利之间)的法为公法,调整权利与权利之间关系的法为私法。[5] (3) 公法与私法的区分与公私法人的区分并非完全等同。公私法的性质差异与公私法人的性质差异并非完全等同,公法与私法的规范性质差异难以完全揭示法人的本质属性差异。

设立人区分说不合理排除了国家及其他公法人设立私法人的可能。学界通说主张公法人须以行政任务或公共任务为目的,将以国家设立的以纯营利为目的的法人排除在公法人之外。[6] 综观世界各国的国有企业,大致可以分为适用公法的政府公司与适用私法的政府参股公司两大类,[7]前者由公法调整,强调公共性,后者主要由私法调整,强调营利性。大陆法系主要国家立法均未将纯营利性的组织纳入公法人之列,如德国的公法人分为公法社团、公营造物、公法财团,[8]并未包括国家设立的营利公司;法国行政法把公法人分为国家及地方自治团体与公共服务机构(学说上称为"特别公法人"),后者

---

[1] 金自宁:《公法/私法的二元区分的反思》,北京大学出版社2007年版,第34页。
[2] [日]美浓部达吉:《公法与私法》,黄冯明译,中国政法大学出版社2003年版,第24~32页;金自宁:《公法/私法的二元区分的反思》,北京大学出版社2007年版,第9、10页。
[3] 王继军:《公法与私法的现代诠释》,法律出版社2008年版,第19页。
[4] [日]美浓部达吉:《公法与私法》,黄冯明译,中国政法大学出版社2003年版,第36~39页。
[5] 汪习根:《公法法治论——公私法定位的反思》,《中国法学》2002年第5期;王继军:《公法与私法的现代诠释》,法律出版社2008年版,第19页。
[6] 葛云松:《法人与行政主体理论的再探讨——以公法人概念为重点》,《中国法学》2007年第3期。
[7] 史际春:《国有企业法论》,中国法制出版社1997年版,第35~46页。
[8] 崔拴林:《论我国私法人分类理念的缺陷与修正——以公法人理论为主要视角》,《法律科学》2011年第4期。

可分为财团性公务机构(如公立医院、公立大学)与社团性公务机构(如职业行会、商会等);①日本行政法上的公法人主要包括国家和公共团体(包括地方公共团体、公共组合与行政法人)两大类,均要求从事公共性事业。② 事实上,国家除了为承担社会责任负有管理社会和提供公共服务的义务之外,可以开展必要的营利性活动,设立目标定位为现代企业的商业性国有公司即为典型的营利性私法人,而非公法人。③ 我国正在推进的事业单位改革也要求从事营利活动的事业单位(如出版社等)转向私法人性质的公司法人。

行为性质区分说缺乏国家公权力的合理界定标准。以国家行政为例,国家行政包括秩序行政和给付行政,前者以国家强制力为保障,公权力特征明显;后者的任务是向社会提供公共服务,如国家通过举办大学、医院、邮政、铁路、银行等公法人向社会提供公共服务,缺乏强制力作为后盾,公权力特征不太明显,若将其排斥在公法人之外,一定程度上误解了公法人制度存在的意义——以法人化的方式实现行政分权下的自治及应对科层制的弊端。④ 此外,随着社会体制改革的深入,政府向社会逐步转移管理职权,国家通过立法赋予非营利组织一定的社会公权力,如一些行业协会承担了部分原由国家机关负担的行业监管职责,《民办教育促进法》也授权民办学校对符合法律要求的学生颁发学历证书、结业证书、培训合格证书或国家职业资格证书(第25条)。但是,这些非营利组织并未因承接一定国家权力而变成了公法人,这与公法人并未因参与必要的民商事活动而变成私法人的道理相同。

设立目的区分说忽视了私法人亦可促进社会公共利益之客观事实。考察域外民法制度及理论可知,营利组织之设立,既可为了营利目的,也可为了促进社会公共利益之非营利目的,如非营利公司已成为晚近域外非营利组织发展的新类型;非营利组织之设立目的,既可以是实现成员的非物质性利益,也可以是促进社会公共利益,如慈善组织从事慈善活动、志愿组织从事志愿服务活动。因此,从事公益活动的并非仅限于公法人,公益性非营利组织亦可。

相较而言,贯彻团体自治原则说较好地区分了公法人与私法人,厘清了公法人与私法人的本质差异,能够弥补其他观点的不足,其合理性根源在于:

---

① 葛云松:《法人与行政主体理论的再探讨——以公法人概念为重点》,《中国法学》2007年第3期。
② 楚风华、魏建国:《公法人制度及其对经济体制改革的意义——兼析经济体制改革的法制模式》,《兰州大学学报》2001年第4期。
③ 张力:《法人功能性分类与结构性分类的兼容解释》,《中国法学》2019年第2期。
④ 李昕:《论公法人制度建构的意义和治理功能》,《甘肃行政学院学报》2009年第4期。

首先,贯彻团体自治原则说契合社会结构功能分化及公私法人功能区分逻辑。公法人与私法人的区分乃社会结构功能分化的产物。现代社会结构已然分化为政治国家、市场经济与市民社会三个领域,各领域的主要活动主体明显不同,政治国家领域的主要活动主体是政府组织,主要任务是向社会提供秩序安全和社会保障,市场经济领域和市民社会领域的主要活动主体是自然人、法人和非法人组织,主要任务是为自然人、法人和非法人组织追求物质财富及精神利益提供意思自治空间。政治国家领域,国家通过各级各类政府组织即公法人治理政治、经济和社会等系统的公共事务。基于人民主权、民主宪政和法治国家的内在要求,公法人的活动领域属于公法领域,须遵循职权法定与法律保留原则,其行为空间和范围须受法律的严格控制。[①] 质言之,公法人的主体法定、职权内容法定、职权程序法定,公法人无权自行创设自我行动的准则,不得在法定职权范围之外开展活动,体现了立法对公法人活动的"他律"规制,即,公法人无法贯彻组织自治原则。相反,市场经济和市民社会领域,营利组织和非营利组织等私法人的主要功能在于为其设立人、出资人或发起人谋求物质利益或精神利益,而这些利益纯属私人利益范畴,无涉公共利益。基于人格平等、意志自由的内在要求,私法人享有自主决定参与民商事活动内容的自由,自主决定其活动准则,体现了私法人对自身活动的"自治"理念。正因如此,私法人制度实乃给予私法人权利自由的"赋权",公法人制度实为给予公法人权力限制的"限权":私法人制度旨在赋予已脱离权力体系的社会组织以主体资格,编织社会横向自由交往关系网,[②] 而公法人制度系国家组织与整合公共管理及公共服务事务的治理手段。[③]

其次,贯彻团体自治原则说厘清了公法人与私法人的本质差异。上述其他四种观点认为,公法人与私法人在设立依据、设立人、行为性质、设立目的方面存有不同,但均无法完全区分公法人与私法人:设立准据法区分说实乃设立人区分说、行为性质区分说和设立目的区分说的外在表现形式,无法直接揭示公法人的本质属性;设立人区分说无法排除政府组织设立营利性公司之私法人情形;行为性质区分说难以合理界定国家公权力;设立目的区分说无法区分公共利益提供的政府组织与非营利组织、从事营利活动的政府组织与营利组织。究其根源,公法人与私法人的这些特征差异属外在表象,而非

---

① 孟大川:《职权法定原则的内涵意义与要求》,《探索》2001 年第 5 期;黎军:《保障公民基本权利之法律保留原则》,《深圳大学学报(人文社会科学版)》2004 年第 1 期。
② 张力:《法人制度中的公、私法调整方法辨析——兼对公、私法人区分标准另解》,《东南学术》2016 年第 6 期。
③ 李昕:《论目的主导的公法人组织形态类型化》,《法学杂志》2015 年第 11 期。

内在本质,这些表象特征的差异实质上均根源于公法人与私法人的活动开展是否贯彻组织自治原则,公法人的设立准据法、设立人、行为性质、行为目的均源于他律立法要求的职权法定和法律保留原则,无法实行组织自治,而私法人则可。

不过,贯彻团体自治原则说的公私法人区分标准表述似欠严谨,"是否贯彻私主体自治原则"难以适用于公法人,毕竟公法人并非私主体,"是否贯彻团体自治原则"难以适用于捐助法人,毕竟捐助法人并无团体成员。"组织"一词的外延范围较广,既可以涵盖公法组织与私法组织,也可以囊括私法人的团体组织与非团体组织(如基金会、社会服务机构、宗教活动场所等),故公私法人的区分标准采"是否贯彻组织自治原则",更为允当。

正因公法人与私法人存在应否贯彻组织自治原则的本质差异,两者具体法律制度差异由此衍生:公法人可以有(而非必须)主权的强制力、诉讼管辖不同、法律适用不同、法律责任性质不同、渎职罪及伪造公文印章罪之成立不同。[①] 因此,我国《民法典》应引入公法人概念并区分公私法人,依据公私法人区分的组织自治标准,公法人概念可界定为政府或政府组织设立的管理社会或提供公共服务的组织(如机关法人、事业单位法人),政府或政府组织设立的以营利为目的之组织或者自然人、法人或非法人组织设立的以营利或非营利为目的之组织则为私法人。

第二节 非营利组织的私法主体定位逻辑

非营利组织的主体性质定位关涉非营利组织的外延范围,进而事关非营利组织法律制度供给是否符合国家治理体系现代化的良法衡量标准及可否有效激发非营利组织的活力。确定非营利组织主体性质定位,须依公私法人区分标准分析非营利组织的非营利性、非政府性特征是否彰显私法主体的组织自治性。

一、非政府性内生的组织自治性凸显 非营利组织的私法主体性

非营利组织是非营利性、非政府性的组织,组织自治性乃其非政府性特征之必然逻辑,由此决定了非营利组织的私法主体性质。非营利组织的非政

[①] 黄立:《民法总则》,中国政法大学出版社2002年版,第112页。

府性与组织自治性乃一枚硬币的两面,非政府性意即组织自治性,缺乏组织自治性,难谓非政府性:非政府性从组织外部视角强调非营利组织"不受政府的控制",即,非营利组织的设立、运行及终止非因法定限制不受政府干预,而组织自治性从组织内部视角强调非营利组织自主决定组织的全部事务,非政府性与组织自治性互为表里、相互为用。质言之,非营利组织的非政府性内涵的组织自治性之立法技术表达即为非营利组织的私法主体性。正如学者所言,非营利组织属于私法组织,并非公法组织。[①] 非营利组织的非政府性特征内含的组织自治性主要体现在如下方面:

第一,非政府性决定非营利组织设立主体的私人性和设立目的的私益性,确立了非营利组织实行组织自治的组织基础。现代文明社会乃社会结构功能合理分化的产物,政治国家、市场经济与市民社会的各自功能不同,各自遵循不同的运行逻辑,政治国家领域遵循法无规定即禁止原则,市场经济和市民社会崇尚法无规定即自由原则。人类已步入 21 世纪的文明社会,社会结构已然分化为政治国家、市场经济与市民社会,公法主要调整政治国家领域的政治生活,私法主要规制市场经济领域的营利性活动和市民社会领域的非营利性活动。非营利组织为市民社会的重要活动主体,设立主体为社会力量即私人而非政府或政府组织,其人员、资金、财产亦由私人提供,其设立目的旨在设立人私益性的非物质利益追求,由此为非营利组织的运行实行私法上的私主体自治原则提供了组织基础。公法组织缺乏组织自治的组织基础,其设立人为政府或政府组织等公法主体,其人员、资金、财产均由国家保障,其设立目的并非谋求私益,而是代表国家管理国家政治、经济和文化等社会公共事务。

第二,非政府性决定非营利组织财产的非国有性,确立了非营利组织实行组织自治的财产基础。公益性非营利组织名下的财产属于该组织单独所有,并不归属于非营利组织的设立人、出资人或成员,更不属于国有资产,其解散时的剩余财产须移交给宗旨相同或类似的组织,互益性非营利组织则允许通过章程自主约定是否分配剩余财产给组织成员,由此保障了非营利组织自主运作所需的必要财产。公法组织名下的财产并非属于公法组织所有,属国家所有,公法组织仅享有占有、使用的权利及依法管理、处分的权利,其解散时的剩余财产则依法处理,归属于国库或作为设立人的公法组织。

---

① 陈金罗、金锦萍、刘培峰:《中国非营利组织法专家建议稿》,社会科学文献出版社 2013 年版,第 378~381 页;崔拴林:《论我国私法人分类理念的缺陷与修正——以公法人理论为主要视角》,《法律科学》2011 年第 4 期。

第三,非政府性蕴含了结社自由,彰显了非营利组织设立或终止的组织自治原则。非营利组织的设立或终止与否源于宪法赋予的结社自由权利。结社自由权利在市民社会领域之贯彻即转化为私法权利,公民、法人或非法人组织享有基于意志自治设立、加入或退出非营利组织之自由。正因如此,学者认为社会成员自愿结成或设立的非营利性团体或组织与国家设立的公共团体或组织之间存在明显差异,前者是以结社自由为基础而成立的团体或组织,后者看似团体或组织,乃基于法律规定或行政命令、决定而设立,却与社会成员自愿结社无关,不属于通常所说的团体。① 申言之,设立私法捐助法人和私法社会团体法人贯彻的是私主体自治的原则,而设立公法捐助法人则贯彻的是法律公共意志或者职权法定原则,公法社团的成员在大多数情况下无权对社团本身的存在或消灭作出决定。②

第四,非政府性意即不受政府控制,凸显了非营利组织的组织自治原则。非营利组织的非政府性决定其人、财、物不受政府的控制,其从事的非营利活动实行组织章程自治,自主决定其变更或终止,政府不得干预非营利组织的正常经营活动,无疑体现了组织自治理念;相反,公法组织乃国家设立,并无自治可言,必然体现国家意志,其运行管理受法律的严格控制,须遵循法律保留、法律优先、合理比例、程序正当、高效便民、诚实信用等公法原则,无从体现公法组织及其权力行使者的自由意志。

基于非营利组织的设立、运行及终止贯彻了私主体的组织自治原则,与公法组织存在本质区别,二者的法律适用明显不同:(1)法律依据不同。基于主要功能及活动空间的不同,非营利组织的活动开展主要依据私法,公法组织的活动开展则主要依据公法。(2)纠纷解决的诉讼类型不同。非营利组织开展活动发生的纠纷主要属于民事纠纷,适用《民事诉讼法》,而公法组织开展活动发生的纠纷主要属于行政纠纷,适用《行政程序法》《行政诉讼法》。(3)工作人员违法的后果不同。非营利组织管理人员属非国家工作人员,公法组织工作人员属国家工作人员,前者管理处分组织财产不当构成渎职、贪贿犯罪的依非国家工作人员犯罪规定处理,后者则依国家工作人员犯罪规定处理。

正因非营利组织的非政府性内生的组织自治性决定非营利组织的私法主体性,我国顶层政策推进的现代社会组织体制改革一直区分名为"社会组织"的非营利组织与公法人性质的事业单位、人民团体,实乃确立其私法主体

---

① 叶林:《私法权利的转型———一个团体法视角的观察》,《法学家》2010 年第 4 期。
② 谭启平、黄家镇:《民法总则中的法人分类》,《法学家》2016 年第 5 期。

地位。

二、非营利组织的私法主体性定位契合域外立法趋势

将我国非营利组织定位为私法主体,契合域外非营利组织立法趋势,域外诸多民法典在公私法人区分前提下坚持非营利组织的私法主体性定位。

《德国民法典》第一编"总则"第一章"人"第二节"法人"下设第一目"社团"、第二目"财团"与第三目"公法人",社团和财团为私法组织,社团分为非营利社团(第21条)与营利社团(第22条)、社团法人与无权利能力社团(第54条)。《德国民法典》第21条和第22条所规定的非营利社团和营利社团均属非营利组织,只是前者不涉足经济活动,后者涉足经济活动且仅有共益目的,[①]即,第22条所规定的营利社团不是营利组织,德国营利组织由《德国商法典》《有限责任公司法》《股份法》《自由职业人员合伙公司法》《工商业合作社法》等法律调整。显然,《德国民法典》规定的非营利社团、营利社团和财团实乃非营利组织且均属私法人性质。

《意大利民法典》第一编"人与家庭"第二章"法人"第一节"一般规定"第11、12条区分公法人(包括省、市镇和公共机关)与私法人,第13条规定"公司与合伙受本法第五编的调整",第二节"社团与财团"及第三节"非法人社团和委员会"分别规制具有法律人格的社团和财团、不具有法律人格的社团和委员会。显然,《意大利民法典》规定的社团、财团、非法人社团和委员会实乃非营利组织,且均属私法人性质。

《瑞士民法典》第一编"人法"第二章"法人"第52条第1款规定"团体组织以及为特定目的而独立存在的机构,经登记于商业登记簿,取得人格",第2款规定"公法上的团体组织及机构,非营利社团、宗教财团、家庭财团,无须办理上述之登记",第59条规定"公立机构及教会团体,适用联邦公法及各州公法""以营利为目的的团体,适用公司法的规定""土地公用合作社及其他类似的团体,继续适用各州的法律",第二节、第三节分别规制社团(包括社团法人与无法律人格的社团)和财团(包括家庭财团、教会财团及其他公益财团等)。瑞士民法学者认为,《瑞士民法典》区分公法人与私法人,第59条就公法法人、教会法人、公共合作社和类似的社团法人作出了保留,留给联邦和各州公法调整,非营利法人即社团和财团由《瑞士民法典》调整,营利法人即股

---

① 徐国栋:《〈民法典〉规定的非法人组织制度与三国民法中类似制度的关系梳理》,《河南大学学报(社会科学版)》2021年第1期。

份公司、两合公司、有限责任公司及合作社由《瑞士债法典》调整。① 显然，《瑞士民法典》规定的社团和财团属非营利组织且属私法人性质。

《葡萄牙民法典》第一卷"总则"第二编"法律关系"第二章"法人"虽未规定公法人，但设三节分别规制该民法典所调整的社团、财团和无法律人格之社团及特别委员会，专门强调社团设立目的之非营利性。显然，《葡萄牙民法典》规定的社团、财团和无法律人格之社团及特别委员会实乃非营利组织且属私法人性质。我国《澳门民法典》乃《葡萄牙民法典》的本土化，其非营利组织的类型及立法模式均与《葡萄牙民法典》相同，唯一不同的是专门强调财团的公益性，故澳门的非营利组织亦属私法人性质。

《马耳他民法典》附录二系对民法典内容的补充，专门规制各类法律组织。附录二第1条区分公共组织与私人组织，公共组织系政府直接或间接控制的任何组织（即政府享有任命或免除该组织的多数管理人的权利）且由国家和公共机构的法律调整，私人组织（包括社团、基金会与兼具社团和基金会特征的混合性组织，基金会分为公益基金会与私人基金会）由附录二第三题及可适用于其法律形式和目的的特别法调整。显然，《马耳他民法典》规定的社团与公益基金会实乃非营利组织，且均属私法人性质。

《巴西民法典》第一编"人"第40条将法人区分为公法法人与私法法人，第41、44条分别界定了公法法人、私法法人的范围，第42条规定公法法人包括社团、合伙（公司）、财团、宗教组织和政党等五种类型，第53条明确社团设立宗旨的非经济性，第62条强调财团设立宗旨的公益性（宗教、道德、文化或帮助他人宗旨），第二编"企业法"具体规定了合伙（公司）。显然，《巴西民法典》规定的社团、财团、宗教组织实乃非营利组织，且属私法人性质。

《智利民法典》第一编"人"第三十三题"法人"第545条将法人分为社团、公益基金会及二者性质兼具型组织三类，第549、563条明确社团和公益基金会的财产禁止分配给社团成员、公益基金会管理人员并认可未依法成立型社团和公益基金会的法律地位，第547条明确该法典第三十三题"法人"规定不适用于产业合伙（公司）、具有公法性质的社团或基金会（如国家、国库、市政府、教会、宗教团体以及由国库承担费用的机构），前者由该法典其他题节及商法典调整，后者由特别法和法规调整。显然，《智利民法典》规定的社团和公益基金会及二者性质兼具型组织实乃非营利组织，且均属私法人性质。

《秘鲁民法典》第二篇"法人"第一题"一般规定"第76条明确区分公法法人与私法法人并强调公法法人由产生它的法律调整，第二题、第三题分别规

---

① 纪海龙：《瑞士民法：基本原则与人法》，中国政法大学出版社2015年版，第372～376页。

定社团与财团并均强调其非营利目的,第三篇"未登记之社团、财团和委员会"承认未登记设立的社团、财团和委员会之法律地位。显然,秘鲁民法典规定的社团、财团和委员会实乃非营利组织的三种类型,且均属私法人性质。

《阿根廷民法典》第一编"关于人的一般规定"第一题"法人"第 32 条明确区分公法人(含国家、各省和各市、有自治权的实体、天主教会)与私法人(含社团、财团、民事和商事公司等),第 39 条明确社团的财产及债务不归属于任何社团成员,第 46 条承认不具有权利主体资格的社团之法律地位。显然,《阿根廷民法典》规定的社团、财团实乃非营利组织,且均属私法人性质。

《埃塞俄比亚民法典》第一编"人"第 3 题"社团和财团"下设四章"行政团体和教会""社团""财团""外国法人团体和财团",行政团体包括国家、国家以下的行政区、政府各部、行政法明确授予法律人格的公共行政当局、部门或机关(第 394~397 条),社团包括工会、东正教以外的教会、宗教组织、宗教团体等且不得向设立人分享利润(第 404 条),财团包括捐赠基金、委员会和信托(第 483~544 条)。显然,埃塞俄比亚民法典规定的社团、财团实乃非营利组织,且均属私法人性质。

《俄罗斯民法典》第一编"总则"第二分编"人"第四章"法人"第 50 条采商业组织与非营利组织的法人一级分类方法,非营利组织包括消费合作社、公共组织(含公共运动)、协会(联合会)、不动产所有者协会、哥萨克协会、社区、社会用途基金、机构(含联邦机构、自治地方机构和私人机构)、自治性非营利组织、宗教组织、公法公司、律师协会、律师组织、国有公司、公证员协会等 15 种类型;第 123 条在将非营利组织划分为非营利社团组织与非营利财团组织,非营利社团包括消费合作社、公共组织(含社会运动)、协会(联合会)、公证员协会、律师协会、不动产所有人合伙、哥萨克团体和社区等,非营利财团包括社会用途基金、机构、自治性非营利组织和宗教组织;第五章"俄罗斯联邦、俄罗斯联邦各主体、地方自治组织参加民事立法所调整的关系"第 124 条规定俄罗斯联邦、俄罗斯联邦各主体、地方自治组织参与民事关系时与其他民事关系参加者地位平等。显然,《俄罗斯民法典》将商业组织和非营利组织与俄罗斯联邦、俄罗斯联邦各主体、地方自治组织分设两章分别规定,暗含公法人与私法人区分,非营利组织与商业组织实属私法人性质。

日本 2006 年实行公益法人制度改革,废除了民法典中的公益法人规定,将公益法人制度和中间法人制度予以整合并专门颁布了《一般社团法人及一般财团法人法》及《公益社团法人及公益财团法人认定法》,《日本民法典》第一编"总则"第三章"法人"仅保留 5 条规定(第 33~37 条),第 33 条确立了法人的三种类型——公益法人、营利法人与其他法人。日本学者认为,《日本民法典》虽未引入公法人概念并采取公私法人分类方法,但以民法、一般法人法、公司法等私法为依据设立的法人称之为私法人,[①]一般社团法人及一般财团法人实乃私法人性质的非营利组织。《韩国民法典》与日本民法相同,均采营利法人与非营利法人之私法人分类方法,与日本稍有不同的是,韩国将社团法人区分为营利型与非营利型,韩国的非营利组织分为非营利性社团与财团。

《越南民法典》(2005)第一编"一般规定"第四章"法人"第二节"法人的类型"第100~104条规定实质上采纳公法人与私法人区分的法人元分类方法,公法人包括国家机关法人、人民武装部队法人、政治组织法人、政治-社会组织法人,私法人包括经济组织法人(包括国有企业、合作社、有限责任公司、股份公司、外资企业及其他经济组织)和社会-行业政治组织法人、社会组织法人、社会-行业组织法人、社会基金会法人、慈善基金会法人,私法人中经济组织法人之外的其他五种类型私法人实乃非营利法人,即,非营利组织被定位为私法人性质。2015年越南修订了2005年民法典,法人元分类方法改采商业法人与非商业法人区分模式,第75条规定商业法人包括企业及其他经济组织,第76条规定非商业法人不以追求利润为主要目标且利润不分配给法人成员,包括公法人(包括国家机关、人民武装单位、政治组织、社会-政治组织)与私法人(包括政治社会-行业组织、社会组织、社会-行业组织、社会基金、慈善基金、社会企业及其他非商业组织),第97条规定越南中央政府、中央及地方国家机关参与民事关系时与其他民事主体平等并承担该法第99条、第100条所规定的民事责任。显然,2015年《越南民法典》并未改变之前的非营利组织之私法人性质定位,只是将公法人与非营利法人置于非商业法人名下而已。

《泰王国民商法典》第一编"总编"第二章"人"第二节"法人"虽未规定公法人,但设两节分别规制该法典所调整的两种类型法人——社会团体和基金会且强调非营利性(第78~136条),其实乃非营利组织且属私法人性质。

美国、加拿大、英国等英美法系国家一贯强调政社分开,其非营利组织法均强调非营利组织的非政府性,实乃明确非营利组织的私法人性质。

由上可知,欧洲、亚洲、非洲及美洲的诸多国家立法均将非营利组织定位为私法组织性质。

---

① [日]近江幸治:《民法讲义Ⅰ·民法总则》,渠涛等译,北京大学出版社2015年版,第6版补订,第83页。

第三节 我国《民法典》的非营利法人主体性质定位评析

基于遵循民法通则的法人分类基本思路,适应社会组织改革发展要求,按照法人设立目的和功能等方面的不同,《民法总则》将法人分为营利法人、非营利法人与特别法人,①将事业单位法人、社会团体法人、基金会法人和社会服务机构法人等列为非营利法人,将机关法人、基层群众性自治组织法人列为特别法人,《民法典》从之。此模式下,机关法人与事业单位法人同为公法人,事业单位归入非营利法人,机关法人却归入有别于非营利法人的特别法人,本属私法人且为非营利法人的基层群众性自治组织法人也被归入特别法人,归入非营利法人的社会团体法人和基金会法人也未排除群团组织。《民法典》对非营利法人的主体性质定位缺乏合理性定位,根源在于未能厘清非营利组织的本质属性与其主体性质定位之间的内在联系。

一、非营利法人的主体性质缺乏合理定位

《民法典》将事业单位法人归入非营利法人,归入非营利法人的社会团体法人和基金会法人也未排除群团组织,导致公法人被不当归入非营利法人,非营利法人的主体性质缺乏合理定位。究其根源,《民法典》忽视了群团组织和事业单位缺失非营利组织之非政府性即私法主体性特征。

(一)群团组织缺乏非营利组织之非政府性即私法主体性

我国现行法律并无群团组织概念,群团组织概念的定义主要依据党和国家的群团组织政策,如2015年中共中央印发的《加强和改进党的群团工作的意见》。政治学领域,一般将参加中国人民政治协商会议的八大人民团体②和经国务院批准免于登记的15家群众团体③合称为"群众团体"或"群团组

---

① 全国人民代表大会常务委员会副委员长李建国2017年3月8日在第十二届全国人民代表大会第五次会议上所作的《关于〈中华人民共和国民法总则(草案)〉的说明》。
② 包括全国总工会、共青团中央、全国妇联、中国科协、全国侨联、全国台联、全国青联、全国工商联。
③ 包括中国作协、中国文联、中华全国新闻工作者协会、中国人民对外友好协会、中国人民外交学会、中国贸促会、中国残联、中国宋庆龄基金会、中国法学会、中国红十字总会、中国思想政治工作研究会、欧美同学会、黄埔军校同学会、中华职业教育社、中国计划生育协会。康晓强:《群众团体与人民团体、社会团体》,《社会主义研究》2016年第1期;另参见《民政部关于对部分团体免予社团登记有关问题的通知》、《中共中央办公厅国务院办公厅关于印发〈21个群众团体机关机构改革意见〉的通知》、2006年8月中组部、人事部联合印发的《工会、共青团、妇联等人民团体和群众团体机关参照〈中华人民共和国公务员法〉管(转下页)

织",根据中央编办官网,群团组织包括上述23个人民团体和群众团体。我国民法学界多认为群团组织属公法人且不属于非营利组织,[①]政治学、公共管理学、社会学等领域学者对群团组织应否属于非营利组织则存有争议:有的认为人民团体不属于党政组织系统,具有非政府性,属于非营利组织[②]或认为人民团体、群众组织实现的是非营利组织所具有的社会功能,应认定为非营利组织;[③]有的认为官办的上述组织具有政府性、非自治性,不属于非营利组织。[④] 梳理群团组织政策可知,群团组织除具备社会团体的普遍特征——社会性之外,还具有鲜明的政治团体属性,政治性是群团组织区别于其他社会团体的独特属性。[⑤] 群团组织的政治性决定其缺乏非营利组织的非政府性特征,凸显其公法组织属性,主要体现在:

1. 群团组织是历史形成与现实政治制度安排的特殊政治团体

人民团体属于群团组织,群团组织属于社会团体。大部分群团组织的孕育、成长与中国共产党有深厚的历史渊源和紧密的现实关联。中华人民共和国成立后,基于特殊的历史及政治等国情,我国建构了体制内党和政府联系人民群众及群众利益表达、利益吸纳、利益整合、利益协调、利益协商的政治组织之政治制度,[⑥]23个群团组织就是党和国家与人民群众沟通联结管道的特殊政治组织。群团组织的根本属性是政治性、先进性与群众性的内在统一体,政治性功能是第一位的。[⑦] 群团组织服务群众的社会功能须以坚持政治性为前提,群团组织须围绕服务党和国家工作中心工作大局,发挥党和政府联系社会的桥梁和纽带作用,将党和政府的政治意志、政治主张、决策部署变

(接上页)理的意见》,2007年《中共中央办公厅 国务院办公厅关于进一步加强和完善机构编制管理严格控制机构编制的通知》,2015年1月中共中央印发的《关于加强和改进党的群团工作的意见》,2018年3月中共中央印发的《深化党和国家机构改革方案》。

① 税兵:《非营利法人解释——民事主体理论的视角》,法律出版社2010年版,第26~43页;崔拴林:《论我国私法人分类理念的缺陷与修正——以公法人理论为主要视角》,《法律科学》2011年第4期;蔡立东:《法人分类模式的立法选择》,《法律科学》2012年第1期;周友军:《德国民法上的公法人制度研究》,《法学家》2007年第4期;陈金罗、金锦萍、刘培峰等:《中国非营利组织法专家建议稿》,社会科学文献出版社2013年版,第80、380~381页。

② 俞可平:《中国公民社会:概念、分类与制度环境》,《中国社会科学》2006年第1期。

③ 康晓光:《非营利组织管理》,中国人民大学出版社2011年版,第5页。

④ 马庆钰:《对非政府组织概念和性质的再思考》,《天津行政学院学报》2007年第4期。

⑤ 康晓强:《群众团体与人民团体、社会团体》,《社会主义研究》2016年第1期。

⑥ 康晓强:《群团组织的中国逻辑》,《学习时报》2017年9月20日。

⑦ 康晓强:《国家治理视域下的群团组织转型:逻辑路线与突出短板》,《人文杂志》2019年第1期;彭恒军:《社会治理主体建设与群团组织的改革与创新——解读中共中央〈关于加强和改进党的群团工作的意见〉》,《工会理论研究(上海工会管理职业学院学报)》2015年第6期。

成群众自觉行动。人民团体的政治性功能更强,政治性是人民团体有别于其他社团、非政府组织的独特属性。[1] 人民团体是中国共产党领导下的政治团体,是统一战线的组成部分和人民政协的组成单位,强调民主协商等政治参与和政治职能。[2] 人民团体也是个历史概念,不同时期的指代范围不同,直至八届政协才确定了参政议政的工会、共青团、妇联、科协、侨联、台联、青联、工商联等八大人民团体。群团组织享有较高的政治地位,正部级的就有9家(全国总工会、共青团、妇联、工商联、科协、文联、作协、侨联、法学会),副部级的也有9家(中国人民对外友好协会、中国记协、全国台联、贸促会、残联、红十字会、中国外交学会、宋庆龄基金会、中国计生协会)。

2. 群团组织的人、财、物均受政府控制,缺乏自治性

23个群团组织均属国家编制管理机构管理的公务员管理单位或参照公务员管理单位,行政经费及办公经费均由财政负担,人事任免均由党委组织部门考察推荐任命,工作人员均具有公务员身份或参照公务员管理身份,具有一定的行政职级,工资、奖金等福利待遇均由财政支付。[3] 大部分群众团体建构了中国共产党领导下从中央到省、地(市)、县、乡乃至社区、乡村的纵横交错、层级严密的组织网络体系,可以服务我国各个层面、各个领域、各个阶层、各条战线、各个群体的人民群众,具有组织结构、贴近基层、沟通平台及影响公共决策等独特优势。群团组织及其工作人员均处于科层化权力体系之中,群团组织的宏观决策及具体活动开展均依据党和国家中心工作大局安排,并无更多的自治性。

3. 我国现行法律及政策将群团组织定位为政府组织

《公务员法》第2条规定"公务员是指依法履行公职、纳入国家行政编制、由国家财政负担工资福利的工作人员"。2006年中共中央、国务院将全国工商联定位为公务员法实施单位范围,中共中央组织部人事部印发的《工会、共青团、妇联等人民团体和群众团体机关参照〈中华人民共和国公务员法〉管理的意见》将其他21个群团组织定性为参照公务员法管理范围,实乃明确这22个群团组织的机关法人性质。2020年3月中共中央组织部发布的《参照〈中华人民共和国公务员法〉管理的单位审批办法》第13条明确规定"人民团体和群众团体机关参照公务员法管理的工作,按照中央有关规定执行"。《政

---

[1] 褚松燕:《在国家和社会之间——中国政治社会团体功能研究》,国家行政学院出版社2014年版,第21页。
[2] 陈赛金:《人民团体在法律中的指代范围应符合宪法原意》,《法学》2020年第6期。
[3] 崔拴林:《论我国私法人分类理念的缺陷与修正——以公法人理论为主要视角》,《法律科学》2011年第4期。

府采购法》第2条第1款规定政府采购的主体为各级国家机关、事业单位和"团体组织",这些"团体组织"是指党和政府设立并拨给经费的党群组织,①暗含群团组织属政府组织之义。《事业单位登记管理条例》规定"事业单位,是指国家为了社会公益目的,由国家机关举办或者其他组织利用国有资产举办的,从事教育、科技、文化、卫生等活动的社会服务组织",群团组织设立事业单位符合"其他组织利用国有资产举办"情形,暗含群团组织的公法组织性质定位之义。《2016中国国民经济核算体系》将23个群团组织界定为营利机构与非营利机构之外的"广义政府机构"。②

正因为23个群团组织的公法组织性质,有学者主张引入"参公团体"概念,以"工商联和参公团体"概念指代参加政协的工青妇等八大团体和15家免登记团体。③ 因此,群团组织并非私法组织,不应划入非营利组织范畴。

(二)事业单位缺乏非营利组织之非政府性即私法主体性

我国诸多民法学者主张事业单位属公法人,不属于私法人性质的非营利法人。④ 部分民法学者主张我国民法典的法人元分类不应采公私法人二分模式,应采营利法人与非营利法人区分模式,导致事业单位被归入非营利法人范围。事实上,即使事业单位按照《中共中央国务院关于分类推进事业单位改革的指导意见》完成改革,从事公益服务的事业单位仍保留在事业单位序列,也缺乏私法主体之组织自治性特征,明显不具备非营利组织之非政府性及私法主体性:

第一,事业单位的资产为国有资产,决定事业单位的公法人性质。依据《民法典》第256、259条、《事业单位登记管理暂行条例》第2条及《事业单位国有资产管理暂行办法》第3、4、5条规定,事业单位是由国家利用国有资产举办的从事教育、科技、文化、卫生等活动的社会服务组织,事业单位对其占有、使用的财产只享有占有、使用及依法收益、处分的权利,其所有权属于国

---

① 崔拴林:《论我国私法人分类理念的缺陷与修正——以公法人理论为主要视角》,《法律科学》2011年第4期。
② 中华人民共和国国家统计局:《2016中国国民经济核算体系》,中国统计出版社2017年版,第14~23页。
③ 褚松燕:《在国家和社会之间——中国政治社会团体功能研究》,国家行政学院出版社2014年版,第21页。
④ 税兵:《非营利法人解释——民事主体理论的视角》,法律出版社2010年版,第26~43页;崔拴林:《论我国私法人分类理念的缺陷与修正——以公法人理论为主要视角》,《法律科学》2011年第4期;蔡立东:《法人分类模式的立法选择》,《法律科学》2012年第1期;周友军:《德国民法上的公法人制度研究》,《法学家》2007年第4期;陈金罗、金锦萍、刘培峰等:《中国非营利组织法专家建议稿》,社会科学文献出版社2013年版,第80、380~381页。

家,事业单位国有资产实行国家统一所有,政府分级监管,单位占有、使用的管理体制,国有资产监管机构对事业单位国有资产负有监督管理和促进保值增值职责。事业法人单位对其名下财产不享有所有权,只具有"合目的性"的管理权,①国家对事业单位法人的出资人权与事业单位法人财产权之间的民事关系已转化为国家所有权的弹性分权控制关系。② 故,事业单位当属公法人,而私法人性质的非营利法人名下的财产属于非营利法人所有,不属于国有所有。

第二,事业单位的人事安排、经费来源及运营管理均受国家控制,体现事业单位的公法人属性。事业单位纳入政府机构编制管理,事业单位的性质、业务、级别、内部机构和工作人员数目由编制管理部门代表同级政府核定,编制管理决定事业单位的官办机构性质;依据《事业单位岗位设置管理试行办法》第5、6条规定,国家确定事业单位通用的岗位类别和等级,根据事业单位的功能、规格、规模以及隶属关系等情况控制岗位实行总量、结构比例和最高等级,政府人事行政部门和事业单位主管部门负责事业单位岗位设置的指导、实施和监督管理,人事部会同有关行业主管部门制定有关行业事业单位岗位设置管理的指导意见;事业单位的领导人事安排由政府行政主管部门决定,经费安排也由政府行政主管部门和财政部门决定拨付。正如学者所言,事业单位与上级行政主管部门之间不是财产独立、意思自治的法人之间的关系,而是权威与顺从权威的关系,毕竟,政府创设事业单位的目的是要让它按照自己的意志行事,事业单位的自主权似应由创设事业单位的政府来决定。③ 因此,事业单位的公法组织性质极为明显,④与非营利组织之私法人性质完全不同。

第三,我国现行法律政策确立了事业单位之公法组织性质。2006年中共中央组织部、人事部发布的《关于事业单位参照公务员法管理工作有关问题的意见》及2020年3月中共中央组织部发布的《参照〈中华人民共和国公务员法〉管理的单位审批办法》先后将事业单位列为参照公务员法管理的单位,进一步明确事业单位的公法人身份。《2016中国国民经济核算体系》区分了广义政府机构与营利机构、非营利机构,明确将事业单位纳入广义政府

---

① 徐澜波、李丹:《构建事业法人,明确民办非企业单位法律主体地位》,《上海财经大学学报》2009年第6期。
② 张力:《法人功能性分类与结构性分类的兼容解释》,《中国法学》2019年第2期。
③ 方流芳:《从法律视角看中国事业单位改革——事业单位"法人化"批判》,《比较法研究》2007年第3期。
④ 罗昆:《非营利法人的私法规制》,中国社会科学出版社2017年版,第115页。

机构范畴。①

第四,我国现行法律政策明确区分事业单位与非营利组织。2015年《国务院关于批转发展改革委等部门法人和其他组织统一社会信用代码制度建设总体方案的通知》要求登记管理部门在法人和其他组织注册登记发放原始代码时,区分工商部门的工商注册号、机构编制部门的机关及事业单位证书号与民政部门的社会组织登记证号,强调区分事业单位与社会组织。《行业协会商会与行政机关脱钩总体方案》要求我国行业协会商会改革去行政化,实乃将其由公法人性质的事业单位法人转变为私法人性质的非营利法人:事业单位与行业协会商会合署办公的,逐步将机构、人员和资产分开,事业单位不再承担行业协会商会职能;调整行业协会商会与其代管的事业单位的关系,注销并入行业协会商会的事业单位法人资格,核销事业编制,并入人员按照行业协会商会人员管理方式管理;行业协会商会与行政机关脱钩后,使用的事业编制相应核销,全面实行劳动合同制度,与工作人员签订劳动合同。

第五,我国事业单位在域外民法典中多被定位为公营造物类型的公法组织。德国法上,为了实现特定的公共目的,法律可以规定设立一定的公营造物或由行政主体依法设立一定的公营造物,由一定的设施和工作人员共同构成的公营造物(包括公立学校、医院等)以使用关系的形式为民众提供特定的公共服务,其性质属于公法人。② 我国台湾地区营造物的概念与日本基本一致,认为营造物是为达到公共行政之特定目的,行政主体将一部分财产与管理人员予以功能结合并依其目的订立组织规章而成立的组织体,包括学校、邮局、电信局、省立博物馆、市立仁爱医院、市立殡仪馆、木栅动物园等。③ 可见,公营造物的设立人是公权力主体,设立后该公权力主体的一些公法任务就由该公营造物承受,公营造物服务于特定的、持续的行政管理目的,尤其是实现"给付行政"之目的。④ 显然,德国、日本以及我国台湾地区的公营造物均定位为公法组织,并未归入私法人性质之非营利组织范畴。

我国公立大学与科研院所等提供持续性给付行政服务的公益性事业单

---

① 中华人民共和国国家统计局:《2016 中国国民经济核算体系》,中国统计出版社 2017 年版,第 14~23 页。
② 葛云松:《法人与行政主体理论的再探讨——以公法人概念为重点》,《中国法学》2007 年第 3 期。
③ 颜厥安:《公立大学不是营造物》,《人本教育札记》1995 年第 1 期;黄异:《"行政法"总论》,三民书局 1992 年版,第 19 页。转引自申素平:《高等学校的公法人地位研究》,北京师范大学出版社 2010 年版,第 76~78 页。
④ 周友军:《德国民法上的公法人制度研究》,《法学家》2007 年第 4 期。

位相当于德国民法典规定的公营造物,①基于行政行为而设立,不享有私法上意思自由,处于因国有资产划拨而形成的弹性分权约束之下,应被作为公法人对待。②《民法典》将事业单位纳入非营利法人之中,明显不符合私法人之本质属性,且不符合我国事业单位改革方向,由此导致非营利组织的功能模糊,挤占了非营利组织的生存和发展空间。财政部和国税总局将非营利组织免税资格和公益捐赠税前抵扣资格认定的对象扩及事业单位,事实上获批税收优惠待遇的主体主要为事业单位,真正的非营利组织较少。

二、基层群众性自治组织被不当排除在非营利法人之外

《2016中国国民经济核算体系》将基层群众自治组织排除在服务住户的非营利机构之外,并将其纳入广义政府机构范围。2017年《民法总则》将基层群众性自治组织定位为有别于营利法人与非营利法人的特别法人,理由是:村民委员会、居民委员会等基层群众性自治组织在设立、变更和终止以及行使职能和责任承担上都有其特殊性。③ 民政部社会服务统计公报将成员组织划分为社会组织与基层群众性自治组织,基层群众性自治组织被排除在非营利组织统计数据之外。④ 学界对基层群众性自治组织的主体性质定位也存有争议:有的主张其属公法人,理由是其承担着一定的公法职能及为实现这些职能而享有一定程度的公权力或自治权,⑤或其类似于德国法上服务于行政管辖的分散化(地方分权)的地域性公法社团(如联邦、州、乡镇和乡镇联合体等),⑥或社区自治属于社区内公共事务,与政府机构相比并无区别;⑦有的则

---

① 周友军:《德国民法上的公法人制度研究》,《法学家》2007年第4期。
② 张力:《法人功能性分类与结构性分类的兼容解释》,《中国法学》2019年第2期。该学者虽主张事业单位法人属公法人,也认同《民法总则》将事业单位法人纳入非营利法人范围的做法,但未深入分析非营利法人涵盖公法人与私法人之立法技术功能。
③ 《关于〈中华人民共和国民法总则(草案)〉的说明》,载李适时主编:《中华人民共和国民法总则释义》,法律出版社2017年版,第384页。
④ 民政部《2017年社会服务发展统计公报》,http://www.mca.gov.cn/article/sj/tjgb/201808/20180800010446.shtml,2019年3月20日访问。
⑤ 屈茂辉:《基层群众性自治组织法人制度三论》,《现代法学》2022年第1期;黎桦:《特别法人制度的法律构造及制度展开——以〈民法典〉第96~101条为分析对象》,《法商研究》2022年第4期;陈小君:《〈民法典〉特别法人制度立法透视》,《苏州大学学报(法学版)》2021年第1期;张力:《法人功能性分类与结构性分类的兼容解释》,《中国法学》2019年第2期;葛云松:《法人与行政主体理论的再探讨——以公法人概念为重点》,《中国法学》2007年第3期。
⑥ 崔拴林:《论我国私法人分类理念的缺陷与修正——以公法人理论为主要视角》,《法律科学》2011年第4期。
⑦ 卫学莉:《基层群众性自治组织职能定位与优化》,《人民论坛》2015年第26期。

认为基层群众性自治组织的治理内容属社会基层自治,不具有"地方自治"的实质性要件,并非分权自治,主张其既不属公法人不属企业法人,属独立的自治法人类型,强调其私法主体性。① 《民法总则》的特别法人规定从草案提出至最终通过不足3个月,缺乏充分的理论论证,学者对特别法人规定的立法设计缺乏体系科学性提出批评。② 可惜《民法典》制定时未引起立法机关的重视。毫无疑问,基层群众性自治组织并非以营利为目的,不符合公法人特征,完全契合非营利组织的非营利性、非政府性属性,应属私法人性质,理由如下:

1. 将基层群众自治组织纳入广义政府机构系列,系对基层群众自治组织宪法地位定位的误读。《宪法》"第三章　国家机构""第五节　地方各级人民代表大会和地方各级人民政府"之末条(即第111条)规定"城市和农村按居民居住地区设立的居民委员会或者村民委员会是基层群众性自治组织",此种立法技术极易使基层群众性自治组织被误解为国家机构的组成部分。法律条文的具体解释不能拘泥于该条文所处的编章结构安排,须立足于该条文内容的文义及体系解释,基层群众性自治组织的主体性质定位须结合基层群众性自治组织法予以解释。《居民委员会组织法》第2条和《村民委员会组织法》第2条明确了基层群众性自治组织(居民委员会和村民委员会)的性质:依法设立的,由城市居民、农村村民通过民主选举、民主决策、民主管理、民主监督以实现居民自我管理、自我教育和自我服务的基层自治社会组织。显然,基层群众性自治组织并非享有国家权力的一级政权组织、派出机关或附属机构,而是地域性社会自治组织。尽管基层群众性自治组织在基层政府的指导、支持和帮助下开展工作,负有协助基层政府开展工作的义务,但这仅表明其与基层政府之间系指导与被指导、支持与被支持、协助与被协助的法定关系,并未明确其国家机构性质。其实,基层群众自治组织被编排在《宪法》"第三章　国家机构"的章末,主要是基于基层群众性自治组织与基层政府之间的法定关系以及行文编排方便的立法技术安排。③ 为避免使人混淆

---

① 刘同君、陶玮:《村民自治的主体与性质——读〈宪政的法理言说〉引发的思考》,《江苏大学学报》2009年第2期;崔智友:《中国村民自治的法学思考》,《中国社会科学》2001年第3期;肖海军:《非法人组织在民法典中的主体定位及其实现》,《法商研究》2016年第2期;肖海军:《民法典编纂中非法人组织主体定位的技术进路》,《法学》2016年第5期;伍治良:《我国非营利组织内涵及其分类》,《法学评论》2014年第6期。

② 谭启平、应建均:《"特别法人"问题追问——以〈民法总则(草案)〉(三次审议稿)为研究对象》,《社会科学》2017年第3期。

③ 刘雅斌:《基层群众性自治组织的宪法定位》,《黑龙江省政法管理干部学院学报》2012年第3期。

村民自治的性质,更好地明确村民自治的法律性质,并在宪法中明确区分村民自治权与其他形式的自治权,有学者建议在条件成熟时将中国自治制度作为宪法的独立章节加以规定。①

2. 基层群众性自治组织与德国及法国法上的公法社团性质迥异。公法社团乃德国公法人的类型之一,是指国家依公法设立的以成员为基础的"人的组合",包括地方自治团体(如乡、镇、市、县等)和功能自治团体(如职业工会等)两类。德国设立公法社团并授予其公权力,旨在自治原则之下以自我管理方式分摊国家任务;为执行公共任务并约束、规制社团成员,公法社团对内部享有规范制定权及高权手段,国家只负有监督职责。② 显然,德国的公法社团分享了国家公权力,系取代政府行使公权力。法国也有与德国地域性公法社团类似的地方公共团体,地方公共团体制度是法国行政分权类型之一的地域性分权的产物,地方公共团体是具备国家领土之一部、住民、自治权和自治机关等四个要素的一种地域性公法人,其自治权的内容可与国家能力、国家职能或国家服务相类比,只是二者的范围有严格界分,地方公共团体处理自治事务的权限涵盖立法、行政、人事、财政等各个方面。③ 显然,德国的地域性公法社团和法国的地方公共团体之性质类似于我国实行地方自治的自治区(州、县),属国家政权的组成部分。我国基层群众性自治组织之职权仅限于组织内部公共事务的管理自治权,其不能行使或代替基层政府行使治安、征兵、征税、财政等社会公共事务的管理权,缺乏公法社团所必备的代替政府行使之公权力,显然不是一级政权组织,④具有非政府性特征,当然不属于公法人性质之公法社团。

3. 基层群众性自治组织因其自治事务并非社会公共事务而不属于公务法人。法国的公务法人与地方公共团体均系地方分权的产物,公务法人享有独立于其他公法人的法律人格,对其享有的公共服务职能具有行政上的自治权,尽管个别不具有财政上的自治权。与地方公共团体的地方事务相比,公务法人的活动限于某种公共服务或某几种相互关联的公共服务,公务法人是一个拥有专门性权限的行政组织。⑤ 依据《城市居民委员会组织法》和《村民

---

① 崔智友:《中国村民自治的法学思考》,《中国社会科学》2001 年第 3 期。
② 李昕:《论目的主导的公法人组织形态类型化》,《法学杂志》2015 年第 11 期。
③ 王建学:《论法国公法上的地方公共团体的概念》,《东南学术》2010 年第 1 期;[法]让-玛丽·蓬蒂埃:《法国地方公共团体概念的辨析》,施思璐译,《华北科技学院学报》2013 年第 4 期。
④ 崔智友:《中国村民自治的法学思考》,《中国社会科学》2001 年第 3 期。
⑤ [法]让-玛丽·蓬蒂埃:《法国地方公共团体概念的辨析》,施思璐译,《华北科技学院学报》2013 年第 4 期。

委员会组织法》,基层群众性自治组织自治的事务属于组织内的公共事务,属于自治体"私"的事务,无涉公共行政,并不包括代替国家提供医疗、养老等基本公共服务。因此,基层群众性自治组织不属于公法人性质的公务法人。

基层群众性自治组织属私法人,且属非营利法人,其设立、变更和终止及行使职能和责任承担的特殊性不应构成将其排除在非营利组织之外的理由。基层群众性自治组织乃人合团体,属典型的社会团体,其非营利性、非政府性特征明显,当属非营利组织。社团组织的存在,不因成员的加入或退出而发生变化,乃属常识,基层群众性自治组织亦为如此,居民身份或村民身份的变化当不影响组织的存续;基层群众性自治组织的自治职能并无特殊性,与行业协会商会的自治职能并无本质区别;基层群众性自治组织作为独立的民事主体,能够独立承担民事责任,与其他非营利法人并无区别;基层群众性自治组织的不可破产性并非组织主体性质定位的依据,国家作为特殊民事主体,也具有不可破产性,但并不否认其参与民事活动的私法主体地位。因此,基层群众性自治组织的本质特征是非营利性和非政府性,应属私法主体且属非营利组织。

须注意,现行法律将"居民委员会、村民委员会"界定为基层群众性自治组织,实乃将居民委员会、村民委员会变成基层群众性自治组织的法人化对象,[①]不合法理逻辑:居民自治体、村民自治体的地位不能与居民自治机关、村民自治机关中的执行机关——居民委员会、村民委员会的地位相等同,[②]自治体与自治体内部的执行机构之性质完全不同,其差异如同"公司"与"公司的董事会"或"人本身"与"人之手足"之间的差异一样明显。[③]造成上述法理逻辑矛盾的根源在于,我国现行法律在两种不同的意义上使用居民委员会、村民委员会概念。[④]以村民委员会为例,一是指由广大村民组成的自治共同体,二是指由村民选举产生的村民自治组织的日常管理机构。在同一法律甚至同一法律条款中,用同一概念同时指称性质完全不同的两种事物,很容易使人产生混乱和误解,是立法上的一大缺憾。[⑤]我国现行司法实践亦存

[①] 谭启平、应建均:《"特别法人"问题追问——以〈民法总则(草案)〉(三次审议稿)为研究对象》,《社会科学》2017年第3期。
[②] 崔智友:《中国村民自治的法学思考》,《中国社会科学》2001年第3期。
[③] 任自力:《村民委员会的法律地位辨析》,《中国农业大学学报(社会科学版)》2006年第3期。
[④] 唐鸣、陈荣卓:《村委会组织法修改:问题探讨和立法建议》,《社会科学研究》2010年第6期。
[⑤] 任自力:《村民委员会的法律地位辨析》,《中国农业大学学报(社会科学版)》2006年第3期。

在类似的法理逻辑错误,如将业主自治团体的权力机关(业主大会)或执行机关(业主委员会)代替业主自治团体,并赋予其民事主体地位。为此,学者建议未来修改《村委会组织法》,用"建制村"[①]"村民自治体"[②]或"自治法人"概念[③]取代村民自治组织意义上的"村民委员会"概念。同理,未来修改《居委会组织法》,也应用"居民自治法人"等概念取代居民自治组织意义上的"居民委员会"概念。

---

① 唐鸣、陈荣卓:《村委会组织法修改:问题探讨和立法建议》,《社会科学研究》2010年第6期。
② 任自力:《村民委员会的法律地位辨析》,《中国农业大学学报(社会科学版)》2006年第3期。
③ 崔智友:《中国村民自治的法学思考》,《中国社会科学》2001年第3期。

第三章　非营利组织的私法主体资格取得

非营利组织乃人之组合或财产之集合形成的组织，系自然人、法人或非法人组织从事公益性或互益性民事活动所结社形成的组织。非营利组织设立目的虽各有不同，但其成立时作为私法主体资格的法律确认和定位，乃非官方公共领域（即私法自治领域）自生自发的基础和前提。[1] 私法主体资格即民事主体资格，系参与民事法律关系并享有民事权利和承担民事义务的法律人格。我国民法中，民事主体资格的取得依托民事权利能力的赋予之立法技术，享有民事权利能力即取得民事主体资格。任何组织取得民事主体资格或曰享有民事权利能力，须同时具备事实性、价值性及规范性三个条件：组织体客观存在、组织体契合法律价值、组织体获得法律承认。[2] 客观存在的组织体取得法律人格与否，端赖于是否合乎实证法上的组织体设立条件和设立程序，但实质上取决于结社自由与公序维护之间冲突衡平的立法价值考量。非营利组织的设立条件及设立程序关涉公民结社自由的基本权利实现，属全国人大及其常委会制定基本法律的立法权限范围。因在政府与社会组织关系以及结社走向上，我国趋于法团主义和管制主义中间的国家法团主义，[3]非营利组织私法主体资格赋予违背立法权保留原则，过分倚重于公法规制逻辑，本属基本法律立法权限范畴的私法治理逻辑让位于行政立法规制思路，导致非营利组织私法主体资格要件的设立条件过高、设立程序过苛，抑制了非营利组织的发育成长。故，我国非营利组织的私法主体资格要件须遵

---

[1] 肖海军、傅利：《非营利组织法人化管制的检讨与厘正——基于公法强制转型私法自治的进路》，《社会科学战线》2017年第9期。

[2] ［日］四宫和夫：《日本民法总则》，唐晖、钱孟姗译，五南图书出版公司1995年版，第82页；史尚宽：《民法总论》，中国政法大学出版社2000年版，第86页；曾世雄：《民法总则的现在与未来》，中国政法大学出版社2001年版，第80~82页；尹田：《论非法人团体的法律地位》，《现代法学》2003年第5期。

[3] 马庆钰、谢菊、李楠：《中德政府与社会组织关系特征的比较分析——基于法团主义视角》，《经济社会体制比较》2019年第6期。

循民法治理逻辑,但我国民法学者对其研究较少且不够深入。本章首先分析我国非营利组织私法主体资格取得制度的缺陷及其背后理念,考察域外非营利组织的私法主体资格取得制度之合理经验,然后提出我国非营利组织的私法主体资格取得之民法治理的价值取向及具体路径。

第一节　我国非营利组织私法主体资格取得之公法治理逻辑

　　国家因政策取向不同对不同组织取得私法主体资格的自由干预程度不同,立法上体现为法人设立由国家管控较严到逐渐放松的特许主义、强制主义、许可主义、准则主义到自由主义(当然主义)。特许主义即法人设立须经特别立法或经国家元首许可,强制主义即法人设立乃基于法律强制,许可主义即法人设立须经主管机关许可,准则主义即遵照法律预先设定的准则设立法人,依法申请登记设立为法人,无须主管机关许可,自由主义即无须具备任何条件,仅依设立人意思即可自由设立法人。[1] 法人设立的历史是从特许主义到许可主义再到准则主义,即从限制设立到自由设立的历史。[2] 我国《民法典》仅原则性规定非营利法人"经依法登记成立",规范我国非营利组织私法主体资格取得的具体程序及条件主要依据《社会团体登记管理条例》《基金会管理条例》《民办非企业单位登记管理暂行条例》(简称"三部行政法规")。这三部行政法规基于公法治理逻辑的管控理念,对非营利组织重监管、轻培育,非营利组织的设立程序要求过苛、设立条件要求过高,仅四类社会团体法人的设立采准则主义,其他非营利组织的设立均采许可主义的双重管理体制及强制登记制度,[3]致使诸多无法取得私法主体资格的非营利组织被定性为"非法组织",一些不愿登记、无害于社会且监管部门默认其"合法"开展活动的未登记非营利组织也被认定为"非法组织"。

---

[1] 梁慧星:《民法总论》,法律出版社2021年版,第140、141页;李宇:《民法总则要义:规范解释论与判解集注》,法律出版社2017年版,第151页;[日]近江幸治:《民法讲义Ⅰ·民法总则》,渠涛等译,北京大学出版社2015年版,第92、93页。

[2] 罗昆:《财团法人的设立原则探析》,《武汉大学学报(哲学社会科学版)》2008年第5期;渠涛:《中国社会团体法律环境的民法制度整合》,载吴玉章主编:《社会团体的法律问题》,社会科学文献出版社2004年版,第326页。

[3] 徐涤宇、张家勇主编:《〈中华人民共和国民法典〉评注(精要版)》,中国人民大学出版社2022年版,第58、59页。

一、非营利组织私法主体资格的取得重许可主义

客观存在的非营利组织取得私法主体资格须获得法律的承认,法律承认其私法主体资格的主要两种路径是保障结社自由的准则主义与限制结社自由的许可主义。综观非营利组织登记管理的三部行政法规,我国非营利组织的私法主体资格取得程序虽逐步放松,四类社会团体法人设立转向准则主义,但管控理念仍然较强,其他非营利组织的设立仍坚持许可主义,强调双重管理和强制登记,2018年8月民政部向社会公开的整合上述三部行政法规的《社会组织登记管理条例》(草案征求意见稿)的管控思维甚至有所加强。

(一)非营利组织设立的双重管理

为强化事前管控,现行行政法规设置了非营利组织私法主体资格取得的"审批许可+登记管理"的双重管理体制。所谓双重管理体制,是指非营利组织的设立即私法主体资格的取得实行业务主管单位前置许可与登记管理部门(即国务院或县级以上地方各级人民政府民政部门)后置登记的管理制度,即,业务主管单位许可后,登记管理部门方可申请办理非营利组织的设立登记。以《社会团体登记管理条例》为例,第6条规定,各级民政部门是本级政府的社会团体登记管理机关,国务院有关部门和县级以上地方各级人民政府有关部门、国务院或者县级以上地方各级人民政府授权的组织是有关行业、学科或者业务范围内社会团体的业务主管单位;第11条规定,申请登记社会团体,发起人应当向登记管理机关提交业务主管单位的批准文件等文件。这种双重管理体制是我国计划经济体制向市场经济体制转轨伴生的特殊管理体制,一定程度上延续了计划经济体制总体性社会的管控理念,将非营利组织的设立置于政府严格管控之下,明显滞后于现代社会体制发展要求,不利于非营利组织的发育成长。现实中,诸多业务主管单位担心承担非营利组织管理责任引发的政治、社会等风险,将非营利组织设立拒之门外,或因不能从所管理的非营利组织获取利益,不愿担任非营利组织的业务主管单位,导致一些非营利组织因找不到业务主管单位而难以在民政部门登记注册,无法注册成为合法的非营利组织。[1] 有的非营利组织被迫到市场监管办理营利组织登记手续,但无法申请获取非营利组织本应可享有的免税资格和公益捐赠税前抵扣资格待遇,扼杀了非营利组织向社会募集捐赠资金的能力,严重抑制了非营利组织的发展、壮大。

为激发社会组织活力,中共十八大以来,我国逐步深化社会体制改革,逐

---

[1] 周玉萍:《非营利组织发展中的社会管理改革分析》,《社团管理研究》2012年第8期。

步放松对非营利组织的管控,将双重登记管理制度修改为稳妥推进直接登记制度。2016年中共中央办公厅、国务院办公厅印发《关于改革社会组织管理制度促进社会组织健康有序发展的意见》,要求重点培育、优先发展行业协会商会类、科技类、公益慈善类、城乡社区服务类等四类非营利组织并取消双重管理制度、实行直接登记制度,其他非营利组织继续实行双重管理体制,业务主管单位须切实加强对非营利组织名称、宗旨、业务范围、发起人和拟任负责人的把关。之后,非营利组织登记管理的三大条例作了相应修改。

(二)非营利组织设立的强制登记

为强化非营利组织的行政管控,我国行政法创设了非营利组织私法主体资格取得的强制登记制度。强制登记制度要求非营利组织的设立在取得业务主管单位许可后尚须向登记管理部门办理登记。未经登记或被撤销登记后,擅自以非营利组织名义开展活动的,依《社会团体登记管理条例》第32条、《民办非企业单位登记管理暂行条例》第27条、《基金会管理条例》第40条规定,由登记管理机关予以取缔,没收非法财产,构成犯罪的,依法追究刑事责任,尚不构成犯罪的,依法给予治安管理处罚。民政部2000年发布的《取缔非法民间组织暂行办法》规定,未经批准、未经登记或被撤销登记后擅自以社会团体[①]或者民办非企业单位名义进行活动的,属于"非法民间组织",由登记管理机关负责对非法民间组织进行调查后依法取缔并没收其非法财产。显然,在严格管控的强制登记制度下,未登记的非营利组织不具有可以开展活动的私法主体资格。而未登记的非营利组织之"非法",并非因其从事的行为或追求的目标违反法律规定,仅仅是因其没有登记。[②] 这种强制登记的公法治理逻辑,排除所有未经登记成立的非营利组织之存在空间,[③]明显缺乏社会可接受性(Social Acceptance)、价值正当性(Legitimacy)和合法律性(Legality)[④]基础:

[①] 1988年国务院颁布的《基金会管理办法》将基金会定性为社会团体,2004年颁布《基金会登记管理条例》才基金会从社会团体中独立出来,故《取缔非法民间组织暂行办法》的社会团体包括基金会。

[②] 齐红:《结社自由与非法人社团制度》,《环球法律评论》2004年第3期。

[③] 肖海军、傅利:《非营利组织法人化管制的检讨与厘正——基于公法强制转型私法自治的进路》,《社会科学战线》2017年第9期。

[④] 谢海定:《中国民间组织的合法性困境》,《法学研究》2004年第2期;林莉红:《民间组织合法性问题的法律学解释——以民事法律援助组织为视角》,《中国法学》2006年第1期;周小青:《中国的结社权问题及其解决:一种法治化的路径》,法律出版社2008年版,第235页;张珣、杨善华:《"共识"、"无害"、"主流"下的存在合理性——从同乡会的架构和发展看中国民间组织的生存智慧》,《广东社会科学》2011年第1期;张艳、张芳:《当代中国民间社会团体发展的"合法性"危机》,《海南大学学报(人文社会科学版)》2008年第5期。 (转下页)

1. 强制登记的实在法缺乏社会可接受性

我国一直奉行"预防制"的非营利组织管理模式,将非营利组织的存在及合法律性取得完全置于国家控制之下,①对民间结社严格限制准入,以登记设立作为非营利组织单一化合法存在形式,②以登记许可来预防非法非营利组织的产生及活动开展,对非营利组织获取法律人格设置了较高条件③并设置"审批许可＋登记管理"的双重许可制,禁止未登记非营利组织开展活动并将其定性为"非法民间组织"。依据法律制度生成的语境,④非营利组织"不经登记即非法"具有一定的历史合理性;⑤但是,"不经登记即非法"制度明显缺乏社会可接受性:

(1) 客观存在大量无害于社会的未登记非营利组织。未登记的非营利组织主要包括三类情况:一是非法社会组织,二是小微和草根社会组织,三是新兴的网络社团等。⑥ 现实中存在大量开展活动、未登记的各类小微非营利组织、新兴网络社团等,如课题组、编委会、编辑部、学生社团、民间会社、民间寺庙、青年社会组织、家庭教会、⑦同乡会、校友会、⑧志愿组织、⑨慈善组织、⑩

(接上页)有学者将 legality 和 legitimacy 均译为"合法性",将合法性解读为合乎实证法及正当价值两个层面内容(黄海波:《宗教非营利组织的身份建构研究》,上海社会科学院出版社 2013 年版,第 49～55 页),有学者认为 legitimacy 包含 legality,将社会团体的合法性(legitimacy)区分为社会合法性、行政合法性、政治合法性与法律合法性(高丙中:《社会团体的合法性问题》,《中国社会科学》2002 年第 2 期),未能厘清 legality 与 legitimacy 的真正内涵且模糊了二者的本质差异:legality 属合法律性之规范分析,legitimacy 属合法性之价值分析,legality 译为"合法律性"、legitimacy 译为"正当性",更为允当;社会合法性契合 legitimacy 本意,行政合法性和政治合法性并非 legality 或 legitimacy,行政合法性只是某种程度上疏缓单纯法律合法性的压力,政治合法性乃试图消解或代替法律合法性(周少青:《中国的结社权问题及其解决:一种法治化的路径》,法律出版社 2008 年版,第 268、269 页)。

① 刘培峰:《结社自由及其限制》,社会科学文献出版社 2007 年版,第 218、219 页。
② 贾西津:《第三次改革:中国非营利部门战略研究》,清华大学出版社 2005 年版,第 273 页。
③ 谢海定:《备案制实践与双轨登记制的制度构想——过渡期的中国民间组织登记管理制度》,载魏定仁主编:《中国非营利组织法律模式论文集》,中国方正出版社 2006 年版,第 202 页。
④ 朱苏力:《语境论——一种法律制度研究的进路和方法》,《中外法学》2000 年第 1 期。
⑤ 吴玉章:《双重管理原则:历史、现状和完善》,载黄晓勇主编:《中国民间组织报告(2009～2010)》,社会科学文献出版社 2009 年版,第 72～75 页。
⑥ 郑超:《全国政协委员安纯人:遏制乱象 规范监管 促进社会组织健康发展》,《中国社会报》2017 年 3 月 8 日第 2 版。
⑦ 于建嵘:《中国基督教家庭教会合法化研究》,《战略与管理》2010 年第 3、4 期合刊;黄海波:《体制外信仰表达:组织合法性理论视角下基督教家庭教会》,http://www.paciluition.com/ShowArticle.asp? ArticleID=2727,2018 年 7 月 10 日访问。
⑧ 张珣、杨善华:《"共识"、"无害"、"主流"下的存在合理性——从同乡会的架构和发展看中国民间组织的生存智慧》,《广东社会科学》2011 年第 1 期。
⑨ 王修晓、张萍:《悖论与困境:志愿者组织合法性问题分析》,《学习与实践》2012 年第 11 期。
⑩ 李芳:《慈善性公益法人研究》,法律出版社 2008 年版,第 35 页。

驴友会、沙龙、兴趣团体等小微型、松散型或临时型的公益性或互益性社会团体、捐助团体。据不完全统计,我国未在民政部门登记的非营利组织达300万至800万之多,数量庞大、活动范围宽、涉及地域广。① 因非营利组织双重管理的严格管控及非营利组织发起人的自身懈怠等因素影响,现实中大量存在无法获取登记、认为没有登记必要、不愿登记、根本未有登记意思、仍在进行登记过程中或法律人格消灭后仍以组织名义开展活动的非营利组织。② 未登记非营利组织的客观存在乃不可否认之社会事实。③ "凡是现实的东西都是合乎理性的",④良法乃尊重民意之法。故,大量无害于社会的未登记非营利组织之客观存在具有事实合理性,非营利组织强制登记制度缺乏良法之社会可接受性基础。

(2) 地方政府及登记管理部门默认乃至设法支持无害于社会的未登记非营利组织开展活动。现实中存在大量无害于社会的未登记非营利组织,登记管理部门普遍力不从心、监管不力,无奈默认其"法外合理存在"。⑤ 2002年以来,我国不少地方政府采取行政扩权方式为未登记的基层社会组织提供"合法性身份",试行法外允许未登记的基层社会组织在社区居委会、街道办事处、民政部门或枢纽型社会组织备案后开展活动,⑥备案组织只是不享有

---

① 俞可平:《对中国公民社会若干问题的管见》,高丙中、袁瑞军主编:《中国公民社会发展蓝皮书》,北京大学出版社2008年版,第19页;郑超:《全国政协委员安纯人:遏制乱象 规范监管 促进社会组织健康发展》,《中国社会报》2017年3月8日第2版。

② 吕太郎:《无权利能力之社团》,载杨与玲主编:《民法总则争议问题研究》,清华大学出版社2004年版,第136页;陈鹏等:《未登记社会组织(草根组织)基本情况研究》,载国务院发展研究中心社会发展研究部课题组:《社会组织建设现实、挑战与前景》,中国发展出版社2011年版,第175~221页;薛夷风:《民商事组织形态法律制度的研究》,法律出版社2011年版,第22、122~124页;张珣、杨善华:《"共识"、"无害"、"主流"下的存在合理性——从同乡会的架构和发展看中国民间组织的生存智慧》,《广东社会科学》2011年第1期;李芳:《慈善性公益法人研究》,法律出版社2008年版,第35页;刘培峰:《结社自由及其限制》,社会科学文献出版社2007年版,第217、218页;马慧娟:《青年社会组织:一个"若隐若现"的庞大群体》,《中国青年报》2014年7月13日第3版。

③ 陈荣宗:《非法人团体之权利能力论》,《民事诉讼法之研讨(三)》,台湾三民书局1990年版,第120页。

④ [德]黑格尔:《法哲学原理》,范扬、杨企泰译,商务印书馆1961年版,第11页。

⑤ 齐红:《结社自由与非法人社团制度》,《环球法律评论》2004年第3期;贾西津:《第三次改革:中国非营利部门战略研究》,清华大学出版社2005年版,第273页。

⑥ 包颖:《顶层设计+地方创新:社会组织改革开动双引擎》,《中国社会组织》2014年第1期;袁浩、刘绪海:《社会组织治理的公共政策研究》,广西师范大学出版社2014年版,第99~125页;高红、张志勤:《备案制与我国基层社会组织发展创新》,《中共青岛市委党校 青岛行政学院学报》2012年第5期;陶传进:《中国社区社会组织备案制的实践、意义与局限》,载廖鸿主编:《社会组织建设的新视野:中国和澳大利亚经验分析》,时事出版社2010年版,第130~139页。

与登记的法人同等的权利而已。①

(3) 我国司法解释及司法实践实乃赋予课题组、编委会、编辑部等未登记非营利组织以"不具有民事主体资格的组织"的合法地位。《最高人民法院关于审理技术合同纠纷案件适用法律若干问题的解释》第 7 条明确"法人或者其他组织设立的从事技术研究开发、转让等活动的课题组、工作室等"的合法地位,将其定性为"不具有民事主体资格的科研组织"。《北京市高级人民法院关于审理著作权民事纠纷案件适用法律若干问题的解答》第 7 条明确"未经有关部门核准登记的团体组织、临时为创作组成的编委会"的合法地位,将其定性为"不具有民事主体资格的组织"。

(4) 无害于社会的未登记非营利组织因缺乏合法地位,导致其财产归属纠纷缺失而引发纠纷。20 世纪 90 年代发生的、全国有影响的社会募捐余额归属纠纷典型案例(如"杨尔特案"②和"余辉案"③)已充分证明,无害于社会的未登记非营利组织因缺乏合法地位,必然导致财产归属规则缺失,进而引发纠纷。鉴于社会募捐余额纠纷多发,湖南省、广州市、上海市相继出台募捐条例,均要求募捐主体具备法人资格,但仍无法解决未登记非营利组织募捐财产的归属问题。2015 年 11 月向社会公开征求意见的《中华人民共和国慈善法(草案)》第 114 条曾规定"以开展慈善活动为宗旨的非营利组织即使没有登记,也可以开展力所能及的慈善活动,但应当遵守本法相关规定,并依法享受相关权益",遗憾的是,2016 年最终通过的《慈善法》之第 111 条却删除了草案赋予未登记慈善组织合法地位的内容。

2. 强制登记制度缺乏价值正当性

随着我国社会转型,经济、社会领域的自主性权力逐步提高、逐渐形

---

① 李晴、商木林、黄明兵:《基层社会团体备案制度探讨》,《学会》2007 年第 2 期。
② 1996 年 8 月 15 日,陕西省礼泉县石潭乡 12 岁学生杨尔特被诊断为白血病,其父杨旭成向社会各界求助。县教育局、县教育工会于同年 10 月 22 日发起倡议,号召全县师生为杨尔特募捐,截至当年 12 月 11 日,共收到 31 个单位 40 482.05 元的捐款,其中 10 000.00 元于 1996 年 12 月 3 日交给杨旭成。1997 年 8 月 13 日,县教育局、县教育工会将这笔捐款中的 22 000.00 元,分别给了其他 3 名患白血病的学生和 1 名教师,余额存入银行。杨旭成在多次讨要其余捐款无果后,作为杨尔特的法定代理人于 1997 年 9 月 23 日向礼泉县人民法院起诉。县法院于 10 月 7 日正式立案。礼泉县人民法院经过庭审调查和当庭调解无效后宣判:被告于判决生效后,向原告支付余下的募捐款 30 482.05 元;驳回原告的其他诉讼请求。
③ 1995 年 7 月,广西横县地税局职工余辉身患白血病,缺乏医疗费用,横县地税局经余辉本人及上级部门同意,向全国税务系统发起募捐,共募得捐款 24 万余元,并成立了"抢救余辉资金管理委员会"对捐款的使用进行监督管理。1998 年 11 月,余辉死亡,此时捐款尚余 14 万元。其后,余辉之父余其山要求继承该笔余额,遂与横县地税局就捐款余额所有权的归属发生了历经三审、长达 3 年的诉讼。

成,①社会自主空间迅速扩展,公民结社需求不断高涨,非营利组织未经登记一律非法的强制登记制度之滞后性愈益突出,不当限制了结社自由。与他人结社乃人的基本需要和天然需求,②系人们在自然形成的社会关系和公共权力构造的社会关系之外建构了一种自主的、组织化的社会生活形式。托克维尔比较考察美国与法国结社之后说:"在规制人类社会的一切法则中,有一条法则似乎是最正确和最明晰的。这便是:要是人类打算文明下去或走向文明,那就要使结社的艺术随着身份平等的扩大而正比地发展和完善。"③依据民主政治逻辑,国家权力来自人民让与,其正当性基础在于保护公民基本权利和增进公民福祉,国家权力不应侵入公民自治空间,不得不当限制公民结社自由。首先,未登记的非营利组织之客观存在乃结社自由之必然结果,也是不可否认之社会事实。④ 民法赋予团体以民事主体资格实乃宪法公民的结社自由权利在民法中的贯彻与落实,除有证据证明其为违法组织外,公民组建之社会团体应推定为合法组织,不应因其未登记而推定为不合法。⑤ 即使我国将来放宽非营利组织登记的设立条件,因非营利组织设立人是否登记获取非营利组织的法人资格乃属其自主决定事项,完全不能排除不予登记的情况。⑥ 日本学者亦认为,日本即使2006年专门制定了《一般社团法人和一般财团法人法》,奉行非营利法人设立的准则主义,降低非营利组织的设立标准,但是否愿意成为法人,应是各团体自己决定的事情,现实中出于种种理由考虑,不成为法人的团体大量存在,并且可以预想今后还会涌现,应当说通过无权利能力社团论对这些团体作相应之应对的必要性,今后还会存续。⑦ 正因如此,美国、加拿大、德国、瑞士、意大利、葡萄牙、法国、马耳他、智利、秘鲁、阿根廷、韩国,以及我国澳门地区等诸多国家和地区通过民法典、结社法或其他单行法承认未登记团体之法律地位,均不要求非营利组织须经登记或行政许可方可设立,仅在责任承担、税收优惠待遇等方面设置了与登记成立的非营利组织不同的调整规则而已。也正因如此,因非营利组织双重管理的严格

---

① 康晓光:《权力的转移:转型时期中国权力格局的变迁》,浙江人民出版社1999年版,第19~59页。
② 陈金罗、金锦萍、刘培峰等:《中国非营利组织法专家建议稿》,社会科学文献出版社2013年版,第347页。
③ [法]托克维尔:《论美国的民主》(下),董果良译,商务印书馆1988年版,第633~640页。
④ 陈荣宗:《非法人团体之权利能力论》,《民事诉讼法之研讨(三)》,三民书局1990年版,第120页。
⑤ 蔡睿:《论"非法人组织"的认定标准——以〈民法总则〉的颁布为背景》,《司法改革论评》2017年第2辑。
⑥ 郭明瑞:《民法总则中非法人组织的制度设计》,《法学家》2016年第5期。
⑦ [日]山本敬三:《民法讲义Ⅰ·总则》,解亘译,北京大学出版社2012年版,第413页。

管控及非营利组织发起人的自身懈怠等因素影响,我国现实中大量存在无法获取登记、认为没有登记必要、不愿登记、根本未有登记意思、仍在进行登记过程中或法律人格消灭后仍以组织名义开展活动的非营利组织。① 不难看出,国务院颁布的三部非营利组织登记管理法规明显缺乏价值合理性:将非营利组织筹备的事先批准和设立的登记与否作为区分其合法与非法的标准,且赋予登记管理机关确认社团非法、惩处非法社团的权力,显与《宪法》规定的结社自由原则相抵牾,②实乃将宪法保障的公民结社自由权之基本人权变成了须经行政机关许可才能行使的权利,其在实体上已构成对宪法之结社自由权的实质性限制,也超越了行政管理权的职责范围。③ 因此,从结社自由角度来看,登记绝不应是非营利组织取得合法性的条件,未登记的社会组织也不应是非法组织。④ 其次,未登记的非营利组织绝大部分契合地方传统、符合当地共同利益或存有共识的规则或道理,⑤较好地实现了公民结社自由与社会稳定之间的平衡,能够弥补政府失灵、市场失灵和非营利法人失灵的缺陷,发挥补充提供公共服务、社会自我调节、参与社会治理及媒介政社互动之功能,是无毒无害的,是社会正常发展的必然产物,以非组织化形式长期存在是正常的,⑥且有利于人民民主参与,⑦具有社会存在的价值"正当性"基础。

有学者以《德国民法典》第 55 条的非营利社团法人资格登记取得规定为

---

① 吕太郎:《无权利能力之社团》,载杨与玲主编:《民法总则争议问题研究》,清华大学出版社 2004 年版,第 136 页;陈鹏等:《未登记社会组织(草根组织)基本情况研究》,载国务院发展研究中心社会发展研究部课题组:《社会组织建设现实、挑战与前景》,中国发展出版社 2011 年版,第 175~221 页;薛夷风:《民商事组织形态法律制度的研究》,法律出版社 2011 年版,第 22、122~124 页;张珣、杨善华:《"共识"、"无害"、"主流"下的存在合理性——从同乡会的架构和发展看中国民间组织的生存智慧》,《广东社会科学》2011 年第 1 期;李芳:《慈善性公益法人研究》,法律出版社 2008 年版,第 35 页;刘培峰:《结社自由及其限制》,社会科学文献出版社 2007 年版,第 217、218 页;马慧娟:《青年社会组织:一个"若隐若现"的庞大群体》,《中国青年报》2014 年 7 月 13 日第 3 版。
② 谢海定:《中国民间组织的合法性困境》,《法学研究》2004 年第 2 期;林莉红:《民间组织合法性问题的法律学解释——以民间法律援助组织为视角》,《中国法学》2006 年第 1 期。
③ 周少青:《中国的结社权问题及其解决:一种法治化的路径》,法律出版社 2008 年版,第 239、240 页。
④ 陈金罗、金锦萍、刘培峰等:《中国非营利组织法专家建议稿》,社会科学文献出版社 2013 年版,第 346 页;俞可平:《中国公民社会:概念、分类与制度环境》,《中国社会科学》2006 年第 1 期。
⑤ 高丙中:《社会团体的合法性问题》,《中国社会科学》2002 年第 2 期。
⑥ 陈鹏等:《未登记社会组织(草根组织)基本情况研究》,载国务院发展研究中心社会发展研究部课题组:《社会组织建设现实、挑战与前景》,中国发展出版社 2011 年版,第 218、219 页。
⑦ 周少青:《中国的结社权问题及其解决:一种法治化的路径》,法律出版社 2008 年版,第 235 页。

据主张"非法人团体的成立不要求必须登记,将难以发挥民法典规范人民的行为、引导人民的行为的功能,将使国家丧失对各种社会组织进行必要管理的有力手段",①实乃误读德国法。《德国民法典》第54条明确赋予未登记社团以无权利能力社团之合法地位且适用民事合伙规则调整,非但如此,德国最高法院还不断突破《德国民法典》第54条规定,通过判决确认无害于社会且组织性较强的"无权利能力社团"之部分权利能力,以致学者认为"未登记社团"的称谓比"无权利能力社团"更合适。②

另有学者主张非营利组织只有登记设立后,方可以合法身份公开活动、申请免税资格及获得社会信任,③该理由缺乏价值合理性:即使未经登记,从事无害于公序良俗的非营利性活动,缺乏将其定性为非法组织的正当理由;申请免税资格与否乃属已成立的非营利组织之权利自由,而并非其成立条件;可否获得社会信任与非营利组织登记设立无关,取决于其公益或互益宗旨实现与否。

3. 强制登记制度缺乏合法律性基础

《立法法》第11、12、13条规定了立法保留原则及立法授权原则:"下列事项只能制定法律:……(八)民事基本制度","本法第十一条规定的事项尚未制定法律的,全国人民代表大会及其常务委员会有权作出决定,授权国务院可以根据实际需要,对其中的部分事项先制定行政法规,但是有关犯罪和刑罚、对公民政治权利的剥夺和限制人身自由的强制措施和处罚、司法制度等事项除外","授权决定应当明确授权的目的、事项、范围、期限以及被授权机关实施授权决定应当遵循的原则等。 授权的期限不得超过五年,但是授权决定另有规定的除外"。公民结社自由制度当属民事基本制度,须由全国人民代表大会及其常委会立法规制,即使授权国务院立法,也须遵循立法授权的法定程序。但是,全国人大常委会并未明确授权国务院就非营利组织的私法制度制定行政法规,国务院颁布的非营利组织登记管理法规无权剥夺宪法赋予公民的结社权之政治权利,④无权剥夺公民设立无害于公序良俗的组织

---

① 梁慧星:《中国民法典草案建议稿附理由:总则编》,法律出版社2013年版,第186、187页。
② [德]卡尔·拉伦茨:《德国民法通论》(上册),王晓晔等译,法律出版社2003年版,第236页;[德]迪特尔·梅迪库斯:《德国民法总论》,邵建东译,法律出版社2000年版,第860、861页;[德]汉斯·布洛克斯:《德国民法总论》,张艳译,杨大可校,冯楚奇补译,中国人民大学出版社2019年版,第334页。
③ 马庆钰:《对非政府组织概念和性质的再思考》,《天津行政学院学报》2007年第4期。
④ 林莉红:《民间组织合法性问题的法律学解释——以民间法律援助组织为视角》,《中国法学》2006年第1期;徐永涛、郭勇:《网络社团合法性困境的法律分析》,《山东行政学院学报》2012年第4期。

之私法自治权利,非营利组织设立之强制登记制度违背基本权利授权立法程序之形式法治原则。① 非营利组织"不经登记即非法"制度必然带来负面法律效应:"通过(强制登记主义)这种规则设计,法人资格不再是公民可以自由选择的法律技术机制,而骤然成为法力无边的登记管理机关可以随意挥舞的生杀大棒。"②未登记非营利组织随时可能遭受民政部门查处乃至取缔、没收财产及不必要的诉讼;③有的不得已采取以工商登记(如北京地球村环境文化中心等)或挂靠(如民间环境保护组织"自然之友"等)的变通方式规避未登记非营利组织合法律性危机的防守策略,④却付出无法享受非营利组织财税优惠待遇及丧失独立性等代价。⑤

二、非营利组织设立的组织性要件要求较高

非营利组织的客观存在乃其取得私法主体资格的基本前提。《社会团体登记管理条例》第10条、《基金会管理条例》第8条、《民办非企业单位登记管理暂行条例》第8条规定了三类非营利组织设立的组织实体要件(包括人员、资金、名称、组织机构、住所及责任能力等),2018年民政部公布的《社会组织登记管理条例(草案征求意见稿)》也作了相应规定。但是,这些法规及草案对非营利组织设立的组织实体要件要求偏高,抑制了非营利组织的成立。

(一)人员、资金条件要求偏高

团体区别于个人在于团体意志的存在,团体意志的形成端赖于团体成员的存在,财产则为团体运营的物质基础。因此,非营利组织设立的组织实体条件均要求满足资金、人员、场所等一系列法定的实体要件,社会团体还有成员数量条件要求。但是,目前我国非营利组织设立的人员、资金条件要求

---

① 周少青:《中国的结社权问题及其解决:一种法治化的路径》,法律出版社2008年版,第235页。
② 税兵:《非营利法人解释:民事主体理论的视角》,法律出版社2010年版,第137页。
③ 无法获取登记的"中国硬笔书法家协会"2006年遭遇1993年登记设立的"中国硬笔书法协会"要求解散未获登记的中国硬笔书法家协会之诉讼(薛子进:《中国硬笔书法家协会:何以非法存在13年》,《法制日报》2002年10月14日;王悦:《因被诉主体不适格"中国硬笔书法协会"诉请被驳》,http://old.chinacourt.org/html/article/200804/28/298645.shtml,2017年10月20日访问)。
④ 陆建华:《大陆民间组织的兴起——对北京三个绿色民间组织的个案分析》,《中国社会科学季刊》(香港)2000年冬季号;陶传进:《中国社区社会组织备案制的实践、意义与局限》,载廖鸿主编:《社会组织建设的新视野:中国和澳大利亚经验分析》,时事出版社2010年版,第130~139页;冯利、章一琪:《中国草根组织的功能与价值——以草根组织促发展》,社会科学文献出版社2014年版,第6页。
⑤ 林莉红:《民间组织合法性问题的法律学解释——以民间法律援助组织为视角》,《中国法学》2006年第1期。

偏高。

1. 社会团体法人设立对社会团体的成员数量要求较高

依据《社会登记管理条例》第 10 条及《社会组织登记管理条例(草案征求意见稿)》第 17 条规定,在资金条件上,成立全国性的社会团体须有 10 万元以上活动资金,成立地方性的社会团体和跨行政区域的社会团体有 3 万元以上活动资金;在成员数量上,一般须由 50 个以上的个人会员或者 30 个以上的单位会员组成,若由个人会员、单位会员混合组成的,会员总数不得少于 50 个。这远远高于域外规定,在德国成立一个一般的团体只需要 3 个成员,而登记为一个法人组织也只需要 7 人,在我国香港,登记为社团的最少人数是 3 人。[1] 显然,我国对社团团体成立的成员数量要求过高,大部分社团在正式设立前的初始规模较小,因缺乏合法性基础而不能擅自开展筹备活动,资金也十分紧张,要发展 50 名个人会员或 30 个单位会员并非易事,这将导致诸多非营利组织被扼杀在"襁褓"之中。

2. 基金会设立的资金条件要求较高,出资方式缺乏灵活性

《基金会管理条例》第 8 条规定,成立全国性公募基金会的原始基金不低于 800 万元人民币,成立地方性公募基金会的原始基金不低于 400 万元人民币,非公募基金会的原始基金不低于 200 万元人民币,且原始基金均须为到账货币资金。《社会组织登记管理条例(草案征求意见稿)》第 23 条规定未区分公募基金会与非公募基金会,不仅提高了非公募基金会设立的资金条件,且整体大大提高了基金会设立的资金条件,要求民政部登记的基金会注册资金不得低于 6 000 万元人民币、省级民政部门登记的基金会注册资金不得低于 800 万元人民币,且均须为到账货币资金。域外国家和地区多未为基金会成立设置明确的资金门槛,[2] 如,英国区分慈善组织设立与慈善资格获取,慈善组织以信托、非法人社团、慈善法人组织、担保有限公司和工业及互助会等五种法律形式设立时并无具体的资金门槛要求,只是慈善组织年收入超过 5 000 英镑的慈善组织才可向慈善委员会申请登记为注册慈善组织,以获取公开劝募资格和税收减免待遇;[3] 德国设立基金会属私主体自治范畴,德国各州、自治市立法均未直接设定基金会的财产下限,监管实务中常通过设立前咨询方式要求基金会的财产必须达到最低金额;[4] 我国台湾地区财团的成

---

[1] 李芳:《慈善性公益法人研究》,法律出版社 2008 年版,第 115 页。
[2] 韦祎:《中国慈善基金会法人制度研究》,中国政法大学出版社 2010 年版,第 139 页。
[3] 王世强:《英国慈善组织的法律形式及登记管理》,《社团管理研究》2012 年第 8 期;《国外慈善法译汇》,杨道波等译校,中国政法大学出版社 2011 年版,第 11 页。
[4] 韦祎:《中国慈善基金会法人制度研究》,中国政法大学出版社 2010 年版,第 139 页。

立采双重程序——行政许可与法院登记,法院登记中一般不会明确要求原始基金数额,而行政机关的审批许可则要求不一,并无统一标准。我国台湾学者对是否应设立具体最低金额众说纷纭,反对者认为各财团因其目的事业的不同而情况各异,最低金额的合理标准难以界定,属私主体自治范畴,且标准订立过高或过低均不利于财团的发展,只需抽象订立须有稳固财产基础即可,主流观点则主张应当设置最低金额标准,使财团法人保有最低财产基础的同时使人民知悉设立财团之最低要件。① 我国对基金会设立一直严格监管,最低资金限额是设立基金会的重要条件且由国务院统一制定资金准入门槛,但最低限额标准并不合理。以非公募基金会为例,非公募基金会面向民间且不得向公众募捐,基于鼓励非公募基金会发展等因素考虑,《基金会管理条例》将非公募基金会的最低原始基金设定为200万,从比较法及我国经济发展状况来看该标准偏高,如作为发达国家的德国对基金会法人设立的资金一般要求为5万欧元(折算成人民币不足40万元),较为富裕的我国台湾地区设置的最低标准一般为500万新台币(相当于人民币100多万元)。② 过高的准入机制导致实践中产生"要注册,需要很多钱,没钱就不能注册;而不解决注册问题,就没有人敢把钱捐助给你"的恶性循环,③限制了较小规模、较为松散、较为灵活的非营利组织的活动空间,不利于非营利组织的发展壮大,更会挫伤包括基金会在内的非营利组织从事公益事业的积极性,就如同高水平足球球员的不断涌现,必须建立在足球普及以及普通的足球学校充分发展的基础上。④ 此外,基金会原始基金的出资方式仅限于到账货币资金,排除了其他出资方式,过于僵化,脱离现代社会财富多样化的现实,应为公益基金会设立提供捐赠资产类型多元化选择方式。例如,2009年4月福耀玻璃股份有限公司董事长曹德旺向民政部递交股票捐赠申请书,拟捐出其家族所持有福耀玻璃股份设立基金会,因受《基金会管理条例》要求非公募基金会的原始基金需为到账货币资金之限制而搁浅;6月7日,曹德旺出资2000万元在民政部登记注册成立了河仁慈善基金会,业务主管单位为国务院侨务办公室;10月20日,财政部发布的《关于企业公益性捐赠股权有关财务问题的通知》正式开启股捐大门;2011年4月13日,上市公司福耀玻璃公告称,公司第一大股东三益发展有限公司、第二大股东福建省耀华工业村开发有限公司

---

① 韦祎:《中国慈善基金会法人制度研究》,中国政法大学出版社2010年版,第139~143页。
② 韦祎:《中国慈善基金会法人制度研究》,中国政法大学出版社2010年版,第145页。
③ 李咏:《中国NGO狭缝求生》,《财经》2002年第13期。
④ 葛云松:《非营利组织发展的法律环境》,http://www.people.com.cn/GB/40531/40557/41317/41320/3025957.html,2014年10月18日访问。

与河仁慈善基金会签署了《捐赠协议书》,将合计持有的福耀玻璃3亿股捐赠给河仁基金会,占福耀玻璃总股本14.98%。

(二)组织类型缺乏开放性

未登记的非营利组织被排除在非营利组织的合法类型之外。为规范公民的结社权利,1989年颁布的《社会团体登记管理条例》条例承认未登记社会团体的非法人组织地位,仅禁止全国性社会团体采取非法人组织形式,1998年修订的《社会团体登记管理条例》明确规定社会团体应具备法人条件,不允许未登记社会团体开展活动,民政部2000年公布的《取缔非法民间组织暂行办法》进一步规定未经批准、未经登记或被撤销后擅自以非营利组织名义进行活动的非营利组织属于非法民间组织,一律取缔并给予行政处罚。由此,所有类型的非营利组织,不论是否害及社会,若未登记,均属非法组织。

运作型基金会被排除在全国性基金会范围之外。《社会组织登记管理条例(草案征求意见稿)》第23条规定,"在国务院的登记管理机关登记的基金会,应当以资助慈善组织和其他组织开展公益慈善活动为主要业务范围"。尽管募用分离的资助型基金会值得倡导,但是,不排除有的基金会在某领域具有很强的专业背景,自己执行项目比资助其他组织运作的效率、效益更高,一律将全国性基金会的设立类型限定为资助型基金会,明显缺乏必要的灵活性,必然导致一些在某领域运作能力较强的全国性基金会无法设立运作性基金会。

(三)限制竞争及限制规模

现行行政立法限制社会团体竞争的设立条件主要表现在两方面:一是分级管理限制地域间的社会团体竞争。《社会团体登记管理条例》确立的社会团体"分级登记、分级管理"体制要求社会团体活动空间范围不得超过登记机关所辖行政区域,导致社会团体之间在地域上相互分割,缺乏竞争。二是限制同一行政区域内的社会团体竞争。《社会团体登记管理条例》规定,在同一行政区域内已有业务相同或类似的非营利组织,没有必要成立的,不予登记。不仅如此,有的地方民政部门主动将其认为业务上有重复或者没有必要存在的社团予以撤销或者合并,实质在于防止非营利组织之间出现竞争。[①]《社会组织登记管理条例(草案征求意见稿)》第17条虽规定"设立业务范围相同或者相似的社会团体,应当符合国家有关规定",但未明确"有关规定"的

[①] 葛云松:《非营利组织发展的法律环境》,http://www.people.com.cn/GB/40531/40557/41317/41320/3025957.html,2014年10月18日访问。

内容。这种限制非营利组织竞争规定不仅为在后成立相同或类似的社会团体设置了制度障碍,且事实上从制度上确立了在先成立的社会团体之垄断地位,不利于相关非营利事业的健康发展,也影响解释自由,即使其运行效果不佳,民众也无其他结社选择余地。正因如此,2013年12月通过的《深圳经济特区行业协会条例》废除了原第7条关于在本市同一行业内不得重复设立相同或类似的行业协会的规定,允许同级行政区域内可设立三家相同的行业协会(第11条)。

现行行政立法限制非营利组织设立规模主要体现为禁止设立地域性分支机构。《基金会管理条例》规定基金会可设立分支机构、代表机构。《社会团体登记管理条例》规定社会团体可设分支机构,但不得设立地域性分支机构,且对设立程序作出严格规定:设立分支机构须按照章程规定,履行民主程序,经业务主管单位审查同意并经登记管理机关登记方可。《民办非企业单位登记管理暂行条例》禁止民办非企业单位设立分支机构,理由是:民办非企业单位的服务对象来自全社会,"其业务往往容易超出本登记管理机关的管辖区域开展活动,业务主管单位和登记管理机关对之进行管理的难度较大。如果在民办非企业单位下面再设立分支机构,更不利于业务主管单位对其进行指导和监督管理。为加强对民办非企业单位的登记管理,避免管理失控,民办非企业单位作为实体性机构,如进一步发展,申请成立新的民办非企业单位即可,故条例规定民办非企业单位不得设立分支机构"。① 显然,是否便于行政管理,难以成为禁止民办非企业单位设立分支机构的正当理由。2016年《关于改革社会组织管理制度促进社会组织健康有序发展的意见》强调"严禁社会组织之间建立垂直领导或变相垂直领导关系,严禁社会组织设立地域性分支机构",《社会组织登记管理条例(草案征求意见稿)》第55条也相应规定禁止非营利组织设立地域性分支机构。事实上,社会团体、基金会和社会服务机构根据其会员组成特点、业务范围的划分或财产的划分设立的分支机构,因其会员、业务范围或划分的财产必然存在跨地域性,一定程度上也体现了地域性特征。

"由于社会团体的行为较接近于联合行为,也就必然内在地隐含着不正当竞争、垄断的危险,对同业者实行业务统制并排斥非社团同业者几乎是社团固有的弊端",② 非营利组织设立的竞争和规模限制并不利于非营

---

① 国务院法制办政法司、民政部民间组织管理局:《〈社会团体登记管理条例〉〈民办非企业单位登记管理暂行条例〉释义》,中国社会出版社1999年版,第135、136页。
② 雷兴虎、陈虹:《社会团体的法律规制研究》,《法商研究》2002年第2期。

利组织的发育。

第二节　域外非营利组织私法主体资格取得之私法治理逻辑

他山之石,可以攻玉。基于不同的历史、文化及法律传统,美国、英国、德国、瑞士、法国、意大利、葡萄牙、日本、新加坡以及我国港澳台地区等非营利组织的私法主体资格取得制度有所不同,但各国各地区非营利组织立法均践行私法治理逻辑,凸显非营利组织培育理念,仍可为我国借鉴参考。

一、域外非营利组织私法主体资格取得的准则主义

托克维尔说,"在民主国家应当代替被身份平等所消灭的个别能人的,正是结社"。[①] 结社自由乃公民基本权利,但不得害及他人私益及社会公益。域外绝大多数国家和地区立法中,非营利组织的私法主体资格取得奉行私法治理的准则主义逻辑,成立登记前并无业务主管单位前置许可制度,登记机关仅形式审查设立申请材料,只要无害于社会的非营利组织设立条件符合民法典或单行法规定的成立准则要求,登记机关应登记确认其私法主体资格,[②]这能够合理平衡结社自由与社会公序之间的价值冲突,较好地促进非营利组织的发育成长。

德国、日本非营利组织登记取得私法主体资格的准则主义程序相当宽松。德国民法采民商分立模式,营利社团由《德国商法典》及公司法、合作社法等单行法调整,非营利社团、财团和无权利能力社团等非营利组织由《德国民法典》规制。非营利组织私法主体资格(即法人资格)的取得彰显了私法自治理念,《德国民法典》区分经济性社团与非经济性社团法人资格取得的条件:不从事营业经营的社团之设立,实行准则主义而非许可主义,设立程序极为简单,登记于有管辖权的区法院的社团登记簿即可取得权利能力(第21条),法院仅作形式审查而已;从事营业经营的社团之设立,方实行许可主义,由国家授予而取得权利能力(第22条),管辖权由各州法律规定,但此种社团

---

① [法]托克维尔:《论美国的民主》(下),董果良译,商务印书馆1988年版,第639页。
② 登记系大多数国家非营利组织取得法律人格的主要方式,也有采自由主义(如《瑞士民法典》第52、60条)、公证或认证方式(如《意大利民法典》第14条、《葡萄牙民法典》第168条、我国《澳门民法典》第141、157条)、政府公报公布方式(如《法国非营利社团法》第5条)。因域外非营利组织取得法律人格的方式多样且登记为主要方式,且为区分不具有法律人格的组织体与我国民法中的非法人组织,故本书以"登记"方式概括依准则主义设立非营利组织的所有方式,以"未登记非营利组织"指称所有未登记取得法律人格的非营利组织。

在实践中很少见,因为大多数营利性社团根据其他法律规定(如《股份法》《有限责任公司法》《合作社法》)取得权利能力。① 有权利能力财团的成立,只需具备捐助行为和财团所处州的有管辖权的机关的行政认许即可(第80条);只要捐助行为采用书面形式并附有章程,财团目的的长久和持续的实现看来得到保证,且财团目的不危害公共利益的,则捐助人享有一项要求将其财团认许为有权利能力的请求权,财团必须被认许为有权利能力(第81条)。② 日本2006年颁布了《一般社团法人和一般财团法人法》,区分非营利组织的设立与其公益组织性质认定,非营利组织法人资格的取得采准则主义,凡"不以分配盈余为目的的社团或财团""不论其事业有无公益性",均可直接登记成为一般财团法人或一般社团法人,非法人型非营利组织的设立无需登记,只是不享有独立的法律地位;③日本特别非营利法人的成立也实行准则主义,主管机关没有裁量权,只要申请满足法律要件,原则上得予认可,与登记许可主义明显不同。④

瑞士、法国、意大利、葡萄牙,以及我国澳门地区非营利组织取得私法主体资格的准则主义程序较为宽松,无须登记,采取公证或认证、公告等方式即可。《瑞士民法典》第52、60条规定,社团和财团法律人格的取得采自由主义,均无须登记,社团自设立社团的意思表示明确表示于章程即可取得法律人格,财团以公证或遗嘱的方式设立。依据法国《非营利社团法》及1987年、1990年、1991年先后以政府法令形式颁布的财团法人制度,⑤法国社团法人资格的取得较为宽松,无须政府部门特别许可,也无须在政府部门办理登记

---

① [德]汉斯·布洛克斯:《德国民法总论》,张艳译,杨大可校,冯楚奇补译,中国人民大学出版社2019年版,第41版,第323页。
② 《德国民法典》,陈卫佐译注,法律出版社2020年版,第27、28页(脚注第47、48);[德]汉斯·布洛克斯:《德国民法总论》,杨大可校,冯楚奇补译,中国人民大学出版社2019年版,第321页;褚松燕:《中外非政府组织管理体制比较》,国家行政学院出版社2008年版,第67~70页。
③ [日]近江幸治:《民法讲义Ⅰ·民法总则》,渠涛等译,北京大学出版社2015年版,第89页;杨丽、佐藤仁美:《日本公益法人改革对国际NGO的影响与启示》,《社团管理研究》2012年第3期。
④ 金锦萍、葛云松:《外国非营利组织法译汇》,北京大学出版社2006年版,第308页;褚松燕:《中外非政府组织管理体制比较》,国家行政学院出版社2008年版,第72~76页。
⑤ 徐国栋:《〈民法典〉规定的非法人组织制度与三国民法中类似制度的关系梳理》,《河南大学学报(社会科学版)》2021年第1期;胡仙芝:《自由、法治、经济杠杆:社会组织管理框架和思路——来自法国非营利社团组织法的启示》,《国家行政学院学报》2008年第4期;罗昆:《财团法人制度研究》,武汉大学出版社2009年版,第53、53页;中国现代国际关系研究院课题组:《外国非政府组织概况》,时事出版社2010年版,第75、76页;张金岭《法国社团组织的现状与发展》,载黄晓勇主编:《中国民间组织报告(2011—2012)》,社会科学文献出版社2012年版,第266~314页。

手续,社团设立人只需进行社团成立的事先宣告并将附具社团章程的事先宣告向社团所在地隶属的省政府或专区政府提交备案,政府部门开具收到事先宣告的收据后在官方公报上公开社团成立,社团在政府公报上公开之日即取得法人资格,政府部门仅审查拟设立的社团是否违反法律、公序良俗、领土完整及政府共和政体,不过,基金会经严格审批并在官方公报上公告后方可成立,基金会下设新的基金会无须审批。① 《意大利民法典》第 14 条规定,社团和财团须以公证的方式设立,也无须登记。《葡萄牙民法典》第 158 条与我国《澳门民法典》第 141 条规定基本相同,葡萄牙社团、澳门社团分别以公证书、认证文书形式设立,即享有法律人格,葡萄牙财团以及我国澳门财团则经行政当局确认符合以社会利益为宗旨且财产足以实现财团宗旨条件后个别认可其法律人格。

美国非营利组织的法律人格取得极为简单。美国绝大多数州参考美国律师协会(ABA)起草的《示范非营利法人法》颁布了各州《非营利法人法》,② 2015 年美国统一州法全国委员会(NCCUSL)和 ABA 联合公布了供各州营利组织与非营利组织统一立法参考的《统一商业组织法典》(Uniform Business Organizations Code,UBOC)。依据上述示范法,美国非营利组织注册取得法律人格的程序较为简单,即只需要提交一份两页纸的机构章程,写明机构名称、目标,说明不为任何私人谋利的宗旨,然后交由州务卿(secretary of state)批准,注册申请文件符合规定要求的,州务卿必须(must)必须注册,不予注册的,须说明理由,申请人不服的,有权起诉。

英国非营利组织法律人格的取得程序较为简单。英国非营利组织大体分为社团法人、信托、未登记社团、保证有限公司、社区利益公司等五种类型。英国非营利组织法采取分散立法模式,主要包括:规制互益性及公益性社团的立法,体现为适用于英格兰、威尔士及苏格兰的《互益性及公益性社团法》、适用于北爱尔兰的《工业互助会法》及《储蓄互助会、互益性及公益性社团法》;规制保证有限公司、社区利益公司的立法,体现为适用于英格兰、威尔士及苏格兰的《公司法》(2006)、适用于北爱尔兰的《公司法》(2006);规制信托的立法,体现为适用于英格兰及威尔士的《受托人法》、适用于北爱尔兰的《受

---

① 中华人民共和国财政部国际司:《英国、法国社会组织发展与管理体制情况介绍》,http://gjs.mof.gov.cn/pindaoliebiao/cjgj/201308/t20130821_980382.html,2018 年 10 月 8 日访问。
② 美国得克萨斯州、特拉华州采取统一规制营利法人与非营利法人的立法模式,分别颁布了《德州商业组织法典》(Texas Business Organizations Code)、《特拉华州普通公司法》(Delaware General Corporation Law),佛蒙特州、加利福尼亚州和华盛顿州等通过修改公司法允许创设新型非营利组织即公共利益公司(Public Benefit Corporation)。

托人法》、适用于苏格兰的《信托法》及《慈善及受托人投资法（苏格兰）》；规制慈善组织的立法，体现为适用于英格兰、威尔士及苏格兰的《慈善法》、适用于北爱尔兰的《北爱尔兰慈善法》、适用于苏格兰的《慈善及受托人投资法（苏格兰）》等。设立互益性社团（a co-operative society）或公益性社团（a community benefit society），只需向英国金融行为监管局（FCA）提交一份设立登记申请书和两份社团规章复印件即可，若采取电子申请方式，只需提交一份社团规章复印件，若社团符合该法规定的，FCA必须（must）登记该社团并交给该社团一份加盖FCA印章的登记确认书（《互益性及公益性社团法》第3条）。通过商业经营服务社区公共利益的社区利益公司成立手续简单，形式灵活，可以选择（私人或公众的）股份有限公司或者保证有限公司的形式，任何慈善组织及非营利组织均可成立社区利益公司，提交设立申请及描述组织目的的"社区利益报告书"，通过英国贸易和工业国务大臣任命的社区利益公司监管人（Regulator of Community Interest Company）的"社区利益测试"后，公司登记机关应当登记提交的申请文件并签发公司设立证书，登记之日即取得法律人格。①

加拿大《非营利法人法》采取非营利组织法律人格取得的准则主义，第8、9、10、16条规定：登记机关一收到申请登记非营利法人的章程及规定文件，应立即签发登记证书，登记证书上载明的日期即非营利法人成立之日，非营利法人自此取得法律人格，依法享有与自然人同样的权利、权力和特权。

新西兰《登记社团法》奉行非营利组织法律人格取得的准则主义，登记机关收到完全符合要求的注册申请社团材料后，必须（must）尽可能快速将社团名称登入登记簿、签发注册证书并登记社团章程，社团自注册证书签发之日起享有运营的各种能力、权利、权力和特权（第15、16条）。

新加坡非营利组织法律人格取得总体上采行准则主义，成立登记手续非常简单。新加坡沿袭英国法律，非营利组织立法较为完善，主要包括《社团法》（Societies Act）《互益性社团法》（Co-operative Societies Act）《互惠组织法》（Mutual Benefit Organisations Act）《公司法》《慈善法》《受托人法》等。② 新加

---

① 葛伟军：《英国公司法改革及其对我国的启示》，《财经法学》2022年第2期；朱圆、赵晶晶：《英国社区利益公司法律制度及其立法启示》，《福州大学学报（哲学社会科学版）》2021年第6期；樊云慧：《论我国社会企业法律形态的改革》，《法学评论》2016年第5期；刘水林、王波：《社会企业法的性质：社会法私法化的新路径——以英国社区利益公司条例为样本的分析》，《上海财经大学学报》2012年第1期；王世强：《社区利益公司——英国社会企业的特有法律形式》，《北京政法职业学院学报》2012年第2期。

② 《外国非营利组织法译汇（二）》，金锦萍等译，社会科学文献出版社2010年版，第2、3页；深圳市民政局：《民间组织培育发展和监督管理的比较研究——新加坡、香港、深圳三地调研报告》，http://www.szmz.sz.gov.cn/xxgk/gzyj/200701/t20070125_1713544.htm，2018年8月10日访问。

坡非营利组织主要包括社团、互惠组织、慈善信托和公众担保有限责任公司(Public company limited by guarantee)等类型。设立新加坡社团,只需提交登记申请、交纳规定的登记费用、社团拟定章程的复印件、按登记官所要求的格式就社团的目标、宗旨或活动所作出的声明及登记官要求的其他文件,提交申请的当日登记官无须进一步询问就应予登记并通知申请人已予登记(《社团法》第4、4A条)。新加坡已建立社团网上注册系统,非敏感性的一般社团之成立登记实行简易自动注册方式,无须实质审查登记申请,新加坡社团登记局接受申请的当日应予登记,而涉及宗教、政治、人权等敏感事务的特种社团采取普通注册方式,审查较为严格。[①] 设立互益性社团,只需提交登记申请及规定的信息、交纳规定的登记费用、社团拟定章程的复印件、按登记官所要求的格式就社团的目标、宗旨或活动所作出的声明及登记官要求的其他文件,若社团符合法律规定、章程不违法且能保障社团正常运行及管理的,登记机关应当予以登记(《互益性社团法》第7、8、9条)。设立互惠组织,只需提交7个成员及秘书签署的登记申请书、章程复印件、被授权代表社团的秘书和受托人或其他高管名册,登记官收到登记申请及登记费用的当日应有条件或无条件地予以登记并签发登记证书(《互惠组织法》第4、5条)。

韩国以及我国台湾地区虽奉行非营利组织私法主体资格取得的许可主义,但不影响未登记非营利组织的合法地位。《韩国民法典》规定"非营利性的社团或财团经主管机关许可,可以成为法人,法人因在其主办事处所在地办理设立登记而成立"(第32、33条),但《韩国民法典》《不动产登记法》及《民事诉讼法》等法律赋予未登记的社团或财团以非法人社团或非法人财团身份,允许其以自身名义开展活动、取得财产、起诉或应诉,仅在财产归属及责任承担规则上有别于法人,消减了许可设立主义对非营利组织设立的消极影响。我国台湾地区所谓"民法典"要求公益社团及财团到管辖地方法院办理法人设立登记前应得主管机关许可(第46、59条),2021年修订的所谓"人民团体法"仍恪守人民团体法人资格登记取得前须经主管机关事先许可的许可主义及未经登记即非法的行政处罚及刑事处罚规则。不过,我国台湾地区人民团体强制登记制度有松动趋势:我国台湾地区的主管机关许可与地方法院办理法人登记的双重管理体制有别于我国大陆的双重管理体制,[②] 司法判

---

① 汪文来:《新加坡、香港培育发展社会组织的启示》,《特区实践与理论》2011年第6期;何晓裴:《新加坡社会组织考察》,《群文天地》2011年第8期。
② 石东坡、汪金枝:《我国台湾地区社团立法的评述与启示》,http://www.calaw.cn/article/default.asp? id=7178&security_verify_data=3830302c363030,2018年8月30日访问。

例认可未登记社团或财团的权利能力,不存在未登记社团无合法身份问题;我国台湾地区行政管理机构的"青年辅导委员会"曾起草替代所谓"人民团体法"的"非营利组织发展法草案",主张人民团体的设立由许可制改为登记制;①2015年内务主管部门召集专家学者研议了所谓"人民团体法"修正草案,主张未来就人民团体设立之行政管制从许可制改成登记制,行政管理改为低度管理,并主张取消违背设立许可的刑责追究规定。②

由上比较考察可知,诸多国家和地区非营利组织的私法主体资格取得并未实行许可设立主义,而是秉持准则设立主义,成立登记前无须主管机关许可。韩国以及我国台湾地区即使实行许可设立主义,但其赋予了未登记非营利组织以合法地位。域外非营利组织取得私法主体资格的程序较为简单,采取登记、公证或认证、网上注册或官方公报公示等确认法律人格方式均可,登记机关对设立申请不予实质审查,只作形式审查,仅限于审查章程等是否符合法定要求、设立宗旨是否存在危害国家安全等损害社会公共秩序的内容。

二、域外非营利组织设立的非强制登记主义

德国、意大利、瑞士、法国、葡萄牙、日本、美国、英国,以及我国澳门等域外绝大多数国家和地区秉持非营利组织登记取得法律人格的准则主义(韩国以及我国台湾地区实行许可主义除外),但并未要求强制登记,允许未登记非营利组织合法存在(新加坡除外),不承认未登记非营利组织之私法主体资格,多赋予未登记社团或财团以无权利能力团体或无法律人格社团(非法人社团)、委员会的身份,由民事合伙规则调整③或合同法和债法规则规制。④随着社会建设的快速发展,以民事合伙规则调整未登记非营利组织的制度已无法满足非营利组织发展的现实需要:不能独立承担民事责任,无法以自己名义与他人签订合同或承担侵权责任、取得不动产,且可能给其成员带来不幸乃至无法预见的负面后果,如仅仅因系未登记社团的成员可能承担对社团组织的活动所产生的违约责任或侵权责任,也可能因参加某个志愿组织或俱

---

① 陈宥群:《台湾地区人民团体管理法制经验之研究》,中国政法大学,2011年博士学位论文,第94页。
② 林家祺:《人民团体行政管理机制之探讨——以内政部104年之人民团体法修正草案为中心》,《法令月刊》2016年第8期。
③ 《德国民法典》第54条、《瑞士民法典》第62条、《意大利民法典》第36~42条、《葡萄牙民法典》第195~201条、我国《澳门民法典》第186~192条、《韩国民法典》第275条、《魁北克民法典》第2267~2279条等。
④ 《法国非营利社团法》第2、5条。

乐部而面临严重的融资风险。① 于是，域外立法、学说或判例多主张赋予未登记非营利组织以"非法人团体"之私法主体资格，未登记非营利组织地位由合伙契约型走向民事主体型。

德国最初基于政治及法律政策考量而加强对社团的审查控制，要求社团登记才能取得权利能力。非营利社团未登记的，依《德国民法典》第54条规定，属无权利能力团体，参照债权编的合伙规则调整，《德国民事诉讼法》第50条则赋予其诉讼主体资格。之后，德国学说及判例基本抛弃德国民法典的无权利能力团体无权利能力之逻辑，无权利能力团体由适用合伙规定逐步转变为尽量承认法人格之规定。② 德国学理及司法实践通说认为，非营利社团因未登记获得权利能力而未取得法人资格，对其援引合伙法调整的法律政策已不合适，可类推适用有权利能力社团的相应规定，优先适用《德国民法典》第25～53条有关社团法人规定（第42～44条权利能力丧失规定及第55～79条登记规定除外），"未登记社团"的称谓比"无权利能力社团"更合适：③（1）未登记非营利社团的类型结构在很大程度上比民法合伙更加独立，与有权利能力的社团（登记社团）更相符。甚至有学者认为2001年联邦最高法院判决明确了民事合伙之民事主体资格，④有权利能力团体规定更须适用于未登记社团。（2）合伙规定并非是为未登记社团设置，可通过合宪性解释排除第54条第1句的适用，使未登记非营利社团与有权利能力社团地位相适应，有学者甚至主张应当取消非登记社团与合伙之间的区分，《德国民法典》第54条第1句其实指明了二者应当是同一"法律形式"，非登记社团可

---

① See Scottish Law Commission Discussion Paper on Unincorporated Associations (Discussion Paper No. 140), https://www.scotlawcom.gov.uk/files/8412/7877/4124/dp140.pdf; Reforming the law on Scottish unincorporated associations and criminal liability of Scottish partnerships (2012), available at https://assets.publishing.service.gov.uk/government/uploads/system/uploads/attachment_data/file/39246/ConDoc-Unincorporated-Associations-and-Partnerships.pdf, visited on July 20, 2018.
② 李昊：《我国民法总则非法人团体的制度设计》，《暨南学报（哲学社会科学版）》2015年第12期。
③ [德]卡尔·拉伦茨：《德国民法通论》（上册），王晓晔等译，法律出版社2003年版，第236页；[德]迪特尔·梅迪库斯：《德国民法总论》，邵建东译，法律出版社2000年版，第860、861页；[德]汉斯·布洛克斯：《德国民法总论》，张艳译，杨大可校，冯楚奇补译，中国人民大学出版社2019年版，第334页。
④ [挪]马德斯·安登斯、[英]弗兰克·伍尔德里奇：《欧洲比较公司法》，汪丽丽、汪晨、胡曦彦译，法律出版社2014年版，第115页；朱玮、何旺翔：《合伙民事主体资格再探究——从德国学界对此问题的讨论及其相关判决说起》，《学海》2006年第1期，第79～82页。

以说是以社团形式组成的合伙。① (3) 德国学说提出了(部分)有权利能力的民事合伙②之概念,主张德国无权利能力团体由适用合伙规定逐步转变为尽量承认法人之规定,除以法人格为前提之规定外,承认无权利能力团体享有部分权利能力。(4) 德国法院通过判例超越了《德国民法典》第54条第1句的无权利能力社团适用合伙规定,③认为"只要民事合伙通过参与法律交往创设权利和义务,就宣布其具有权利能力",有限承认了民事合伙的权利能力。④ (5) 无权利能力社团的创立者希望拥有不取决于社员变更的持续性的人的团体和独立财产。

日本民法并未明确未登记非营利组织的法律人格。《日本民事诉讼法》第29条确认了未登记社团或财团的完全当事人能力,即"非法人社团或财团,设有代表人和管理人的,得以其名义起诉或不起诉"。鉴于无权利能力社团实质上与"法人"无异,具备社团法人必备的组织性(有决定团体意思、执行业务、对外实施代表行为的机关存在)、确立多数决原则、团体的存续(即团体的存续不受成员变更影响)、团体内容的确定性(包括团体代表人的规定、确定大会运营的方法、确立财产的管理方法等)等四项要件,1964年日本法院就判决无权利能力社团的规范应类推适用社团法人规定,无权利能力社团具有以自身名义取得财产的权利能力。⑤ 随着日本学界对团体法研究的深入,且受德国无权利能力社团地位变革理论影响,认为无权利能力社团具备社团法人实质,解释论上呈将其作为社团法人把握的趋势,主张类推适用一般社团法人规定。⑥

---

① 李昊:《我国民法总则非法人团体的制度设计》,《暨南学报(哲学社会科学版)》2015年第12期。
② 或称"有部分权利能力的民法典合伙"。[德] 格茨·怀克、克里斯蒂娜·温德比西勒:《德国公司法》(第21版),殷盛译,法律出版社2010年版,第29页;杜景林、卢谌:《德国民法典评注:总则·债法·物权》,法律出版社2011年版,第19页;漠耘:《主体哲学的私法展开:权利能力研究》,法律出版社2012年版,第240页。
③ 李昊:《我国民法总则非法人团体的制度设计》,《暨南学报(哲学社会科学版)》2015年第12期。
④ [德] 格茨·怀克、克里斯蒂娜·温德比西勒:《德国公司法》,殷盛译,法律出版社2010年版,第29页。
⑤ [日] 近江幸治:《民法讲义Ⅰ·民法总则》,渠涛等译,北京大学出版社2015年版,第104、105页;[日] 山本敬三:《民法讲义Ⅰ·总则》,解亘译,北京大学出版社2012年版,第411页。
⑥ [日] 近江幸治:《民法讲义Ⅰ·民法总则》,渠涛等译,北京大学出版社2015年版,第104、105页;[日] 山本敬三:《民法讲义Ⅰ·总则》,解亘译,北京大学出版社2012年版,第411~414页;[日] 四宫和夫:《日本民法总则》,唐晖、钱孟珊译,五南图书出版公司1995年版,第91、92页;薛夷风:《民商事组织形态法律制度的研究》,法律出版社2011年版,第120页。

我国台湾地区"民法典"并未明确未登记社团的法律人格。"民事诉讼法"第 40 条第 3 款赋予了非法人团体(即未登记社团)以自身名义起诉或应诉的当事人能力,判例及学说亦主张未登记非营利社团属自然人和法人之外的第三民事主体。1986 年我国台湾地区司法机构 11 月 10 日厅民一字第 1677 号函表示,非法人财团的寺庙有独立财产,有成为权利主体的必要性,可为财产权主体,可标买不动产。[1] 我国台湾地区学者认为,未登记非营利社团不论对内、对外关系,原则上均应类推适用社团规定;[2]另有学者认为,当事人能力与权利能力相一致,故有当事人能力必有权利能力,而登记仅能确认法人之存在,不能创造法人,客观存在的无权利能力团体得成为权利义务主体,应赋予未登记团体以权利能力;[3]或认为,无权利能力社团虽无一般性之权利能力,但具有一般团体之特质,可参考德国学说上部分权利能力之理论,承认其部分权利能力。[4]

《韩国民法典》不承认未登记社团的法律人格,第 275 条明确非法人团体的财产由社员集合体总有,实乃否认未登记社团的法人资格并将其定位为非法人社团。但是,韩国《不动产登记法》第 30 条明确了非法人团体和非法人财团取得不动产的登记能力,《非营利非政府组织支持法》第 2 条赋予了未登记的公益型非营利组织之法人资格,实乃确立了未登记非营利组织之法人地位。

美国早期普通法中,未登记社团不具有独立的法律主体资格,与商业合伙具有相似性,未登记非营利社团被视为成员集合体,所有社团成员互为代理人;未登记社团不能以自身名义取得财产、起诉或应诉,以未登记社团名义对外行为的责任由所有社团成员承担。这种判例法规则明显不符合非营利社团设立人的初衷,阻碍了非营利组织发展,美国很多州立法或司法判例纷纷改弦更张,主张未登记非营利社团以独立的法律主体资格承担合同责任或侵权责任要视具体情况而定,不可一概而论。[5] 美国《联邦民事诉讼规则》

---

[1] 石碧波:《非法人团体研究》,法律出版社 2009 年版,第 20~21 页。
[2] 王泽鉴:《民法总则》,北京大学出版社 2009 年版,第 158 页。
[3] 陈宗荣:《非法人团体之权利能力论》,《民事诉讼法之研究(三)》,三民书局 1990 年版,第 105、132 页;吕太郎:《无权利能力之社团》,载杨与龄主编:《民法总则争议问题研究》,清华大学出版社 2004 年版,第 145 页;曾世雄:《民法总则之现在与未来》,中国政法大学出版社 2001 年版,第 92、93 页。
[4] 黄立:《民法总则》,中国政法大学出版社 2002 年版,第 115 页;刘召成:《德国法上民事合伙部分权利能力理论及其借鉴》,《政治与法律》2012 年第 9 期;王丹阳:《德国民事合伙之债务与责任学说的演变》,《政治与法律》2009 年第 5 期。
[5] 盖威:《市民社会视角的中国社团立法研究》,复旦大学法学院 2010 年博士学位论文,第 101、102 页。

第17(b)(3)(A)条确立了未登记非营利社团等非法人团体的诉讼主体资格。[1] 1992年,美国统一州法全国委员会颁布了《美国统一未登记非营利社团法》(UUNAA)并确立了未登记非营利社团独立的法律人格。1996年,美国统一州法委员会修订了《美国统一未登记非营利社团法》,简要解释了赋予未登记社团以法律人格的特定目的(对动产和不动产的取得、持有、设定权利或转让、合同和侵权中的权利义务的决定和履行)。之后,美国诸多州据此制定了各州的《未登记非营利社团法》,其他州通过修订其他法律的方式赋予未登记非营利团体以法律人格(如《加利福尼亚公司法典》第18300条、《俄亥俄法典》第1745条)。2008年,美国统一州法委员会再次修订了《美国统一未登记非营利社团法》,对1996年版本予以简化并明确规定:未登记社团是区别于其成员和管理人的法律实体,即未登记社团是可以从事任何非营利目的的独立法人;只要两个或以上成员同意且达成合意,无论口头、书面形式或默示行为,为了一个或多个非营利目的,均可成立未登记非营利社团,可以涵盖小型、非正式的团体。2015年,美国统一州法委员会联合美国律师协会公布了供各州营利组织与非营利组织统一立法参考的《示范统一商业组织法典》,设专章规定未登记非营利社团,[2]再次重申未登记的非营利社团具有独立于其成员的法律地位,成员、管理人与社团的财产、债务及责任相互独立,可以自己名义取得、持有或转让财产可以作为信托或合同的受托人、遗产继承人、受遗赠人,可以自己名义起诉或应诉,也可以依法申请享受税收优惠待遇。非但如此,2005年美国统一州法委员会还联合加拿大统一法委员会(ULCC)和墨西哥统一法中心(MCUL)借鉴欧盟协调统一各国法律做法,决定统一北美三国未登记非营利社团的法律框架,确立供三国未登记非营利社团法采纳的基本原则并推动各国采纳,2007年一致通过了《建立北美原则声明下未登记非营利社团的和谐法律框架的合作项目》,确立了赋予未登记社团法律人格的40项原则。[3]

在加拿大所有法域,未登记社团可以开展活动,但不具有法律人格。《魁

---

[1] 吴如巧编著:《美国联邦民事诉讼规则的新发展》,中国政法大学出版社2013年版,第197页。

[2] 第7~102条第(a)款第(5)项界定了未登记非营利社团的内涵:所谓未登记非营利社团,是指两个或两个以上成员,为了一个或一个以上共同的非营利目的,基于口头、书面或行为而成立的组织。

[3] See JOINT PROJECT TO CREATE A HARMONIZED LEGAL FRAMEWORK FOR UNINCORPORATED NONPROFIT ASSOCIATIONS IN NORTH AMERICA STATEMENT OF PRINCIPLES, https://www.ulcc.ca/en/annual-meetings/216-2007-charlottetown-pe/civil-section-documents/586-unincorporated-non-profit-associations-statement-of-principals-2007, visited on July 20, 2018.

北克民法典》第五编"债"第二题"有名合同"还专设第十章"合伙合同和社团合同",采取了不同于合伙规则的社团合同(contact of association)规则(第2186、2187、2267~2279条)专门调整魁北克未登记社团。① 2008年,根据北美未登记非营利社团40项原则并以美国2008年修订的《统一未登记非营利社团法》为蓝本,加拿大统一法委员会民法分会起草了《加拿大未登记非营利社团法》②及修正社团合同规则并赋予未登记社团以法律人格的《魁北克民法典修正案》。③

在英国所有法域,未登记社团虽然可以开展活动,但未被认定为独立于其成员的法律实体,社团不能以自身名义取得财产、起诉、应诉,其对外债务由社团成员承担连带责任。④ 由此,未登记社团不能以自身名义签订合同、承担侵权责任或以自己名义拥有财产,社团成员可能遭受不幸乃至无法预见的损失(如社团成员仅因成员身份对社团活动不法行为所致第三人损害承担责任,或因参加志愿活动或俱乐部而遭受严重的个人财务风险)。为此,2008年苏格兰法学会提出《未登记团体讨论稿》,主张苏格兰借鉴北美未登记非营利社团立法经验,赋予未登记社团法律人格并创设"法人型苏格兰社团"(Scottish Association with Legal Personality,SALP)的新型非营利组织法律形式,建议对体育俱乐部、社会俱乐部及其他为了成员共同利益而非广泛的公共利益且未能通过社区利益公司之公益法定测试的未登记非营利社团赋予法人资格。⑤ 2009年,苏格兰法学会正式提出《未登记社团报告》,提出了赋予未登记社团法律人格的具体立法建议。⑥ 2010年3月,苏格兰政府表态

---

① See AMENDMENTS TO THE CIVIL CODE OF QUÉBEC, https://www.ulcc.ca/en/2008-quebec-city-qc/235-civil-section-documents/442-unincorporated-nonprofit-associations-report-civil-code-quebec-2008, visited on July 20, 2018.

② See UNIFORM UNINCORPORATED NONPROFIT ASSOCIATIONS ACT, https://www.ulcc.ca/en/uniform-acts-en-gb-1/551-unincorporated-nonprofit-associations-act/82-unincorporated-non-profit-associations-act, visited on July 20, 2018.

③ See AMENDMENTS TO THE CIVIL CODE OF QUÉBEC, https://www.ulcc.ca/en/2008-quebec-city-qc/235-civil-section-documents/442-unincorporated-nonprofit-associations-report-civil-code-quebec-2008, visited on July 20, 2018.

④ See Scottish Law Commission, Discussion Paper on Unincorporated Associations(DISCUSSION PAPER No 140, December 2008), https://www.scotlawcom.gov.uk/files/8412/7877/4124/dp140.pdf, visited on July 20, 2018.

⑤ See Scottish Law Commission, Discussion Paper on Unincorporated Associations(DISCUSSION PAPER No 140, December 2008), https://www.scotlawcom.gov.uk/files/8412/7877/4124/dp140.pdf, visited on July 20, 2018.

⑥ See Scottish Law Commission, Report on Unincorporated Associations (SCOT LAW COM No 217), https://www.scotlawcom.gov.uk/files/3312/7989/7412/rep217.pdf, visited on July 20, 2018.

支持《未登记社团报告》,并确信与英国政府共同推动的注册慈善组织立法改革所解决的未登记慈善社团问题能够吸纳《未登记社团报告》的未登记社团立法建议。① 2012年,英国政府回复苏格兰政府,苏格兰法学会提出的《苏格兰未登记团体和苏格兰合伙刑事责任法改革报告》确立的未登记社团立法改革建议之基本原则得到由各方面人士组成的41人论证小组的广泛支持。②

南非允许未登记志愿团体开展活动,未登记志愿团体是否具有法律人格由法院个案判定。南非系混合法系国家,法律体系深受英国法与荷兰法影响,并未制定民法典,其私法具有非法典化的罗马法模式特征,③其非营利组织立法采行统一的非营利组织基本法模式,建立了以《非营利组织法》为主导、以《公司法》《信托财产管理法》《社会福利发展管理法》等单行法及普通法为配套的非营利组织法律体系。南非非营利组织分为志愿团体、公益信托和非营利公司。志愿团体志愿协会是最传统、最常见的服务社区的南非非营利组织,④由普通法规制,其成立仅须满足成员为三人以上及达成设立非营利组织的共同目的合意两个条件,口头或书面的合意均可,满足团体存续不受成员变动影响、团体拥有独立于其成员的财产及团体成员不因其成员身份而对团体财产享有任何权利这三个条件的,即可被法院认定为法人团体(universitas),否则,属于非法人团体(non-corporate associations)。⑤

马耳他允许未登记非营利组织开展活动,未登记非营利组织具有非法人组织的法律地位定。马耳他系法国法与英国法混合的国家,法国法律传统对马耳他影响较大,马耳他以《法国民法典》为蓝本颁布了未设法人制度的民法

---

① See The Scottish Government gave their initial response to the Report in March 2010, https://www.scotlawcom.gov.uk/files/9012/8015/7206/minresp_rep217.pdf, visited on July 20, 2018.
② See Reforming the Law on Scottish Unincorporated Associations and Criminal Liability of Scottish Partnerships: the Government's response to consultation, p. 5, https://assets.publishing.service.gov.uk/government/uploads/system/uploads/attachment_data/file/39246/ConDoc-Unincorporated-Associations-and-Partnerships.pdf, visited on July 20, 2018.
③ 徐国栋:《非洲各国法律演变过程中的外来法与本土法——固有法、伊斯兰教法和西方法的双重或三重变奏》,《法律文化研究》2018年第11辑。
④ See Statistics South Africa, Statistics of the non-profit sector for South Africa 2012 (Discussion No. D0407.2), p. 11, https://www.statssa.gov.za/publications/D04072/D040722012.pdf, visited on July 20, 2018.
⑤ See Africa International Center for Not-for-Profit Law (ICNL), Nonprofit Law in South, https://cof.org/sites/default/files/2022-09/Nonprofit-Law-in-South-Africa.pdf, visited on July 20, 2018; Shirley Fodor & Tatyana Radebe, Charitable organisations in South Africa: overview, https://uk.practicallaw.thomsonreuters.com/9-632-4485?contextData=(sc.Default)&transitionType=Default&firstPage=true, visited on July 20, 2018;孙伟林、臧宝瑞:《南非社会组织考察报告》,《社团管理研究》2007年第3期。

典,2007年专门立法增设规制法律组织的《民法典附录二》,规定了非营利组织的基本内容。《民法典附录二》专设第五分题"未登记的组织(unregistered organisations)",第14条明确规定未登记的组织不是法人(legal person),但享有实现特定设立目的之法律权力(包括以自身名义进行财产交易、开设银行账户、雇佣人员、订立合同、起诉或应诉);第六分题第17条专设"与未登记的组织有关之人的责任"并明确规定未登记的组织的发起人和管理人对组织债务承担补充连带责任(欺诈情形除外),实乃赋予未登记非营利组织以非法人组织的地位。

由上比较可知,域外诸多国家和地区立法、学说及判例抛弃了非营利组织设立的强制登记制度,允许未登记非营利组织开展活动并赋予私法主体资格。

三、域外非营利组织设立的组织实体要件宽松

组织体的客观存在是其取得私法主体资格的前提和基础。域外非营利组织私法主体资格取得的条件宽松,不仅设立程序简单,且设立要件不高,社团法人和财团法人的组织性实体要件均比我国大陆要求要低。

德国的社团法人和财团法人的设立要件要求不高。依《德国民法典》,社团章程由7名以上社员签署、记载有必要记载事项且载明制作日期,社团董事会即可向社团所在辖区法院提交附具章程副本及董事会选任文件的社团登记申请,由区法院在社团登记簿上登记成立社团法人(第55~66条);只要捐助行为已履行、已订符合条件的财团章程、捐助目的的继续性和持续履行得到保证且捐助目的不危及公共利益,财团所在地州主管机关应认许有权利能力的财产的成立(第80、81条)。德国基金会登记注册程序比较简单,只有涉及未成年人教育的基金会需前置审批,其余均直接向各州内政部或司法部注册登记,原始资金也要求不高,一般基金会为5万欧元,信托基金会可低至5 000欧元。[1]

法国的社团法人设立条件非常宽松。《法国非营利社团法》第1条规定,结社合同乃两个或更多的人达成的以持续的方式为分割营利以外的目的共享自己的知识或活动的协议,明确了社团的非营利组织性质。法国社团包括三种类型,设立条件较为宽松,但稍有不同:[2]一是已申报社团。社团设立人

---

[1] 廖鸿:《德国基金会的管理及其启示》,《中国民政》2018年第11期。
[2] 徐国栋:《〈民法典〉规定的非法人组织制度与三国民法中类似制度的关系梳理》,《河南大学学报(社会科学版)》2021年第1期。

须首先向社团所在地省政府或专区政府申报社团的名称、目的、总部、负责人的姓名、职业、住址和国籍并附上两份社团章程复印件,政府部门须在收到申报的五日内开具收据,设立人收到申报收据后须在官方公报上公示社团的成立,适当公示之日社团即取得法律人格(第5、6条)。二是公益社团。经过至少3年的试运作之后,社团可被国家议会法令认定为公益社团(第10条)。三是未申报社团(又称事实社团)。社团可以自由设立,无须事先核准或申报,但不具有法律人格,其实施的行为被认为是其成员的行为,不能以自己名义享有权利、承担义务,不能开设自己的银行账户、缔结租赁合同、成为财产所有人、接受公共补贴、接受赠与、招揽赠与或遗赠,但享有设立、运作和解散不要求任何手续,其成员可以自由选择其运作规则或组织规则、不得被诉的便利。

日本一般法人设立条款宽松。日本区分一般社团法人、一般财团法人与公益社团法人、公益财团法人,公益法人并非非营利组织的组织形式,系一般法人获取税收减免、政府资助等待遇的资格,一般法人的设立条件较为宽松,对人员、资金等条件要求不高。依《一般法人法》,申请设立社团法人,只需要成员2人以上,提交全体成员签署或盖章、具备必要记载事项且经公证人认证的章程,经调查章程没有违反法令后,即可登记为一般社团法人。① 日本特定非营利活动法人成立的条件包括团体的主要目的是进行特定范围内的非营利活动、不以营利为目的、10人以上的会员、董事会成员从中获取工资报酬的人数不得超过总人数的1/3,不以宗教或政治活动为目的,无资金要求。

美国非营利组织的设立条件较为宽松。美国未登记非营利社团的成立,无须登记,只需具备两人或两人以上达成合意、建立相应的组织结构和规章制度,以及利润分配禁止等三个条件;非营利社团法人的设立,须经登记,其设立条件与一般公司大致相同,区别在于必须明确"开展工作所应遵循的规则"和"保证不私分利润并制定社团解体时财产的处置规则";②信托式基金的设立,需要具备信托契约、信托声明以及信托遗嘱、EIN码、申请书等,然后向总检察长提交申请和手续费,经其批准。③

英国非营利组织的设立条件较为宽松。英国法人形式的非营利组织的

---

① [日]山本敬三:《民法讲义Ⅰ·总则》,解亘译,北京大学出版社2012年版,第365~367页;
[日]近江幸治:《民法讲义Ⅰ·民法总则》,渠涛等译,北京大学出版社2015年版,第95~98页。
② 褚松燕:《中外非政府组织管理体制比较》,国家行政学院出版社2008年版,第52~53页。
③ 王名、李勇、黄浩明:《美国非营利组织》,社会科学文献出版社2012年版,第75页。

设立条件与公司大同小异,区别在于组织的目的事业不同。从事工业、商业或贸易活动的团体可以申请设立为互益性团体和公益性团体,公益性团体宗旨须促进社区利益,个人会员至少3个、团体会员至少2个,团体章程符合法定要求,互益性团体主要目标并非获取利息或分红而盈利,向英国金融行为监管局(FCA)提交由团体秘书长及3个以上成员(团体会员为2个人以上)签名的设立申请和团体章程副本2份(电子版副本1份),FCA必须予以登记并签发盖印的登记确认书,互益性团体及公益性团体即取得法律人格(《互益性及公益性团体法》第2、3条)。设立社区利益公司(CIC),最低出资额度为250英镑,最多2万英镑,向"公司之家"(Companies House)申请登记,登记程序比设立有限公司多一项程序,须提交一份描述组织目的的"社区利益报告书"(包括CIC董事签署的"社区利益声明"及解释可以通过"社区利益测试"的理由),"公司之家"接受申请后将设立申请书交"社区公益公司监管人"进行"社区利益测试"以评估申请书是否符合CIC准入标准,若评估达到条件,监管人建议"公司之家"颁发CIC登记证书,CIC既可作为新的公司登记成立,也可由普通公司通过社区利益测试转换而来。① 未登记社团可以由3人以上根据合意设立,须有章程而无需注册,但不具有法人地位,法律无特别管制要求。信托建立在信托契约基础上,信托组织只要发表声明,表明其托管人拥有慈善信托的财产就可以成立,但须明确其基金不会用于其他目的。② 保证有限公司的成员可以很多,也可仅限于受托人,公司成员的责任仅限于登记数额,如1英镑。所有非营利组织若年收入超过5 000英镑,才须登记为慈善组织。③

新加坡非营利组织的设立条件比较宽松。新加坡《社团法》规定社团的成员10人以上,可以俱乐部、公司、合伙或协会的形式成立,同时区分特种社团(宗教社团、种族、部落、民族或性别取向社团等)与一般社团:一般社团的设立,申请人提交登记申请的同时提交登记费用、社团章程复印件、社团宗旨说明及其他文件或表格,登记官无须进一步询问,须在接受申请的当日予以登记(第4条A);特种社团的设立,申请人提交登记申请的同时交纳登记费用,若不存在章程不足以提供适当的管理和控制、社团可能被用于非法目的、

---

① 朱圆、赵晶晶:《英国社区利益公司法律制度及其立法启示》,《福州大学学报(哲学社会科学版)》2021年第6期;王世强:《社区利益公司——英国社会企业的特有法律形式》,《北京政法职业学院学报》2012年第2期。
② 褚松燕:《中外非政府组织管理体制比较》,国家行政学院出版社2008年版,第57~58页;王名、李勇、黄浩明:《英国非营利组织》,社会科学文献出版社2009年版,第100~102页。
③ NONPROFIT LAW IN ENGLAND & WALES, https://www.cof.org/country-notes/england-wales, visited on July 10, 2018.

登记违反国家利益等情况,登记官应当予以登记(第4条);经登记官批准,任何已登记社团可以成立分支机构(第9条),不受地域限制。新加坡互惠组织的设立较为简单,须提交7个成员及秘书签署的登记申请、符合法定记载要求的章程复印件及授权代表组织起诉或应诉的秘书、受托人或其他管理人员并由其签名的名册,登记官一收到登记申请和登记非营利,须予以登记并签发登记证书(《互惠组织法》第4、5条)。设立担保公众有限公司,须提交合规的公司章程,无须股份资本,注册资本最低1新币,须有2名成员、2名董事(其中1名须为新加坡公民或永久公民)及合规的新加坡秘书。

与域外比较可知,我国非营利组织设立条件较为严格。首先,我国社会团体设立的成员数量要求个人会员50名以上或单位会员30个以上,明显偏高。反观其他国家或地区社团成立的成员数量要求,美国2人以上,英国3人以上,德国7人以上,新加坡、日本10人以上,我国台湾地区30人以上。其次,我国基金会成立的注册资金下限要求偏高。设立条件的限制旨在确保非营利组织的"质量",推动非营利组织良性运转,但过高的设立条件必然导致一些非营利组织无法设立,一些设立的非营利组织因无法登记而不得不成为非法组织。[①]

第三节　我国非营利组织私法主体资格取得规则之民法续造

亚里士多德说:"法治应包含两重意义:已成立的法律获得普遍的服从,而大家所服从的法律又应该本身是制定得良好的法律。"良法是法的工具理性与价值理性的有机统一。如上文所析,我国非营利组织私法主体资格取得的公法治理制度存在工具理性与价值理性的双重缺失。《民法典》规定社会团体法人、捐助法人和宗教活动场所"经依法登记成立",但未明确何谓"依法",为避免公法不当遁入私法之中,须回归非营利组织私法主体资格取得的私法治理逻辑,划清结社自由的私法自治领域与公序维护的公法管控领域之间的界限,对非营利组织设立条件及程序进行民法续造。

一、非营利组织私法主体资格取得规范之私法属性

我国政治学、公共管理学、社会学及法学等诸领域学者对我国现行非营

---

① 李芳:《民间慈善团体的合法性问题》,《青海社会科学》2009年第1期。

利组织设立条件及设立程序制度的诸多批评,多侧重立法技术的微观视角,缺乏立法技术与立法价值勾连的宏观把握。事实上,我国非营利组织私法主体资格取得制度的缺陷之根源在于立法理念偏差,以公法管控思维取代结社自由贯彻之私法自治理念,非营利组织设立及运行的过度行政管控遮蔽了结社自由之私法贯彻路径。是故,非营利组织私法主体资格取得制度须回归私法治理轨道。

我国《民法典》明确社会团体法人、捐助法人等非营利法人制度"经依法登记成立",未强调登记前须经有关主管部门许可,暗含非营利法人登记设立的准则主义之意蕴,亦未禁止未经登记的非营利组织开展活动,但缺乏相应的配套制度予以明确。目前,非营利组织私法主体资格的取得依据《民法典》颁布之前国务院颁布的《社会团体登记管理条例》《基金会登记条例》《民办非企业单位登记管理暂行条例》等三部行政法规。如本章第一节所析,这三部行政法规缺乏法治的实质合理性,对非营利组织重监管、轻培育,非营利组织设立的准入门槛过高,抑制了非营利组织的发育成长。且,这三部行政法规的制定缺乏法治的形式合理性,因其未经全国人民代表大会及其常委会的立法授权,明显超越《宪法》及《立法法》规定的立法权限,违背立法权保留原则之基本法理。毕竟公民结社自由权乃属公民基本权利,属民事基本法律调整对象,当属全民民意机关即全国人民代表大会及其常委会的立法权限。作为国务院组成部门的民政部,更无权就公民结社自由之基本权利制定规章,其经国务院同意颁布的《取缔民间非法组织管理暂行办法》将未经登记成立的非营利组织一律定性为"非法组织"并要求给予取缔的行政处罚,当属越权立法。无数实践证明,我国部门立法本位思想较为严重,尤其是行政本位思想更为严重,2018年民政部主导起草的《社会组织管理条例草案》(征求意见稿)仍然沿袭了非营利组织的管控思维,非营利组织私法主体资格的取得条件甚至更高。因此,不改变我国目前的非营利组织基本法之行政立法思路,公民结社自由权之有效落实和非营利组织设立、运行之私法自治难以得到保障。

明确了非营利组织基本法之私法属性,非营利组织私法主体资格的取得当属私法规制范畴。当前我国缺乏统一规制非营利组织的基本法,将来可考虑在《民法典》确立的原则性非营利组织制度框架之下,充分吸纳民众意见,合理采纳现行非营利组织登记管理的三大行政法规及《社会组织管理条例草案》(征求意见稿)之合理性规定,由全国人民代表大会或其常委会制定统一的《非营利组织法》,统一规制非营利组织私法主体资格的取得条件及程序。

二、非营利组织私法主体资格取得之民法续造路径

非营利组织的私法主体资格取得体现为非营利组织的设立条件及设立程序,非营利组织的设立条件、程序须彰显私法自治理念,充分保障公民结社自由,同时兼顾社会公共秩序保障。据此,我国非营利组织私法主体资格取得的民法续造可采取如下路径:非营利组织的设立统一实行准则主义,取消登记前的业务主管单位许可;取消非营利组织设立的强制登记主义,承认无害于社会公共秩序的未登记非营利组织之合法性;降低非营利组织的设立条件,对人员、资金等组织实体性条件采取宽松政策,作出最低限度要求即可。

(一)取消成立登记前业务主管单位之前置许可

与营利法人一样,域外绝大多数国家和地区实行非营利法人设立的准则主义。准则主义下,非营利组织的私法主体资格自成立登记之时取得,无须经主管部门的事先许可,且登记机关仅可对登记申请予以形式审查,若登记申请符合法律预先规定的非营利组织成立准则,必须办理成立登记,签发成立登记证书。为激发非营利组织活力,我国应全面推行准则主义,改革非营利组织双重管理体制,取消非营利组织成立登记前业主主管单位的前置许可。

非营利组织双重管理体制导致非营利组织设立程序繁琐,提高了非营利组织的准入门槛,且不合世界立法趋势。首先,不符合新时期社会建设发展需要。我国非营利组织双重管理体制系计划经济向市场经济转轨、社会体制尚未深度改革的过程中形成的,一定程度上保障了非营利组织的健康发展,具有一定的历史合理性。因应新时期社会建设的发展需要,中共十八大以来我国逐步深入推进社会体制改革,党和国家的顶层政策一再强调激发非营利组织活力,建立政社分开、权责分明、依法自治的现代社会组织体制,双重管理体制明显与我国社会体制改革大趋势不符。其次,缺乏效率。业务主管单位对非营利组织成立登记前的前置审查仅系初步审查,对登记管理机关并无约束力,登记管理机关仍须全面审查非营利组织的设立条件并独立做出登记与否决定,存在功能重叠、职能重复。就业务主管单位日常管理非营利组织之职责而言,明显与已有的财政、税务等法定行政管理部门职能存在交叉、重复,且业务主管部门的争权与放权也影响非营利组织的发展。[①] 显然,双重管理制度不符合权力配置的效率原则,实乃公共资源的不合理分配。再次,一定程度上抑制了结社自由。结社自由乃公民的自然权利和基本权利,依法

---

① 易继明:《社会组织退出机制研究》,《法律科学》2012年第6期。

理及域外立法经验,结社自由仅受不得损害公共利益之限制。实践中,一些非营利组织找不到业务主管单位而无法登记注册,并非因该组织危害社会,而是有的主管单位因非营利组织将来运营产生的政治、社会风险而不愿担任业务主管单位。显然,增设非营利组织成立登记的业务主管单位前置许可程序,一定程度上遏制了公民的结社自由。最后,除韩国及日本基于特别法要求一些特定的非营利组织需要政府主管机关之外,其他国家很少有行政主管部门,更没有类似我国的双重管理体制。[1] 因此,取消非营利组织成立登记前的业务主管单位前置许可,确有必要。

面对双重管理体制的固有缺陷,全国各地纷纷作出改革尝试,国家顶层政策也逐步放松双重管理体制。2011年广州市民政局发出《关于进一步深化社会组织登记改革助推社会组织发展的通知》,自2012年1月1日起,取消社会组织的主管机构和挂靠机构,各种行业协会、异地商会以及公益服务类、社会服务类、经济类、科技类、体育类、文化类社会组织可以直接到登记管理机关申请登记。2012年广东省委省政府印发《关于进一步培育发展和规范管理社会组织的方案》,从2012年7月1日起,除法律法规规定需要前置审批外,广东省非营利组织的业务主管单位均改为业务指导单位,成立非营利组织直接到民政部门申请登记。此外,上海、北京、青岛、绵阳等地也陆续开展类似改革。2013年《国务院办公厅关于实施〈国务院机构改革和职能转变方案〉任务分工的通知》、2016年中共中央办公厅、国务院办公厅印发的《关于改革社会组织管理制度促进社会组织健康有序发展的意见》均要求行业协会商会类、科技类、公益慈善类、城乡社区服务类社会组织实行民政部门直接登记制度,其他社会组织仍实行双重管理体制,《社会团体登记管理条例》《民办非企业单位登记管理暂行条例》随后作了相应修改。但是,双重管理体制改革不够彻底。

基于以上考量,同时借鉴域外非营利组织立法经验,除法律法规规定确需前置审批外,我国应全面实行非营利组织设立的准则主义,取消业务主管单位的前置许可程序,社会团体法人和捐助法人的设立由民政部门直接登记。

(二)取消非营利组织未登记即非法的强制登记

如上文所析,我国现行"未登记即非法"的非营利组织强制登记制度缺乏社会可接受性、价值合理性和合法律性。非营利组织未登记即非法的强制登记制度之潜在逻辑是未登记的非营利组织必然损害社会公益,进而否认其合

---

[1] 易继明:《社会组织退出机制研究》,《法律科学》2012年第6期。

法地位。实际上,承认未登记非营利组织的合法性与否关涉个体可否享有选择结社组织形式的自由,且非营利组织未登记与非营利组织损害社会公益之间并无必然因果关系,未登记非营利组织不一定损害社会公益,登记成立的非营利组织未必不会损害社会公益。因此,取消非营利组织未登记即非法的强制登记制度,具有合理性。正如学者所言,应改革非营利组织成立制度,将非营利组织管理体制由"预防制"改为"追惩制",将登记与非营利组织行为合法性分离,将判断非营利组织合法性的标准从成立登记与否转为组织行为合法与否。①

取消非营利组织成立的强制登记制度,实乃回归非营利组织准则设立主义下成立登记之私法功能,明确非营利组织成立登记之证明功能和公示功能,剥离强制登记附加的非营利组织行为监管功能,弱化强制登记之法律人格创设功能,②这须续造非营利组织设立的配套民法制度:首先,基于任何人不得设立危害社会的非营利组织,可借鉴域外立法经验,在非营利组织成立登记环节过滤掉宗旨非法的非营利组织并赋予登记机关不予登记的权力。非营利组织设立登记环节,登记机关仅形式审查组织宗旨是否违背公序良俗,若无且符合其他设立条件,应予登记,若存在,应不予登记并说明理由。其次,基于考量非营利组织个体结社自由与第三人交易安全之平衡保护及积极倡导非营利组织办理成立登记手续,可考虑区别对待登记的非营利组织与未登记的非营利组织,除在公法上给予登记的非营利组织可享有比未登记的非营利组织更高优惠待遇之外,可考虑在民法上创设诱导性制度,苛加对未登记非营利组织债务产生负有责任的组织负责人、成员或管理人以连带赔偿责任(详见本书第四章分析)。

(三)非营利组织成立的组织性标准之适度降低

依《民法典》第58、108条,无论法人的成立还是非法人组织的成立,均应当有自己的名称、组织机构、住所、财产或经费,即须具备组织意志独立或相对独立于组织成员意志的必要组织特征。基于私主体意思自治与第三人交易安全的利益衡平,组织欲取得私法主体资格,满足最低限度的组织特征即可。《社会团体登记管理条例》对会员人数和活动资金的过高要求尤其对秧歌队、老人会、花会、同乡会、联谊会、沙龙、兴趣团体等社会团体并

---

① 金锦萍:《社会组织合法性应与登记切割》,《学会》2012年第11期;陶传进:《中国社区社会组织备案制的实践、意义与局限》,廖鸿主编:《社会组织建设的新视野:中国和澳大利亚经验分析》,时事出版社2010年版,第138页。
② 类似观点请参见漠耘:《主体哲学的私法展开:权利能力研究》,法律出版社2012年版,第237页。

无必要。① 故有必要降低非营利组织的组织性标准，否则，不当抑制非营利组织发育。

首先，适度降低社会团体设立的人数条件。社会团体法人乃人的集合为基础而成立的法人，应有成员人数的最低要求。理论上，两人以上即可成立社会团体。社会团体会员的最低人数，大多数英美法系国家的成文法令均未明确限制；大陆法系中，法国《非营利社团法》要求 2 人及 2 人以上，俄罗斯《公开结社法》为 3 人以上，《德国民法典》为 7 人以上，日本《特定非营利活动促进法》为 10 人以上，我国台湾地区 30 人以上。我国《社会团体登记管理条例》要求社会团体最低会员人数为个人会员 50 个或单位会员 30 个，2018 年《社会组织登记管理条例（草案征求意见稿）》第 17 条仍延续这一高标准，拔高了非营利组织准入的设立门槛。社团最低人数的立法功能不是为了故意提高社团设立的门槛，而仅仅在于体现社团"人之集合体"的基本特征，并使社团与其成员能够区隔开来，具有持久的法律生命。② 相比之下，我国社团法人最低法定人数标准已远超彰显社团人合属性的意义，进而演绎成为限制社团准入的高墙。为促进我国非营利组织的蓬勃发展，社会团体法人的最低法定人数宜为 2 人以上，而捐助法人以财产为其成立基础，无须在人数上给予特别限制。

其次，适度降低非营利组织设立的注册资金标准。一般来说，社会团体的资产和经费主要来源于会员缴纳的会费、政府资助、开展有偿服务的收入等，捐助法人的财产主要来源于社会捐赠。社会团体即使活动经费窘迫，若能正常开展活动，丝毫不影响其存续，而捐助团体若资不抵债，就无法实现设立宗旨，随时面临被解散的风险，故捐助法人的注册资金要求应高于社会团体法人。德国、英国、日本以及我国台湾地区对非营利组织设立的注册资金要求普遍低于我国。我国《公司法》规定营利法人性质的有限责任公司最低注册资本为 3 万元，而成立不以营利为目的的全国性社会团体活动资金最低 10 万元、地方性的社会团体和跨行政区域的社会团体活动资金最低 3 万元；2018 年民政部公布的《社会组织登记管理条例（草案征求意见稿）》第 17 条仍延续这一标准，显然缺乏合理性，故应降低社会团体法人设立的活动资金数额要求。同理，基金会设立的注册资金最低数额要求也应适度降低。

其三，适度取消非营利组织竞争及规模的限制政策。在不害及公益的前提下，允许非营利组织竞争和规模壮大，乃结社自由的必然要求。一是借鉴

---

① 沈国琴：《社会团体登记制度反思》，《北方法学》2010 年第 1 期。
② 税兵：《非营利法人解释：民事主体理论的视角》，法律出版社 2010 年版，第 141 页。

我国台湾地区允许一业多会的法律规定及深圳允许同一行业成立三个行业协会的鼓励非营利组织竞争做法,允许同一行政区域内数个同类非营利组织的存在,以市场规则优化配置非营利领域资源,实现非营利组织的优胜劣汰。我国台湾地区所谓"人民团体法"第7条规定,人民团体在同一组织区域内,除法律另有限制外,得组织两个以上同级同类之团体,但其名称不得相同。二是借鉴我国台湾地区做法,取消对非营利组织全国性和地方性的活动范围限制,允许非营利组织跨区域开展章程活动,激发非营利组织活力。我国台湾地区"人民团体法"第6条规定,人民团体会址设于主管机关所在地区,但报经主管机关核准者,得设于其他地区,并得设分支机构。三是随着经济一体化和网络社会的形成,非营利组织的活动空间范围不再局限于其登记所在地的行政管辖区域,必然向其他地区发展和延伸,故应取消非营利组织的规模限制,允许其设立地域性分支机构,促进非营利组织的发展壮大。

第四章 未登记非营利组织制度的民法再造

上一章已析，无害于社会的未登记非营利组织之客观存在具有合理性，我国未来应修订《民法典》确认未登记非营利组织的合法地位。未登记非营利组织的合法地位及配套的财产归属、责任承担规则，未来《民法典》修订须予以再造。目前，国内对此问题的研究不够全面、深入，有的观点也不够合理，故有必要深入研究未登记非营利组织制度的民法再造。

第一节 未登记非营利组织的法律地位

法律地位即法律人格，指法律认可的能够享受民事权利及承担民事义务的资格。组织体法律人格的赋予，乃组织体之社会实在与法律确认的统一，系法人实在说与法人拟制说的综合反映。未登记非营利组织若被赋予法律人格，须具备两个要件：未登记非营利组织之社会存在须契合组织性特征，凸显其独立于组织成员的团体意志；未登记非营利组织之法律人格须由法律直接确认或司法个案确认，且与组织体法律人格取得的既有确认及公示规则保持体系协调。

一、未登记的非营利组织之概念称谓选择

法律规则是立法者将具有共同规定性的社会或者自然事实，通过文字符号赋予其法律意义，并以之具体引导主体权利义务行为的一般性规定。[1]这个文字符号就是法律概念。语言是理解的基本工具，文字符号是通向表达对象的代码通道，概念称谓指称对象意义的精确乃主体间理解与互动的基础、克服理解任意性的前提。据此，被赋予私法主体资格的未登

---

[1] 谢晖：《论法律规则》，《广东社会科学》2005年第2期。

记的非营利组织,其概念称谓应选择"未登记非营利组织",而非"非法人组织",尤为必要。

第一,我国与域外的"非法人组织"概念之内涵及外延不同,域外指称未登记非营利组织的"非法人组织"概念难以契合我国《民法典》的法人制度。基于民事主体类型划分标准的立法传统不同,我国《民法典》采狭义法人概念即法人系具有独立法律人格且成员对组织债务承担有限责任的组织。域外多采广义法人概念即以法人概念指称所有具有独立法律人格的组织,域外"法人"包括我国《民法典》的"法人"与"非法人组织","法人"之外的组织即"非法人组织"无法律人格,我国非法人组织则享有法律人格。法国采广义法人概念,商事公司、民事公司(民事合伙)与其他公司(包括无法人资格的公司、可变资本公司、专门目的公司)均可自注册登记之日起享有法人资格(《法国民法典》第1842条),[1]社团自注册登记之日起享有法人资格(《法国非营利社团法》第5条)。依《日本商法典》第53、54条,类似我国合伙企业的日本无限公司及两合公司被视为法人之组织形式。我国台湾地区所谓"民法"明确不能独立承担财产责任的无限公司、两合公司为法人。[2] 瑞士、意大利、葡萄牙、韩国、阿根廷、秘鲁、智利以及我国澳门地区民法典亦采法人乃具有法律人格的组织体之广义法人概念。对于合法存在但未登记取得法律人格的非营利组织,《法国非营利社团法》第5条规定不享有"法人"地位,《瑞士民法典》第62条称之为"无法律人格的社团",《意大利民法典》第36、39条称之为之"非法人社团"与"委员会",《葡萄牙民法典》第195、199条和我国《澳门民法典》第186、190条称之为"无法律人格社团"与"特别委员会",《韩国民法典》第275条称之为"非法人社团",《阿根廷民法典》第45、46条称之为"未经法律或政府核准、宗教方的高级神职人员认可的社团",《秘鲁民法典》第124～133条称之为"未登记之社团、财团和委员会",《智利民法典》第546条称之为"未依法设立或未经总统批准的基金会或社团",均规定适用合伙合同规则调整。日本和我国台湾地区司法判决及学说将未登记取得法律人格的非营利组织称之为"非法人社团或非法人财团"。

1896年《德国民法典》采狭义法人概念并以之为基础建构了组织体权利

---

[1] 《法国民法典》,罗结珍译,北京大学出版社2010年版,第423页(脚注);张力:《法人与非法人组织的体系区隔及其突破——以"类型序列论"改造〈民法通则〉第37条》,《甘肃政法学院学报》2007年第5期。

[2] 张力:《法人与非法人组织的体系区隔及其突破——以"类型序列论"改造〈民法通则〉第37条》,《甘肃政法学院学报》2007年第5期。

能力制度,将法人限定为成员承担有限责任的较大团体,①不能独立承担民事责任的合伙组织(包括无限公司、两合公司等)被定性为无权利能力社团,实乃享有私法主体资格。依据1897年《德国商法典》第105、106、124条规定,无限公司商号列入商业登记簿且申报商业登记后,可以商号名义取得权利和承担义务、取得财产、起诉和应诉,两合公司在无相应规定时适用无限公司规定。商号登记实乃民事权利能力取得,②无限公司、两合公司当属《德国民法典》规定的法人外延范围,德国的诸多学说及判例亦主张将无限公司及两合公司纳入法人范畴,③1965年颁布、1993年修改的《德国股份公司法》第278条进一步明确了股份两合公司的法人地位。但基于国家对社会团体监控的社会政策与结社自由保障的平衡考虑,《德国民法典》第54条一方面将未登记取得法人资格的非营利社团定性为"无权利能力社团",允许其开展活动,此与我国禁止未登记非营利组织开展活动且属非法组织的严格管控制度不同,另一方面却不赋予其私法主体资格,规定适用民法合伙规则调整,希望通过加诸社团设立人承担未登记社团债务之不利风险来促使其积极办理社团登记以有效实施社团监控。

中国诸多学者认为,我国规定的非法人组织制度就是域外民法规定的无权利能力团体制度,④甚至以域外无权利能力团体规定来论证我国非法人组织这一主体类型设立之必要性,明显忽视域内外"非法人组织"概念之内涵差异。

第二,"未登记非营利组织"与"非法人组织"分属事实判断与价值判断的不同范畴概念,"未登记非营利组织"组织形态的立法确认乃其主体地位赋予的逻辑前提。未登记非营利组织与其法律地位称谓分属不同范畴,二者不能混同:前者属组织形态,系事实判断,表彰已成立、未登记的非营利组织之客观事实;后者属组织地位,系价值判断,表征具备私法主体资格条件的某组织体所享有的法律地位。未登记非营利组织与其法律地位之区别,犹如公司之

---

① 张力:《法人与非法人组织的体系区隔及其突破——以"类型序列论"改造〈民法通则〉第37条》,《甘肃政法学院学报》2007年第5期;周俊强:《从"非法人单位"到"其他组织"——从〈著作权法〉的修改看我国法人制度的局限》,《法律适用》2003年第3期;滕威:《合伙法理论研究》,人民法院出版社2013年版,第187页。

② 覃有土主编:《商法学》,中国政法大学出版社1999年版,第24页。

③ 德国联邦最高法院判例认为无限公司更接近于法人,将无限公司称为"独立的权利主体"。卡尔·拉伦茨:《德国民法通论》,王晓晔等译,法律出版社2003年版,第188页;[德]马斯·莱赛尔:《德国民法中的法人制度》,张双根译,《中外法学》2001年第1期。

④ 李昊:《我国民法总则非法人团体的制度设计》,《暨南学报(哲学社会科学版)》2015年第12期;张其鉴:《民法总则中非法人组织权利能力之证成》,《法学研究》2018年第2期。

于法人,公司具有法人的法律地位,但具有法人资格的组织并非仅限于公司,不能直接将公司称之为"法人","法人"概念并不能体现公司个性特征之事实属性。无论是德国采取"无权利能力社团"概念指称未登记非营利组织,还是其他大陆法系国家和地区采取"无法律人格社团""非法人社团""非法人组织"等概念指称未登记非营利组织,均存在无法消解的价值缺陷及逻辑矛盾。因未登记非营利组织被赋予不享有法律人格或权利能力的"非法人组织"地位,缺乏财产和责任的独立性,无法分隔设立人与未登记非营利组织之间的财产和风险,违背了设立人的初衷,阻碍了非营利组织的发展。为此,德国、日本以及我国台湾地区司法判决及诸多学说不断进行制度纠偏,均主张赋予未登记非营利组织以法律人格或权利能力。由此滋生《德国民法典》以狭义法人概念为基础建构的组织体权利能力制度与总则编权利能力制度之间的逻辑冲突,得出"无权利能力社团"有权利能力的结论,也造成采广义法人概念的日本以及我国台湾地区的"非法人组织"与"法人"概念内涵之间的逻辑矛盾。广义法人概念的法人之外的组织没有法律人格,以"非法人组织"或"非法人社团或财团"概念指称享有法律人格的未登记社团或财团,得出本无法律人格的组织也享有法律人格的逻辑悖论。故,德国学者认为"无权利能力社团"称谓已不再合理,"未登记社团"这一称谓更合适。[①]

是故,采广义法人概念的《马耳他民法典》附录二并未使用表征主体地位的"非法人组织"概念,而是以"未登记的组织"(unregistered Organisations)指称未登记取得法律人格的组织。《马耳他民法典》附录二设第五分题"未登记的组织"并规定,"未登记的组织"不是法人(legal person),依法享有实现特定设立目的之法律权力,可以自身名义进行财产交易、开设银行账户、雇佣人员、订立合同、起诉或应诉。

是故,英美法系采广义"法人"(legal entity, legal person)概念指称所有具有法律人格的组织,以"未登记非营利社团"(unincorporated nonprofit association)等概念指称未登记取得法律人格的非营利社团:

依据美国统一州法委员会和美国律师协会 2015 年联合发布的《示范商业组织法典》第 1-102、1-201、1-203 条规定,个人、慈善信托、死者遗产、政府机构之外的其他组织,不论营利性还是非营利性,不论成员对组织债务是否承担有限责任,均可注册(file)成为注册实体(entity filed)。这些注册实体

---

① [德]卡尔·拉伦茨:《德国民法通论》,王晓晔等译,法律出版社 2003 年版,上册,第 236 页;[德]迪特尔·梅迪库斯:《德国民法总论》,邵建东译,法律出版社 2000 年版,第 860、861 页;[德]汉斯·布洛克斯:《德国民法总论》,张艳译,杨大可校,冯楚奇补译,中国人民大学出版社 2019 年版,第 334 页。

均享有法律人格；美国《公司法》规定公司为股东承担有限责任的法律实体；1997 年《示范美国统一合伙法》规定所有合伙均系法律上独立于合伙人的实体，但合伙人对合伙债务承担连带责任。① 正如学者所言，美国《统一商法典》及《示范商业公司法》等对"人"之下的"实体"或"组织"的广泛定义似可将自然人之外的实体或组织纳入法人意义范畴。② 但是，美国普通法不承认未登记非营利社团的法律地位且适用合伙规则调整，阻碍了非营利组织的发展，美国法院及学者主张应承认未登记非营利社团的法律人格。于是，《美国统一未登记非营利社团法》第 4 条规定，基于两人或两人以上合意即可无须登记注册的"未登记非营利社团"（unincorporated nonprofit association）具有法律人格，即是一个独立于其成员及管理人员的法人（a legal entity distinct from its members and managers）。显然，我国学者将美国"unincorporated nonprofit association"译为"非法人非营利社团"，进而将美国"Uniform Unincorporated Nonprofit Association Act"译为《美国统一非法人非营利社团法》，③并非允当。

2007 年，美国统一州法委员会（NCCUSL）、加拿大统一法委员会（ULCC）和墨西哥统一法中心（MCUL）一致通过《建立北美原则声明下未登记非营利社团的和谐法律框架的合作项目》，主张赋予"未登记非营利社团"（unincorporated nonprofit association）以法律人格。④ 2008 年，根据《建立北美原则声明下未登记非营利社团的和谐法律框架的合作项目》并参考美国《统一未登记非营利社团法》，加拿大统一法委员会民法分会起草了《加拿大未登记非营利社团法》⑤及修正社团合同规则并赋予未登记社团以法律人格的《魁北克民法典修正案》，⑥主张赋予"未登记非营利社团"以法律人格，并

---

① ［美］理查德·D.弗里尔：《美国公司法》，崔焕鹏、施汉博译，法律出版社 2021 年版，第 9 页。
② 虞政平：《法人独立责任质疑》，《中国法学》2001 年第 1 期。
③ 金锦萍、葛云松主编：《外国非营利组织法译汇》，北京大学出版社 2006 年版，第 71 页。
④ See JOINT PROJECT TO CREATE A HARMONIZED LEGAL FRAMEWORK FOR UNINCORPORATED NONPROFIT ASSOCIATIONS IN NORTH AMERICA STATEMENT OF PRINCIPLES, https：//www.ulcc.ca/en/annual-meetings/216 - 2007 - charlottetown-pe/civil-section-documents/586 - unincorporated-non-profit-associations-statement-of-principals - 2007, visited on July 20, 2018.
⑤ See UNIFORM UNINCORPORATED NONPROFIT ASSOCIATIONS ACT, available at https：//www.ulcc.ca/en/uniform-acts-en-gb - 1/551 - unincorporated-nonprofit-associations-act/82 - unincorporated-non-profit-associations-act, visited on July 20, 2018.
⑥ See AMENDMENTS TO THE CIVIL CODE OF QUÉBEC, available at https：//www.ulcc.ca/en/2008-quebec-city-qc/235-civil-section-documents/442-unincorporated-nonprofit-associations-report-civil-code-quebec-2008, visited on July 20, 2018.

建议修改《魁北克民法典》以不同于合伙规则的社团合同（contract of association）规则调整未登记非营利社团的规定（第2186、2187、2267～2279条），第2267条增设第2款并明确"未登记非营利社团是独立于其成员和管理人的法人"（The UNA is a legal person distinct from its members and directors）。①

英国自1844年《合股公司法》、1855年《有限责任法》、1862年《公司法》颁布至今，具有法人人格的无限责任性公司与有限责任性公司始终是公司两种基本形态，②公司自登记之日起取得法人资格并有能力行使已注册公司的所有权力（《公司法》第16条）。③ 英国有限责任有限合伙（LLLPs）经登记后成为法律人格独立于其成员的法人（《英国有限责任合伙法》第1、3条），英国普通合伙（GP）和有限合伙（LP）虽非法人，但苏格兰普通合伙和有限合伙均系法人[《英国1890年合伙法》第4（2）条及《英国1907年有限合伙法》]。④ 但是，英国普通法也不承认未登记社团（unincorporated association）的法律人格且适用合伙规则调整。与美国一样，苏格兰学者主张赋予未登记社团以法律人格，2009年苏格兰法学会提出的《未登记社团报告》主张赋予未登记社团（unincorporated association）⑤独立的法律人格（separate legal personality），并冠之以"具有法律人格的苏格兰社团"（Scottish Association with Legal Personality，SALP）名称的独立组织形态，⑥并未使用"非法人社团"概念。

第三，以"非法人组织"概念指称未登记非营利组织，属以偏概全。依据我国《民法典》，具有"非法人组织"地位的组织类型繁多，包括营利型与非营

---

① See AMENDMENTS TO THE CIVIL CODE OF QUÉBEC，https：//ulcc-chlc.ca/ULCC/media/EN-Annual-Meeting-2008/Amendments-to-the-Civil-Code-of-Quebec-as-adopted.pdf，visited on July 20，2018.
② 虞政平：《法人独立责任质疑》，《中国法学》2001年第1期。
③ 葛伟军译：《英国2006年公司法（2012年修订译本）》，法律出版社2012年版，第9页。《元照英美法词典》亦将"body corporate""corporate body""corporation"译作"法人"。
④ 虞政平：《法人独立责任质疑》，《中国法学》2001年第1期。
⑤ 苏格兰法学会起草的《未登记社团讨论稿》认为，通过"登记"（registration）取得法人资格与通过"注册"（incorporation）取得法人资格几乎没有实际差异。[See Scottish Law Commission Discussion Paper on Unincorporated Associations（DISCUSSION PAPER No 140，December 2008），https：//www.scotlawcom.gov.uk/files/8412/7877/4124/dp140.pdf，p26，visited on July 20，2018.]因此，苏格兰学者提出的"unincorporated association"概念与《马耳他民法典》附录二使用的"未登记的组织（unregistered Organisations）"概念表征的内涵完全相同。
⑥ See Scottish Law Commission，Report on Unincorporated Associations（SCOT LAW COM No 217），available at https：//www.scotlawcom.gov.uk/files/3312/7989/7412/rep217.pdf，visited on July 20，2018.

利型、登记型与未登记型。未来《民法典》修订,赋予未登记非营利组织以"非法人组织"的私法主体资格,其也仅为具有非法人组织的组织之一种类型。

综上,我国民法应使用"未登记非营利组织"概念、而非"非法人组织"概念指称未登记的非营利组织这一组织形态。

二、我国未登记非营利组织的主体类型定位

基于民众结社自由及非营利组织发展需要,我国应借鉴域外立法经验,取消非营利组织未经登记即非法的强制登记制度,赋予未登记非营利组织以私法主体资格。未登记非营利组织被赋予的私法主体资格,须与我国现行私法主体类型规则保持体系和谐,其究竟应定位为法人还是非法人组织类型?目前,我国民法学者对未登记非营利组织的主体类型定位研究不深,且存有争议。

一是"无权利能力团体论"。该观点认为,非法人组织设立程序的有序性,便于国家的管理和监督,也降低交易相对人的识别成本,维护交易安全,如果没有进行登记,一般情况下无法成为我国非法人组织意义上的民事主体;[1]或认为,权利能力概念以主体性为唯一属性,表达的是抽象意义上享有权利和承担义务的主体资格,其他未经登记但具备组织体属性的团体为"无权利能力组织",相当于《德国民法典》第54条规定的"无权利能力社团"。[2]如上文所析,该观点已滞后,已被德、日及我国台湾地区学说及司法实践所抛弃。

二是"非法人团体论"。《民法总则》起草过程中,我国诸多学者主张未登记团体为具有民事主体资格的非法人团体。孙宪忠教授领衔起草的《民法总则建议稿》主张非法人社团或财团不以登记为成立要件且具有部分民事权利能力(第107~116条)。[3] 因部分权利能力理论明显与在抽象人格意义上使用民事权利能力概念的我国现行民法相矛盾,[4]该章起草者之后另撰文主张未登记团体具有民事权利能力。[5] 李永军教授领衔起草的《民法典民法总则

---

[1] 王利明主编:《中华人民共和国民法总则详解》(上册),中国法制出版社2017年版,第421页。
[2] 张其鉴:《民法总则中非法人组织权利能力之证成》,《法学研究》2018年第2期;柳经纬:《"其他组织"及其主体地位问题——以民法总则的制定为视角》,《法制与社会发展》2016年第4期。
[3] 孙宪忠教授领衔的中国社会科学院民法典立法研究课题组:《民法总则建议稿》,http://www.cssn.cn/fx/fx_yzyw/201603/t20160303_2895289.shtml,2016年3月3日访问。
[4] 张其鉴:《民法总则中非法人组织权利能力之证成》,《法学研究》2018年第2期。
[5] 李昊:《我国民法总则非法人团体的制度设计》,《暨南学报(哲学社会科学版)》2015年第12期。

编草案建议稿》认为,因未登记等原因而未被法律明确规定的团体绝不意味着其为"非法组织",只要其从事的行为本身不违法,作为事实存在的各种团体均应获得非法人团体之民事主体资格,未登记团体是否具有非法人团体地位由法官视其是否满足一定程度的组织性进行个案判断,[1]但认为非法人财团可通过信托等制度调整而没必要规定之观点值得商榷,因为我国信托法缺乏默示信托或推定信托的衡平法规则。龙卫球教授主持起草的《民法典·通则编(草案建议稿)》仅设第 85 条规制非法人团体,明确非法人团体为"未经法人登记且不从事营利活动的团体"且具有民事主体资格(第 85 条),[2]但过于简单,未明确非法人团体是否包括未登记型。另有学者认为,可严格遵循团体技术人格实在论,取消由登记产生团体法律人格的不合理的纯粹拟制论,明确登记之主体设立证明和公示功能,取消登记之主体创设功能,法人绝非经登记才成为法人,非法人组织本身的意思独立于成员,无须登记就应当认定其法律人格,[3]但未区分登记型非法人组织与未登记型非法人组织。亦有学者主张区分民事主体与法律人格、权利能力三概念,认为未登记团体系无独立人格但具有民事权利能力的民事主体,因未登记的组织未经登记公示而对第三人欠缺组织的可识别性和信息的对称性,不应被视为一个完全独立的法人组织,其法律地位相当于无法人资格的组织,可推定为非法人组织,[4]但未明确推定的具体方式及程序。

三是"备案取得非法人团体地位论"。该观点主张通过备案方式赋予未登记慈善团体以非法人团体地位,以更好地管理非法人慈善团体并使其获得参加诉讼程序、接受赠与、获取一定资产的法律地位。[5] 但是,此思路仍无法解决未登记且未备案的非营利组织之法律地位。

四是"部分权利能力论"。该观点认为,自然人和法人具有一般权利能力,法人以外的某些组织(如民事合伙等)因未被构建与其成员完全独立的组织结构,不能在绝大部分法律关系中具有权利能力,不能被赋予一般权利能力,具有部分权利能力,即对外关系中具有权利能力,对内关系中因不具有完

---

[1] 李永军主编:《中国民法典总则编草案建议稿及理由》,中国政法大学出版社 2016 年版,第 169~171 页(费安玲教授、刘智慧教授、刘家安教授执笔)。
[2] 北航法学院课题组(龙卫球主持):《〈中华人民共和国民法典·通则编〉草案建议稿(条文稿)》,http://www.fxcxw.org/index.php/home/xuejie/artindex/id/9597.html,2018 年 10 月 21 日访问。
[3] 漠耘:《主体哲学的私法展开:权利能力研究》,法律出版社 2012 年版,第 242 页。
[4] 肖海军:《民法典编纂中非法人组织主体定位的技术进路》,《法学》2016 年第 5 期;肖海军:《非法人组织在民法典中的主体定位及其实现》,《法商研究》2016 年第 2 期。
[5] 李芳:《慈善性公益法人研究》,法律出版社 2008 年版,第 203~215 页。

全的人格独立和人格尊严而不具有权利能力。① 权利能力概念存在抽象意义的权利能力(即法律人格)与具体意义的权利能力(即享受某一特定权利并成为某类特定的民事法律关系主体的资格)两种不同的含义,前者描述的是人的一般法律地位、一般意义的主体资格,后者与法律人格不能等同,乃享受某一特定权利并成为某类特定民事法律关系主体的资格。② 抽象意义上的权利能力制度创设的初衷在于确立人的主体性,其含义只能维持在作为权利义务归属点的抽象主体资格上,只能确定地"有"或"无",③并无整体与部分之分,其不可限制,也不可剥夺,而具体意义上的权利能力则有大小之分,人格仅存在有无之分。④ 显然,抽象与具体意义上的权利能力内涵不同,不可同时出现在一国法律制度之中;否则,有违形式逻辑的同一律和矛盾律,导致权利能力概念的内涵冲突。正因如此,《德国民法典》采用了抽象意义的权利能力概念,以抽象意义上的权利能力之取得作为法律人格取得的判断标准,《葡萄牙民法典》同时采用人格与具体意义的权利能力两概念,故其第67条规定法律可以限制自然人的权利能力。我国《民法典》采抽象意义的权利能力之立法技术,具体意义上的部分权利能力概念之引入必然导致权利能力概念内涵冲突。

五是"形式人格论"。该观点认为,团体人格分为形式人格与实质人格且两者不可分割,因非法人团体不能"自己"享有权利且实质上"承担义务",仅具有"形式上的民事主体资格"。⑤ 众所周知,法律人格乃人之为人的法律资格,是独立、完整、平等的,负载着人人平等的价值追求,一般不允许限制、分割、损害或剥夺。⑥ "形式人格论"分割了非法人团体的法律人格,致其法律人格残缺不全,作出"看起来是个人,其实又不是个人"的似是而非结论。⑦ 且,"形式人格论"将具体权利能力、行为能力和责任能力纳入团体人格认定标准,将独立承担民事责任作为团体人格的决定性条件,实乃"由传统法人概念推导出来的民事主体的成立条件",⑧将传统法人与其成员的财产及责任相互独立的特征作为团体人格的认定标准,导致"在已认识到非法人团体的

---

① 刘召成:《部分权利能力制度的构建》,《法学研究》2012年第5期。
② 尹田:《论自然人的法律人格与权利能力》,《法制与社会发展》2002年第1期。
③ 张其鉴:《民法总则中非法人组织权利能力之证成》,《法学研究》2018年第2期。
④ [葡]卡洛斯·莫塔·平托:《民法总论》(中译本),澳门法律翻译办公室、澳门大学法学院译,1999年,第100页。
⑤ 尹田:《论非法人团体的法律地位》,《现代法学》2003年第5期。
⑥ 俞江:《近代中国民法学中的私权理论》,北京大学出版社2003年版,第156页。
⑦ 谭启平、朱涛:《论非法人团体的法律地位》,《云南大学学报(法学版)》2004年第6期。
⑧ 石碧波:《非法人团体研究》,法律出版社2009年版,第339页。

主体地位必须被法律所承认的情况下,又人为地将其主体资格分裂"①,缩小了享有民事主体资格的团体范围,压制了新型企业形态的发展空间。② 实质上,具体权利能力、行为能力和责任能力并非民事主体资格要件,③剥离了理性因素的权利能力不含行为能力和责任能力内容。④ 团体具有法律人格的历史亦表明,团体人格的取得与成员责任形式无关,法、美、瑞士、日、韩等域外立法,我国台湾地区相关规定,德国商法实际上发展了法人成员承担有限责任规则,普遍并存着团体独立承担责任规则与成员和团体承担连带或补充责任规则,登记的合伙、无限公司和两合公司均可取得法人资格。⑤

六是"次法人论"。该观点主张借鉴合伙特性创建"次法人"制度,赋予非法人组织以次法人的民事主体地位,次法人不具备完全独立承担民事责任的资格:次法人对外承担"法人"有限责任,对外债务清偿不能的,由次法人组织的成员、投资人承担无限连带责任,此时不具备法人资格。⑥ 但是,以新创的"次法人"概念替代"非法人组织"概念,不仅无法契合我国现行民事主体类型制度传统,难以为立法机关接受,修法成本亦高。

由上可知,"非法人团体论"之外的其他五种观点均与传统民事主体理论存在体系冲突:"无权利能力团体论"以"无权利能力"指称本享有私法主体资格的未登记非营利组织之主体地位,明显存在逻辑冲突;备案设立方式无法解决未登记且未备案的非营利组织之主体地位;"部分权利能力论""形式人格论"和"次法人论"忽视未登记非营利组织之独立团体意志,不当同时采用内涵冲突的抽象权利能力概念与具体权利能力概念,割裂人格内涵的完整内容。相较而言,赋予未登记的非营利组织以"非法人组织"类型的私法主体资格,具有合理性:(1)赋予未登记的非营利组织私法主体资格,实乃允许无害于国家安全和社会秩序的未登记非营利组织以自身名义对外开展活动,可以自己名义取得财产、承担责任、起诉和应诉,可较好实现个体结社自由与社会公公益维护之间冲突平衡。(2)一以贯之法人成立登记在法人与其成员之间财产分割、责任分隔的公示功能,未登记的非营利组织因缺乏成立登记的公示方式理应不享有法人资格,其非法人组织主体资格的赋予能够体现登记与否的不同主体资格待遇之公平、合理立法政策。赋予未登记的非营利组织

---

① 谭启平、朱涛:《论非法人团体的法律地位》,《云南大学学报(法学版)》2004年第6期。
② 税兵:《法人独立责任辨析——从语境论的研究进路出发》,《四川大学学报(哲学社会科学版)》2005年第2期。
③ 谭启平、朱涛:《论非法人团体的法律地位》,《云南大学学报(法学版)》2004年第6期。
④ 刘召成:《部分权利能力制度的构建》,《法学研究》2012年第5期。
⑤ 石碧波:《非法人团体研究》,法律出版社2009年版,第11、339~341页。
⑥ 眭鸿明、陈爱武:《非法人组织的困境及其法律地位》,《学术研究》2004年第4期。

以"非法人组织"的私法主体资格,将其与登记取得法人资格的非营利组织区分开来,使其不能完全具备法人资格分割法人与其成员、设立人之间的财产与风险之功能①,确立未登记非营利组织财产归属及责任承担的特殊规则,设置不同于法人制度的未登记非营利组织负责人或活动行为人之加重责任规制,对其苛以对组织债务的连带责任,可实现法人制度与非法人制度的体系融贯,也可实现个体结社自由与缺乏成立登记公示的非营利组织之债权人间的利益冲突平衡。(3) 没必要创设"次法人"等新概念来定性未登记非营利组织的私法主体资格类型。私法人遵循类型法定和形式固定原则,既有利于第三人,也有利于参与人(成员、受益人),第三人和参与人可信赖某"类"的法人具有特定的特点。②

三、我国未登记非营利组织主体资格之构成要素

组织成为法律上的人,须具备两个构成要素——组织基础和认可,前者乃事实要素(实质要素),事实要素在外界或心理及人和物的层面充实了集体人格,使法人获得于外在世界内存在的基石,后者乃法律要素(形式要素),法律要素即认可,事实上的组织经法律认可后成为法人,认可将组织基础的分散性及多样性转为法律主体的单元及资格。③ 是故,未登记非营利组织取得"非法人组织"的私法主体资格,须具备组织性要件与法律确认两个构成要素,前者要求未登记非营利组织具备其意志、财产和责任独立于成员的组织性特征,后者要求未登记非营利组织须通过一定的法律确认机制取得私法主体资格。

(一)未登记非营利组织主体资格取得之组织性要件

近些年来,中国学者开始探究未登记非营利组织主体资格取得的组织性要件。孙宪忠教授领衔起草的《民法总则建议稿》未区分登记型与未登记型非法人组织,笼统提出非法人社团或财团设立的必备三要件:有自己的名称、组织机构和场所;有自己的章程;有自己的财产或者经费(第 108 条)。④ 李永军教授领衔起草的《民法典民法总则编草案建议稿》认为非法人团体包括未登记的团体,可以被认定为非法人团体的三个条件为:有自己的名称和

---

① 张永健:《资产分割理论下的法人与非法人组织》,《中外法学》2018 年第 1 期。
② 纪海龙:《瑞士民法:基本原则与人法》,中国政法大学出版社 2015 年版,第 373 页。
③ [葡]卡洛斯·莫塔·平托:《民法总论》(中译本),澳门法律翻译办公室、澳门大学法学院,1999 年,第 144~149 页。
④ 孙宪忠教授领衔的中国社会科学院民法典立法研究课题组:《民法总则建议稿》,http://www.cssn.cn/fx/fx_yzyw/201603/t20160303_2895289.shtml,2016 年 3 月 3 日访问。

组织机构、有自己的章程或组织规则、有必要的财产或经费(第86条)。① 肖海军教授认为,未登记的非法人组织之设立应当具备有一定的成员或特定财产、有明确的目的事业或主业、有必要的活动经费或申报的注册资本、制定或通过组织章程或具约束力的协议、组建必要的或常设的机关、有相对固定的活动或经营场所及其他法律、行政法规规定的条件等七个条件。② 上述三种观点并无本质差异,认为未登记非营利组织取得主体资格,须具备客观性组织要件(名称、场所、财产或经费)与主观性组织要件(组织章程、目的事业、组织机构)。

域外立法及学说与我国学说提出的未登记非营利组织主体资格取得之组织性要件大同小异,基本上均从未登记非营利组织人格独立性所需的客观性与主观性组织要件角度来界定。

北美三国强调未登记非营利社团成立的两个组织性要件,一为客观性要件,一为主观性要件。《美国统一未登记非营利社团法》(RUUNAA)对未登记非营利社团设立的认定条件界定非常宽松,未登记非营利社团具备如下两个条件的,自动取得独立于其成员及管理人员的法人资格(第1、5条):③成员两人或两人以上;通过口头、书面或默示行为达成共同组建非营利目的的社团之合意。2008年美、加、墨三国统一法委员会联合发布的《建立北美原则声明下未登记非营利社团的和谐法律框架的合作项目》④及2008年加拿大统一法委员会民法分会起草公布的《未登记非营利社团法示范法》⑤提出的未登记非营利社团成立要条件均与美国相同。

苏格兰主张未登记社团成立的七个组织性要件。苏格兰法学会一直力挺颁布《未登记社团法》并赋予未登记社团以法律人格,2008年、2009年

---

① 李永军主编:《中国民法典总则编草案建议稿及理由》,中国政法大学出版社2016年版,第169页。
② 肖海军:《民法典编纂中非法人组织主体定位的技术进路》,《法学》2016年第5期;肖海军:《非法人组织在民法典中的主体定位及其实现》,《法商研究》2016年第2期。
③ See Scottish Law Commission Discussion Paper on Unincorporated Associations(DISCUSSION PAPER No.140, December 2008), https://www.scotlawcom.gov.uk/files/8412/7877/4124/dp140.pdf, p.27, visited on July 20, 2018.
④ See JOINT PROJECT TO CREATE A HARMONIZED LEGAL FRAMEWORK FOR UNINCORPORATED NONPROFIT ASSOCIATIONS IN NORTH AMERICA STATEMENT OF PRINCIPLES, https://www.ulcc.ca/en/annual-meetings/216-2007-charlottetown-pe/civil-section-documents/586-unincorporated-non-profit-associations-statement-of-principals-2007, visited on July 20, 2018.
⑤ See UNIFORM UNINCORPORATED NONPROFIT ASSOCIATIONS ACT, https://www.ulcc.ca/en/uniform-acts-en-gb-1/551-unincorporated-nonprofit-associations-act/82-unincorporated-non-profit-associations-act, visited on July 20, 2018.

先后公布了《未登记社团讨论稿》《未登记社团报告》及《未登记社团(苏格兰)法草案》,最终因小部分受访者反对及未登记社团问题须继续研究,《未登记社团法》未能出台。① 《未登记社团讨论稿》②(第4.2,0段)及《未登记社团报告》③(第3.6段)均认为美国模式的未登记社团成立之两个组织性要件过于简单,认为拟取得法人资格的未登记社团之组织性要件尚需满足特定最低要求的客观要件(如最低数量的成员、最低数额的财产、最低数额的年收入或营业额及通过包括组织宗旨及内部治理规则内容的组织章程等)。依据《未登记社团(苏格兰)法草案》,未登记社团的组织形态为新创的"法人型苏格兰社团"(SALP)(第1条),SALP取得法人资格无须登记(第5条),满足如下七个组织性要件的SALP自动取得独立于成员的法人资格(第1条)④:组织成员两个或两个以上;在苏格兰有正式住所;经营活动全部或主要在苏格兰;有组织章程;组织章程须记载组织名称、组织宗旨、成员标准、管理人员选举或任命程序、工作人员权责、组织解散的财产分配规则、组织章程修改程序;组织非营利宗旨;无组织不享有独立法人资格的成员决议。显然,苏格兰全面规定了未登记社团成立的组织要素,强调最低要求的客观要素(如成员、住所)与主观要素(如组织章程、非营利宗旨),以保障组织意志独立的客观实在性。

德国学说及判例均主张"未登记社团"之所以应具有权利能力团体地位,是因为未登记非营利社团的类型结构与有权利能力的社团(登记社团)更相符,强调未登记社团的组织性要件包括:社团组织由章程规定、机关有社员大会和董事会、社员变动不影响社团存续、社员资格得丧与有权利能力社团相同。⑤

受德国学说变迁的影响,日本判例认为未登记非营利社团的规范类比适用社团法人,强调未登记社团须具备作为社团的四项组织性要件:组织性

---

① See Reforming the Law on Scottish Unincorporated Associations and Criminal Liability of Scottish Partnerships, https://assets.publishing.service.gov.uk/government/uploads/system/uploads/attachment _ data/file/39246/ConDoc-Unincorporated-Associations-and-Partnerships.pdf, visited on July 20, 2018.
② See Scottish Law Commission Discussion Paper on Unincorporated Associations(DISCUSSION PAPER No.140, December 2008), https://www.scotlawcom.gov.uk/files/8412/7877/4124/dp140.pdf, p.30, visited on July 20, 2018.
③ See Report on Unincorporated Associations (Scot Law Com No 217), https://www.scotlawcom.gov.uk/files/3312/7989/7412/rep217.pdf, p.615, visited on July 20, 2018.
④ See Report on Unincorporated Associations (Scot Law Com No 217), https://www.scotlawcom.gov.uk/files/3312/7989/7412/rep217.pdf, p.63, visited on July 20, 2018.
⑤ [德]卡尔·拉伦茨:《德国民法通论》(上册),王晓晔等译,法律出版社2003年版,第236页;[德]迪特尔·梅迪库斯:《德国民法总论》,邵建东译,法律出版社2000年版,第860、861页。

(有决定团体意思、执行业务、对外实施代表行为的机关存在)、多数决定的原则、团体的存续(即团体本身的存续不受成员变更的影响)、团体内容的确定性(包括代表的方法、大会的运营、财产的管理及其他作为团体的主要方面)。[①]

我国台湾地区学说主张未登记社团属第三民事主体,不论对内、对外关系,原则上均应类推适用社团规定,[②]实乃强调未登记社团之组织性要件参考台湾地区所谓"民法典"第48条规定的登记社团成立的组织性要件,具体包括社团设立目的、社团名称、主事务所及分事务所、董事的姓名及住所、财产总额、社团章程。

由上比较可知,北美三国的未登记非营利社团的组织性要件过于宽松,苏格兰法学会为此提出七个最低要求的组织性要件,德国、日本以及我国台湾地区判决及学说主张的组织性要求与苏格兰法学会观点并无本质区别,我国大陆学者提出的组织性要件观点与之也无本质差异,仅存在要件组合上的形式差异。因此,为保障结社自由,平衡保护未登记非营利组织、组织成员与第三人利益,可借鉴域外立法、司法经验及域内外学说,合理厘定我国未登记非营利组织主体资格取得的最低要求之组织性要件。未登记非营利组织主体资格的取得要求组织意志的独立性,须具备未登记非营利组织人格独立于组织成员、设立人、管理人及第三人的外在表征之客观组织性要件和主观组织性要件。[③] 客观性组织性要件包括组织名称、住所、必要财产或经费,组织名称表征未登记非营利组织主体独立性之虚拟存在,组织住所表彰未登记非营利组织主体独立性之现实存在,必要财产或经费乃保障未登记非营利组织主体独立性之物质基础。主观性要件包括设立非营利组织的合意和组织章程,前者是指组织设立人达成设立非营利组织的口头协议、书面协议或默示行为,后者要求记载保障未登记非营利组织意志独立性的必要记载事项,具体包括组织成员或设立人、组织设立的非营利宗旨、组织机构及其职责、组织表决规则、组织财产处理等事项。

(二)未登记非营利组织主体资格之法律确认

纵观域外立法、立法草案及司法实践,域外未登记非营利组织主体资

[①] [日]山本敬三:《民法讲义Ⅰ·总则》,解亘译,北京大学出版社2012年版,第411页。
[②] 王泽鉴:《民法总则》,北京大学出版社2009年版,第158页;陈荣宗:《非法人团体之权利能力论》,台湾三民书局1990年版,第105页;吕太郎:《无权利能力之社团》,杨与玲主编:《民法总则争议问题研究》,清华大学出版社2004年版,第145页。
[③] 葡萄牙学者将法人的组织基础要素分为人的要素或财产的要素(组织成立基础)、目的要素(组织成立宗旨)、意图要素(设立法人的意图)和组织要素(规范法人运作)等四个要素[葡]卡洛斯·莫塔·平托:《民法总论》(中译本),澳门法律翻译办公室、澳门大学法学院,1999年,第144~149页),仅角度不同而已,与本书观点并无本质差异。

格之法律确认方式,主要包括符合未登记非营利组织的组织性要件之法定自动取得方式和司法个案认定方式这两种模式,前者以美国、马耳他、韩国、加拿大、苏格兰为代表,后者以南非、德国、日本以及我国台湾地区为代表。我国学者则存有自动取得方式、[①]推定取得方式[②]和司法个案认定方式[③]三种观点。相较而言,未登记非营利组织主体资格法律确认之自动取得方式较为合理,值得我国将来修订《民法典》或制定统一的非营利组织基本法时借鉴。

司法个案认定方式乃制度供给不足的无奈之举,且缺失法律预期性功能。南非属混合法系国家,未登记团体缺乏制定法规定,属普通法调整范围,其是否具备法人资格,由法院在个案中司法认定,即未登记团体只要具备三个条件(持续存在,不论成员是否变动;拥有与成员分隔的财产;成员对团体财产不享有权利),无论是否登记或章程是否决定拥有法律人格,就享有法人团体(universitas)资格,可以自己名义签订合同、在合同或侵权诉讼中起诉或被诉,法人团体(universitas)为普通法上的法律实体。[④] 德国民法典最初制定之时,对社团等非营利组织持谨慎乃至不信任态度,对登记与未登记的非营利组织实行法律人格赋予与否的差别待遇,通过登记赋予非营利组织以主体资格来引导非营利组织办理设立登记,结果事与愿违,立法初衷并未得到实现,未登记社团不具有权利能力而要求社团成员依据合伙规则对社团债务承担连带责任,违背了社团成员设立社团的初衷且不符合未登记社团不同于合伙的组织性特征,德国联邦法院无奈通过司法个案确认未登记非营利组织享有部分权利能力,但部分权利能力理论与权利能力或有或无的抽象权利能力理论明显冲突。日本以及我国台湾地区与德国情况类似,民法典制定之初,对非营利法人主体资格的取得实行许可主义,主管机关许可后方可登记取得法人资格,日本直至2006年才从许可主义改为准则主义,我国台湾地区"民法典"及"人民团体法"仍固守许可主义,未登记非营利组织因缺乏法律明确赋予的法人资格,法院只得通过个案司法确认其主体地位。毫无疑问,司

[①] 孙宪忠教授领衔的中国社会科学院民法典立法研究课题组:《民法总则建议稿》,http://www.cssn.cn/fx/fx_yzyw/201603/t20160303_2895289.shtml,2016年3月3日访问。

[②] 肖海军:《民法典编纂中非法人组织主体定位的技术进路》,《法学》2016年第5期;肖海军:《非法人组织在民法典中的主体定位及其实现》,《法商研究》2016年第2期。

[③] 李永军主编:《中国民法典总则编草案建议稿及理由》,中国政法大学出版社2016年版,第169页。

[④] See Scottish Law Commission Discussion Paper on Unincorporated Associations(DISCUSSION PAPER No 140, December 2008), available at https://www.scotlawcom.gov.uk/files/8412/7877/4124/dp140.pdf, visited on July 20, 2018.

法个案事后确认方式的主要弊端是设立非营利组织的未来风险缺乏可预期性,毕竟在个案中综合考量未登记非营利组织是否具备组织成立所必备的组织性要素后决定是否确认其主体资格,不同法院及不同法官存在不同的判断,导致缺乏确定性的结果预期。

推定取得方式说主张"其他未经登记的非法人组织,其成立会议实际召开之日即为该组织的成立日""未履行登记确认或备案而以组织名义开展民事活动,该组织推定为非法人组织,其活动适用有关非法人组织的规范",认为既可解决现有大量未经登记的民间组织的民事主体资格问题,还有利于明确这类组织的民事责任,强化此类组织的设立人、负责人的民事责任意识,保护善意第三人的信赖利益和市场交易的安全。[1] 该观点虽具一定合理性,但亦存在一定缺陷:一是,未明确未登记非营利组织成立的组织性要件,仅以未登记的非营利组织成立会议召开作为该组织成立的条件,显非合理,毕竟成立会议的召开并不意味着组织成立所需的组织性要件已全部满足。二是,"推定"而非"直接认定"未登记非营利组织之非法人组织资格,似矮化了未登记非营利组织的主体地位。未登记非营利组织满足法人组织的全部组织性要件,仅欠缺登记,不赋予其法人资格,与法人组织之间形成法律地位的差别,而"推定"其非法人组织地位,则又与登记型非法人组织之间进一步形成法律地位的差别。

自动取得方式,意即未登记非营利组织满足法定的全部组织性要件的,自动取得主体资格,可较好实现关联民事主体之间的利益平衡,显然能够克服司法个案确认方式和推定取得方式之缺陷,具有合理性。自动取得私法主体资格的未登记非营利组织,可以自己名义刻制印章、开设银行账户、取得财产、对外签订合同,还可以自己名义起诉和被诉。当然,须配套改革相关行政法,如允许未登记非营利组织申请信用统一代码、纳税人统一识别号码、刻制印章、开设银行账户,否则,其无法以民事主体身份开展活动。当然,若不愿设立成具有民事主体身份的未登记非营利组织,避免承担可能发生的风险和责任,也可设立松散型非营利组织,只要不具有组织实体性特征即可。

我国未来修订《民法典》,建议创设未登记非营利组织法律地位条款:无害于社会、具备组织特征的未登记非营利组织自成立之日起享有非法人组织资格,可以自己名义取得、转让、抵押、租赁或以其他方式处分动产、不动产,

---

[1] 肖海军:《非法人组织在民法典中的主体定位及其实现》,《法商研究》2016年第2期;肖海军:《民法典编纂中非法人组织主体定位的技术进路》,《法学》2016年第5期。

可以自己名义起诉或被诉。

第二节 未登记非营利组织的财产归属

我国现行法律否认未登记非营利组织之合法性,当然缺乏未登记非营利组织的财产归属规则,司法实践只得将其视为合伙处理。既然未登记非营利组织具有非法人组织型主体资格,当然可以自己名义取得各种类型的财产权,否则,就只能如同《德国民法典》第54条规定,将其视为民事合伙,其名下财产只能属成员共有或准共有了。[①] 事实上,未登记非营利组织的组织性较强,明显不同于合伙,且定性为合伙也不符合设立非营利组织的意图和初衷。这正是美国《统一未登记非营利社团法》专门规制未登记非营利社团及北美三国统一未登记非营利社团法律制度的根本原因,也是德国、日本以及我国台湾地区学说及判例主张赋予未登记非营利组织以权利能力的主要原因,亦为苏格兰法学会2008年开始动议制定未登记非营利社团法并赋予其独立法人资格的根本缘由。上述国家和地区的立法、司法判决及学说均主张未登记非营利社团可以自己名义对外签订合同、取得财产、起诉或被诉,独立承担民事责任。但是,非营利组织存有社会团体与捐助团体之分,社会团体存有公益性与互益性之别,未登记非营利组织解散时的财产归属则因公益性与互益性组织区别而存有差异,显与营利型非法人组织解散时的财产归属不同,而我国学界对其研究尚显不足。

(一)无主体资格的未登记非营利组织之财产归属说评析

1. 无主体资格的未登记非营利社团之财产归属说评析

德国、意大利、葡萄牙、韩国以及我国澳门地区民法典规定未登记非营利社团无法律人格,未登记非营利社团由合伙规则调整,由此引发未登记非营利社团名下财产归属的学说争议,日本以及我国大陆及台湾学说及判例也对未登记非营利社团名下财产归属性质众说纷纭。因忽视非营利社团的组织性特征,且未能区分公益型与互益型非营利社团,无主体资格的未登记非营利社团之财产归属,主要存在如下几种观点:

一是成员或出资人共同共有说,主张未登记社团解散时的剩余财产按潜在份额比例分配。《德国民法典》第54条规定,"对于无权利能力的社团,适

[①] 李永军主编:《中国民法典总则编草案建议稿及理由》,中国政法大学出版社2016年版,第171页。

用关于合伙的规定"。① 即无权利能力社会团体财产为团体成员共同所有，由全体成员共同处分，财产登记由登记时现有的全体社员签名，成员对社团之债务承担无限责任。显然，该观点加重了成员责任，违背了成员加入社团的初衷，阻碍了公民结社权的行使，因而德国司法判例逐渐承认无权利能力社团适用有权利能力社团的相关规定；②且，无权利能力团体解散时的剩余财产依合伙规则分配，根本否定了公益性无权利能力团体的财产禁止分配之公益宗旨考量。

二是总有或公同共有说。韩国民法、日本判例及学说和我国少数学者将无权利能力社会团体的财产界定为"总有"或"公同共有"。③《日本民法典》并无非法人团体规定，司法实践承认无权利能力社团之存在，因其不是法人，不能作为团体财产的归属主体，但又具有作为社团的实体，日本传统理论主张无权利能力社团的财产属于全体社员的总有④或"公同共有"，⑤即，若无特别协议，个别成员无持分权，退出时亦无财产分割请求权，非法人团体代表人以团体名义进行交易所生之债务由全体成员共同承担，并仅以社团公同共有之财产负责。⑥ 总有论与公同共有论的观点实质相通，强调所有权质的分割，财产的共有性、不可分性、不可继承性，财产共有主体的变动性。⑦《韩国民法典》第 275 条规定"总有是非法人社团的所有形式"；《韩国不动产登记法》第 30 条规定"非法人社团或财团的不动产登记，以该社团或财团作为登记权利人或者登记义务人"，但日本非法人团体的财产权登记只允许代表人

---

① 《瑞士民法典》第 60 条规定，社团法人资格的取得始于设立社团的意思明确表示于书面章程之时，章程须表明社团的目的、财产构成和组织形式，即突出强调组织性乃社团取得法人资格取得的必备要件。社团未满足上述组织性要件，则被作为简单合伙对待，成为《瑞士民法典》第 62 条规定的"无法人人格的社团"（纪海龙：《瑞士民法：基本原则与人法》，中国政法大学出版社 2015 年版，第 401 页）。故瑞士无法人人格的社团缺乏未登记非营利组织必备的组织性特征，不属于本书研究的未登记非营利组织范围。
② ［德］卡尔·拉伦茨：《德国民法通论》（上册），王晓晔等译，法律出版社 1998 年版，第 235 页。
③ 《韩国民法典》第 275 条规定，"总有是非法人社团的所有形式"，非法人社团是总有权的主体。
④ ［日］山本敬三：《民法讲义Ⅰ·总则》，解亘译，北京大学出版社 2012 年版，第 416 页。
⑤ ［日］四宫和夫：《日本民法总则》，唐晖、钱孟珊译，五南图书出版公司 1995 年版，第 94 页。
⑥ 丛淑萍、刘耀东：《非法人团体民事主体地位的比较法研究》，《山东社会科学》2009 年第 7 期。
⑦ 有学者认为"韩国的总有，类似于我国的共同共有；而合有，类似于我国的按份共有"（宋炳庸、朴兴镇、金河禄：《韩国民法》，吉林人民出版社 2005 年版，第 27 页），有失允当，韩国的合有，而非总有对应于我国的共同共有。总有或公同共有与共同共有的区别在于：个别成员无持分权，既不能支配其在全部共同财产中的份额，也不能支配属于社团财产的具体财产上的份额，退出时亦无财产分割请求权。

以其个人名义办理信托登记。因我国现行法律不承认未登记非营利组织的法律人格,我国学者主张借鉴域外立法,引入"总有"①或"公同共有"②理论释非法人社会团体名下的财产归属。但是,总有说起源于日耳曼法,并非传统大陆法系之绝对所有权,而是将所有权进行质的分割,权利主体模糊,总有说难以契合大陆法系绝对所有权理论之所有权机理,难以解释非法人社会团体之财产归属:

(1)日本最新理论批判了总有说解释无权利能力社团的不合理性。③总有制度是用来说明日本村落共同体的所有形态而创设的概念,将其安到与之性质不同的无权利能力团体头上不妥;总有理论对社团过度拘束,限制了社团成员通过规约承认社员对团体财产的持份、认可分割、退出请求及通过社员大会解散团体的权利;无权利能力团体的类型多样,应根据团体的性质来决定团体财产的持份、处分、分割、退还请求的可否。

(2)总有说难以契合大陆法系绝对所有权理论。日耳曼法并未形成绝对所有权观念,而是一种以对物利用为中心的相对的所有权观念,对动产产权具有绝对性和排他性,不动产所有权则出现了"双重所有权"。④ 总有是多数人结合但尚未形成法律人格的共同体,而以团体的组成成员的资格而所有的状态,日耳曼村落共同体对共同体的财产享有所有权的形态即如此。总有是社团的团体支配权和社员的个别利用权相结合的不可分割的组织形态,⑤总有所有权的内容被分为管理、处分权能与使用、收益权能两大类,成员无持份权,退出时亦无财产分割请求权。⑥ 总有与大陆法系所有权无法相容:权利的期限性不同,大陆法系所有权具有永久性,当事人不得设定存续期限,而总有是期限性的身份权,总有中成员的使用收益权带有强烈的身份属性,成员不得离开其身份而就其权能为继承让与或处分,⑦身份之得丧导致其权能

---

① 金锦萍:《社会团体备案制引发的法律问题——兼论非法社会团体的权利能力》,《求是学刊》2010年第5期。
② 尹田:《物权主体论纲》,《现代法学》2006年第2期;《论非法人团体的法律地位》,《现代法学》2003年第5期。
③ [日]山本敬三:《民法讲义Ⅰ·总则》,解亘译,北京大学出版社2012年版,第416、417页。
④ 即领主对土地的所有权为"上级所有权",即对土地的管理权和处分权;徒弟耕种人对土地的权利为"下级所有权",即对土地的使用权和收益权。郑云瑞:《物权法论》,北京大学出版社2011年版,第125页。
⑤ 石碧波:《非法人团体研究》,法律出版社2009年版,第203页。
⑥ 丛淑萍、刘耀东:《非法人团体民事主体地位的比较法研究》,《山东社会科学》2009年第7期。
⑦ 史尚宽:《物权法论》,中国政法大学出版社2000年版,第153页。

发生或消灭,与罗马法所有权本质相异;①权利的可分割性不同,大陆法系所有权是在法定范围内可自由行使的整体性权利,不得在时间和空间上进行分割,因而共有所有权是量的分割,不是质的分割,而日耳曼所有权无排他性,其可通过质的分割获取各种权能,但分割之权能亦为所有权;②权利主体不同,大陆法系所有权主体明确,遵循物权标的特定、一物一权原则,而总有主体不明,无法确定所有权主体到底是法人团体还是团体成员。我国民法遵循大陆法系传统的所有权绝对性理论,无法与总有制度兼容,总有说难以解释未登记非营利组织的财产归属。

(3) 总有说难以解释互益性未登记社会团体的财产归属。基于特定范围成员的意思自治,现实存在大量未登记的互益性社会团体(如同乡会、同学会等)。因无涉公益且基于私法自治,互益性未登记社会团体的成员有权通过章程约定该团体存续期间的财产归属及解散时剩余财产的分配与否,如我国《民法典》第 95 条就未禁止互益性社会团体法人在终止时分配剩余财产。如若定位为总有,团体成员则不得分配剩余财产,无疑违背私主体意思自治原则。

三是信托财产说。此观点为意大利、葡萄牙和我国澳门立法及日本学者及判例所主张。依据《意大利民法典》第 37 条、《葡萄牙民法典》第 196 条及我国《澳门民法典》第 187 条规定,社团成员缴纳的会费及用会费购置的物品是社团的共同基金,社团存续期间,社团成员不得请求分割共同基金,社团成员不得请求退还出缴的份额,社团成员的债权人对共同基金无尽索权。共同基金实乃信托财产,社员成立社团所缴纳的会费成为信托财产,社团成为信托财产的受托人和受益人。日本判例及学说对信托财产说进一步解释说,无权利能力社团成员将社团财产信托转让给作为受托人的社团代表人,无权利能力社团与其成员之间构成信托关系。③ 但是,信托说财产也招致日本学者批判,理由是:逻辑矛盾,缺乏社团与社团代表人之间的信托契约,若社团为委托人,则间接承认社团主体资格,信托就无存在必要;④程序复杂,若为信托,须由全体成员作为委托者均须与代表人签订信托契约,如此必然造成程序极为复杂。

---

① 伍治良:《中国民法现代化的理论逻辑——以内容体系、评价标准与目标模式为视角》,法律出版社 2013 年版,第 206 页。
② [日] 石田文次郎:《土地总有权史论》,印斗如译,台湾土地银行研究室,1959 年,第 106、107 页。
③ 石碧波:《非法人团体研究》,法律出版社 2009 年版,第 204 页。
④ [日] 森泉章:《注释民法(2)》,有斐阁 1991 年版,第 46 页,转引自石碧波:《非法人团体研究》,法律出版社 2009 年版,第 204 页。

2. 无主体资格的未登记捐助团体之财产归属说评析

域外无主体资格的未登记捐助团体,意大利、葡萄牙以及我国澳门地区民法典专门作了规定,仅名称略有不同。《葡萄牙民法典》第196~201条及《澳门民法典》第190~192条规定了"无法律人格之特别委员会",《意大利民法典》第39~42条规定了"未被认可的委员会"。为实施救援或慈善性质的计划,促进公共工程或纪念性建筑物的兴建,举办喜庆节目、展览、庆典或类似活动,往往会成立一些特别委员会,但这些委员会由于缺少了成立法人的意图要素,不具备法律人格。[1] 我国《民法典》规定的捐助法人为公益法人性质的非营利组织,这些不具备法律人格的委员会即为无主体资格的未登记捐助团体。葡萄牙、意大利以及我国澳门地区民法典将特别委员会的财产权归属定性为共同基金,如上所析,共同基金实乃信托财产。

日本和韩国民法典及非营利组织法缺乏未登记捐助团体规定,学者主张无权利能力财团名下的财产属信托财产。韩国无权利能力财团因没有构成员而不存在总有,又因无公示方法而难以单独所有,故由管理人以个人名义保有并以个人名义进行法律行为,[2]其他可准用财团法人规定。日本学者也主张无权利能力财团的出资人作为委托人,引入信托解决无权利能力财团问题。[3]

如上所析,无主体资格的未登记捐助团体财产归属之信托说存在同样的缺陷:委员会并非法律主体,无法作为信托财产的受托人;若为信托财产,委托人为无数捐资人,信托委托手续办理繁琐。

(二)非法人组织地位的未登记非营利组织之财产归属

1. 公益性未登记非营利组织之财产归属

《民法典》第95条确立了公益法人的禁止财产分配原则,即公益性非营利法人终止时禁止分配剩余财产给出资人、设立人或会员,终止后的剩余财产只得用于章程设定或权力机构决议的公益目的,若无法按照章程设定或权力机构决议处理的,由主管机关移转给宗旨相同或相近的法人。基于公益性非营利组织立法宗旨的体系融贯,公益性未登记非营利组织的财产归属应秉持登记成立的非营利法人的财产归属原则。

首先,公益性未登记非营利组织对其名下财产享有所有权,该财产并非"公益产权"。《公益事业捐赠法》第7条规定,公益性社会团体受赠的财产及

---

[1] [葡]卡洛斯·莫塔·平托:《民法总论》(中译本),澳门法律翻译办公室、澳门大学法学院,1999年,第146页。
[2] 宋炳庸、朴兴镇、金河禄:《韩国民法》,吉林人民出版社2005年版,第28页。
[3] [日]四宫和夫:《日本民法总则》,唐晖、钱孟珊译,五南图书出版公司1995年版,第94页。

其增值为"社会公共财产"。有学者据此认为公益产权是一种区别于私人产权和国家产权的产权形式,表现为基于慈善捐款等形成的公益财产,非营利组织的资产不存在一个完整产权的拥有者,其剩余索取权和控制权分离、非营利组织的使用权受限,将非营利组织的资产界定为"公益或互益资产",属于社会,[1]并主张使用"公益产权"一词。[2] 此观点有失允当:一方面,"公益产权"并非法律概念。公益产权理论主张的剩余索取权和控制权乃经济学概念,是指企业的"所有人"所享有的两项名义权利,[3]与所有权之法律概念明显不同,但我国现行立法并无"公益产权"概念。法律是透过语言被带出来的,[4]法律语言是法律的存在和实施方式,法律语言的专业性和明确性是法律权威性的基础,"公益产权"的非法律概念无法融入现行财产权类型体系。另一方面,公益产权理论与法人所有权理论冲突。法人享有独立于出资人、设立人或会员的财产权,公益产权理论却认为公益性非营利法人的财产属社会公共财产,二者明显冲突。《民法典》确立了国家所有、集体所有和私人所有这三种所有权类型,明确了物权的种类和内容法定原则,社会公众所有并非法定的物权类型,公益产权明显与我国民法所有权体系及物权法定原则冲突。[5] 公益性未登记非营利组织虽因欠缺成立登记手续而缺失法人资格,但享有非法人组织的主体资格。依民事主体享有民事权利的基本法理,公益性未登记非营利组织的非法人组织地位不影响其对名下财产所有权之享有。

其次,域外立法例均明确未登记非营利社团对其名下财产享有所有权。美国《统一未登记非营利社团法》、《马耳他民法典》附录二"法律组织"及南非普通法均规定未登记非营利社团具有独立于其成员、管理人的法律人格,可以自己名义取得财产,当然可对名下财产享有所有权。北美三国统一法委员会2008年共同通过的《建立北美原则声明下未登记非营利社团的和谐法律框架的合作项目》、苏格兰法学会2009年提出的《未登记社团报告》及《未登记(苏格兰)社团法》也持上述相同观点。德国、日本、我国台湾学者多主张未登记的非营利社团和捐助团体应具有法人资格,当然也可享有名下财产的所有权。

其三,我国学者多主张公益性未登记非营利团体对其名下财产享有所有

---

[1] 王名:《非营利组织管理概论》,中国人民大学出版社2002年版,第3页;杨光华、陈晓春:《非营利组织产权问题研究》,《哈尔滨学院学报》2005年第3期。
[2] 王名、刘求实:《中国非政府组织发展的制度分析》,《中国非营利评论》2007年第1期。
[3] 金锦萍:《寻求特权还是平等:非营利组织财产权利的法律保障——兼论"公益产权"概念的意义和局限性》,《中国非营利评论》2008年第1期。
[4] [德]考夫曼:《法律哲学》,刘幸义等译,法律出版社2004年版,第169~170页。
[5] 韦祎:《公益慈善团体的财产所有权之辩》,《法治研究》2009年第2期。

权,成员对其不享有任何财产权。李永军教授领衔起草的《民法典民法总则编草案建议稿》第87条第2款规定了非营利性非法人团体成员的财产权:"非营利性非法人团体的成员对于团体的财产不享有财产权利,在退出或团体解散时,成员不得请求分割团体财产,但章程或组织规则另有规定且不违反法律禁止性规定的除外。公益性非法人团体解散或终止时,参照财团法人终止时的财产处理规则处理剩余财产。"该款规定虽只适用于非法人非营利团体,但"非财团法人"可准用该款规定。① 孙宪忠教授主持的《民法典民法总则编草案建议稿》第111条也作了类似规定:②"非营利性非法人社团或非法人财团可以享有自己的财产。非营利性非法人社团的成员不享有份额,退出时也不得请求分割。"

2. 互益性未登记非营利组织之财产归属

互益性未登记非营利组织仅指互益性未登记社会团体,因享有非法人组织地位,当然对名下财产享有所有权。因宗旨之非营利性及成员对组织财产不享有财产权,成员对组织存续期间的财产不享有持分权,退出时也不享有财产分割请求权;组织终止时,剩余财产的处理可依据组织章程约定或组织成员会议决定处理。主要理由如下:

首先,互益性未登记非营利组织旨在满足特定成员非物质性利益追求之互益目的,而非公益目的,应允许组织成员通过意思自治处置组织终止时的剩余财产。互益性未登记非营利组织即互益性社会团体,乃人的组合。互益性社会团体的根本功能在于向特定成员提供服务或产品,互益性社会团体的受益权乃属特定,因而,互益性法人解散时会员得到法人的财产是自然的事情。③ 互益性社会团体是否成立及成立目的为何均属社团成员意思自治范畴,法律不应加限制,其终止时剩余财产的归属亦应体现社团成员意思自治,由成员自主决定。故,我国《民法典》第95条并未禁止互益性社会团体法人分配剩余财产。

其次,域外立法例有类似立法经验可供借鉴。美国《加利福尼亚州公司法》第18410条及美国2008年《统一未登记非营利社团法》第29(4)(B)条均规定,未登记非营利社团终止时在符合社团运营规则且缺乏可适用的分配规则情况下,可将剩余财产按出资比例或直接按会员数分配给现有社团成员。

---

① 李永军主编:《中国民法典总则编草案建议稿及理由》,中国政法大学出版社2016年版,第172页。
② 孙宪忠教授领衔的中国社会科学院民法典立法研究课题组:《民法总则建议稿》,http://www.cssn.cn/fx/fx_zyzw/201603/t20160303_2895289.shtml,2016年3月3日访问。
③ 陈晓军:《论互益性法人》,《比较法研究》2008年第3期。

且,美国、德国和俄罗斯等国非营利法人法也允许互益性非营利法人终止时通过章程自治来决定解散时剩余财产的处理。《德国民法典》第 45 条第 3 款规定:"在没有确定财产归属权利人时,如果根据章程规定,社团系专为成员利益而设立,其财产应由社团解散或者被剥夺权利能力当时的成员平均分配,否则归属于社团住所所在地的邦的国库。"美国 1996 年《非营利法人示范法》第 14.06 条第 1 款第 7 项规定:"法人是互益法人的,并且章程或者章程细则无解散后财产分配的规定的,向其成员,或者无成员的,向法人服务对象转让财产。"美国 2008 年《非营利法人示范法》(2011 年最新修订)第 25.(a)(4)条、第 28.(4)(B)条规定,非营利社团清算和终止时,在符合社团运营规则且缺乏可适用的分配规则情况下,可将剩余财产按出资比例或直接按会员数分配给现有社团成员。《俄罗斯非营利组织法》第 20 条规定,在非商业性合作组织解散的情况下,应依照成员缴纳财产费的多少,在非商业性合作组织成员之间进行分配,分配的财产数额不应当超过他们缴纳的财产会费数额。

其三,我国学者亦主张类似观点。李永军教授领衔起草的《民法典民法总则编草案建议稿》第 87 条第 2 款规定了非营利性非法人团体成员的财产权:"非营利性非法人团体的成员对于团体的财产不享有财产权利,在退出或团体解散时,成员不得请求分割团体财产,但章程或组织规则另有规定且不违反法律禁止性规定的除外。"该款但书规定实乃允许互益性非营利性非法人团体通过章程自治处理解散时的财产权归属。[①] 不过,其允许成员退出时通过章程自治分割团体财产,有违社团存续期间成员对社团财产不享有财产权利之法理。

3. 未登记非营利组织之财产归属制度条文设计

鉴于符合组织性要件的未登记非营利组织应被赋予非法人组织地位,参酌域外立法及学说,同时考量与民事主体及财产权等相关制度的体系和谐,建议我国未来应修订《民法典》再造未登记非营利组织的财产归属规则如下:

未登记社会团体的会员、设立人对团体财产不享有份额,退出团体时不得请求分割团体财产,团体解散时也不得请求分配剩余财产,但互益性未登记社会团体的章程或组织规则另有规定的除外。

公益性未登记社会团体、未登记捐助团体解散或终止时的剩余财产处理,准用公益性非营利法人终止时的剩余财产处理规则。

---

① 李永军主编:《中国民法典总则编草案建议稿及理由》,中国政法大学出版社 2016 年版,第 172 页。

第三节 未登记非营利组织的责任承担

未登记的非营利组织,一旦被赋予非法人组织的主体资格,不论公益型还是互益型、人合型还是资合型,对外签订合同、发生侵权行为的民事责任承担规则应无差异。非法人组织存在营利型与非营利型、登记型与未登记型之分,未登记非营利组织缺乏营利目的且对外未予公示主体信息,其民事责任承担应有别于营利组织与法人组织,具有一定特殊性,尤其是其代表人、成员、管理人应否承担民事责任。但是,《民法典》第102~108条规定受我国长期以来的商品经济民法观思想和最高人民法院1992年《关于适用〈中华人民共和国民事诉讼法〉若干问题的意见》第40条规定的双重影响,重视经济结社团体,忽视精神结社团体,按市场主体的含义规定非法人组织,[1]缺乏关注未登记的非营利性非法人组织的民事责任问题。对此,域外立法及域内外学说也观点不一。

一、未登记非营利组织的责任承担之域外考察

(一)无主体资格的未登记非营利社团之责任承担

1. 域外无权利能力团体的民事责任承担

域外法上的无权利能力团体或非法人组织是国家借助团体人格法定制度对结社自由实行规范和控制的副产品,基于不同的法律政策考量,《德国民法典》第54条设置合伙规则规制无权利能力团体、无法律人格的团体,意大利、葡萄牙、秘鲁、阿根廷以及我国澳门等的民法典则不同。目前域外立法、司法及学说对无权利能力团体的责任承担之态度,主要包括三种不同模式:[2]

一是德国模式。无权利能力社团的债务由社团财产清偿,社团成员由承担连带责任转向承担有限责任,社团名义行为人与社团对外承担连带责任,以德国、日本、我国台湾地区、意大利、秘鲁为代表。

《德国民法典》第54条规定:"无权利能力的社团,适用关于合伙的规定。因以此种社团的名义对第三人实施的法律行为,由行为人亲自负责任;二人以上实施行为的,他们作为连带债务人负责任。"据此,第54条第1句要求社

---

[1] 徐国栋:《〈民法典〉规定的非法人组织制度与三国民法中类似制度的关系梳理》,《河南大学学报(社会科学版)》2021年第1期。

[2] 吕太郎:《无权利能力之社团》,杨与玲主编:《民法总则争议问题研究》,清华大学出版社2004年版,第156~158页。

团成员按合伙人对合伙债务承担连带责任的合伙规则对社团债务承担连带责任,以未登记社团名义实施法律行为的行为人须对社团债务承担个人责任;因无权利能力社团没有资本的要求,为保护社团债权人的利益,第 54 条第 2 句超越了《德国民法典》第 179 条关于行为人仅在无权代理时才承担责任的规定,即使行为人有权代理社团,也要求以社团名义对第三人实施法律行为或侵权行为的行为人(无论其是否董事会成员、是否第 30 条规定的特别代理人、是否有代理权)对外与社团承担连带责任,①且第 54 条第 2 句属强制性规定,社团章程不得以任何方式排除行为人的这一责任,行为人只能与各个合同当事人约定排除这种责任。第 54 条第 1 句之所以规定无权利能力社团成员对社团债务承担无限责任,源于 19 世纪末叶德国立法者不信任追求政治、宗教或社会宗旨的社团并认为这些社团是"有害于公共利益的组织",他们想借此鼓励社团在社团登记簿上登记取得权利能力,从而避免适用民法合伙带来的不利后果,行政机构借此可对这些社团登记进行审查、提出异议,实际上这条规定是失败的:②一是实践中,因第 54 条第 1 句应予适用的合伙法很大程度上属社团章程可以取代的任意法,社员设法规避其适用,既可为社团设置一个法人性质的规范基础(如设立一家有权利能力的资合公司)或其他辅助手段(如将财产转让给可靠的自然人作为受托人)弥补权利能力之不足,③也可通过章程限制社团董事的代理权并设定董事负有将社员责任限制在社团财产范围内的义务且将这种责任限制纳入社团董事与缔约人订立的所有合同之中。④ 二是德国立法改变了商事合伙不具有权利能力的民法传统。2000 年,《德国民法典》第 14 条在"自然人"的概念下规定了"消费者"和"经营者",在"经营者"的概念下规定了"有权利能力的合伙"(第十四条),确认了普通商事合伙、有限商事合伙和自由职业者的合伙的主体地位,有权利能力的合伙成了自然人和法人之外的"第三种权利主体"。⑤ 三是德

---

① [德]汉斯·布洛克斯:《德国民法总论》,张艳译,杨大可校,冯楚奇补译,中国人民大学出版社 2019 年版,第 335 页;[德]卡尔·拉伦茨:《德国民法通论》,王晓晔等译,法律出版社 1998 年版,上册,第 241 页;[德]迪特尔·梅迪库斯:《德国民法总论》,邵建东译,法律出版社 2001 年版,第 860 页。

② [德]迪特尔·梅迪库斯:《德国民法总论》,邵建东译,法律出版社 2000 年版,第 853、854 页;[德]汉斯·布洛克斯:《德国民法总论》,张艳译,杨大可校,冯楚奇补译,中国人民大学出版社 2019 年版,第 333 页。

③ [德]迪特尔·梅迪库斯:《德国民法总论》,邵建东译,法律出版社 2000 年版,第 854 页。

④ [德]卡尔·拉伦茨:《德国民法通论》,王晓晔等译,法律出版社 1998 年版,上册,第 242 页。

⑤ 柳经纬:《"其他组织"及其主体地位问题——以民法总则的制定为视角》,《法制与社会发展》2016 年第 4 期;陈卫佐:《德国民法典》,法律出版社 2015 年版,第 9 页。

国司法和学界基于第 54 条第 1 句违背《德国基本法》第 9 条第 1 款的结社自由规定的合宪性解释、无权利能力社团的结构不同于合伙且更接近于法人及社团成员对社团债务负无限责任并非其入社所愿等理由，主张未登记社团应与已登记社团的法律地位相适应，无权利能力社团应类推适用有权利能力社团（登记社团）的规定，全体社员对无权利能力社团债务所承担的责任仅限于社团的财产，社员个人不承担责任（或说限于其出资份额）。① 德国学者认为，无权利能力社团的整体结构不是近似于民事合伙，而是近似于有权利能力的社团（登记社团），应适用《德国民法典》第 25~53 条的社团法人规定。德国学者甚至认为，应当取消非登记社团和合伙之间的区分，《德国民法典》第 54 条第 1 句其实指明了路径，二者应当是同一"法律形式"，非登记社团可以说是以社团形式组成的合伙。② 2001 年联邦最高法院曾作出被认为是"改变了历史传统"、使民事合伙承担责任方式和无限商事合伙变得极为相似的判决，认为民事合伙的合伙人组成的"团体"具有"部分权利能力"，这就使得具有权利能力规定更应适用于未登记社团，因为未登记社团的社团结构很大程度上比民法合伙更加独立，它是自己权利和义务的主体。③ 因此，德国学者认为未登记社团具有权利能力，称之为"无权利能力社团"已不再合理。④

日本判例及学说以及我国台湾地区学说亦认为，无权利能力社团债务由社团财产承担责任，成员承担有限责任，行为人与社团承担连带责任。日本通说认为，无权利能力社团的民事责任类推适用其民法第 44 条（关于法人的侵权责任），社团财产只可以作为对社团债权者的责任财产，即承认无权利能力社团的责任能力。⑤ 日本判例也原则上否定成员的无限责任，日本最高裁判所昭和 48 年 10 月 9 日第三小法庭判决认为，无权利能力社团的代表者以社团的名义进行交易所产生的债务，归属于该社团构成员全员，即作为一个

---

① ［德］卡尔·拉伦茨：《德国民法通论》（上册），王晓晔等译，法律出版社 1998 年版，第 242~244 页；［德］汉斯·布洛克斯：《德国民法总论》，张艳译，杨大可校，冯楚奇补译，中国人民大学出版社 2019 年版，第 333、334 页。
② Juris PK-BGB/Bergmann, §54, Rn.9, 10, juris GmbH, 6. Auflage, Saarbrücken, 2012,转引自李昊：《我国民法总则非法人团体的制度设计》，《暨南学报（哲学社会科学版）》2015 年第 12 期。
③ ［德］汉斯·布洛克斯：《德国民法总论》，张艳译，杨大可校，冯楚奇补译，中国人民大学出版社 2019 年版，第 334 页。
④ ［德］汉斯·布洛克斯：《德国民法总论》，张艳译，杨大可校，冯楚奇补译，中国人民大学出版社 2019 年版，第 334 页；［德］哈里·韦斯特曼著，［德］哈尔曼·彼得·韦斯特曼修订：《德国民法基本概念》，张定军、葛平亮、唐晓琳译，中国人民大学出版社 2013 年增订版，第 33 页。
⑤ 石碧波：《非法人团体研究》，法律出版社 2009 年版，第 215 页。

义务的总有,仅以社团的总有财产为其责任财产,各构成员对交易相对人并不负直接的个人的债务和责任。① 日本最高法院从该判决归纳出如下原则:无权利能力社团的债务,归属于社团总有,其成员负有限责任。② 但是,无权利能力社团财产总有说主张成员个人的有限责任,也招致学者反对:有的学者认为应区分情况,根据成员一方是否有承担有限责任的意图和团体债权人是否存在或应当存在仅有团体财产作为责任财产的心理准备之一般基准,结合是否有确保团体财产的具体基准(如是否允许成员退出时退还持份、成员是否接受高额的利益分配、是否以合理方法向第三人披露财务状况等)来判决成员是否承担有限责任。③ 还有学者认为,在成员不承担个人责任时,为保护对方当事人,作为行为人的代表人应当承担作为担保责任的个人的无限责任。④ 也有学者反对,认为代表人在正当权限范围内行动,不能承认代表人的责任。⑤ 我国台湾地区学说认为,无权利能力社团不得负担义务,其债务应由总社员共同负担,以社团财产清偿,社员的责任以出资额为限即承担有限责任;无权利能力社团的董事或其他代表机关因执行职务加害于他人,应类推适用我国台湾地区"民法典"第 28 条规定("法人对于其董事或其他有代表权之人因执行职务所加于他人之损害,与该行为人连带负赔偿之责任"),由行为人与该社团负连带赔偿责任。⑥

《意大利民法典》第 38 条规定:"对于社团代表人向第三人承担的债务,第三人可以请求用共同基金偿还。以社团名义或为社团利益承担上述债务的人负连带责任。"《秘鲁民法典》第 124~126 条作了相同规定:未登记社团对社团代表人成立的债务,由社团财产(即共同基金)承担责任,以社团名义实施行为者承担连带责任。社团债务首先由社团财产承担责任,因社团财产为社团成员交纳给社团的会费、捐赠等财产组成,社团成员对社团债务的责任实乃以投入社团的财产为限承担责任,社团名义行为人负连带责任。故,意大利、秘鲁民法典规定与德国、日本的立法、司法,及我国台湾地区的相关规定的趋势本质相同。

二是葡萄牙模式。无权利能力社团以社团财产承担责任,行为人及社团成员依次承担补充连带责任,以葡萄牙及我国澳门地区为代表。《葡萄牙民

---

① 石碧波:《非法人团体研究》,法律出版社 2009 年版,第 217 页。
② 石碧波:《非法人团体研究》,法律出版社 2009 年版,第 218~220 页。
③ [日]山本敬三:《民法讲义Ⅰ·总则》,解亘译,北京大学出版社 2012 年版,第 426 页。
④ [日]近江幸治:《民法讲义Ⅰ·民法总则》,渠涛等译,北京大学出版社 2015 年补订版,第 109 页。
⑤ [日]山本敬三:《民法讲义Ⅰ·总则》,解亘译,北京大学出版社 2012 年版,第 428 页。
⑥ 王泽鉴:《民法总则》,北京大学出版社 2009 年版,第 158、160 页。

法典》第 198 条及我国《澳门民法典》第 189 条均规定:"以社团名义有效承担之债务,由社团共同基金承担;如无共同基金或共同基金不足,由设定债务行为之人之财产承担;如作出该行为者超过一人,则各行为人须负连带责任。如无共同基金或共同基金不足,且直接承担责任之社员无财产或其财产不足,则债权人得对其他社员提起诉讼,而该等社员应按其在共同基金中之出资比例承担有关责任。在法庭代表共同基金之人为作出设定债务行为之人。"此种模式未界定何为"直接承担责任之社员",且加重了非行为人的社团成员之责任,背离了社团成员设立社团时不愿对社团债务承担无限责任的初衷。

三是阿根廷模式。无权利能力社团以社团财产承担责任,未登记社团的设立人(或发起人)及管理人对社团债务与承担连带责任。《阿根廷民法典》第 46 条规定,不是权利主体的社团的所有设立人及其管理人员对社团的行为承担连带责任,民事合伙规范作为补充而适用于本条所规定的社团。

综上比较可知,上述三种模式的共同点是未登记社团债务由社团财产清偿,但在对未登记社团债务承担连带责任的主体范围及责任类型上存在区别:关于承担连带责任的主体范围,德国模式限于社团名义行为人,葡萄牙模式包括社团名义行为人和社团成员,阿根廷模式包括社团设立人和管理人;关于承担连带责任的责任类型,德国模式和阿根廷模式均主张连带责任,葡萄牙模式则主张补充连带责任。民事法律关系三位一体论乃权责一致之体现,规范层面上民事权利、民事义务和民事责任三者应对立统一地存在于同一个民事法律关系之中。[①] 据此,相较而言,德国模式的承担连带责任主体范围更为合理:葡萄牙模式要求社团成员承担补充连带责任,违背社团成员设立社团的初衷及社团的非营利性宗旨,社团成员无人愿对所设立不以获取利润为目的的社团之债务承担连带责任,要求社团成员如同获取利润为目的的公司股东那样对组织债务承担连带责任也缺乏合理性;阿根廷模式下,要求社团设立人承担连带责任如同要求社团成员承担连带责任,同样缺乏合理性,另要求社团管理人承担连带责任,管理人的外延范围缺乏社团名义行为人的责任主体明确性。葡萄牙模式的承担补充连带责任更为合理,能够合理平衡社团债权人与社团名义行为人之间的利益保护,因系未登记社团的债务,当由社团财产首先清偿。

---

① 孙国瑞、丁海俊:《民事责任与私法自治——兼论民事权利、义务与责任的关系》,《法学杂志》2006 年第 3 期。

2. 域外无权利能力财团的责任承担

域外立法及判例中,无权利能力财团的责任承担主要分为两种情形、四种模式:

一是纯粹无权利能力财团情形,财团债务首先由财团财产清偿,财团管理人承担连带责任,以秘鲁、智利和日本为代表。依《秘鲁民法典》第127～129条规定,事实财团(即未经登记的财团),事实财团的管理人对设立宗旨所涉财产的保管以及自己成立的债务承担连带责任。《智利民法典》第549条第4款、第563条也作了类似规定:未依法合法成立的公益基金会,其组织行为连带地约束该基金会的所有管理人员。葡萄牙学者认为,《葡萄牙民法典》第200条关于未登记的委员会的责任承担规则可类推甚至直接适用于事实财团,①即,财团资金管理人员对资金的保管及其拨用以及自己成立的债务负连带责任。日本主流观点认为无权利能力财团的财产为信托财产,其债务应以财团自身的财产即目的财产清偿,财团财产不足以清偿的,日本最高法院判决认为代表者不负个人责任;②少数学者认为,即便如此,也并不意味着无权利能力财团直接与个人责任分离,应根据财团的实际情况来考虑,即使财团一般承担有限责任,为保护对方当事人利益,让不能免除代表人作为担保责任的个人责任。③ 因无权利能力财团因无权力机构,其决策机构和执行机构均担负管理职责,由财团管理人员承担连带责任,具有合理性。

二是兼有社团性质的无权利能力财团即未经登记的特别委员会情形,④财团债务首先由财团财产清偿,相关责任人负连带责任,但连带责任主体存在三种模式之别。(1)财团组织者和管理者承担连带责任。《秘鲁民法典》第130～133条专门规定"事实上的委员会"即未登记之委员会,第131条规定未登记的委员会之组织者及募集资金的管理者对资金的管理、用于所宣布目的及其成立的债务承担连带责任。(2)财团组织者和管理者对财团资金的管理及运用承担连带责任,财团的成员对财团债务承担连带责任。《意大利民法典》第39、40条规定委员会的"组织者和负责使用资金的人,对资金的

---

① [葡]卡洛斯·莫塔·平托:《民法总论》(中译本),澳门法律翻译办公室、澳门大学法学院,1999年,第147页。
② 石碧波:《非法人团体研究》,法律出版社2009年版,第255页。
③ [日]近江幸治:《民法讲义I·民法总则》,渠涛等译,北京大学出版社2015年补订版,第110页。
④ 《秘鲁民法典》第111～113条将致力于公开募集资金用于利他宗旨、由自然人或法人或两者兼有而组成的组织即"委员会"作为财团法人的特殊类型进行规定,而葡萄牙和我国澳门民法典将特别委员会认定为社团性质,要求办理社团登记,实质上,特别委员会属兼具社团及财团性质的混合型非营利组织。

管理和按照规定用途使用资金承担连带责任",第 41 条规定"未取得法人资格的委员会,由全体成员对所负债务承担个人连带责任。认缴人之承担交付认缴额的责任。委员会主席代表委员会参加诉讼"。(3) 财团成员和管理者对财团资金的管理及运用承担连带责任,财团的成员对财团债务承担连带责任。《葡萄牙民法典》第 200 条与我国《澳门民法典》第 191 条均规定:"委员会之成员及负责管理有关基金之人,就所收集基金之保管及其对既定目标之拨用上,须负个人及连带责任。委员会之成员,亦须对以委员会名义所设定之债务,负个人及连带责任。"委员会集资金的管理及使用不当的民事责任属对内责任,上述三种模式并无本质区别,因为委员会的组织者实即委员会的成员,募集资金的管理者实即负责资金使用之人,且均规定由委员会的组织者及资产管理者对委员会承担连带责任,较为合理,因为组织者享有委员会事务的决策权力,资金管理者则负有履行资金管理及使用正当的义务,二者对资金管理及使用不当的后果均负有责任,理应承担连带责任。以委员会名义对外所负债务属对外责任,秘鲁模式要求委员会的组织者和管理者负连带责任,意大利、葡萄牙和我国澳门地区要求全体委员负连带责任,后者较为合理,但未考虑排除反对委员会不当决议的委员之责任,因为委员会属决策者,管理者属执行者,委员会作出不当决议之过错在于赞成委员会不当决议的所有成员而非作为执行者的管理者,理应由赞成委员会不当决议的成员对外承担连带责任。

(二) 有主体资格的未登记非营利社团之责任承担

域外有主体资格的未登记非营利社团之责任承担的立法例,主要存在美国模式与马耳他模式之分。

美国模式下,未登记非营利社团的对外民事责任由其自负,成员和管理人不担责任,主要体现在《美国统一未登记非营利社团法》及部分州以其为示范法颁布的《未登记非营利社团法》《建立北美原则声明下未登记非营利社团的和谐法律框架的合作项目》《加拿大未登记非营利社团法》《魁北克民法典修正草案》及《未登记团体(苏格兰)法草案》之中。1996 年《美国统一未登记非营利社团法》第 6 条规定,作为与其成员相独立的法律主体之未登记非营利社团(UNA)在合同和侵权法律关系中享有权利并应履行义务和承担责任,非营利社团的成员或管理人不应仅因系身份而对社团的违约行为或侵权行为承担责任;非营利社团成员有权向非营利社团主张权利,非营利社团有权向其成员主张权利。该规定具体内容包括:(1) 抛弃了判例法否认非营利社团系独立于其成员的法律主体并借鉴合伙法将非营利社团视为其成员的集合体及所有成员互为代理的做法,主张在涉及合同和侵权时非营利社团是独立于其成员的法律主体,社团对其自身债务承担责任,成员及管理人不因其身份而承担责任;(2) 社团成员及管理人仅在特定情况下承担责任,如成员通过公开声明与非营利社团一起成为合同的当事人而受到该合同的约束,成员代表非营利社团与他人签订合同时未予公开代理人身份时而与被代理人承担连带合同责任,成员将社团的财产与其个人财产、任职公司的财产混同的责任等;(3) 社团成员因职务行为的疏忽给非营利社团造成损失的,非营利社团可以向该成员起诉追偿。2011 年最新修改的《美国统一未登记非营利社团法》第 8 条延续了 1996 年版本第 6 条规定精神并规定:无论是因合同、侵权或其他原因产生的未登记非营利社团债务、义务或其他责任,仅仅是该团体的债务、义务或责任,不能仅因社团成员或管理人的身份而成为该社团成员或管理人的债务、义务或责任;社团成员或管理人的身份不能阻止或限制本法之外的其他法律因该社团成员或管理人的行为而苛加给该成员、管理人或社团的责任。①

2008 年,美国、加拿大和墨西哥三国统一各国法委员会共同通过的《建立北美原则声明下未登记非营利社团的和谐法律框架的合作项目》"E 合同和侵权责任"部分明确了未登记社团合同和侵权责任承担的 8 项原则(第 18 至 25 项),该 8 项原则围绕未登记非营利社团(UNA)的独立法律人格详细规定了未登记非营利社团独立于社团成员及管理人独立承担合同、侵权及其他民事责任之具体规则,具体内容包括:②(1) 在未登记非营利社团如同非营利法人一样的同一程度上,未登记非营利社团对自己的行为或过失负责,也对在职权、受雇事务和代理权限范围行事的管理人、受雇人和代理人之行为或过失负责;(2) 对未登记非营利社团的金钱债务判决只能强制执行未登记非营利社团的财产(除非第 24 条原则另有规定);(3) 未登记非营利社团的成员或管理人不能仅因其身份而对该社团的债务或责任负责;(4) 若未登记社团的成员或管理人明确表示对未登记非营利组织的债务承担个人责任,未经授权履行未登记非营利社团与第三人签订的合同而履行该合同,或

---

① See, UNIFORM UNINCORPORATED NONPROFIT ASSOCIATION ACT (2008) (Last Amended 2011), Drafted by the NATIONAL CONFERENCE OF COMMISSIONERS ON UNIFORM STATE LAWS, available at https: //www. uniformlaws. org/HigherLogic/System/DownloadDocumentFile.ashx? DocumentFileKey = 4e8cc4f9 - 7441 - 4fa8 - 9f24 - ecfe883b64d8&-forceDialog=0,visited on July 20,2018.
② See JOINT PROJECT TO CREATE A HARMONIZED LEGAL FRAMEWORK FOR UNINCORPORATED NONPROFIT ASSOCIATIONS IN NORTH AMERICA STATEMENT OF PRINCIPLES, available at https: //www. ulcc. ca/en/annual-meetings/216 - 2007 - charlottetown-pe/civil-section-documents/586-unincorporated-non-profit-associations-statement-of-principals-2007,visited on July 20,2018.

者成员或管理人没有披露其作为未登记非营利社团的代理人身份，该成员或管理人须对未登记非营利社团的对外合同债务承担责任；(5) 未登记非营利社团应对侵权行为或过失行为所负的责任，不能仅因其系未登记非营利社团的成员或管理人而将其归责于该成员或管理人；(6) 根据本法之外的其他法律限制非营利组织志愿者责任的规定，未登记非营利团体的成员或管理人应对其自身的侵权行为或过失行为负责；(7) 法律人格否认原则适用于未登记非营利社团的成员时，未登记非营利社团的成员或管理人须对社团债务或其他义务承担责任；(8) 未登记非营利社团的成员可以起诉该社团，该社团也可以起诉其成员。

为落实《建立北美原则声明下未登记非营利社团的和谐法律框架的合作项目》中的民事责任承担8项原则，加拿大统一法委员会民法分会起草的《加拿大统一未登记非营利社团法》直接将其转化为该示范法的第12、13条，[①]并起草了《魁北克民法典修订草案》，主张废除《魁北克民法典》以"社团合同"规制未登记非营利社团且并未赋予其法律人格的做法，建议增设《魁北克民法典》第2267条第2款，并规定"未登记非营利社团是区别于其成员和理事的法人"，并将第2271条修改为"未登记非营利社团拥有总括财产并享有完全民事权利，可以起诉和被诉，行为责任自负，除非法律另有规定"。[②]

苏格兰法学会经比较两大法系未登记社团法律地位立法后选择美国模式，2008年、2009年先后公布《未登记社团讨论稿》《未登记社团报告》及《未登记社团（苏格兰）法草案》。依《未登记社团（苏格兰）法草案》，未登记社团的组织形态为新创的"法人型苏格兰社团"（Scottish Association with Legal Personality, SALP），SALP满足规定的七个组织性要件即自动取得独立于成员的法人资格（第1条）且无须登记（第5条）。《未登记社团（苏格兰）法草案》第2条规定，SALP享有独立法律人格，主要内容包括：[③]可以自己的名义起诉及应诉；若SALP其他成员在代表SALP从事活动的行为或疏忽导致某一成员遭受损失或伤害，SALP须对该成员承担责任；SALP的管理

[①] See UNIFORM UNINCORPORATED NONPROFIT ASSOCIATIONS ACT, available at https://www.ulcc.ca/en/uniform-acts-en-gb-1/551-unincorporated-nonprofit-associations-act/82-unincorporated-non-profit-associations-act, visited on July 20, 2018.

[②] See AMENDMENTS TO THE CIVIL CODE OF QUÉBEC, available at https://www.ulcc.ca/en/2008-quebec-city-qc/235-civil-section-documents/442-unincorporated-nonprofit-associations-report-civil-code-quebec-2008, visited on July 20, 2018.

[③] See Report on Unincorporated Associations (Scot Law Com No 217), available at https://www.scotlawcom.gov.uk/files/3312/7989/7412/rep217.pdf, pp.63～65, visited on July 20, 2018.

人员或成员不能仅因其系作为 SALP 管理人员或成员行事而承担个人责任。

马耳他模式下,依《马耳他民法典》附录二"法律组织",未登记非营利组织的对外民事责任,除由该组织承担之外,发起人和管理人承担补充连带责任,发起人仅限于经营和管理权移交给组织的管理人之前产生的组织责任,管理人的责任仅限于其在职时所发生的责任及债务履行。《马耳他民法典》附录二第 14 条规定了未登记组织的各项权力(powers):(1) 未登记组织不是法人,但依法被有限承认且享有实现其特定设立目的的法定权力;(2) 未登记组织可以进行与动产或不动产以及其他可登记财产有关的交易,可以开设银行账户,可以雇佣人员和承包人来提供完全为实现明确目的所需的服务;(3) 未登记组织可以其自己名义签订合同;(4) 未登记组织可以其自己的名义起诉和被诉;(5) 未登记组织的权力应被解释为,严格限于管理组织以及实现明确规定的目的且仅限于实现该目的所必要的范围内。第 17 条第 1 款规定,未登记组织的发起人与管理人就下列事项承担连带责任:(a) 保障未登记组织的财产可识别且区别于发起人与管理人的个人财产及其管理的其他财产;(b) 保管所接收的任何财产;(c) 将资产用于未登记组织的章程明确规定的目的;(d) 尽可能考虑其职责,确保遵守可适用于未登记组织及其活动的法律。第 2 款规定,在不影响未登记的组织的资产用于履行债务的情况下,未登记组织的会员和资助者仅对其在章程或认资文件中明确承诺的债务承担责任。第 3 款规定,未登记组织的发起人和管理人,无论是否在职,对于本规定生效后遵守该组织活动相关的所有法律规定所产生的该组织的任何责任,应予该组织承担连带责任;管理人的责任仅限于其在职时所发生的责任及债务履行;除欺诈情形外,发起人和管理人就未登记组织的债务所承担的责任为补充责任,且在他们就债务履行承担个人责任之前,对组织的财产享有先诉利益;发起人的责任仅限于其将经营和管理移交给该组织的管理人之前所产生的责任。

上述两种模式的区别在于,美国模式下未登记非营利社团与登记社团的法律地位无异,而马耳他模式下未登记组织与登记组织的法律地位并不完全相同,未登记组织不享有登记组织的法人资格,但仍享有私法主体资格,可以自身名义开展活动并承担责任,只不过因未登记,对参与未登记组织管理的发起人和管理人苛加了补充连带责任,实乃平衡保护未登记组织与交易第三人利益,而该组织的会员及资助人因未参与组织管理,则不承担责任。相较而言,马耳他模式较好地实现了未登记组织、会员和资助人、发起人和管理人与交易第三人之间的利益平衡,更为合理。

二、我国未登记非营利组织民事责任承担之学说评析

因我国非营利组织设立的双重管理体制使未登记的非营利组织成为非法组织,且营利组织要求登记取得法人资格,未登记的营利组织则由我国《民法典》合同编的合伙合同章调整,《民法典》第102~108条规定的非法人组织制度实质上是以登记且营利的非法人组织为调整对象。未登记非营利组织因被立法定性为非法组织,学者较少探究其民事责任承担,目前主要有两种观点:

一种观点为行为人连带责任说,以孙宪忠教授领衔起草的《民法总则建议稿》和李永军教授领衔起草的《民法典民法总则编草案建议稿》为代表。前者第112、114、115条规定:(1) 基于以团体名义作出的、有权代理的法律行为产生的债务,非营利性非法人社团或财团应以自己的财产承担责任,非法人社团的成员对社团的债务不承担责任;(2) 行为人对其以非法人团体(包括登记型非法人团体与未登记型的非法人社团和非法人财团)的名义作出的法律行为产生的债务,承担连带责任,数人行为的,作为连带债务人承担责任;(3) 基于董事会成员或其他依章程或组织规章聘任之代理人的侵权行为产生的债务,非营利性非法人团体(包括非法人社团和非法人财团)可根据社团法人的机关责任承担责任。① 后者第89条规定:对非营利性非法人团体的有权代理所产生的债务,由团体以其财产承担责任,其成员不承担责任;非营利性非法人团体的财产不足以承担责任的,由代理人承担连带责任;法律对于非营利性非法人团体的责任承担另有规定的,依其规定。② 上述两部建议稿规定的非法人社团或非法人财团均为未登记非营利组织,其对外责任承担规则实乃相同:未登记非营利组织的对外责任首先由组织承担,组织财产清偿不足的,由以组织名义对外实施法律行为的行为人承担连带责任,但组织成员不承担任何责任。

另一种观点为区分情形说,以肖海军教授为代表。该观点认为,非法人社团和非法人财团、营利性非法人社团和公益性(非营利性)非法人社团在性质、功能、治理、代理等方面存在较大差异,其债务责任的分担不能一概而论,宜分别规定:(1) 非法人组织存续期间的债务清偿,实行"双重优先清偿原

---

① 孙宪忠教授领衔的中国社会科学院民法典立法研究课题组:《民法总则建议稿》,http://www.cssn.cn/fx/fx_yzyw/201603/t20160303_2895289.shtml,2016年3月3日访问;李昊:《我国民法总则非法人团体的制度设计》,《暨南学报(哲学社会科学版)》2015年第12期。
② 李永军主编:《中国民法典总则编草案建议稿及理由》,中国政法大学出版社2016年版,第173、174页。

则",即"在非法人组织存续期间,当同时存在非法人组织债务和非法人组织设立人、负责人或内部成员之个人债务时,原则上非法人组织的债务应优先以非法人组织的财产予以清偿;非法人组织设立人、负责人或内部成员的个人债务应优先以其个人财产予以清偿;但非法人组织设立人、负责人或内部成员自愿以个人财产优先清偿非法人组织债务的则在所不限"。(2)非法人组织解散后,其存续期间所生债务,如该组织的财产可以足额清偿的,则以该组织的财产清偿,如该不能足额清偿,为公益性(非营利性)非法人社团的,由该组织的发起人、设立人、负责人或其他负有经费补足、分担职责的组织或机构承担连带清偿责任,为非法人财团的,则由该组织的发起人、设立人或负责人承担连带清偿责任。该观点具有一定合理性,但存在一定缺陷:(1)成员是否对非法人组织的债务承担清偿责任区分组织解散与否,难谓合理。毕竟成员对组织债务应否承担责任与组织解散与否无关,且要求成员对非营利组织的债务承担责任,既不合成员入社的初衷,也与域外立法及学说趋势相悖。(2)未登记非营利组织的发起人、设立人并一定参与组织成立之后的经营和管理,由其承担组织存续期限的债务清偿责任,难谓允当。

与区分情形说比较,行为人连带责任说吸纳了马耳他、德国、意大利、葡萄牙、智利、秘鲁、我国澳门等民法典关于非法人组织责任承担规则的合理成分,兼顾了组织、成员、行为人与第三人之间的利益平衡,更为合理。

三、我国未登记非营利组织之民事责任承担

依据未登记非营利组织与其成员、管理人及交易第三人之间的利益平衡保护宗旨,考量非营利组织的非营利性性质,同时合理吸纳未登记非营利组织的民事责任承担之域外立法及域内外学说的合理成分,我国未登记非营利组织之民事责任承担可作如下建构:

第一,未登记的非营利组织对外所产生的民事责任由该组织承担,组织的成员、设立人、发起人不承担责任。成员设立未登记社团,旨在谋求实现公益或互益事业目的之非营利需要,并非为了获取利润或分配财产之营利追求,且社团成员大多并不参与社团的运营和管理,不应承担社团对外民事责任。正因如此,以《美国统一未登记非营利社团法》为代表的美国模式下未登记非营利社团的成员对社团债务不承担责任,《意大利民法典》第38条、《秘鲁民法典》第124~126条均未要求非法人社团的成员对社团债务承担民事责任。葡萄牙和我国澳门地区民法典要求无法律人格之社团的成员对社团债务承担补充清偿责任,实乃将未登记社团视为合伙而适用合伙人对合伙债务负连带责任规则,如上文所析,德国立法、司法及学说现已抛弃了《德国民

法典》第54条第1句的无权利能力社团成员对社团债务按照合伙规则承担连带责任的不合理规定。马耳他和阿根廷民法典要求未登记社团的设立人和管理人对社团债务承担补充清偿责任,但是,未登记非营利组织的设立人或发起人往往系热衷公益或互益等非营利事业之人,其并不一定担任未登记非营利组织的权力机构(或决策机构)、执行机构的成员并参与未登记非营利组织管理,由其承担社团对外民事责任,明显不合理,故德国、意大利、秘鲁、美国的立法及加拿大、苏格兰的未登记社团法草案均未规定未登记社团的设立人和发起人对社团债务承担清偿责任。如上文所析,我国《民法总则》制定过程中,支持未登记非营利组织应纳入非法人组织制度予以调整的主流观点均未主张将未登记社团的成员、设立人和发起人确立为未登记社团债务的连带责任承担人。同理,未登记捐助团体即未登记财团对外民事责任,应由该财团财产清偿,其设立人、发起人不应承担责任。捐助团体一般无成员,不存在成员承担责任问题。

第二,未登记非营利组织对外所产生的民事责任首先由因该组织承担,该组织财产清偿不足的,由以未登记非营利组织名义开展活动的行为人承担补充连带责任。未登记的非营利组织有别于已登记的非营利组织,其财产、组织机构等信息缺乏向社会公开且可查询的登记公示方式,加之未登记社团的成员一般不参与社团管理,未登记捐助团体无成员,未登记非营利组织的活动开展完全依赖于实际管理该组织的行为人。故,为保护未登记非营利组织的债权人利益,德国、意大利、葡萄牙以及我国澳门地区民法典均规定未登记非营利组织对外所生债务,首先由该组织清偿,清偿不足的,由以该组织名义设定债务的行为人承担补充连带责任。意大利、葡萄牙、我国澳门及秘鲁的民法典规定的特别委员会则兼具社团与财团性质,《秘鲁民法典》规定由组织者和管理者对委员会对外债务承担连带责任,意大利、葡萄牙以及我国澳门民法典要求全体委员对委员会对外债务承担连带责任,其实二者并不矛盾,承担连带责任的主体实为以特别委员会名义开展活动的行为人:特别委员会实乃委员会活动的组织者和管理者,捐赠资金的接受、保管及运用和对外民事活动开展均由特别委员会决定,此时他们就是以特别委员会名义开展活动的行为人。马耳他和阿根廷民法典均规定,未登记非营利组织对外所生的债务由设立人和管理人承担补充连带责任,如上所析,由设立人承担连带责任并不合理,而承担补充连带责任的管理人实乃以该组织名义开展活动的行为人。

鉴于无害于社会、符合组织性特征的未登记非营利组织享有非法人组织地位,参酌域外立法例及域内外学说且考量民事主体、财产权制度的体系和

谐,建议我国未来应修订《民法典》再造未登记非营利组织的责任承担规则如下:

因执行职务或代理行为、以未登记社会团体名义从事民事活动或者造成他人损害,其法律后果由未登记非营利组织承受,成员、设立人、发起人不承担责任。未登记捐助团体亦同。

以未登记社会团体或捐助团体的名义从事民事活动的行为人对该行为所产生的债务,首先由组织财产清偿,清偿不足的,由行为人承担补充连带清偿责任;数人行为的,作为连带债务人承担责任。

第五章　非营利组织类型化的民法进路

法律体系的形成以概念为基础，以价值为导向，其间得以归纳或具体化而得之类型或原则为其连接上的纽带。类型为归纳或具体化之结果，类型化为体系形成上使抽象者接近于具体、使具体者接近于抽象的方法，使价值与生活容易相连接。① 民事主体制度是民法其他一切制度诸如法律行为制度、物权制度、债权制度、责任制度等全面展开的逻辑前提。② 非营利组织系组织类民事主体，其种类繁多，非营利组织类型化技术的合理选择乃各类非营利组织规范合理安排的前提和基础。如本书前三章所析，《民法典》的非营利组织类型化技术存在公私法人不分、事业单位被纳入非营利组织、基层群众性自治组织被排除在外、未登记非营利组织及非营利公司等非营利组织新类型缺失等缺陷。《民法总则》及《民法典》制定过程中，民商法学界的研究重心过分置于法人元分类方法究采营利法人与非营利法人二分抑或社团法人与财团法人二分之纷争上，忽视非营利组织类型化的理性思考。因此，考察非营利组织类型化的域外立法经验，剖析我国非营利组织类型化制度及学说之利弊，结合非营利组织类型化制度的现实需求，提出我国非营利组织类型化的民法进路方案，尤为必要。

第一节　域外非营利组织类型化的比较法考察

域外发达国家官方公域（政治国家）、市场经济领域与非官方公域（市民社会）形成了较为稳定的社会系统三分结构，非营利组织法律制度较为发达，

---

① 黄茂荣：《法学方法与现代民法》，中国政法大学出版社2001年版，第472页。
② 伍治良：《中国民法现代化的理论逻辑》，法律出版社2013年版，第163页。

为社会力量创设丰富多样的非营利组织供给了科学合理的非营利组织类型化制度,促进了非营利组织的蓬勃发展,较好地服务了社会建设。

(一)大陆法系非营利组织类型化之两种模式

大陆法系偏重演绎思维,英美法系倚重归纳推理,英美法系非营利组织分类因而缺乏类型化逻辑。故,这里仅分析大陆法系非营利组织类型化模式。大陆法系国家和地区基于各自的法律传统及社会建设实践需要不断改进非营利组织类型化制度,大体呈现出两种模式并存、新类型不断出现之特点。

第一种为少数模式,即非营利社团与财团之非营利法人二分模式,以德国为代表。《德国民法典》先将法人分为公法人与私法人,后将私法人区为社团与财团,第21、22条将社团再分为非营利性社团与营利性社团。因德国采民商分立立法模式,《德国民法典》的社团规定仅调整非营利社团,并不适用于营利社团,无限公司、有限责任公司、股份有限公司和股份两合公司等营利社团受《德国商法典》《有限责任公司法》《股份法》《合作社法》等商法调整。正如德国学者所言,营利社团主要旨在通过营利性经营活动为社团或直接为其成员获取经济利益,但民法上的营利社团在实践中很少见,因为大多数营利社团根据商法特别法取得权利能力,这些特别法为债权人和单个成员的保护提供了充分保障;若申请设立营利社团,则实行行政机构许可制度,有关当局须审查社团章程是否充分保护了债权人和单个社员的利益。[①] 且,德国民法教科书论及社团制度时,仅针对非营利社团,而并不涉及公司、合作社等营利社团。[②] 显然,非营利性社团与营利性社团之社团二分法仅系德国立法者提取公因式的逻辑抽象偏好,徒具形式价值,并无实质意义,其私法人元分类的社团法人与财团法人二分法实乃营利法人与非营利法人二分法。

第二种为多数模式,即社团法人与财团法人二分模式,以意大利、瑞士、葡萄牙、巴西、日本、韩国以及我国澳门、台湾地区为代表。该模式首先将法人分为公法人与私法人,然后依设立目的之不同将私法人分为营利法人与非营利法人,再依设立基础之不同将非营利法人分为社团法人与财团法人。

日本民法师承德国民法,但私法人分类采非营利法人与营利法人二分模

[①] [德]汉斯·布洛克斯:《德国民法总论》,张艳译,杨大可校,冯楚奇补译,中国人民大学出版社2019年版,第323页;[德]卡尔·拉伦茨:《德国民法通论》,上册,王晓晔等译,法律出版社1998年版,第203~205页。

[②] [德]汉斯·布洛克斯:《德国民法总论》,张艳译,杨大可校,冯楚奇补译,中国人民大学出版社2019年版,第322~332页;[德]卡尔·拉伦茨:《德国民法通论》,上册,王晓晔等译,法律出版社1998年版,第198~247页;[德]迪特尔·梅迪库斯:《德国民法总论》,邵建东译,法律出版社2001年版,第826~861页。

式,营利法人适用商法及公司法规定,非营利法人适用民法及一般法人法规定,①形成非营利法人与营利法人均由单行法调整模式。2005 年,日本将《日本商法典》公司编与《有限公司法》《商法特例法》等法规整合为《日本公司法典》,专门规制株式会社、合同会社、合资会社和合名会社等四种营利法人。② 1998 年、2002 年先后还颁布了《特定非营利活动促进法》《中间法人法》。 2006 年,日本放松非营利组织管制并统一非营利组织立法,删除了旧民法典的社团法人及财团法人规定,第 33 条第 2 款规定特将旧民法典的"以营利为目的的社团"修改为"以营利为目的的法人",强化社团的非营利性,同时废除了《中间法人法》,颁布《一般社团法人及一般财团法人法》《公益社团法人和公益财团法人认定法》,私法人分类由旧民法典的公益法人与营利法人二分模式改为营利法人与非营利法人二分模式。因特殊历史原因,我国台湾地区"民法典"借鉴了《日本民法典》,1958 年《韩国民法典》以《日本民法典》为编撰基础,③韩国以及我国台湾地区"民法典"之私法人采非营利法人与营利法人二分,非营利法人区分社团法人与财团法人之类型化模式与日本无异。

1907 年《瑞士民法典》兼采德、法民法典所长并有所创新,④将法人区分为公法人与私法人,私法人分为营利法人与非营利法人,非营利法人再分为社团法人与财团法人。不同于德国,瑞士民法采民商合一模式,1907 年颁布了《瑞士债务法》并补充作为《瑞士民法典》的第五编。⑤《瑞士民法典》第 52 条区分了公法人与私法人、营利法人(团体组织、有特殊目的的独立机构)与非营利法人(非经济社团、财团)的法人资格取得方式,第 59 条确立了公法人、营利法人(公司、合作社)的法律适用依据且明确"以经济为目的的法人,适用有关公司及合作社的规定",第 60 条第 1 款规定的社团法人的法人资格取得方式强调社团法人的非经济目的,第 80、81 条规定了财团法人的设立基础及设立方式。质言之,瑞士的营利法人由《瑞士债务法》第三编"公司与合作社"调整,非营利法人由《瑞士民法典》第一编"人法"规制。显然,瑞士的社

---

① [日]近江幸治:《民法讲义Ⅰ·民法总则》,渠涛等译,北京大学出版社 2015 年版,第 86 页。
② 汪志平、李致平:《日本新公司法:演进、背景和变革》,《安徽工业大学学报(社会科学版)》 2006 年第 4 期;王作全:《日本公司法典的最新发展及其立法启示》,《青海社会科学》2018 年第 4 期。
③ [韩]梁彰洙:《关于民法案成立过程的小考》,载《韩国最新民法典》,崔吉子译,北京大学出版社 2010 年版,第 28~30 页。
④ [德]康·茨威格特、海·克茨:《瑞士民法典的制定及其特色》,谢怀栻译,《环球法律评论》 1984 年第 3 期。
⑤ 史广龙:《民商合一立法方法在瑞士民法典中的实现》,《法律方法》2014 年第 2 期;殷安军:《瑞士法上民商合一立法模式的形成——兼评"单一法典"理念》,《中外法学》2014 年第 6 期。

团概念直接指称非营利社团,非营利法人采社团法人与财团法人二分。

1942年《意大利民法典》超越德、法的民商分立模式,实行民商合一,与瑞士一样,在公私法人二分前提下将私法人作营利法人与非营利法人二分,非营利法人再分为社团法人与财团法人,社团法人并不包括营利社团。营利法人由《意大利民法典》第五编"劳动"第五章"公司"规范,非营利法人(社团与财团)由第一编"人与家庭"第二章"法人"第二节"社团与财团"调整。

1966年《葡萄牙民法典》表面上的德国化无法使葡萄牙法律人拒绝向语言和习惯上更为接近的"拉丁兄弟"靠拢,① 亦实行公私法人二分,将私法人区分为营利法人与非营利法人,非营利法人再分为社团法人与财团法人,社团法人概念并不包括营利社团。社团法人与财团法人由《葡萄牙民法典》第二编"法律关系"第二章"法人"第二节"社团"、第三节"财团"予以调整,而营利法人(合营组织)则由《葡萄牙商法典》规制。我国《澳门民法典》直接移植《葡萄牙民法典》,非营利组织的类型化模式与《葡萄牙民法典》完全相同。

《巴西民法典》与瑞、意、葡一样,私法人实行营利法人与非营利法人二分,非营利法人采取社团法人与财团法人二分。《巴西民法典》第40条将法人区分为内国的或外国的公法法人与私法法人,第43条第1款将私法法人分为社团、合伙(公司)、财团、宗教组织和政党,因第53条明确社团的非营利性("数人以非经济目的联合起来的,构成社团")及第61条明确社团禁止分配剩余财产,实质上将私法人分为非营利法人(社团、财团)②与营利法人(合伙、公司),社团与财团实乃非营利法人之二分。

由上比较可知,大陆法系多数法域均将私法人二分为营利法人与非营利法人,再将私法人二分为社团法人与财团法人。德国虽将私法人二分为社团法人与财团法人,再将社团法人二分为营利社团与非营利社团,但营利社团与非营利社团的二分仅具形式意义,并无实质价值,故实质上其私法人二分为营利法人与非营利法人,非营利法人二分为社团法人与财团法人。申言之,大陆法系非营利组织的类型化呈社团法人与财团法人二分的趋同化趋势。遗憾的是,我国诸多学者仍主张我国私法人之分类应采行社团与财团二分的法人结构主义模式,而不应采行营利法人与非营利法人二分的功能主义模式。③ 究

---

① 《葡萄牙民法典》,唐晓晴等译,北京大学出版社2009年版,目录之前页。
② 从逻辑归类而言,巴西的宗教组织和政党依其性质可分别归入社团和财团之中。
③ 虞政平:《法人独立责任质疑》,《中国法学》2001年第1期;蔡立东:《法人分类模式的立法选择》,《法律科学》2012年第1期;李永军:《我国未来民法典中主体制度的设计思考》,《法学论坛》2016年第2期;蔡立东、王宇飞:《职能主义法人分类模式批判——兼论我国民法典法人制度设计的支架》,《社会科学战线》2011年第9期;谢鸿飞:《〈民法总则〉法人分类的层次与标准》,《交大法学》2016年第4期。

其根源,过分推崇德国民法传统理论,未能准确把握乃至误读大陆法系诸国民法典的私法人和非营利法人之类型化方法,未能审慎地体系化解释德国社团法人与财团法人之私法人二分逻辑,错误认为"《德国民法典》的社团法人与财团法人之法人分类方法被大多数国家立法借鉴和吸收"①,"德国民法典的法人分类模式明确规定采用社团法人与财团法人的基本类型模式,类似立法例为葡萄牙民法典、巴西民法典","可以说日本民法最终还是选择了德国模式和解析性类型化方法",②引发私法人分类及非营利法人定位的不必要学术纷争。正因如此,不少学者主张私法人分类舍弃社团与财团二分模式,采行营利法人与非营利法人二分模式,③且基本上被我国《民法典》采纳。

(二)两大法系非营利组织之新类型趋势

随着政治文明建设的不断推进及社会建设的现实需要,诸多国家逐步放松结社自由的管制,倡导、鼓励民众结社设立多样化的非营利组织以发挥其社会治理功能。为克服非营利组织既有类型的制度供给不足,两大法系不断创新非营利组织类型化制度,创设了未登记非营利组织、非营利公司(或称社会企业)等新型非营利组织,且逐步重视互益性非营利组织的培育和发展。

1. 未登记非营利组织

近30年以来,域外逐步承认未登记非营利组织作为新型非营利组织的法律地位,以美国、德国和马耳他为代表。1996年美国统一州法委员会制定了示范法《美国统一未登记非营利社团法》并于2008年、2011年先后修改,美国不少各州依据该示范法纷纷颁布了各州的《未登记非营利社团法》。2015年美国颁布示范法《商业组织法典》,仍然确立了未登记非营利社团这一非营利组织类型。2008年,美国、加拿大、墨西哥等北美三国的统一各国法律委员会通过了第一步协调北美未登记非营利社团的法律原则,即《建立北美原则声明下未登记非营利社团的和谐法律框架的合作项目》,确立了未登记非营利社团40项原则,主张赋予未登记非营利社团以法人资格,允许其以自身名义取得权利、独立承担责任、取得动产和不动产、接受捐赠、起诉或应诉。

---

① 虞政平:《法人独立责任质疑》,《中国法学》2001年第1期;蔡立东:《法人分类模式的立法选择》,《法律科学》2012年第1期;李永军:《我国未来民法典中主体制度的设计思考》,《法学论坛》2016年第2期;蔡立东、王宇飞:《职能主义法人分类模式批判——兼论我国民法典法人制度设计的支架》,《社会科学战线》2011年第9期;谢鸿飞:《〈民法总则〉法人分类的层次与标准》,《交大法学》2016年第4期。

② 罗昆:《我国民法典法人基本类型模式选择》,《法学研究》2016年第4期。

③ 张新宝:《从〈民法通则〉到〈民法总则〉:基于功能主义的法人分类》,《比较法研究》2017年第4期;王涌:《法人应如何分类——评〈民法总则〉的选择》,《中外法学》2017年第3期;赵旭东:《民法总则草案中法人分类体系的突破与创新》,《中国人大》2016年第14期;张力:《法人功能性分类与结构性分类的兼容解释》,《中国法学》2019年第2期。

据此,2008年加拿大统一法委员会民法分会起草了《加拿大未登记非营利社团示范法》及未登记非营利社团示范法入典的《魁北克民法典修正草案》。①如本书第三、四章所析,大陆法系诸多国家和地区均赋予无害于社会的未登记非营利组织这一新型非营利组织以私法主体资格的合法地位。日本、韩国和我国台湾地区的《民事诉讼法》,我国台湾地区的相关民事诉讼规定均赋予未登记非营利组织以自身名义起诉或应诉的当事人能力,因当事人能力源于权利能力,实乃赋予未登记非营利组织以权利能力。韩国《不动产登记法》赋予非法人社团或财团即未登记非营利组织登记取得不动产的资格,因权利能力系私法主体取得民事权利的资格,实乃认可非法人社团或财团的私法主体资格。德国、日本以及我国台湾地区判例均认为未登记非营利组织具有权利能力或部分权利能力,学界通说也主张赋予未登记非营利组织独立于成员的法律人格。苏格兰法学会主张赋予未登记社团区别于自然人和法人的独立法律人格,2008年还专门提出了《未登记社团报告》及《未登记社团(苏格兰)法草案》。尤其是《马耳他民法典》,在附录二"法律组织"中专门规范未登记的组织,确立了未登记组织不同于自然人和法人的第三民事主体地位,实行未登记组织与其成员的意志、财产与责任的分隔,允许未登记组织以自身名义开设银行账户、取得财产、起诉或应诉、独立承担责任。显然,域外立法、司法及学说均主张确立未登记非营利组织这一新型非营利组织并赋予其私法主体资格。

2. 非营利公司

非营利公司已成为世界诸国的新型非营利组织。20 世纪 70 年代,西方政府失灵及福利国家危机带来社会企业(Social Enterprises)的发展。社会企业乃兼具企业战略和社会目的特征的实体,具有非营利组织和营利组织的双重属性,②其法律形态存在合作社(如意、葡、西、希、法、波等)、非营利公司(如英、美、加、德、日、南非、匈牙利等)与无特定法律形式(如比、意、芬、立陶宛、拉脱维亚、韩等)三种模式。③ 依非营利组织概念的内涵及外延分析,宜以非营利公司概念作为社会企业这一新型非营利组织的名称:(1)非营利组织从事商业活动并未改变其非营利目的,合作社应属互益性非营利组织,并非新型非营利组织;(2)无特定法律形式模式下,"社会企业资格"授予实

---

① See AMENDMENTS TO THE CIVIL CODE OF QUÉBEC, available at https://www.ulcc.ca/en/2008-quebec-city-qc/235-civil-section-documents/442-unincorporated-nonprofit-associations-report-civil-code-quebec-2008, visited on July 20, 2018.
② 金锦萍:《社会企业的兴起及其法律规制》,《经济社会体制比较》2009 年第 4 期。
③ 王世强:《社会企业的官方定义及其认定标准》,《社团管理研究》2012 年第 6 期。

乃赋予既有的营利组织或非营利组织以公益组织资格,便于其获得税收优惠等待遇,并未改变既有非营利组织性质,却改变了既有营利组织性质并使其成为与社团法人、财团法人并列的新型非营利组织。因而,美国、英国、南非、德国、日本等国非营利组织法律制度专门增设了非营利公司(或社会企业)这一非营利组织新类型:美国先后确立了低收益有限责任公司、公益公司、弹性目的公司、社会目的公司等类型的社会企业。据统计,截至 2022 年 3 月底美国已有 37 个州通过了公益公司法,另有 4 个州正在进行相关立法工作;加拿大多数省颁布了《公益公司法》;1995 年比利时通过了《社会目的企业法》;1997 年南非《非营利组织法》及《匈牙利公益组织法》确立了公益公司类型;2003 年芬兰通过《社会企业法》;2005 年英国颁布的《社区利益公司法》正式确立了社区利益公司(CIC)之非营利公司类型,2006 年修订的《公司法》将社区利益公司纳入公司的新类型,还确立了可用于非营利目的的保证有限公司之非营利公司类型,CIC 可以采取担保有限公司或股份有限公司形式,采取股份有限公司形式的 CIC 可设立为公众公司,但名称须标明"community interest public limited company"或"community interest plc";2007 年韩国制定了专门规范社会企业的《社会企业育成法》;德国 2013 年修订的《德国有限责任公司法》第 4 条新增公益有限责任公司类型,将其界定为从事慈善、公共福利或教会活动目的的有限责任公司;截至 2016 年底,已有 18 个欧盟成员国颁布了社会企业的特别组织法;[1]2019 年俄罗斯联邦政府颁布的最新修订版的《中小企业促进法》以联邦法律形式明确了"社会企业"概念、特点及相关优惠支持政策。显然,非营利公司以营利手段实现非营利目的,具有非营利性、非政府性之特征,已然成为域外新型非营利组织。

3. 互益性法人

基于社团设立的服务对象之特定性与否,社会团体法人理应涵盖公益型与互益型。非营利组织除借助权益维护、公益慈善等公益型社会团体补充提供公共服务外,亦依托志趣团体、行业协会、商会、社区自治组织等互益性社会团体践行社会自治功能。域外立法多确立了互益性社团法人类型并将社团法人二分为公益型社团法人与互益型社团法人,日本《一般社团法人以及一般财团法人法》的一般社团法人即区分为公益型与互益型,互益型一般社团法人即属被废除的《中间法人法》所规制的互益性社团法人。美国、奥地

---

[1] See Fici, Antonio, A European Statute for Social and Solidarity-Based Enterprise (February 1, 2017). Policy Department C: Citizens' Rights and Constitutional Affairs, European Union, 2017, p. 6, available at https://www.europarl.europa.eu/RegData/etudes/STUD/2017/583123/IPOL_STU(2017)583123_EN.pdf, visited on March 20, 2019.

利、俄罗斯、哈萨克斯坦、爱沙尼亚等国非营利组织法均明确了非营利组织的互益性社团法人类型。英国《互益性社团与公益性社团法》的调整对象涵盖互益型非营利组织。互益型社会团体在社会自治中发挥着重要功能，旨在满足团体成员相互之间的非物质性需求，区别于公益型社会团体宗旨的公益性追求，对其专门予以规制，可满足民众精神结社的多元化需求。

第二节 我国非营利组织类型化的立法评析

《民法典》确立了营利法人、非营利法人与特别法人之法人三分模式，存在非营利组织的性质定位模糊、外延范围不清之缺陷，导致非营利组织的类型化徒具形式意义，缺乏实质价值，具体体现为非营利组织类型化方法的逻辑与价值双重缺失、非营利组织类型供给的公法不当管制和新类型缺位。

一、非营利组织类型化方法的逻辑与价值缺失

规制我国非营利组织的法律制度主要包括《民法典》、《企业所得税法》及其《实施条例》、三部行政法规(《社会团体登记管理条例》《基金会登记条例》《民办非企业单位登记管理暂行条例》)、《取缔非法民间组织暂行办法》、财政部及国税总局联合发布的非营利组织税收优惠及会计管理规范性文件等，这些制度规制非营利组织的类型化方法存在逻辑与价值的双重缺失。

(一) 非营利组织类型化方法的价值缺失：政社不分

第一，我国民法的非营利组织类型化方法缺失政社分开的价值定位。政府、市场与社会的三分乃社会系统分化的产物，厘清了政府治理、市场自治与社会自治三者之间的边界，政企分开、政社分开乃必然产物。我国1984年启动经济体制改革，决定发展社会主义商品经济，改革的中心环节是政企分开，所有权与经营权的分离，增强企业活力，企业实行自主经营、自负盈亏，政企分开的立法反映即为1986年颁布的《民法通则》赋予企业法人尤其国有企业以独立地位。《民法通则》将法人分为企业法人、机关法人、事业单位法人与社会团体法人，将营利法人(企业法人)与非营利的机关法人、事业单位法人和社会团体法人分成两节分别规定，企业法人制度单设一节9个条文，本属公法人的机关法人、事业单位则和社会团体另设一节共用一个条文(第50条)，一定程度上区分了公私法人，由此奠定企业法人的私法人性质，契合当时政社分开及增强企业活力的经济体制改革目标。但是，当时政社分开的社

会体制改革尚未摆上议事日程,《民法通则》的公私法人区分因缺乏彰显政社分开价值的紧迫性而不够彻底,导致社会团体的公私法人性质定位不清。2017年颁布的《民法总则》承继《民法通则》的法人分类方法并予以创新,将法人分类方法由《民法通则》的企业法人与非企业法人二分模式改造为营利法人、非营利法人与特别法人三分模式,将本属公法人性质的事业单位纳入非营利法人范围,将本属非营利法人的基层群众性自治组织排除在非营利法人范围之外,实乃缺乏非营利组织类型化前提的政社分开价值定位基础,进一步强化了《民法通则》的法人分类区分公私法人不彻底之缺陷。2020年颁布的《民法典》总则编完全照搬《民法总则》,法人分类仍公私法人区分不彻底,非营利法人仍缺失私法主体定位,导致非营利法人的类型化缺乏彰显政社分开价值的非政府性标准,背离政社分开、权责分明、依法自治的现代社会组织体制改革方向,难以充分发挥真正的非营利组织在社会治理中弥补政府失灵缺陷之功能。

第二,我国行政法的非营利组织类型化方法缺失政社分开的价值定位。我国三大非营利组织行政管理法规中,仅体现了民办非企业单位的私法人性质,《基金会管理条例》未区分公法人性质的基金会与私法人性质的基金会,《社会团体登记管理条例》第3条将本属公法人的8个人民团体和14个群众团体纳入社会团体范畴,社会团体及基金会性质定位的公私法人不分实乃政社不分的立法反映。财政部、国家税务总局发布的《关于非营利组织免税资格认定管理有关问题的通知》第1条将非营利组织的外延范围界定为"依照国家有关法律法规设立或登记的事业单位、社会团体、基金会、民办非企业单位、宗教活动场所以及财政部、国家税务总局认定的其他组织",将本属公法人性质的事业单位纳入非营利组织范围,未强调非营利组织的非政府性特征,未区分非营利组织的公私法人性质,实乃政社不分之立法体现。基层群众性自治组织并非政府组织,不履行任何公共权力,系非政府性、非营利性的组织,理应属于非营利组织,而国家统计局发布的《中国国民经济核算体系(2002)》及《中国国民经济核算体系(2016)》均将本属非营利组织的基层群众性自治组织纳入广义政府机构范围,[①]实乃政社不分观念指导下的公私法人混同逻辑。

(二)非营利组织类型化方法的逻辑缺失:分类混乱

概念乃法律思维的基本工具,而类型乃沟通概念与具体事物之间意义关

---

① 中华人民共和国国家统计局:《2016中国国民经济核算体系》,中国统计出版社2017年版,第14~23页。

联的必要性归纳或演绎工具。《民法典》及其他法律、法规、规章、规范性文件对非营利法人、法人等概念的内涵界定缺乏统一的逻辑分类标准,导致非营利组织的外延范围混乱、性质定位不明。

第一,营利法人、非营利法人与特别法人的法人分类方法违背形式逻辑。《民法典》将机关法人、农村集体经济组织法人、合作经济组织法人、基层群众性自治组织法人定位为特别法人这一独立法人类型,理由是:"实践中有的法人与营利法人和非营利法人在设立、终止等方面都有所不同,难以纳入这两类法人,建议增设一类特别法人。……二是基层群众性自治组织和农村集体经济组织,其设立、变更和终止,管理的财产性质,成员的加入和退出,承担的职能等等都有其特殊性。"[1]实际上,营利法人与非营利法人二分乃私法人外延周延的类型化方法,"特别法人"并非内涵和外延确定的法律概念,营利法人、非营利法人与特别法人无法在同一逻辑层面共存,该三分法的分类标准违背形式逻辑的同一律,且机关法人属于公法人范畴,农村集体经济组织法人、合作经济组织法人等属于私法人范畴,在立法技术上将公法人与私法人一并列为特别法人类型,在逻辑性上有失恰当。[2]

第二,非营利组织与营利组织的界分不明。企业乃营利组织、市场主体,《企业所得税法》第26条及《企业所得税法实施条例》第84条却将"符合条件的非营利组织的收入"作为"企业的免税收入"情形之一,混淆了非营利组织与营利组织之区别,犯了概念分类标准的同一性逻辑错误。毕竟非营利组织不属企业,与营利组织适用不同的设立原则、组织规则、财产规则及责任规则。[3] 即使非营利组织从事与宗旨相关营利活动,也不改变其非营利组织性质。

二、非营利组织类型化的不当公法管制

基于维护社会稳定和国家安全,非营利组织管理的三大行政法规及《取缔非法民间组织暂行办法》恪守非营利组织类型法定原则,对非营利组织的类型化予以不当公法管控,将"未登记的非营利组织"一律定性为非法组织,压缩了未登记非营利组织的生存空间,严重阻碍了非营利组织的发

---

[1] 全国人大法律委员会副主任委员李适时2016年12月19日上午在十二届全国人大常委会第二十五次会议第一次全体会议上所作的《全国人民代表大会法律委员会关于〈中华人民共和国民法总则(草案)〉修改情况的汇报》。
[2] 谭启平、应建均:《"特别法人"追问》,《社会科学》2017年第3期。
[3] 赵旭东:《企业法律形态论》,中国方正出版社1996年版,第64~106页。

育、成长。

现实中,存在大量未登记的社会团体或捐助团体,[1]大多数无害于社会稳定且能较好发挥社会治理功能。[2] 如本书第三、四章所析,未登记非营利组织被界定为非法组织,明显缺乏社会可接受性、价值合理性和合法律性,非营利组织未登记即非法的强制登记制度应予取消,民法须再造未登记非营利组织的主体地位、认定条件、财产归属及责任承担等规则。《民法总则》制定过程中,孙宪忠教授、李永军教授分别领衔起草的民法总则专家建议稿均主张赋予未登记非营利组织以非法人组织的主体地位,但未引起立法机关的高度重视,2017年颁布的《民法总则》及2020年颁布的《民法典》并未确认未登记非营利组织的法律地位。

三、非营利组织类型化的新类型缺失

非营利公司(或称社会企业)属特殊企业,在市场主体登记机关办理成立登记,兼具社会性和经济性双重属性,以商业方式实现社会公益目的。与其他非营利组织相比,非营利公司在提供公益服务时具有规模、效率、持续性、灵活性等多方面优势,是非营利组织不可或缺的新型组织形态。

《民法典》《公司法》缺乏非营利公司的制度供给。《公司法》第5条第1款强调公司的社会责任,但未确立非营利公司的公司类型,无法为社会力量创设非营利公司承担更多的社会责任提供制度支持。2021年12月全国人大常委会法制工作委员公布的《中华人民共和国公司法(修订草案)》第19条虽增设"国家鼓励公司参与社会公益活动,公布社会责任报告"规定,但对公司社会责任的修改过于保守,仍缺乏非营利公司的公司类型创设规则。

我国地方政府或其支持的机构出台了零散的社会企业促进措施。2011年6月《中共北京市委关于加强和创新社会管理全面推进社会建设的意见》首次在地方规范性文件中提及"社会企业"概念。2018年6月,四川省成都市出台了《成都市人民政府办公厅关于培育社会企业促进社区发展治理的意见》。据不完全统计,截至2022年4月30日,已有约40个省或市的规范性文件使用"社会企业"概念,除成都等个别地方外,其他地方规范性文件基本上仅限于提及"社会企业"概念,并未明确社会企业含义及社会企业发展的具体促进措施。

---

[1] 俞可平:《对中国公民社会若干问题的管见》,载高丙中、袁瑞军主编:《中国公民社会发展蓝皮书》,北京大学出版社2008年版,第19页。
[2] 如无法获取登记的"中国硬笔书法家协会"因不能取得民事主体地位而遭遇解散诉讼。薛子进:《中国硬笔书法家协会:何以非法存在13年》,《法制日报》2002年10月14日。

我国已开启社会企业的认证实践。我国2006年引入社会企业概念,近年来社会企业发展较快,截至2019年4月,社会企业数量超过175万家,多数属中小型组织,主要收入来源于市场营收,在教育、医疗、养老、环境等领域服务弱势群体。[1] 实践中,一些公司将"社会企业"作为一种自我标榜的名头而让人虚实难辨,如以便利市民"最后一公里"出行作为商业逻辑的摩拜单车就因入围"中国社会企业奖"一事颇受争议。因此,对"社会企业"需要予以合理引导与规制,开启社会企业认定(或认证)工作。2015年佛山市顺德区社会创新中心第一个开启地方性社会企业的认定工作,中国公益慈善项目交流展示会("中国慈展会")、成都市、北京市等也陆续开展了社会企业认定工作,呈现出认定范围的地方性与全国性并举、认定主体的政府主导与行业主导并行的特点。2018年成都市工商局出台了《成都市社会企业评审认定管理工作试行办法》等系列文件,北京社会企业发展促进会发布了《北京市社会企业认证办法(试行)》。目前,社会企业行业认定包括两大认证体系:一是由中国慈展会所开创的全国性认定,属于行业认定,据其官方网站统计数据,截至2022年4月30日,已为2 500多家企业和机构开展社会企业认定,已认证社会企业314家,覆盖19个省/自治区/直辖市,涉及16个行业领域;二是地方性的社会企业认定,属于政府认定,通过认证的社会企业能得到当地政府认可与支持,据佛山市顺德区社会创新中心官网统计数据,截至2021年底已认证当地的社会企业27家。但是,因缺乏统一的认定标准,上述机构/地方政府的社会企业认定标准不尽一致,即便同一个认定机构,其认定标准也在不断调整。

实践中,一些民间组织还梳理出2018年我国社会企业与影响力投资十大事件,主要包括:恩派股权投资有限公司成立专注影响力投资,助力中国社会企业;从民间发起到影响顶层设计,多地相继出台社企支持政策;南都基金会投资5 000万元参与禹闳资本,设立影响力投资专项基金;星展银行、汇丰银行等金融机构启动社企支持计划;社会价值投资联盟再发布"义利99"排行榜,全球首个社会价值评级结果出炉;中和农信引入TPG等新投资成就中国影响力投资标杆;2018社会企业评审认定名单出炉等。[2]

由上可知,我国迫切需要立法创制非营利公司这一新型非营利组织形态。

---

[1] 张艳玲:《中国社会企业超175万家 服务弱势群体实现社会价值》,http://news.china.com.cn/txt/2019-04/13/content_74677373.htm,2019年4月13日访问。
[2] 善达:《2018年中国社会企业与影响力投资十大事件》,http://www.chinadevelopmentbrief.org.cn/news-22421.html,2019年1月3日访问。

第三节　我国非营利组织类型化的学说述评

《民法总则》及《民法典》确立的营利法人、非营利法人与特别法人三分之法人元分类方法并非学界之理论共识。我国民法学界对法人元分类方法分歧较大,存有营利法人与非营利法人二分、社团法人与财团法人二分、公法人与私法人二分三种不同观点,由此形成三种不同的非营利组织类型化方法。

一、非营利法人涵盖公私法人说评析

我国民法典及民法总则起草过程中,我国民法学者先后起草的九部民法典或总则编专家建议稿的法人元分类方法存在企业法人与非企业法人二分(或营利法人与非营利法人二分)、社团法人与财团法人二分与公法人与私法人二分之区分,在非营利法人的类型化是否涵盖公法人问题上存有差异。

五部专家建议稿的法人元分类未采公法人区分,而采企业法人与非企业法人二分法、机关法人、社团法人与财团法人三分法或营利法人与非营利法人二分法,对非营利法人应否涵盖公法人存在两种不同观点。王利明教授2004年、2015年分别领衔起草的《中国民法典草案建议稿及说明》[1]《民法总则专家建议稿(提交稿)》[2]及梁慧星教授领衔起草的《民法典总则编草案建议稿》[3]均主张非营利法人涵盖公法人。王利明教授2004年领衔起草的建议稿的法人元分类采《民法通则》的企业法人与非企业法人二分法,将法人分为企业法人、机关法人、事业单位法人与社会团体法人,以社会团体法人概念指称包括捐助法人在内的所有非营利法人,社会团体法人涵盖公法社会团体法人,王利明教授2015年领衔起草的专家建议稿的法人元分类改采机关法人、社团法人与财团法人三分法,社团法人分为营利性社团法人与非营利性社团法人,事业单位法人被纳入非营利性社团法人,均将公法人(公法社会团体或事业单位)纳入社会团体法人或社团法人范围,社会团体法人或社团法

---

[1] 王利明:《中国民法典草案建议稿及说明》,中国法制出版社2004年版,第6~20页。
[2] 中国法学会民法典编纂项目领导小组和中国民法学研究会:《中华人民共和国民法典·民法总则专家建议稿(提交稿)》,http://www.360doc.com/content/16/0814/15/33935722_583159169.shtml,2016年8月4日访问。
[3] 梁慧星:《〈中华人民共和国民法总则(草案)〉:解读、评论和修改建议》,《华东政法大学学报》2016年5期;梁慧星主编:《中国民法典草案建议稿附理由:总则编》,法律出版社2013年版,第153、154页。

人缺乏非政府性特征,导致非营利组织类型化缺失政社分开价值负荷。梁慧星教授领衔起草的建议稿的法人元分类采营利法人与非营利法人二分,非营利法人包括机关法人、事业单位法人、社会团体法人与捐助法人,即非营利法人涵盖本属公法人性质的机关法人和事业单位法人,缺乏非政府性特征,导致非营利组织类型化缺失政社分开价值负载。与上述三部建议稿不同,龙卫球教授领衔起草的《民法典通则编草案建议稿》①、于海涌教授领衔起草的《中国民法典草案立法建议(提交稿)》②均主张非营利法人不应涵盖公法人。前者的法人分类采营利法人(企业法人)与公益法人二分,营利法人分为公司法人、国有企业法人、集体所有制企业法人、农村集体经济组织、合作社法人,公益法人分为国家机关(包括政党和人民团体)、国库、事业单位、社会组织和基金会,公法社会团体和事业单位被排除在社会组织之外,社会组织体现了非营利性和非政府性特征,凸显政社分开理念,不过以"社会组织"概念指称社会团体,指称所有公私法人的"公益法人"概念排除了互益性社会团体的存在空间,有失允当;后者的法人元分类将法人分为企业法人、机关法人、事业单位法人、社团法人与合作社法人,明确社团法人的非政府性和非营利性,实乃强调非营利法人的私法人性质,凸显政社分开理念,不过以社团法人概念指称所有类型的非营利法人,有失允当。

孙宪忠教授、李永军教授及杨立新教授分别领衔起草的民法总则专家建议稿及徐国栋教授领衔起草的《绿色民法典草案》的法人元分类采公法人区分,私法人采社团法人与财团法人二分法,社团法人采营利性社团法人与非营利性社团法人二分③或营利性社团法人与公益性社团法人二分,④其虽未采私法人分类的营利法人与非营利法人二分法,但私法人类型中的非营利性社团法人(或公益性社团法人)与财团法人实乃非营利法人性质且属非营利法人的两种基本类型,彰显了非营利性和非政府性特征,凸显政社分开理念。国内诸多民法学者赞同此种结构主义的私法人分

---

① 北航法学院课题组(龙卫球主持):《中华人民共和国民法典·通则编》草案建议稿【条文版】,http://www.fxcxw.org/index.php/home/xuejie/artindex/id/9597.html,2015年12月4日访问。
② 于海涌编著:《中国民法典草案立法建议(提交稿)》,法律出版社2016年版,第36~41页。
③ 中国社会科学院民法典立法研究课题组:《民法总则建议稿》,http://www.cssn.cn/fx/fx_yzyw/201603/t20160303_2895289.shtml,2016年3月3日访问;李永军主编:《中国民法典总则编草案建议稿及理由》,中国政法大学出版社2016年版;徐国栋:《绿色民法典草案》,社会科学文献出版社2004年版,第113~184页。
④ 杨立新等:《〈中华人民共和国民法总则(草案)〉建议稿》,《河南财经政法大学学报》2015年第2期。

类方法,反对营利法人与非营利法人二分的功能主义的私法人分类方法,①仅有少数学者对公私法人划分在社团法人的类型化中贯彻不够彻底,一方面将社团法人定性为私法人,另一方面将本属公法人性质的事业单位法人纳为社团法人的亚类型。②

《民法总则》及《民法典》受上述五部专家建议稿的影响,法人元分类未采公法人与私法人二分法,采营利法人、非营利法人与特别法人之法人三分法,本属公法人的事业单位被纳入非营利法人,本属非营利法人的基层群众自治组织被排除在非营利法人之外,未能彰显非营利组织的非政府性特征,未能凸显政社分开理念。有学者认可此种法人元分类三分法的合理性,理由是,我国立法始终没有采用公法人和私法人的划分方式,且"进行这样的划分也存在一定的难度。比如事业单位,如果将其归为私法人,很多事业单位又行使公共职能,向社会提供公益产品或服务;如果将其归为公法人,事业单位又不具有国家机关的权力"。③ 该理由难以成立。我国立法中的法人元分类未采公私法人划分,并非一定合理。毕竟公法人与私法人的成立基础、治理结构、治理机制、财产归属及责任承担均明显不同,二者的划分乃政企分开、政社分开的必然逻辑,且域外立法的法人元分类明确区分公法人与私法人,强调非营利法人的非政府性、私法人性质。事业单位的公私法人性质定位也不难,事业单位虽缺乏国家机关的权力,但属公共权力主体,实属非国家机关型公法人,如作为事业单位的公立大学,在德国属非典型公法社团、兼具公法社团和公营造物性质的公法人。④

综上,营利法人与非营利法人二分抑或营利法人、非营利法人与特别法人三分的法人元分类方法,因未能厘清非营利法人的私法人属性,均无法彰显非营利组织类型化必备的政社分开价值基础。

---

① 谢鸿飞:《〈民法总则〉法人分类的层次与标准》,《交大法学》2016年第4期;蔡立东:《法人分类模式的立法选择》,《法律科学》2012年第1期;李永军:《我国未来民法典中主体制度的设计思考》,《法学论坛》2016年第2期;李永军:《以"社团法人与财团法人"的基本分类构建法人制度》,《华东政法大学学报》2016年第5期;罗昆:《我国民法典法人基本类型模式选择》,《法学研究》2016年第4期;王文宇:《揭开法人的神秘面纱——兼论民事主体的法典化》,《清华法学》2016年第5期;谭启平、黄家镇:《民法总则中的法人分类》,《法学家》2016年第5期。
② 马骏驹:《法人制度的基本理论和立法问题之探讨(上)》,《法学评论》2004年第4期。
③ 王涌:《法人应如何分类——评〈民法总则〉的选择》,《中外法学》2017年第3期;张新宝:《从〈民法通则〉到〈民法总则〉:基于功能主义的法人分类》,《比较法研究》2017年第7期。
④ 崔拴林:《论我国私法人分类理念的缺陷与修正——以公法人理论为主要视角》,《法律科学》2011年第4期。

二、非营利社团为社团法人亚类型说评析

如上所述,受社团与财团二分的德国私法人分类理论影响,我国主流学说主张我国民法典应采社团与财团二分的结构主义私法人元分类模式,反对营利法人与非营利法人二分的功能主义私法人元分类模式,非营利法人并非法定组织形态,非营利社团被作为社团法人的亚类型,实质意义上的非营利组织被类型化为非营利社团与财团。此观点的缺陷在于,营利法人的法定组织形态之创设可在私法人元分类中直接凸显政企分开价值理念,非营利法人的法定组织形态之缺失则无法在私法人元分类中直接彰显政社分开价值理念。且,这些学者反对非营利法人作为独立的法人组织形态,主张非营利社团仅作为社团法人的亚类型,其理由明显缺乏合理性。

有学者主张私法人应采"社团法人与财团法人"的基本分类,不应采"营利法人与非营利法人"二分,其提出的如下六点理由①均难以成立:(1)"营利法人与非营利法人"二分法不能体现"民商合一"的基本原则,且"营利性"标准难以界定。实际上,营利法人与非营利法人之分与民商合一与否无关,民商合一的意大利、瑞士均实质上采私法人的营利法人与非营利法人二分标准;营利性也不难界定,关键看是否分配利润给成员、设立人、出资人。(2)"营利法人与非营利法人"二分法难以提取法人之公因式。实际上,我国《民法典》第57~75条所作的法人一般规定就是从营利法人与非营利法人提取的"公因式"——抽象的共同规则。(3)"营利法人与非营利法人"二分法不能体现法人"组织体"的基本特征,从组织体视角而非从目的论出发构建法人制度更能够反映出人格、财产与责任的私法需求与特征。其实,法人组织体与法人目的并非对立,二者系手段与目的之关系,法人组织结构须取决并服务于法人设立的目的,真正决定不同法人的不同财产、责任规则的并非法人组织结构,而是法人目的。(4)"营利法人与非营利法人"二分法不能更好地容纳我国现行法上的法人存在形式,理由是尹田教授提出的公益法人涵盖机关法人和事业单位法人观点不妥,且德国和瑞士民法典并未采纳该分类,德国民法总论教科书没有提及营利法人与非营利法人这一分类并将社团分为经济性社团与非经济性社团(营利与非营利)。确实,公益法人应定性为私法人,不应包括机关法人和事业单位法人,尹田教授观点不当的根源在于未采公私法人区分的法人元分类方法,导致公法人归类无处安置,无奈将公法

---

① 李永军:《以"社团法人与财团法人"的基本分类构建法人制度》,《华东政法大学学报》2016年第5期。

人纳入本属私法人性质的公益法人之中,不宜以个别学者的不妥观点作为反驳的论据;德国和瑞士民法典的私法人二分为社团与财团法人徒具形式意义,并无实质价值,因为民法典规制的社团法人均为非营利性组织,营利组织则由商法典及公司法调整;德国经济性社团与非经济社团均属非营利组织,均要求以非营利为目的,只是经济性社团可以从事经营性活动,非经济性社团不得从事经营性活动,但经济性社团并非营利组织,故德国对其设立审查较为严格。①(5)社团法人与财团法人的基本分类契合民法的"意思自治"原则。其实,营利法人与非营利法人的意志形成同样能够体现民法意思自治原则。(6)大陆法系各国或者地区民法典鲜有以"营利法人"与"非营利法人"作为基本分类来构建民法典的立法例。其实,德国、瑞士、意大利、日本的民法典,乃至我国台湾地区的相关规定的私法人分类均采社团法人与财团法人二分,如上所析,实采营利法人与非营利法人二分。

另有学者认为,法人基本分类的标准只能是作为私主体自治理念具体化的团体自治原则,即法人主体能否以独立的意志贯彻私主体自治原则,私主体自治及团体自治主要是指主体自我立法,以单方或共同决定的方式创设行动准则,社团法人与捐助法人乃意志自治与意志他律的体现,营利性法人与非营利性法人的分类标准只能在这一标准统领下遵循解析性的分类方法建构的二级类型。②该观点立足于私法人分类的结构主义模式,但私法人分类的结构主义模式取决于功能主义模式,二者系手段与目的之关系,法人目的的营利性与否决定法人的组织结构差异及治理机制的区别,而不是相反,且,社团法人的意志自治与捐助法人的意志他律均为团体自治之体现,仅自治程度略有差异而已。

还有学者认为,应以逻辑周延性、确定性和实质性区别作为法人基本类型模式选择的三项标准,营利法人与非营利法人基本类型模式无法满足任何一项标准,社团法人与财团法人基本类型模式则可。③其如下理由均难以成立:(1)非营利性概念界定方式不成熟。实际上,域外民法典或非营利组织单行法均界定了非营利组织的非营利性特征之内涵——目的事业之非经济性及公益性非营利组织收入、利润及财产的禁止分配。(2)法人基本类型模式的选择应该关照不同法人类型的实质区别,营利法人与非营利法人的实质性区别在于因法人因目的不同而适用不同的设立程序,非营利法人的设立以

---

① 徐国栋:《〈民法典〉规定的非法人组织制度与三国民法中类似制度的关系梳理》,《河南大学学报(社会科学版)》2021年第1期。
② 谭启平、黄家镇:《民法总则中的法人分类》,《法学家》2016年第5期。
③ 罗昆:《我国民法典法人基本类型模式选择》,《法学研究》2016年第4期。

准则主义为原则、以许可主义为例外,营利法人与非营利法人的类型模式难以真正满足实质性区别标准。其实,营利法人与非营利法人的实质性区别在于法人设立目的之不同、而非设立程序的不同,法人设立目的的不同决定其类型的不同及设立程序的不同,营利法人与非营利法人的区分模式当然能够区分不同类型的法人。(3)非营利组织外延主要涵盖民间性的公益性和互益性社会组织,不能涵盖非营利的官方机构(包括国家机关和事业单位)和私益性社会组织(如主体性的私益信托和家庭财团)。其实,非营利组织属非政府性和非营利性的组织,本属私法人,本就不应涵盖公法人,否则,有违政社分开逻辑;私益信托和家庭财团的设立目的并非谋求非物质性利益,本身就不属于非营利组织。

综上,非营利社团作为社团法人的亚类型,明显缺乏合理性。

三、非营利法人为私法人亚类型说评析

我国部分民法学者主张,法人元分类方法应采公法人与私法人二分,私法人分类应采营利法人与非营利法人二分,而非社团法人与财团法人二分,即非营利法人应作为私法人的亚类型。

税兵教授认为,私法人之营利法人与非营利法人二分模式优于社团法人与财团法人二分模式,前者以法人利润归属的不同作为逻辑划分起点,意味着二者与社会公共利益的关联度不同,进而衍生出不同的价值理念和规则要求,也并不排斥社团法人和财团法人的分野,两者完全可以兼容,故我国民法典法人分类首先应作法人之公法人与私法人区分,将私法人区分为营利法人与非营利法人,非营利法人再分为社团法人与财团法人。[①] 崔拴林博士观点与之相同。[②]

陈金罗、金锦萍、刘培峰等学者提出的我国非营利组织立法专家建议稿主张非营利法人作为私法人的亚类型,即,对法人作公法人与私法人分类,进而对私法人区分为营利法人与非营利法人,再将非营利法人分为社团法人、财团法人,非法人社团以备案方式取得民事主体资格。[③] 2017年《民法总则》颁布后,金锦萍副教授则提出了个人不同观点,主张私法人分类采社团法人与财团法人二分更合理,认为营利法人与非营利法人的法人分类在公法方面

---

① 税兵:《非营利法人解释——民事主体理论的视角》,法律出版社2010年版,第237、138页。
② 崔拴林:《论我国私法人分类理念的缺陷与修正——以公法人理论为主要视角》,《法律科学》2011年第4期。
③ 陈金罗、金锦萍、刘培峰等:《中国非营利组织法专家建议稿》,社会科学文献出版社2013年版,第380、381页。

的意义(如管理体制、财税政策和信息公开义务等诸多方面)远甚于私法层面的意义,[1]且营利法人与非营利法人一"是"一"非",逻辑周延,没有什么公因式可以提取,而财团的相应规定是参考社团,社团、财团法人的分类更有利于立法"提取公因式",其法律规范意义更强,立法也显得更节约。[2] 但是,营利法人与非营利法人的区分意义不仅在体现公法上,更主要体现在私法上,两者的设立目的不同决定两者的治理结构、治理机制、财产归属等组织自治规则之不同。这明显属于私法调整范畴,且任何组织的自治行为若关涉公共利益维护,均须公法管控,无论该组织是非营利法人还是营利法人。此外,营利法人与非营利法人同样可以"提取公因式",抽象出其共同的规则,《民法典》的法人一般规定即为营利法人、非营利法人、特别法人的共同规则之抽象提取。

综上,相较于非营利法人涵盖公法人说、非营利社团为社团法人亚类型说,非营利法人为私法人亚类型说更合理:一是区分公法人与私法人、营利法人与非营利法人,彰显了非营利组织的非营利性和非政府性特征,契合政企分开、政社分开的价值理念。二是私法人二分为营利法人与非营利法人,基于法人功能的不同决定法人组织形态的不同,而非相反,契合内容决定形式的哲学基本原理,且将非营利法人二分为社团法人与财团法人,吸纳了法人分类的结构主义模式之优点,通过组织机构不同的社团法人与财团法人形式实现不同类型非营利组织的不同功能。

第四节 我国非营利组织的应然新类型与类型化进路

备受学界诟病的我国营利法人、非营利法人与特别法人三分之法人分类,严重影响我国非营利组织的类型创设及类型化逻辑。非营利组织的类型创设及其类型化方法乃非营利组织制度建设的基础,且关涉法人分类体系的合理性与否。因此,须以问题为导向,立足我国非营利组织类型供给的社会建设现实需要,合理吸纳域外立法、司法及域内外学说,兼顾我国历史文化及民事主体立法传统,确立我国新类型非营利组织,再造非营利组

---

[1] 金锦萍:《论基本公共服务提供的组织形式选择——兼论营利法人和非营利法人分类的规范意义》,《当代法学》2018年第4期。

[2] 金锦萍:《为什么"营利法人"与"非营利法人"的分类不是最优选择?》,http://www.naradafoundation.org/content/5384,2017年8月20日访问。

织类型化进路。

一、我国非营利组织的应然新类型

我国《民法典》中,非营利法人二分为社会团体法人与捐助法人,社会团体法人再分为公益型与互益型,捐助法人再分为基金会、社会服务机构与宗教活动场所法人等,但缺乏社会建设现实需要的非营利组织新类型制度供给。

第一,确立无害于公序良俗的未登记非营利组织新类型,保障民众结社自由。非营利组织未登记乃无法回避的客观事实,我国大量无害于社会的未登记非营利组织之客观存在足以证明其现实的事实合理性,且其因无害于社会,不害及社会公共利益,是否办理成立登记应属结社自由实现之私主体意志自治范畴。金锦萍副教授提出以备案方式解决未登记非营利组织的合法地位,仍无法解决未备案非营利组织的合法地位问题;肖海军教授等提出推定符合组织性要件的未登记非营利组织具有非法人组织的主体身份,缺乏立法直接确立的明确性,且推定其具有非法人组织的主体地位,亦须法律的明确规定。因此,我国须继续实施社会体制改革,进一步放松非营利组织管控,取消非营利组织"未登记一律非法"的行政法制度,修订《民法典》并直接明确无害于社会的未登记非营利组织之"非法人组织"地位,《民法典》修订之前可通过目的性扩张解释《民法典》第103条第1款"非法人组织应当依照法律的规定登记"规定,由司法直接确认无害于社会的未登记非营利组织之"非法人组织"地位。

第二,基层群众性自治性组织回归社会团体法人类型。我国基层群众性自治组织并不享有任何国家公权力,只是基于户籍、房籍、地籍等地域联结因素而集合成员所形成的不以营利为目的之组织,在组织设立、组织合并或分立、组织解散或破产上与人合组织(社会团体)、资合组织(捐助团体)确实存有不同,且具有中国特色的一类重要社会组织,《民法总则》因而将其归类为特别法人类型。[①] 但是,基层群众性自治组织的特殊性并未改变其社会团体的本质属性,德国和法国的地方自治团体将其定位为公法团体,是因其享有财政、税收等公权而被归入公法人。因此,基层群众性自治组织应归入非营利法人的社会团体法人类型之中,并确立自动取得社会团体法人资格方式。此外,村民(居民)自治组织之执行机关(即居委会和村委会)代替村民(居民)自治组织本身,有违法人机构不能脱离法人而存在的法人制度基本法理,应

---

① 陈甦:《籍合组织的特性与法律规制的策略》,《清华法学》2018年第3期。

在村民(居民)自治组织权力机关、执行机关的基础上立法设置村民(居民)自治组织。

第三,增设"非营利公司"作为公司新类型及新型非营利组织,为社会力量通过创办社会企业促进社会公益提供非营利组织的新型法定组织形态,为非营利组织自身发展所需资金提供自我造血机制。

第四,应将公法人性质的事业单位法人排除在私法人性质的非营利法人范围之外。否则,将事业单位定性为非营利组织,既不符合非营利组织的非政府性属性,且违背政社分开、权责分明、依法自治的我国现代社会组织体制改革方向,并极易挤占真正的非营利组织生存和发展空间。

二、我国非营利组织的类型化进路

(一) 承继我国民事主体三元分类传统

非营利组织属组织类民事主体,法人概念外延的宽窄关涉私法组织分类模式的选择,私法组织分类模式直接关乎非营利组织的类型化方法。因此,再造我国非营利组织的类型体系,厘定民事主体及私法组织之分类模式乃逻辑前提。《民法典》承继我国民事主体分类传统,民事主体分类采纳自然人、法人与非法人组织之民事主体三元说,基于以下考量因素,应予继承:

首先,法人概念的外延宽窄取舍纯属立法技术选择。法人外延的宽窄纯属一国立法技术选择,法人人格与成员有限责任毫无关系。[①]《德国民法典》同时采行"成员有限责任的团体乃法人"的狭义法人概念与"法人乃有权利能力团体的代称"的广义法人概念,致使全部或部分成员负无限责任的无限公司、两合公司不具有权利能力。为保障狭义法人概念与权利能力制度的协调,德国司法及立法不断突破"法人乃有权利能力团体的代称"制度,赋予法人之外的团体以权利能力:诸多判例认定无限公司和两合公司具有权利能力,《德国民法典》1996年增设第1059a条"有权利能力的合伙"规定,2000年增设的第14条第2款之"有权利能力的合伙"解释规定正式赋予无限公司、两合公司等合伙以权利能力。我国民法采用狭义法人概念,赋予组织成员负连带责任的合伙企业、独资企业等组织以非法人组织的民事主体地位,体系较为和谐。

其次,民事主体三元分类契合我国立法传统。我国1986年《民法通则》确立法人成员负有限责任之法人制度,已实施30多年且为社会所接受,已然形成民事主体三元分类之立法传统,我国诸部民法典草案专家建议稿均采民

[①] 孟勤国、张素华:《公司法人人格否认理论与股东有限责任》,《中国法学》2004年第3期。

事主体三元说即为例证。若改采法人乃团体法律人格之代称,实系我国传统民事主体制度的重大变革,修法实施难度大、成本耗费高,阻力较大。①

其三,法人与非法人组织形态足以满足团体主体形态的现实需求。民事主体三元分类中,成员承担有限责任的组织为法人,"法人"概念可涵盖各种类型的公法人与私法人。"非法人组织"概念抽象程度高、外延广,将其作为民事主体形态可最大限度满足现实需要,可以囊括各类类型的非法人组织,登记的营利组织(个人独资企业和合伙企业)可获取非法人组织地位,未登记非营利组织也可自动取得非法人组织之民事主体地位。但是,须区分我国民法上的"非法人组织"概念与域外"非法人团体""无权利能力团体""无法律人格的团体"等概念,②二者不可等同,前者具有民事主体资格,后者则否。

(二)非营利组织之私法组织性质定位

《民法典》的营利法人、非营利法人与特别法人三分之法人元分类,公法人与私法人不分,模糊了非营利法人之应然私法人性质,未能彰显政社分开、社会自治的现代社会组织体制价值逻辑。故,将来有必要修改《民法典》,确立公法人与私法人二分之法人元分类,将非营利法人定性为私法人。

首先,公法人与私法人的区分契合政企分开、政社分开的社会结构功能分化逻辑。现代文明社会中,政府、市场与社会遵循不同的运行规则,分别遵循权力、营利、非营利的运行逻辑,各自依托相应的主体来担负其功能,政府组织、营利组织、非营利组织分享政治领域、市场领域和社会领域的活动空间并实现各自的宗旨和功能。故,区分活动在政治领域的公法人与活动在市场和社会领域的私法人(包括营利法人和非营利法人),乃自然之理。

其次,公私法人区分的法人元分类契合域外立法趋势。大陆法系诸多民法典规范私法人制度之前,确立了公法人与私法人二分的元分类。英美法系虽无民法典,缺乏统一的法人制度,但其统一或单行的营利组织法均明确了营利组织和非营利组织的非政府性特征,实乃明确非营利组织的私法人性质。

其三,公私法人区分的法人元分类乃学界通说。域外民法学者及我国大多数民法学者均主张法人元分类应采公法人与私法人二分,我国部分学者即使不支持营利法人与非营利法人二分之私法人分类,也主张公法人与私法人二分作为法人的元分类模式。

---

① 王利明主编:《中国民法典草案建议稿及说明》,中国法制出版社 2004 年版,第 12、13 页。
② 尹田:《民法典总则之理论与立法研究》,法律出版社 2010 年版,第 103 页;李开国:《评民法草案的体系结构》,《现代法学》2004 年第 4 期。

(三)营利组织与非营利组织之私法组织一级分类定位

《民法典》的法人元分类采营利法人、非营利法人与特别法人三分,未区分公法人与私法人。若将法人元分类改为公法人与私法人,则营利法人与非营利法人构成私法人之分类,社团团体法人与捐助团体法人构成非营利法人之分类。私法组织分为法人型与非法人组织型,私法组织的分类不应采社团与财团二分模式,应采非营利组织与营利组织二分模式,具体理由如下:

第一,营利组织与非营利组织的功能差异决定二者的规则差异。私法组织的营利目的与非营利目的之不同决定私法组织的不同功能——谋求物质性利益或非物质性利益,谋求物质性利益的组织即为营利组织,谋求非物质性利益的组织即为非营利组织。不同类型私法组织的功能不同,其规则自然不同,其组织设立、组织结构、组织运行、财产归属、责任承担等规则均不同。比较考察域外民法典可知,绝大多数立法例的私法人分类采营利法人与非营利法人二分,德国形式上采社团与财团二分,实采营利法人与非营利法人二分,德国民法典规制的社团法人实乃非营利法人,营利法人另由商法典及公司法等调整。正因如此,我国学者渐趋赞同营利法人与非营利法人二分之私法人分类。

第二,营利组织与非营利组织二分法可周延私法人的外延,社团与财团二分法则否。社团属人合性组织,无法涵盖一人公司、个人独资企业和国有独资公司,营利组织则可囊括所有以营利为目的之组织(含企业法人、公司法人、合伙企业、个人独资企业、分公司等),非营利组织可涵盖社会团体、基金会、社会服务机构、未登记非营利组织、非营利公司等所有非营利组织类型。

第三,营利组织与非营利组织二分的私法组织元分类将社团与财团作为非营利组织的次级分类,有助于明确社团的非营利性组织性质,且契合我国社会团体属非营利组织的立法传统。《德国民法典》的私法人元分类采社团与财团二分法,第21、22条将社团分为"非以经济上的营业经营为目的的社团"与"以经济上的营业经营为目的的社团",因未采用营利法人与非营利法人二分模式,缺乏营利性与非营利性的界定标准,导致经济社团(或营利社团)认定标准的学说纷争。德国旧学说即通说认为,经济性经营活动本身不是目的,只是手段,以"是否以经济性的经营活动为目的"区分这两种社团是不确切的,社团本身是否追求利润无关紧要,社团促进成员营利即可认定社团从事营利性事业,追求营利目的(通过经济活动获取的经济利益归属于社团本身或归属于社员)可作为经济性活动的特别标志,而新学说主张决定性区分标准是社团是否从事企业性活动,并非取决于营利目的,德国联邦最高法院判决支持旧学说,主张经济性社团须以营利为目的,不考虑其是否向第三方提供有偿服务。[1] 民法上的营利性社团在实践中很少见,因为大多数营利社团须根据充分债权人和单个成员利益的《股份法》《有限责任公司法》《合作社法》等特别法通过国家许可取得权利能力,故营利社团的设立引入许可制度,由有关当局审查该社团可否依据特别法取得权利能力、其章程是否充分保护了债权人和单个社员的利益。[2] 不仅如此,我国学者对《德国民法典》规定的两种社团类型之中文译名及区分标准也存在理解分歧:陈卫佐教授先后译为"非经济性社团""经济社团"与"非营利社团""营利社团",并未解释经济性与营利性之义;[3]杜景林教授和卢谌教授译为"非营利社团(亦作非经济社团)""非营利社团(亦作经济社团)",实乃主张营利性目的判断标准;[4]我国台湾地区学者译为"非经济性之社团""经济性之社团",认为二者的判断标准是社团主要目的是否有经济性,而非社员是否享有经济上利益及社团附随目的是否有经济性;[5]徐国栋教授认为,非经济社团与经济社团的共性是不营利,非经济性社团不涉足经济活动,经济社团涉足经济活动,其并非为满足精神追求,而是为了满足成员疾病、死亡、居住等保障的物质追求,但无营利目的,仅有共益目的。[6] 申言之,德国经济性社团与经济社团的区分标准纷争源于《德国民法典》缺乏营利法人与非营利法人的类型划分及区分标准,社团类型划分仅从社团主要活动的营业经济性与否之外在表象的不同考量,并未从社团主要活动的目的营利性与否之功能实质的不同考虑。此外,我国法人制度及民众观念中,"社会团体"与"公司"分属非营利组织与营利组织的典型组织形态,社会团体属非营利组织已形成根深蒂固观念,社会团体之非营利组织性质定位契合我国立法传统。

(四)非营利组织类型化之体系选择

建构我国完备的非营利组织类型化体系,须合理继承我国民事主体分类

---

[1] [德]卡尔·拉伦茨:《德国民法通论》,王晓晔等译,法律出版社1998年版,上册,第203~205页;[德]汉斯·布洛克斯:《德国民法总论》,张艳译,杨大可校,冯楚奇补译,中国人民大学出版社2019年版,第323页;[德]迪特尔·梅迪库斯:《德国民法总论》,邵建东译,法律出版社2001年版,第829~832页。
[2] [德]卡尔·拉伦茨:《德国民法通论》,王晓晔等译,法律出版社1998年版,第204页;[德]汉斯·布洛克斯:《德国民法总论》,张艳译,杨大可校,冯楚奇补译,中国人民大学出版社2019年版,第323页。
[3] 《德国民法典》,陈卫佐译注,法律出版社2015年版,第12、13页;《德国民法典》,陈卫佐译注,法律出版社2020年版,第11、12页。
[4] 《德国民法典》,杜景林、卢谌译,中国政法大学出版社2014年版,第5页。
[5] 台湾大学法律学院、台大法学基金会编著:《德国民法典》,北京大学出版社2017年版,第15、16页。
[6] 徐国栋:《〈民法典〉规定的非法人组织制度与三国民法中类似制度的关系梳理》,《河南大学学报(社会科学版)》2021年第1期。

的立法传统,批判借鉴域外立法经验,将所有非营利组织依据不同层次的主体分类标准予以类型化。

首先,非营利组织,依应否登记成立,划分为登记型非营利组织与未登记型非营利组织。通过设立登记,符合法人设立条件的,可以获得社会团体法人或捐助法人资格;未登记的社会团体或捐助团体,只要符合组织实体性要件且无害于公序良俗的,自组织设立的合意形成之日自动取得非法人组织的主体资格,可以自己名义刻制印章、开设银行账户、签订合同、取得财产、承担责任、起诉和被诉,同时准用社团法人和财团法人的有关规定。

其次,登记型非营利组织,依成员是否承担有限责任,划分为法人型与非法人型。成员有限责任的非营利组织属法人型,可容纳所有类型的非营利法人,涵盖社会团体法人、基金会法人、社会服务机构法人和非营利公司;成员承担连带责任的非营利组织属非法人组织型非营利组织,不具法人资格但享有主体资格,包括社会团体法人、基金会法人或非营利公司的分支机构及代表机构,设立人对分支机构及代表机构的债务承担连带清偿责任。

其三,非营利组织,依设立基础系人的结合抑或财产的集合,划分为社会团体、捐助团体与非营利公司。(1) 社会团体乃人的结合体,将其作为非营利组织的下位概念。我国自1950年《社会团体登记暂行办法》使用至今的"社会团体"概念仅指非营利组织,无营利性内涵,与不强调营利目的与否的德国社团概念不同。若不考虑我国立法传统,断采德国模式之社团概念,极易引起概念使用混乱,徒增制度推行成本。相反,沿用社会团体概念,则易被立法、司法、学界及民众接受,契合我国社会团体乃非营利组织之立法传统。(2) 捐助团体乃财产的集合体,将其作为非营利组织的下位概念。捐助团体乃捐助法人与未登记捐助团体的上位概念,《民法典》已确立采捐助法人概念及其三种私法人类型(基金会、社会服务机构、宗教活动场所法人)。(3) 基于设立的人合性及设立目的的非营利性,将非营利公司界定与社会团体法人与捐助法人有别的新型非营利法人。非营利公司与社会团体法人、捐助法人不同,系以公司形式实现非营利性目的,公司股东及非营利事业相关者共同参与公司治理,应属新型非营利组织。可借鉴域外立法经验,《公司法》新增非营利公司类型,设置组织目标、收入来源、利润分配、资产处置及治理结构等特殊规则。

其四,社会团体,依设立目的之不同,划分为公益型与互益型。我国《民法典》已区分社会团体之公益型与互益型,二者区分乃现实需要及各国共识。村(居)民自治组织、业主自治组织及行业协会商会属互益性社会团体。

我国非营利组织的类型创制及其类型化体系建构是项系统工程,涉及配套制度的修改、制定：修订《民法典》，增设公私法人区分的法人元分类，将现行法人三分法修改为营利法人与非营利法人二分之私法人分类，再将非营利法人划分为社会团体法人与捐助法人，同时确立未登记非营利组织的非法人组织地位；制定统一的《非营利组织法》，统一规定社会团体及捐助团体的内外部关系共通规范；修订《公司法》《村民委员会组织法》《城市居民委员会组织法》，制定《行业协会法》《商会法》，通过相关配套单行法确立非营利公司、村（居）民自治组织的内外部关系规范。

第六章 非营利组织理监高的信义义务及民事责任

美国萨拉蒙教授早指出,"慈善的特殊主义""慈善的家长制作风""慈善的业余主义"是非营利组织志愿失灵四种表现之中的三种,[1]这均与非营利组织理事、监事、高级管理人员(下称"理监高")未尽各自职责有关。非营利组织的非营利性宗旨决定成员或发起人缺乏公司等营利组织的物质利益追求,公益组织的所有者缺位,由此导致非营利组织的委托人与代理人之间的信息不对称,缺乏所有者监督和评价机制,缺乏竞争机制,缺乏利润考核机制,加之天生的自利动机引发非营利组织理事及高管的道德约束失控,进而产生非营利组织运作效率低下以致不能完成组织目标、组织运作成本过高、管理人员利用职务之便谋取私利、组织高风险运作等问题。[2] 实践中,我国非营利组织理监高未尽责给非营利组织或第三人造成损失的,很少被追究民事责任,几乎不承担任何风险。非营利组织理监高乃组织意志的执行者和监督者,非营利组织分为社会团体与捐助团体,前者有成员权,后者则无,社会团体的理监高包括执行机构成员(理事或董事)、监督机构成员(监事)及高官,社会团体的理监高包括决策机构成员(理事或董事)、执行机构成员(秘书长、院长等)、高管(财务负责人等)及监督机构成员(监事)。理监高对非营利组织及第三人的信义义务(fiduciary duty)与理监高享有的管理或监督非营利组织运营的权力及职责不同,是指理监高负有以忠实且勤勉注意的方式行使权力、履行职责的民事义务。[3] 民事义务是法律加诸民事主体的作为或不作为的法律拘束,[4]理监高违背信义义务给非营利组织或第三人造成损失

---

[1] 杨帆、王诗宗:《志愿失灵的治理:一种反思》,《公共管理与政策评论》2017年第1期。
[2] 张远凤:《德鲁克管理学》,北京燕山出版社2017年版,第205、206页。
[3] 美国法律研究院亦明确区分了董事职能(function)与董事义务(duty)两个概念。美国法律研究院:《公司治理原则:分析与建议》(上册),楼建波等译,法律出版社2006年版,第167页。
[4] 王利明主编:《民法学》(上册),高等教育出版社2022年版,第75页。

的,理应承担民事责任。我国公司董监高的信义义务及民事责任立法比较完备,而非营利组织理监高的信义义务及民事责任立法几乎空白,学界亦缺乏深入研究。域外非营利组织理监高的信义义务及民事责任立法较为发达,学界研究较为深入。故探究我国非营利组织理监高的信义义务及民事责任,意义重大。

第一节 非营利组织理监高信义义务的内涵阐释

基于对某自然人的人品和能力之信任,非营利组织委任其担任理事、高管或监事职务并履行相应职责,理监高理应负有信义义务,忠实且勤勉履职。我国《公司法》先后确立了公司董监高的勤勉义务及忠实义务,但《民法典》《慈善法》及非营利组织登记管理三大行政法规却缺乏系统、完备的非营利组织理监高信义义务规范,明显不利于非营利组织的健康发展,理应建构相应制度。域外诸多国家和地区通过统一的非营利组织单行法或民法典确立了非营利组织董监高的信义义务,具体规定了非营利组织董监高履职对非营利组织及第三人的忠实义务和勤勉注意义务。《公司法》第147条第1款规定,董事、监事、高级管理人员履行职责,应当遵守法律、行政法规和公司章程,对公司负有忠实义务和勤勉义务。鉴于非营利组织理监高的职务及职权授予基于非营利组织对其人品和能力之信任,其履职理当尽忠尽职,故可借鉴域外立法经验,并参考《公司法》相关规定,确立我国非营利组织理监高信义义务的抽象规则,概括规定:"理事、监事、高级管理人员履行职责,应当遵守法律、行政法规和非营利组织章程,对非营利组织负有忠实义务和勤勉义务。"这里,须明确非营利组织理监高信义义务的产生基础、主要内容及履行标准。

一、非营利组织理监高信义义务的产生基础

信义义务起源于英美法系衡平法的信托领域,其适用范围不断扩张,已逐渐演变为所有信义关系统一适用的行为标准。[1] 界定及规制信义关系的法律涉及诸多法律领域,包括家庭法、替代决策法、国际法、代理法、信托法、雇佣法、养老金法、赔偿法、银行法、金融机构规制法、投资顾问法、慈

---

[1] 徐航:《信义义务的一般理论及其在中国法上的展开》,《中外法学》2020年第6期。

善法、非营利组织法、未登记实体法、医疗服务法、卫生保健法、破产法等。①由此,英美法判例界定信义关系的种类繁多,包括信托关系、合伙关系、董事与公司、清算人与公司、清算人与债权人、律师与客户、代理人与委托人、证券经纪人与客户、银行与客户、高级雇员与公司、医患之间、父母与子女、教师与学生、神职人员与求教的教众、监护人与被监护人、遗嘱执行人或遗产管理人与遗产受益人、律师与客户等之间的各类信义关系。②信义义务(fiduciary duty)源于信义关系(fiduciary relationship),信任乃信义关系的基础,信任与信义关系分系信义义务产生的事实基础与法律基础。③

信任是信义关系产生的起点和前提。信任兼具感性与理性的成分,根据不同的分类标准,可分为特殊信任与普遍信任,认知型信任、情感型信任与二者兼有型信任,人际信任与系统信任。④信任都是以信息不对称、能力和专业技能的不平等以及影响力的施加为基础,现代社会中信任不仅是对某人之人格和品行的信任,更是对其专业能力的信任。⑤信任是一个介于感性与理性之间、自我维持的非正式制度,违背信任虽可遭受道义谴责,但信任自身无法提供正式且强有力的违信惩戒机制,需要借助法律制度弥补其效力的先天不足,⑥为委托人提供合理的制度预期保障,基于信任产生的信义法律关系由此建立。信义法律关系一旦建立,此前委托人对受信人人品和能力的信任由此转化为具有法律义务即信义义务,信义义务即受信人负有以委托人所信任的人品和能力最佳完成受托事务之法律义务,⑦其中的"信"乃信任,"义"

---

① See Tamar Frankel, "The Rise of Fiduciary Law", Boston University School of Law Public Law Research Paper, August, 2018, p.1, available at https://scholarship.law.bu.edu/cgi/viewcontent.cgi?article=1345&context=faculty_scholarship, visited on March 20, 2022; Criddle, Evan J. and Miller, Paul B. and Sitkoff, Robert H., "Introduction: The Oxford Handbook of Fiduciary Law", pp.2, 3, in *The Oxford Handbook of Fiduciary Law* (New York: Oxford University Press, 2019), available at file:///C:/Users/123/Downloads/SSRN-id3395468-1.pdf, visited on March 20, 2022.
② See Leonard I. Rotman, "Understanding Fiduciary Duties and Relationship Fiduciarity", *McGill Law Journal*, November, 2017, p.7; Tamar Frankel, "Fiduciary Law", *California Law Review*, May, 1983, p.795;塔玛·弗兰科:《证券化:美国结构融资的法律制度》,潘攀译,法律出版社 2009 年版,第 2 页,"中译文通释"。
③ 赵廉慧:《论信义义务的法律性质》,《北大法律评论》2020 年第 1 辑。
④ 徐化耿:《论私法中的信任机制——基于信义义务与诚实信用的例证分析》,《法学家》2017 年第 4 期。
⑤ 赵廉慧:《论信义义务的法律性质》,《北大法律评论》2020 年第 1 辑。
⑥ 徐化耿:《论私法中的信任机制——基于信义义务与诚实信用的例证分析》,《法学家》2017 年第 4 期。
⑦ 有学者将"信义义务"之"信"解读为受信人的能力、状态,"义"解读为受信人的道德、品性(王莹莹:《信义义务的传统逻辑与现代建构》,《法学论坛》2019 年第 6 期),似欠允当。

乃道义,"信义"乃委托人信任受信人能够恪守以其人品和能力最佳完成受托事务之道义。

因缺乏专门的信义法,信义法律规范散见在各单行法之中。何为信义关系,众说纷纭,英美法系学者及法官对信义关系与非信义关系的区分主要有五种不同观点:[①](1) 身份识别论(status-based reasonings impliciter)。该观点认为,受信人身份识别建立在某类信义关系的立法或司法宣告的认可基础之上,受信人身份识别的理由体现在信义法的普遍看法之中——信义原则与某人担任的法律或社会角色或职位(如受托人、董事、代理人、律师、医生等)密切相关,但其未能揭示所有信义关系的共同特征,无法给出信义关系的概括定义,[②]无法解决新型信义关系、已有信义关系的变形、受益人否认信义关系存在、已有信义关系的某些特征被否定等情形的信义关系识别问题。(2) 事实识别论(fact-based reasonings impliciter)。该观点认为,信义关系的认定取决于是否存在契合信义关系基本特征的可识别事实,因信义关系的基本特征缺乏明确标准,信义关系认定出现多元化标准(如享有及行使与他人相关的法律授权或权力、实际地位、权力、力量或影响的不平等性、一方对另一方的依赖或一方易受另一方的损害、某人财产或某人置于依附他人或他人权利滥用境地情形更易受伤害、信任或私人信息的交易、信任的赋予、一方缺失法律或实际能力、完全或偶尔缺失监督、报告或其他自我保护的能力、一方对另一方的信赖、一方希望另一方善意、利他、忠实或有能力或作出深思熟虑的建议或判断等)。这些标准所强调的"受信人权力""受益人权利易受侵害""受信人机会主义风险"根源于信义法的历史传统,但不够全面,且概念过分模糊,甚至存在难以协调的矛盾,无法为信义关系本质特征的特定事实提供明确指南。[③] (3) 类比识别论(analogical status-and fact-based reasoning)。其主张采用类比身份识别论及事实识别论的识别标准认定信义关系,身份识别论及事实识别论的识别标准缺乏合理性及确定性,类比方法显然缺乏适用的前提条件。(4) 信义关系定义论(definitional status-and fact-based reasoning)

---

① See Paul B. Miller, "The Identification of Fiduciary Relationships", Evan J. Criddle, Paul B. Miller, and Robert H. Sitkoff, eds., pp.6~27, *The Oxford Handbook of Fiduciary Law* (New York: Oxford University Press, 2019), available at file:///C:/Users/123/Downloads/SSRN-id3119136.pdf, visited on March 20, 2022.我国学者介绍了其中的三种观点。朱圆:《论信义法的基本范畴及其在我国民法典中的引入》,《环球法律评论》2016年第2期;郭富青:《我国公司法移植信义义务模式反思》,《学术论坛》2021年第5期。

② See Paul B. Miller, "A Theory of Fiduciary Liability", *McGill Law Journal*, February, 2011, p.241.

③ See Evan J. Criddle, "Liberty in Loyalty: A Republican Theory of Fiduciary Law", *Texas Law Review*, April, 2017, p.1036.

从不同角度界定信义关系的本质特征,分为四种不同观点。关键资源论(critical resource theory of fiduciary duty)认为,是否对代表另一方(受益人)行事的一方(受信人)配置了管理、投资另一方关键资源的法律裁量权决定该特定关系是否属于信义关系,受益人对关键资源的剩余控制权可降低受信人的潜在机会主义行为,信义义务能够进一步抑制受信人的机会主义,[1]但其并未阐释配置受信人代表受益人处分受益人关键资源的裁量权之产生根源。信义关系规范性本质特征论支持关键资源论,认为信义关系是一方(受信人)对另一方(受益人)的重要现实利益享有自由裁量权的独特法律关系,信义义务源于信义关系内在的结构性特征——受益人天生易受信人自由裁量权滥用的损害,信义法主要涉及受信人对受益人的忠诚(faithfulness)问题,忠诚被要求履行忠实的信义义务(fiduciary duty of loyalty),[2]但对另一方的法律权利享有自由裁量权之人并不一定是受信人,[3]该观点也未直接阐明信义关系内在的结构性特征产生的根源。利益冲突论立足于认知心理学、行为经济学及哲学等跨学科分析视角,认为利益冲突为负有为他人利益作出决策义务之人存在干预合理决策的个人利益情形的义务与利益冲突,主流信义法理论关于受信人对受益人财产的自由裁量权滥用之必要限制的基本假设因导致信义法的分裂不能作为信义法的核心特征,信义关系规制法的主要目的是受信人为受益人利益合理作出决策或行使裁量权,信义义务的目标旨在通过决策程序的控制来指导受信人的自由裁量权,[4]但未明确信义关系的产生根源。信义法基础的共和论认为信义关系认定的传统观点立足于古典自由主义,强调受信人的自由裁量权及其限制,主张改采共和理论,强调委托人(或受益人)免于他人统治的自由及各方当事人的权利平等,仍主张信义关系产生于一方被授权处置另一方法律或事实利益的权利,[5]亦未解释信义关系产生的根源。(5)存在理由论(foundational raison d'être)。该观点认为,回答"信义概念是什么"及"信义概念为何存在"这两个孪生问题是准确理解信义义务及信义关系的基本前提,信义法的核心理念是旨在维护社会上及经济上

---

[1] See D. Gordon Smith, "The critical resource theory of fiduciary duty", *Vanderbilt law review*, October, p.1497.
[2] See Paul B. Miller, "A Theory of Fiduciary Liability", *McGill Law Journal*, February, pp.235, 241, 257, 262.
[3] See Evan J. Criddle, "Liberty in Loyalty: A Republican Theory of Fiduciary Law", *Texas Law Review*, April, 2017, p.1036.
[4] See Remus Valsan, "Fiduciary Duties, Conflict of Interest, and Proper Exercise of Judgment", *McGill Law Journal*, September, 2016, pp.1, 39, 40.
[5] See Evan J. Criddle, "Liberty in Loyalty: A Republican Theory of Fiduciary Law", *Texas Law Review*, April, 2017, pp.1000, 1036.

重要或必要的高度信任关系(relationships of high trust and confidence)中的诚实正直,此高度信任关系产生受益人对受信人的完全信赖及发生受益人易受受信人忠实、正直、公正及最大诚信等义务履行的个别伤害,受信人信义义务在相互交往的信义要素之内确立了受信人对受益人的可接受的行为规范,[1]由此明确信义关系及信义义务产生的事实基础为受益人对受信人的高度信任。相较而言,存在理由论更为合理,其明确了信任乃信义关系产生的起点。

基于信任产生的法律关系并非均属信义法律关系。委托人(或受益人)对受信人人品和能力的信任是信义关系产生的事实基础,该信任事实的产生源于当事人双方的明示同意或法律的明确规定,[2]法律的明确规定实乃全民合意,亦蕴含了当事人双方同意之义。但是,正如信义法学科的全球开创者、美国波士顿大学法学院塔玛·弗兰科教授所言,并非所有信任关系(trusting relationships)均属信义法的调整范围,信义法律关系须具备委托人对受托人的信任、财产或权力的委托及委托人承受风险等三个构成要素。[3] 所谓信义关系,是指委托人(或受益人)基于对受信人人品及能力的信任,委托受信人为实现委托人最佳利益处理委托人事务所形成的法律关系。塔玛·弗兰科教授认为,信义法律关系包括委托人对受托人的信任、财产或权力的委托及委托人承受风险等三个构成要素。[4] 据此,信义法律关系具有三个基本特征:(1) 委托人信任受信人处理委托人事务的人品及能力;(2) 委托人授予受信人独立处理委托人事务的权利;(3) 受信人负有为委托人最佳利益实现忠实及勤勉履行受托职责的义务。[5]

---

[1] See Leonard I. Rotman, "Understanding Fiduciary Duties and Relationship Fiduciarity", *McGill Law Journal*, November, 2017, pp.5, 56~58.
[2] 与此类似,美国学者探究了受信人从委托人取得委托人利益裁量权的方式(包括委托人自愿授予、司法指定与法律规定)及信义关系的产生方式(包括当事人双方同意、成文法或判例法规定、法院宣告或命令)。See Evan J. Criddle, "Liberty in Loyalty: A Republican Theory of Fiduciary Law", *Texas Law Review*, April, 2017, p.1036; Paul B. Miller, "The Identification of Fiduciary Relationships", in Evan J. Criddle, Paul B. Miller, and Robert H. Sitkoff, eds., *The Oxford Handbook of Fiduciary Law*, p.24 (New York: Oxford University Press, 2019), available at file:///C:/Users/123/Downloads/SSRN-id3119136.pdf, visited on March 20, 2022.
[3] See Tamar Frankel, *Fiduciary law*, Oxford University Press, 2011, p.5; Tamar Frankel, "Towards Universal Fiduciary Principles", *Queen's Law Journal*, Spring, 2014, p.397.
[4] See Tamar Frankel, *Fiduciary law*, Oxford University Press, 2011, p.5; Tamar Frankel, "Towards Universal Fiduciary Principles", *Queen's Law Journal*, Spring, 2014, p.397.
[5] 美国学者提出了内容大体相同的类似观点。See Paul B. Miller, "A Theory of Fiduciary Liability", *McGill Law Journal*, February, 2011, pp.235, 241, 257, 262; Tamar Frankel, "Towards Universal Fiduciary Principles", *Queen's Law Journal*, Spring, 2014, p.397; Tamar Frankel, *Fiduciary law*, Oxford University Press, 2011, p.6.

非营利组织理监高的信义义务源自委托人对受信人的信任及由此建立的信义关系。非营利组织对理监高信的信任是特殊信任、认知型信任和人际信任，系非营利组织对理监高履行职责以实现非营利组织最佳利益的人品和能力之信任。公司也是如此，公司财产和主要事务均控制在董事手中，股东不得逾权控制和管理公司事务，从而形成公司与董事之间的委任或者受托关系，这种关系含有浓厚的"信任"或"信义"属性。[1] 基于对理监高的履职人品及能力之信任，非营利组织授予理监高管理、监督非营利组织事务的职责和权力，非营利组织与理监高之间的信义关系由此建立，理监高的信义义务由此产生。非营利组织理监高的信义义务是指理监高负有以非营利组织所信任的人品和能力履行职责以实现非营利组织最佳利益的义务。不同信义关系的产生原因不同，受信人的身份也不同，受信人的职责、权力也略有差异，受信人的信义义务内容也由此存在一定差异。非营利组织理监高对非营利组织事务享有广泛的经营管理及监督权，其权力源于法律规定或章程授权，理监高与非营利组织及第三人之间的信义关系因而有别于信义关系类型中的信托关系、委托代理关系。

非营利组织与理监高信之间的信义关系不是信托关系。除法定的信义关系之外，信义关系大多建立在明示或者默示的委托法律关系基础之上形成的财产法律关系群，代理、居间、行纪、合伙、公司、信托等均属于这个大家族的成员。[2] 根据委托与代理区分的传统民法理论，委托关系是包括代理关系在内的信义法律关系之基础法律关系，接受委托人授权委托的受托人即受信人可以成为其代理人、居间人、行纪人、合伙执行人、信托受托人，也可以成为公司的董监高、非营利组织的理监高等。[3] 与公司董监高一样，非营利组织理监高不享有信托受托人所享有的信托财产所有权，复数理监高不负有信托的共同受托人须保持的一致行动之义务，且拥有比信托受托人更为广泛的自由裁量权限，可进行必要的冒险、投资和商业决策，因此其地位并非信托受托人。[4] 是故，美国法院及非营利法人法均抛弃了非营利组织董事及高管为信托受托人地位说，对非营利法人董事及高管的注意义务改采相似情形相似职位之人注意标准兼顾董事及高管的个人特别能力注意标准。[5] 非营利组织

---

[1] 叶林：《董事忠实义务及其扩张》，《政治与法律》2021年第2期。
[2] 赵廉慧：《论信义义务的法律性质》，《北大法律评论》2020年第1辑。
[3] 赵廉慧：《论信义义务的法律性质》，《北大法律评论》2020年第1辑。
[4] 郑佳宁：《信义关系视角下公司董事地位与职能构造》，《湖北社会科学》2022年第9期；叶林：《董事忠实义务及其扩张》，《政治与法律》2021年第2期。
[5] 罗昆：《非营利法人的私法规制》，中国社会科学出版社2017年版，第187、188页。

理监高与公司董监高地位基本相同,有学者主张以公司与董事之间存在信托关系为基础建构公司法中的信义义务并以信托关系及法理作为公司法信义义务的依据和解释路径,①显非允当。

非营利组织与理监高之间的信义关系也不是代理情形的信义关系,理监高也不是非营利组织的代理人。这是因为:董事与法人间为一个人格的关系,代理人与本人则为两个人格的关系,董事的行为就是法人的行为,而代理人的行为并非本人的行为,只是其效力归属于本人而已;董事代表法人的行为为法律行为、准法律行为或事实行为,代理行为仅得为法律行为或准法律行为;②理监高享有源于法律规定或章程约定、代理人无法享有的管理及监督非营利组织运营的自由裁量权;理监高个人并不当然具有非营利组织代理人的身份。③

二、非营利组织理监高信义义务的主要内容

非营利组织理监高的信义义务乃理监高以非营利组织所信任的人品和能力履行职责以实现非营利组织最佳利益之义务,即履职须尽忠实且尽勤勉、谨慎及能力之义务。公司法理论通说认为,公司董事和高管的信义义务包含忠实义务与注意(或勤勉)义务两大传统义务,分别针对董事和高管的品性和能力,前者强调其尽忠尽职的品德,意在克服其贪婪和自私行为,阻止将权力为己所用,后者强调其努力和注意程度,与其个人能力有关,要求认真履行决策和监督职能以实现公司最佳利益,鼓励他们运用权力服务公司和股东。④ 非营利组织理监高与公司董监高的法律地位基本相同,故域外立法及学说多将非营利组织理监高的信义义务二分为忠实义务与注意义务,殊值肯认。

信义义务源于委托人对受信人的人品和能力之信任,忠实及注意义务乃其具体体现,忠实义务乃人品信任之法律义务反映,注意义务乃能力信任之法律义务体现。忠实义务的内容包括积极和消极两个方面,前者要求理监高诚信履行职责且以实现非营利组织最佳利益为目的,后者要求理监高不能将自身或第三人利益置于非营利组织利益之上,包括不得从事与非营利组织利

---

① 郭富青:《我国公司法移植信义义务模式反思》,《学术论坛》2021年第5期。
② 施启扬:《民法总则》,中国法制出版社2010年版,第145、278页。
③ 有学者对公司董事地位分析提出了类似观点。郑佳宁:《信义关系视角下公司董事地位与职能构造》,《湖北社会科学》2022年第9期。
④ 邓峰:《领导责任的法律分析——基于董事注意义务的视角》,《中国社会科学》2003年第3期;朱羿锟:《论董事问责的诚信路径》,《中国法学》2008年第3期;徐晓松、徐东:《我国公司法中信义义务的制度缺陷》,《天津师范大学学报(社会科学版)》2015年第1期。

益冲突交易、不得剥夺非营利组织商业机会、竞业禁止等。注意义务是指理监高所负的相似情形相似职位之人履职应尽的谨慎（care）、勤勉（diligence）和能力（skill）之义务，大体分为注意子义务、勤勉子义务与能力子义务。① 注意子义务是注意义务行为标准的最核心内容，主要解决理监高履行管理或监督职责时是否是合理、审慎的问题，要求理监高履职须尽合理审慎人应有的谨慎和注意，作出决策前须全面了解信息并进行风险评估，不可轻率作出决策。勤勉子义务关注理监高是否恪尽职守、努力工作，更多关理监高的行为是否规范及规定动作是否完成，要求理监高勤于管理、认真履职且不可懈怠，可依"情境考量的标准"（circumstance-adjusted standard）综合考量与理监高履职相关的非营利法人及理监高个人两方面的因素，根据章程规定、组织类型、组织规模、业务性质、理监高履职的职务和职责等因素确定理监高的勤勉程度要求。能力子义务是指理监高应具备与履职岗位职责相适应的知识、经验和能力，若其能力高于岗位履责要求的，须尽其特别能力履职。上述三个子义务只是从不同角度对注意义务内容的分析，注意义务实际履行中上述三个子义务相互交融，无法截然区分：未尽勤勉义务无法保障已尽注意子义务，已尽注意子义务必然已尽勤勉子义务；已尽注意子义务和勤勉义务必然已尽能力子义务，已尽能力义务必然体现为已注意子义务和勤勉子义务。美国《示范非营利法人法》第 830 条采取的"相似情形相似职位之人注意标准"之"相似情形"内含非营利法人董事个人特别能力注意标准之要求，过于抽象、隐晦。英国《公司法》第 174 条规定"公司董事行使合理注意、能力和勤勉的义务"，将注意义务统称为"注意、勤勉和能力义务"，较为合理，非营利组织理监高的注意义务标准可概括为"非营利组织理监高须尽相似情形相似职位之理性人履职应尽的注意、勤勉和能力之义务"。②

履职诚信义务内含于非营利组织理监高忠实及注意义务之中，不宜单列为信义义务的独立类型。有公司法学者认为，为规制公司董事故意让公司违法、不坦诚告知、滥用职权及严重失职等四种不当诚信行为，主张借鉴美国公司董事信义义务三分法，将公司董事的诚信义务作为一项独立的信义义务，与传统的注意义务和忠实义务并列，对董事提出诚实、遵守公认的从商规范、

---

① 翁小川：《董事注意义务标准之厘定》，《财经法学》2021 年第 6 期；王涛：《论慈善组织高管的谨慎义务》，《北京航空航天大学学报（社会科学版）》2017 年第 6 期。

② 这里参考了叶金强教授的公司董事注意义务标准的"理性人"人格形象观点及翁小川副教授的公司董事注意义务的子义务分析观点。叶金强：《私法中理性人标准之构建》，《法学研究》2015 年第 1 期；翁小川：《董事注意义务标准之厘定》，《财经法学》2021 年第 6 期。

遵循基本的公司规范及忠于职守等四项诚信要求。① 实则不然。毕竟,忠实义务或注意义务之履行,均要求诚信履职,美国《示范非营利法人法》第830条(a)(b)即如此规定。诚信的要旨是毋害他人,主观诚信是毋害他人的内心意识,客观诚信是顾及他人利益的外在行为,②两者互为表里、相互印证,故信义义务与诚信义务实乃等值、等义。只不过,信义义务与诚实信用分别可以作为两大法系信任机制的代表,③信义义务乃英美法系衡平法的习惯表达,诚信义务乃大陆法系民法采用的法律概念。美国特拉华州最高法院坚持了14年董事信义义务三分法,2006年在Stone v. Ritter案最终改变了诚信义务为独立于忠实义务与注意义务的信义义务子类型的观点:"之所以不诚信行事可能导致责任,是因为诚信而为的要求是基础性忠实义务的一个补充性的元素,即一种条件要求。……虽然诚信可以通俗地被称为包含忠实和注意义务的三项信义义务之一,但诚信并不构成与注意和忠实义务并列的独立的信义义务。"④不过,因许多美国州法框架下违反注意义务的董事无需承担赔偿责任,美国法院及学界将故意违法及恶意放弃职务等"bad faith"纳入"忠实义务"范畴,认为董事有义务对职务履行的不忠诚对公司损失进行填补,美国部分公司法学者甚至主张"good faith"是横跨忠实义务和注意义务共同的上位概念。⑤

　　履职合规义务(duty of obedience, duty to comply)亦内含于非营利组织理监高忠实及注意义务之中,亦不应单列为信义义务的独立类型。理监高履行合规义务,要求履职遵守法律法规、非营利法人章程及非营利法人决议。公司法领域,董事合规义务进入董事义务存在以董事信义义务统合和与董事信义义务分离的两种可能路径,前者可通过扩张信义义务结构的"三分法"(忠实义务+勤勉义务+合规义务)或扩张解释忠实义务或勤勉义务内涵的"二分法"实现。有公司法学者认为,公司董事合规义务和信义义务在履行逻辑上难以兼容,中国语境下使用囊括了合规义务的信义义务对董事进行问责亦有明显缺陷,合规义务与信义义务在法理上存在重要差异,主张我国应确立董事合规义务相对于信义义务的独立性,⑥也有学者主张借鉴美国经验将

---

① 朱羿锟、彭心倩:《论董事诚信义务的法律地位》,《法学杂志》2007年第4期。
② 徐国栋:《主观诚信概念在中国民法理论中的地位》,《政治与法律》2011年第5期。
③ 徐化耿:《论私法中的信任机制——基于信义义务与诚实信用的例证分析》,《法学家》2017年第4期。
④ Stone v. Ritter, No.93, 2006 WL 3169168, Del 2006.
⑤ 梁爽:《董事信义义务结构重组及对中国模式的反思——以美日商业判断规则的运用为借镜》,《中外法学》2016年第1期。
⑥ 汪青松、宋朗:《合规义务进入董事义务体系的公司法路径》,《北方法学》2021年第4期。

合规义务纳入忠实义务之中[1]或将合规义务归入勤勉义务（注意义务）之中，[2]还有学者主张将守法合规、诚实守信确定为董事信义义务一般规定的基本内容并成为勤勉义务与忠实义务的补充。[3] 非营利法人法领域，我国有学者主张借鉴美国学说，在捐助法人理事的信义义务内容在忠实和注意义务之外单独创设顺从义务，认为顺从义务（duty of obedience）具有遵循并应对非营利法人内在机理特殊性所呈现的工具价值，顺从义务是非营利法人超越章程/业务范围行为能力限制的立法表达与客观指引，且能够为理事在权衡不同利益群体之间的诉求后作出的行动指南提供说明（抗辩）理由；[4]有美国学者主张非营利法人董事合规义务为独立的信义义务、忠实义务和注意义务衍生于合规义务，认为非营利组织比营利组织更应强调合规义务，非营利组织董事的职责在于确保非营利组织的宗旨及目标实现，而不是营利组织的营利最大化目标，合规义务的存在逻辑在于通过慈善法人的活动实现服务公众的使命或宗旨，强调慈善组织的使命及宗旨实现及其公益使命高于经济目标，而忠实义务和注意义务受制于市场效率目标，合规义务促使非营利法人像商事公司追逐利润一样为其使命的"预期效果"服务。[5] 非营利组织与营利组织的宗旨虽然不同，但非营利组织理监高与公司董监高所负的信义义务并无本质不同，二者均要求以被信任的人品和能力履行职责、行使权利，组织性质的营利与否不应成为合规义务应否独立于信义义务的理由。基于信义

---

[1] 梁爽：《董事信义义务结构重组及对中国模式的反思——以美日商业判断规则的运用为借镜》，《中外法学》2016 年第 1 期；朱羿锟：《论董事问责的诚信路径》，《中国法学》2008 年第 3 期。

[2] 李新天、易海辉：《企业基金会内部控制人民事责任的法理溯源及其承担》，《理论月刊》2015 年第 9 期；王真真：《董事勤勉义务制度的利益衡量与内涵阐释》，《财经法学》2022 年第 3 期；李依怡：《论董事勤勉义务的判断标准与判断前提》，载梁慧星主编：《民商法论丛》第 73 卷，社会科学文献出版社 2022 年版，第 78~99 页。

[3] 王建文：《我国董事信义义务制度的扩张适用：一般规定的确立》，《当代法学》2023 年第 1 期。

[4] 叶熙昊：《论中国捐助法人理事信义义务的构建》，华东政法大学 2021 年硕士学位论文，第 44~47 页。

[5] See Jeremy Benjamin, "Reinvigorating Nonprofit Directors' Duty of Obedience", *Cardozo Law Review*, March, 2009, p.1682; Joseph Anthony Valenti, "Know the Mission: A Lawyer's Duty to a NonProfit Entity During An Internal Investigation", *ST. T HOMAS L. R EV.*, Spring, 2010, pp.519, 520; Long, Joseph, "Contextual Study of the Non-Profit Duty of Obedience: The National Collegiate Athletic Association", *Seton Hall Journal of Sports and Entertainment Law*, Winter, 2013, pp.136~138; Melanie Di Pietro, "Duty of Obedience: A Medieval Explanation for Modern Nonprofit Governance Accountability", *DUQ. L. REV.*, 2007, pp.115~118, 132, 133.; Rob Atkinson, "Obedience as the Foundation of Fiduciary Duty", *J. Corp. L.*, 34, 2008, pp.46、47、97.

义务内容的内在逻辑,合规义务内含于忠实及注意义务之中,不应独立于信义义务:(1)信义义务履行的全过程须践行诚信义务,诚信义务内含合规义务。诚实信用原则要求民事活动的当事人行使权利和履行义务时秉持诚实,恪守承诺,不得通过自己的活动损害他人私益和社会公共利益。[①] 诚信履职义务要求忠实且勤勉履职,本身蕴含不得损害非营利法人利益及社会公共利益之内容,以损害社会公共利益的手段实现非营利法人宗旨的行为难谓履行了信义义务。正因如此,处在非营利法人商业化的浪潮之下,美国修订的《示范非营利法人法》并未在忠实与注意义务之外单独创制合规义务,而是将合规义务作为忠实义务项下的子集,尽管这样的做法是为了与商事公司董事义务形成对称。[②] (2)信义义务所信之"义"乃受信的履职目标与履职手段之一体实现,履职目标的完成依赖于履职手段的合理实施,履职手段的合理与否无法脱离履职目标孤立评价。理监高的履职目标是实现非营利组织最佳利益,但"最佳利益"不是"唯一利益","最佳利益"是在不害及他人私益及社会公益前提之下的最优利益选择,也即,"最佳利益"本身内含合规义务内容。理监高履职之手段或方式须合理,须以实现非营利组织最佳利益的履职目标为遵循,忠实且尽相似情形、相似职位之人合理注意义务乃至尽个人特别能力注意义务。同理,2022年12月全国人大常委会公布的《中华人民共和国公司法(修订草案二次审议稿)》第179条、第180条虽分别规定公司董监高的合规义务、忠实及勤勉义务,将合规义务与忠实及勤勉义务分开规定,但实质上公司董监高的合规义务无法独立于董监高的忠实及注意义务而存在。

三、非营利组织理监高忠实义务与注意义务的逻辑关联

域外立法多将公司董事或非营利法人理监高忠实义务与注意义务合为一体作为信义义务的基本内容,且多分别设置忠实义务与注意义务的具体内容,但未明确忠实义务与注意义务之间的关系。域内外学界未能厘清信义义务之下的注意义务与忠实义务之间的关系,割裂两者之间的内在联系,严格区分二者并采取不同的履行标准。公司法学者认为,公司董事注意义务和忠实义务无论是立法目的还是适用标准都存在巨大差异,主张严格区分忠实义务与注意义务,两大义务不加区分的破坏是很大的,若采取忠实义务的整体公平原则来处理注意义务案件就会将注意义务标准降低,采取混同会放纵一

---

① 梁慧星:《民法总论》,法律出版社2021年版,第50、51页。
② See Peggy Sasso, Comment, "Searching for Trust in the Not-for-Profit Boardroom: Looking Beyond the Duty of Obedience To Ensure Accountability", *UCLA L. REV.* August, 2003, p.1522.

些过失管理行为,会使一些原本并没有违反忠实义务的案件被认为违反了注意义务,①或认为,应澄清董事忠实义务的内涵,划分忠实义务与勤勉义务的界限,因为忠实义务是董事承担的最高程度义务,也是董事承担的最低义务,忠实义务与诚实信用的互动以充实忠实义务内容。② 这种观点必然影响非营利组织理监高忠实义务与注意义务之间的关系处理。实质上,从忠实义务与注意义务的内容本质分析,非营利组织理监高履职的忠实义务与注意义务均为人品可信与能力可信之共同体现及诚信之一体要求,二者互为表里,不可分割且相互交织,理由如下:

其一,忠实义务与注意义务均为不可分割的人品可信与能力可信之一体反映。尽管忠实义务侧重人品可信的信义义务,注意义务侧重能力可信的信义义务,但信义义务之具体履行,人品可信与能力可信无法分割,二者相互交融。人品可信必然内含以可信的能力履行职责之品性要求,以可信的能力履职本身实乃人品可信之体现,未尽可信能力履职难谓人品可信,未尽可信的人品履职难言已尽可信的能力履职。故,忠实义务与注意义务的内容必然相同。

其二,忠实义务与注意义务均为主观诚信与客观诚信之统一体现。尽管信义义务为受信人所负的单向性义务,诚信义务可为单向性义务或双向性义务,但概念源于英美法系的信义义务与大陆法系的诚信义务之内涵相通。思想主导行动,人之外在的行为乃内在心理状态之客观反映。外界无法探知人的内心世界,主观的内心状态必须通过客观的外在行为予以洞悉,故诚信乃主观诚信与客观诚信的统一,客观诚信是指行为规则,表现为外部行为,而主观诚信是指内心状态,表现为内心确信,个人的内心确信并不必然构成诚信,须受制于社会评价,即主观诚信亦有客观色彩。③ 因而,内心状态的主观诚信必须通过外在行为的客观诚信予以证明,诚信义务之合理履行必然体现为一体化的主观诚信与客观诚信,不存在脱离客观诚信的主观诚信,也不存在脱离主观诚信的客观诚信,两者无法割裂开来。故,毋害他人且为委托人谋求最佳利益乃信义义务之本旨,忠实义务与注意义务乃主观诚信与客观诚信的分别简单化约,两者根本无法分割,这从以下几点可得到佐证:(1)我国现行立法无法截然区分忠实义务与注意义务,如《公司法》第 148 条列举了董

---

① 翁小川:《董事注意义务标准之厘定》,《财经法学》2021 年第 6 期。
② 叶林:《董事忠实义务及其扩张》,《政治与法律》2021 年第 2 期;王艳梅、祝雅柠:《论董事违反信义义务赔偿责任范围的界定》,《北方法学》2019 年第 2 期。
③ 徐国栋:《客观诚信与主观诚信的对立统一问题——以罗马法为中心》,《中国社会科学》2001 年第 6 期;徐国栋:《诚信原则二题》,《法学研究》2002 年第 4 期。

事、高管违背忠实义务的7项行为,但第1项、第2项、第3项、第7项、第8项未必涉及董事忠实义务。① (2) 最高人民法院《民事案件案由规定》的第276个案由为"损害公司利益责任纠纷",其请求权规范指引的阐释并未明确区分公司董监高违背忠实义务与注意义务。② (3) 司法实践难以截然区分忠实义务与注意义务。美国公司法允许章程约定免除董事非故意或重大过失违反注意义务的责任,而忠实义务违反则不得约定免除其责任。特拉华州《普通公司法》第102条(b)(7)规定,董事违反下列信义义务的责任不可通过章程予以免除或限制:违反忠实义务;缺乏诚信(good faith),或故意或有意识的违法行为;违法分红,违法取得自我股份;使董事不当获利的行为。美国学者认为,第102条(b)(7)规定不可免除的并非全部都是忠实义务,部分属于注意义务;③1980年代后特拉华州公司法判例中出现了忠实义务与注意义务的边界愈发变得模糊的现象。④ 实际上,特拉华州《普通公司法》第102条(b)(7)规定的4类违反信义义务之行为乃基于故意或重大过失的注意义务违反行为,属恶意背信的注意义务违反行为,具有苛责的非难性基础,理应不应允许免责。我国立法及司法对公司董事违反信义义务的赔偿责任范围界定并未区分注意义务与忠实义务,⑤司法实践中大量公司经营者责任诉讼案件的争议事项超出了法律列举的公司董事、监事和高管的禁止行为,法院经常援用忠实义务和注意义务的概括条款作出判决,多数判决倾向于形式化审查和机械解释,⑥注意义务和忠实义务在判决中被笼统称为"忠实勤勉义务"。⑦ (4) 学说认为公司董事忠实义务与注意义务相互交融。一般说来,法官对董事的主观意图的探究无异于猜测,容易造成司法错误。⑧ 我国学者认为,忠实义务虽包含对董事奉献的正面要求,但其实际内容更接近于一种负面行为的评判与防范,扮演的是一种消极功能,而注意义务也是判断在公司

---

① 叶林:《董事忠实义务及其扩张》,《政治与法律》2021年第2期。
② 人民法院出版社编著:《最高人民法院民事案件案由适用要点与请求权规范指引》,人民法院出版社2020年版,第749~752页。
③ See John L. Reed, Matt Neiderman, "Good Faith and the Ability of Directors to Assert §102(b)(7) of the Delaware General Corporation Law as a Defense to Claims Alleging Abdication, Lack of Oversight, and Similar Breaches of Fiduciary Duty", *Delaware Journal of Corporate Law*, November, 2004, p.114.
④ 梁爽:《董事信义义务结构重组及对中国模式的反思——以美日商业判断规则的运用为借镜》,《中外法学》2016年第1期。
⑤ 王艳梅、祝雅柠:《论董事违反信义义务赔偿责任范围的界定》,《北方法学》2019年第2期。
⑥ 王军:《公司经营者忠实和勤勉义务诉讼研究——以14省、直辖市的137件判决书为样本》,《北方法学》2011年第4期。
⑦ 翁小川:《董事注意义务标准之厘定》,《财经法学》2021年第6期。
⑧ 朱羿锟:《论董事问责的诚信路径》,《中国法学》2008年第3期。

蒙受损失之际董事行为是否合理,从两者消极功能的定位可推知,注意义务与忠实义务更多地有交集部分。① 美国 Strine 法官认为,只有忠实的受托人才能尽到一个审慎人的注意。②(5)从分类逻辑而言,分类标准须遵循划分要相应相称、划分要按同一标准进行、子项外延要互相排斥和划分的层次要清楚等划分规则,③忠实义务与注意义务的内容难以完全分割开来,外延并非相互排斥、相互矛盾,而是相互重叠。

同理,2022 年 12 月全国人大常委会公布的《中华人民共和国公司法(修订草案二次审议稿)》第 180 条虽将《公司法》第 147 条的公司董监高忠实及勤勉义务规定分设两款——忠实义务条款④和勤勉义务条款⑤,但实质上忠实义务与勤勉义务的内容无法完全分割开来。

第二节 非营利组织理监高信义义务的履行标准

我国非营利组织理监高管的信义义务立法较为零散且不够全面。《慈善法》第 14 条仅规定了慈善组织管理人员的忠实义务,《基金会管理条例》第 23、24 条仅分别规定了基金会理事的忠实义务及基金会理事会违背注意义务的民事赔偿责任,《民法典》《社会团体登记管理条例》《民办非企业单位登记管理暂行条例》均未明确规定非营利组织理监高的信义义务及民事责任。2018 年民政部公布的《社会组织登记管理条例》(草案征求意见稿)第 56 条仅规定了基金会、社会服务机构理事的忠实义务。它山之石,可以攻玉。域外民法典或非营利组织法较为全面、系统规定了非营利组织理监高的信义义务的履行标准,但存有差异。比较考察域外非营利组织理监高信义义务的立法经验并予以合理借鉴,乃建构我国非营利组织理监高信义义务的履行标准之基本路径。

---

① 李政辉:《论非营利组织理事义务的标准选择》,《福建江夏学院学报》2015 年第 3 期。
② 梁爽:《董事信义义务结构重塑及对中国模式的反思——以美日商业判断规则的运用为借镜》,《中外法学》2016 年第 1 期。
③ 温公颐:《逻辑学》,高等教育出版社 1958 年版,第 102 页;徐锦中编著:《逻辑学》,天津大学出版社 2001 年版,第 43~48 页。
④ 即"董事、监事、高级管理人员对公司负有忠实义务,应当采取措施避免自身利益与公司利益冲突,不得利用职权谋取不正当利益"。
⑤ 即"董事、监事、高级管理人员对公司负有勤勉义务,执行职务应当为公司的最大利益尽到管理者通常应有的合理注意"。

一、非营利组织理事及高管信义义务
履行标准的英美法系考察

与大陆法系不同,英美法系的营利组织和非营利组织的治理机构多采"双层董事会制",设置由执行董事组成的"管理董事会"和由非执行董事会成员组成的"监事会"分别行使监督和管理职能,①未设监事或监事会等监督机构,故英美法系公司法及非营利法人法均规定董事(directors)及高级管理人员(officers)的义务(duty)及责任(liability)。美国、加拿大、新西兰的非营利法人法或登记社团法规定了董事及高管的信义义务(fiduciary duty)或忠实义务(duty of loyalty)和注意义务(duty of care)履行标准。

(一)美国非营利组织董事及高管信义义务的履行标准

2021年美国律师协会参照美国《示范统一商业组织法典》(2015)及《示范商业公司法》(2016)修改了第3版《示范非营利法人法》(2008),通过了第4版《示范非营利法人法》。②《示范非营利法人法》第830条的非营利法人董事行为准则规定基本照搬《示范商业公司法》第8.30条的公司董事行为准则,确立了董事无利益冲突情形规制董事行为的底线原则,设定的董事行为准则重在关注董事决策方式的合理性及董事职责的履行程度,而非决策结果的正确性与否,董事不得违背法律及章程规定的决策方式及履责程度要求。③ 尽管美国学界及法院通说认为非营利组织董事及高管对该组织负有信义义务并二分为注意义务与忠实义务,④但《示范非营利法人法》第830条的董事或高管忠实义务与注意义务难以截然区分,二者的履行标准完全相同且均采客观标准,即一般采相似情形相似职位之人审慎注意的客观标准,若董事或高管的知识、经验和能力高于"相似情形相似职位之人",则采董事特

---

① 《二十国集团/经合组织公司治理原则》(2015)第六章"董事责任"归纳了各国公司董事会所采取的两种不同结构:"双层董事会制(two-tier boards)"与"单层董事会制(unitary boards)"。

② See American Bar Association, *Exposure Draft of the Model Nonprofit Corporation Act* (May 28, 2021), available at https://www.americanbar.org/content/dam/aba/administrative/business_law/nonprofit/mnca.pdf, visited on November 20, 2021.

③ 详见美国《示范非营利法人法》(2008)条文所附的第830(a)条官方评述(OFFICIAL COMMENT)。

④ 梁爽:《董事信义义务结构重组及对中国模式的反思——以美日商业判断规则的运用为借镜》,《中外法学》2016年第1期。2019年5月美国法律研究院通过的美国《慈善性非营利组织法重述》(Restatement of the Law, Charitable Nonprofit Organizations)第2章"治理"(GOVERNANCE)第2.01、2.02、2.03条首次在美国示范商业组织法和非营利组织法中明确采用了"fiduciary duty""duty of loyalty""duty of care"的概念。

别能力注意标准。

第一，《示范非营利法人法》第830(a)条，美国不少学者称之为董事忠实义务规定，但官方评述认为该条确立了非营利法人董事行为基本准则，涵盖第830(b)～(f)条规定及常被称之为的注意及忠实义务。[①] 第830(a)条规定，非营利法人的每名董事履行董事职责时必须(must)：(1) 诚实信用(in good faith)；[②](2) 以董事合理相信(reasonably believe)符合非营利法人最佳利益(best interests of the nonprofit corporation)的方式。第830(a)条规定系参照美国《示范商业公司法》(1984)第8.30(a)条、[③]《示范商业公司法》(2008)第8.30(a)条[④]和第8.30(b)条[⑤]的公司董事行为标准及美国《公司治理原则：分析与建议》第4.01(a)条的公司董事和高管的注意义务规定[⑥]而制定，但均未使用信义义务、注意义务与忠实义务概念。依第830(a)条官方评述，830(a)条乃统一规范董事忠实义务与注意义务的信义义务规则，并明确信义义务之履行采主客观相结合的行为标准："合理相信符合非营利法人最佳利益"采主客观相统一判断标准，主观标准要求诚信行事的特定董事事实上相信符合非营利法人最佳利益，客观标准重在判断特定董事相信的合理性并以相似情形相似职位之理性人(a reasonable person in a like position and acting in similar circumstances)考虑特定董事的知识和经验之后作出的合理相信判断作为判断标准。[⑦]《示范非营利法人法》第830(b)条将"相似情形相似职位之理性人"的董事注意标准确定为董事履行决策及监管职能的注意标准，第830(a)条官方评述明确"相似情形相似职位之理性人"的注意义务履行标准之判断须考虑特定董事的知识和经验，与公司法规定保持了一致；《示范商

---

① 详见美国《示范非营利法人法》(2008)条文所附的第830(a)条官方评述(OFFICIAL COMMENT)。
② "good faith"译为"诚信"比译成"善意"更妥，"善意"仅能表达内在状态，无法表达外在行为。徐国栋：《诚信与善意：手足还是异类?》，《光明日报》2013年11月12日第11版。
③ 即"董事会的每名成员履行董事义务时应当：(1) 诚实信用；(2) 尽相似情形下相似职位之普通审慎人(an ordinarily prudent person in a like position would exercise under similar circumstances)合理相信是适当的注意义务；(3) 以董事合理相信符合公司最佳利益的方式"。
④ 即"董事会的每一个成员履行董事义务时应当：(1) 诚实信用；(2) 以董事合理相信符合公司最佳利益的方式"。
⑤ 即"董事或董事会在获知履行决策职能的相关信息或履行监督职能时，应当履行相似情形下相似职位之人合理相信是适当的注意义务"。
⑥ 美国法律研究院：《公司治理原则：分析与建议》(上册)，楼建波等译，法律出版社2006年版，第158、234页。但该中译本不够精炼、准确，本书下文根据英文原文作了重译。
⑦ 详见美国《示范非营利法人法》(2008)条文所附的第830(a)条官方评述(OFFICIAL COMMENT)。

业公司法》(2008)第8.30(b)条官方评述明确"相似情形相似职位之人"的公司董事注意义务履行标准之判断须考虑特定董事的知识和经验,董事缺乏商业经验或特定专长的,不免除董事须尽常识(common sense)、实践智慧(practical wisdom)及知情决策(informed judgement)之董事基本职责(basic director attributes)。① 美国董事注意义务标准呈现客观化倾向,②美国2008年修改《示范商业公司法》时删除了董事注意义务标准的"一般审慎人"(an ordinary prudent person)表述并改为"相似情形相似职位之人注意标准",③《示范非营利法人法》第830(b)条也将董事注意义务标准改为"相似情形相似职位之人注意标准",均同时考虑特定董事的知识和经验高于"相似情形相似职位之人注意标准"情形。质言之,《示范非营利法人法》第830(a)条乃董事信义义务的抽象规则,采董事忠实义务与注意义务之统一且客观的履行标准。

第二,依美国权威公司法专家对公司董事注意义务的解释,董事注意义务涵盖董事忠实义务内容。美国法律研究院(American Law Institute)组织公司法权威专家编纂的《美国公司治理通则:分析和建议》第4.01(a)条明确了公司董事或高管履行注意义务的行为标准,即"公司董事或高级主管必须诚信履行职能,须以他或她合理相信以符合公司最佳利益的方式,且须尽相似情形相似职位的一般审慎人履行职能被合理期待应尽的注意义务"。第4.01(a)条确立了主客观相统一的董事及高管行为准则:"须尽相似情形相似职位的一般审慎人履行职能被合理期待应尽的注意"乃客观标准,"须以他或她合理相信以符合公司最佳利益的方式"乃主客观结合标准——主观上相信其行为符合公司最佳利益、客观上该相信须合理。④ 第4.01(c)将经营判断法则(Business Judgment Rule)作为董事或高管履行注意义务的司法审查标准,即,董事或高管行为符合以下四个条件即视为履行了第4.01(a)条项下的注意义务:(1)基于诚信作出商业判断;(2)与商业判断的事项没有利益关系;(3)当时情形下合理相信所知悉的商业判断事项相关信息是适当的;(4)合理相信该商业判断符合公司最佳利益。毫无疑问,体现董事忠实义务要求的"诚信""无利益冲突""合理相信""合理相信符合公司最佳利益"等要素之判断必须依据"相似情形相似职位之人注意标准"之客观标准,否则,完

---

① See Melvin A. Eisenberg, *Corporations and other business organizations: Statutes, Rules, Materials, and Forms*, 2009 edition, New York, Thomson Reuters Foundation Press, p.828.
② 陈晨、胡鸿高:《论当代英美董事注意义务的法律标准》,《法制与社会发展》2002期第4期。
③ [美]理查德·D.弗里尔:《美国公司法》,崔焕鹏等译,法律出版社2021年版,第137页。
④ See Melvin Aron Eisenberg, "The Divergence of Standards of Conduct and Standards of Review", *Corporate Law*, Fordham L. Rev. 1993(62), p.440.

全滑入判断标准主观化的不可知论之中。正如学者所言,"诚信""合理相信"等要素是"一个通常谨慎的人在处于类似职位和相似情形时所被合理预见的注意程度"的辅助性证明标准,英美法上的董事注意义务应仅指"一个通常谨慎的人在处于类似职位和相似情形时所被合理预见的注意程度",与大陆法系基本相同。[1]

第三,美国特拉华州最高法院与衡平法院长达14年的董事信义义务分类三分法与两分法之争,遮蔽了特拉华州《普通公司法》第102条(b)(7)规定将董事忠实义务与注意义务截然分开之弊端。特拉华州《普通公司法》第102条(b)(7)规定,董事违反下列信义义务的责任不可通过章程予以免除或限制:违反忠实义务;缺乏诚信,或故意或有意识的违法行为;违法分红,违法取得自我股份;使董事不当获利的行为。该条规定旨在明确可免责的董事背信行为范围,主张忠实义务不可通过章程约定免责,注意义务则可,同时又规定诚信义务也不可通过章程约定免责,引发将注意义务与忠实义务二分的董事信义义务传统二分法是否合理的争议。因特拉华州《普通公司法》并未界定董事忠实义务与注意义务的区分标准,自1993年Cede & Co. v. Technicolor, Inc.案之后,第102条(b)(7)规定的理解分歧引发美国特拉华州最高法院与特拉华州衡平法院围绕"诚信"(good faith)义务是否为独立于注意义务和忠实义务的董事义务曾发生一场长达14年之久的论战,2006年特拉华州最高法院在Stone v. Ritter案件中最终放弃了董事信义义务"三分法"(包括诚信义务、忠实义务和注意义务),改采特拉华州衡平法院坚持的董事信义义务"新二分法"(注意义务与扩张的忠实义务),[2]但均未剖析第102条(b)(7)规定的合理性。[3] 第102条(b)(7)规定列举的不可通过章程免责的四类董事义务,被"新二分法"界定为扩张了的董事忠实义务。董事忠实义务强调董事尽忠尽职的品德,包括董事不得使个人利益与公司利益发生冲突的不作为义务和董事为增进公司最佳利益而诚信积极努力的作为义务,前者乃最低法律要求,后者系高层次道德要求。任何人负有不得害及他人利益的注意义务,作为信义义务人的董事负有不得背叛公司利益的注意义务,第102

---

[1] 陈本寒、艾围利:《董事注意义务与董事过失研究——从英美法与大陆法比较的角度进行考察》,《清华法学》2011年第2期。

[2] 梁爽:《董事信义义务结构重组及对中国模式的反思——以美日商业判断规则的运用为借镜》,《中外法学》2016年第1期。

[3] 国内学者深入研究了董事信义义务"三分法"与"新二分法"之争(梁爽:《董事信义义务结构重组及对中国模式的反思——以美日商业判断规则的运用为借镜》,《中外法学》2016年第1期),但未分析产生该争议的特拉华州《普通公司法》第102条(b)(7)规定本身之合理性。

条(b)(7)规定列举的四类董事背信行为实乃均属董事恶意违反注意义务损害公司利益的行为。正因如此,美国学者认为第102条(b)(7)规定不可免除的并非全部都是忠实义务,部分属于注意义务;[①]1980年后特拉华州公司法判例出现忠实义务与注意义务的边界愈发变得模糊的现象,特拉华州董事违反信义义务承担损害赔偿责任案件中的"严重的权限滥用""欺诈行为""自我交易""浪费公司财产""重大过错的行为"等董事归责理由[②]虽属忠实义务之违反,更属注意义务之严重违反。依美国《示范商业公司法》(2008)第8.30(b)的董事注意义务履行之客观标准,上述第102条(b)(7)规定的四类行为均属董事违反注意义务之行为。

第四,《示范非营利法人法》第830(a)条之外的董事行为规范均为董事注意义务规范。首先,董事与非营利法人利益冲突情形,《示范非营利法人法》第8F分章第860条规定了董事利益冲突交易的披露程序,确立了董事负有披露利益冲突交易信息的注意义务。其次,第830(b)～(f)条系第830(a)条董事注意义务规则的具体化,明确了董事注意义务判断标准、履行方式及履行程度。第830(b)条确立了董事履行决策职能及监督职能时须尽相似情形相似之人合理注意的抽象标准;第830(c)条确立了董事披露信息的注意义务;第830(d)(e)(f)条明确了董事决策过程的注意义务,允许董事为了特定目的可以信赖法条列举的特定第三人,除非其明知信赖不合理;第830(e)条明确董事可以合理信赖第830(f)条规定之人所准备或提出的信息、意见、报告或声明(包括财务报告或其他财务资料);第830(f)明确董事可以合理信赖非营利法人高级主管、职员或志愿者、法律顾问、注册会计师或其他专业人士等人及其提供的信息、意见、报告或声明。

《示范非营利法人法》第842条规定了与董事行为准则基本相同的非营利法人高管的行为准则。第842(a)条确立了高管履职的注意义务,即高管在其能力范围内履行职责时负有义务:(1)诚信行事;(2)采取相似情形相似职位之人合理履行职责应有的注意;(3)采用该高管合理相信符合非营利法人最佳利益的方式行事。第842(b)条明确了高管的报告义务,第842(c)条确立了高管履职信赖决策信息的注意义务。

---

① See John L. Reed, Matt Neiderman, "Good Faith and the Ability of Directors to Assert § 102(b)(7) of the Delaware General Corporation Law as a Defense to Claims Alleging Abdication, Lack of Oversight, and Similar Breaches of Fiduciary Duty", *Delaware Journal of Corporate Law*, November, 2004, p.114.
② 梁爽:《董事信义义务结构重组及对中国模式的反思——以美日商业判断规则的运用为借镜》,《中外法学》2016年第1期。

综上,美国非营利法人董事及高管履职的信义义务分为忠实义务与注意义务,二者的履行标准均采客观标准,即一般采"相似情形相似职位之人注意标准",若特定董事或高管的知识和经验高于"相似情形相似职位之人注意标准"的,则采特别能力注意标准。不过,《示范非营利法人法》第830(a)条评述将"合理相信符合非营利法人最佳利益"的履行标准定性为纯粹的主观标准,有失允当,毕竟,人之主观状态外界无法体察,只可能依外在行为评判。

(二)加拿大非营利组织董事及高管信义义务的履行标准

2009年颁布的《加拿大非营利法人法》(Canada Not-for-profit Corporations Act,CNCA)第148条专门规定了与美国基本相同的非营利法人董事及高管的义务(duties of directors and officers):(1)非营利法人的每名董事和高管行使权力和履行义务时应当:(a)为非营利法人最佳利益忠实且诚信行事;(b)尽合理审慎人(a reasonably prudent person)在相似情形下(in comparable circumstances)会应尽的注意(care)、勤勉(diligence)和能力(skill);(2)合规义务(Duty to comply),即非营利法人的每名董事和高管应当遵守本法及相关规定、章程(articles)、内部管理细则(by-laws)及成员一致决议(unanimous member agreement);(3)董事核实组织章程及宗旨合法性义务(lawfulness of articles and purpose),即每名董事应当核实非营利法人的章程及宗旨的合法性;(4)董事或高管义务及责任不得约定免除(no exculpation),即除非依据第170(5)条规定董事责任在董事权力被成员一致协议限制的同一范围内得以免除外,合同、章程、内部管理细则或决议的任何条款不得免除董事或高管负有依据本法或行政法令履职的义务或违反本法或行政法令所产生的责任。在此基础上,CNCA第149、150条进一步明确了第148(1)(2)(3)条项下董事及高管义务的履行标准。第149(1)条规定,董事履职时已尽合理审慎人在相似情形下行事必备的注意、勤勉和能力(包括诚信信赖高管提交的法人财务报表、非营利法人聘请的注册会计师出具的公允反映法人财务状况的书面报告中的财务报表或声明其专业能力可信之人出具的报告),则无须承担第145条的非法分配非营利法人金钱或财产的责任或第146条的非营利法人雇员6个月以内工资债务清偿责任,且已尽第148(2)(3)条项下之董事义务。第149(2)条规定,董事诚信信赖高管提交的法人财务报表、非营利法人聘请的注册会计师出具的公允反映法人财务状况的书面报告中的财务报表或声明其专业能力可信之人出具的报告,则已尽第148(1)条项下之董事义务。第150(1)条规定,高管履职时已尽合理审慎人在相似情形下行事必备的注意、勤勉和能力(包括诚信信赖声明其专业能力可信之人出具的报告),则已尽第148(2)条项下之高管义务。第150(2)条规定,高管诚信信赖声明其专业能力可信之人出具的报告,则已尽第148(1)条项下之高管义务。

2021年10月加拿大安大略省公布的《安大略非营利法人法》(2010)(ONCA)正式生效,结束了由《安大略公司法》调整安大略非营利法人的历史。ONCA与《加拿大非营利法人》(CNCA)的非营利法人董事及高管信义义务规定基本相同:其一,ONCA第43(1)条确立了董事及高管的注意标准,与CNCA第148(1)条规定完全相同。其二,ONCA第43(2)条确立了董事及高管的合规义务(Duty to comply with Act,etc.),与CNCA第148(1)条规定基本相同,ONCA第43(2)条虽删除董事及高管必须遵守的CNCA第148(1)条所规定的"成员一致决议",但无实质影响,因为作为社团权力机关的社团成员大会通过的决议,社团执行机关必须执行。其三,ONCA未设置CNCA第148(3)条的董事核实组织章程及宗旨合法性义务规定,不过,该义务可由合规义务推论出来。其四,ONCA第43(2)条规定不得约定免除董事或高管法定义务,即合同、章程、内部管理细则或决议的任何条款不得免除董事或高管负有依据本法或行政法令履职的义务或违反本法或行政法令所产生的责任。其五,与CNCA第149、150条不同,ONCA第44条并未明确第42(1)项下董事及高管忠实及勤勉义务的履行标准,仅进一步明确了第42(2)项下董事合规义务的履行标准及第39条项下董事非法分配非营利法人财产的免责标准:董事履职时已尽合理审慎人在相似情形下行事会应尽的注意、勤勉和能力,包括诚信信赖:(a)高管提交的财务报表、非营利法人审计师(auditor)或负责非营利法人审阅业务(review engagement)之人出具的符合普遍接受的会计准则且公允反映非营利法人财务状况报告中的财务报表;(b)高管提交的符合普遍接受的会计准则且公允反映非营利法人财务状况的临时报告或其他财务报告;(c)当时可合理相信的非营利法人高管或雇员的报告或建议;或者(d)声明其专业能力可信的律师、会计师、工程师、评估师或其他人士出具的报告。

由上可知,CNCA与ONCA均实质上规定了董事及高管的信义义务且三分为忠实义务、注意义务与合规义务,不过,两者的信义义务履行标准规定存有差异:两者虽均确立了合规义务的履行标准,但ONCA仅限于董事合规义务;CNCA明确了忠实义务和注意义务的履行标准,ONCA则否。但是,CNCA和ONCA的共同不足在于:一是ONCA未明确忠实义务的履行标准,CNCA虽予明确,但其提出的履行标准实乃部分具体考量因素,缺乏抽象判断标准。二是CNCA和ONCA对注意义务的履行标准均采"相似情形合理审慎之人注意标准"之客观标准,但忽视特定董事或高管的知识、经验和能力高于"相似情形合理审慎之人注意标准"情形,实乃降低了具备特别能力的特定董事或高管履职之注意标准,不利于董事或高管注意能力之充分发挥进而保障非营利法人最佳利益实现。

(三)新西兰非营利组织高管信义义务的履行标准

新西兰为保障社团治理现代化,2022 年修改了《登记社团法》(1908),颁布了吸纳相关普通法规则的《登记社团法》(2022)。《登记社团法》(2022)规定了登记社团高管的信义义务,高管(officers)的忠实义务和注意义务与《公司法》的董事责任(director duties)规则一致。依《登记社团法 2022》第 45、46 条,登记社团须设立委员会(committee),委员会由 3 个以上合格的高级管理人员(officers)组成且多数委员须由社团成员(members)担任,委员会享有管理、指导及监督社团运营及事务管理的权力。

《登记社团法》(2022)第 54~59 条规定了登记社团高管义务,《登记社团法草案》(2021)说明(explanatory note)归纳为"登记社团高管的六大概括明示义务"并定性为高管对登记社团的信义义务(fiduciary duties)。① 登记社团高管负有的六大义务,与新西兰法学会《登记社团新法报告》(2013)第 27、28 条提出的登记社团高管六大义务,②新西兰商业、创新及就业部 2015 年公布的《登记社团法征求意见稿》第 48~54 条规定的登记社团高管六大义务③及《登记社团法草案》(2021)草案第 49~54 条创设的登记社团高管六大义务一脉相承,具体包括:(1) 诚信及为社团最佳利益履职的义务。高管行使权力或履行义务,必须诚信且以相信符合社团最佳利益方式行事(第 54 条),此义务实乃美国立法、司法及学说上的忠实义务。(2) 权力行使的合理目的义务。高管行使高管权力,必须为了合理目的(第 55 条)。(3) 合规义务。高管不得以违反法律或社团章程的方式履职或同意社团行为(第 56 条)。(4) 注意义务。行使高管权力或履行高管义务,高管须尽相同情形下具有相同职责的理性人考虑但不限于社团性质、决策性质和高管职位及其承担责任的性质等因素应尽的注意(care)和勤勉(diligence)(第 57 条)。(5) 禁止社团

---

① See Incorporated Societies Bill 2021 15-1, available at https://www.legislation.govt.nz/bill/government/2021/0015/17.0/whole.html#LMS100809, Explanatory note, p.3, p.7, visited on March 20, 2022.

② See The Law Commission report A New Act for Incorporated Societies (NZLC R129, 2013), available at https://www.lawcom.govt.nz/sites/default/files/projectAvailableFormats/NZLC%20R129.pdf, p.84, visited on March 20, 2022.

③ See Commercial, Consumers & Communications Branch, Ministry of Business, Innovation & Employment of New Zealand, Exposure Draft: Incorporated Societies Bill (November 2015), available at https://www.mbie.govt.nz/assets/7d5df7c03a/exposure-draft-incorporated-societies-bill.pdf, p.15, visited on March 20, 2022.

活动给债权人造成重大损失的重大风险之义务。高管不得同意社团活动给债权人带来重大损失的重大风险的方式实施，也不得引发或允许社团活动给债权人带来重大损失的重大风险的方式实施（第58条）。（6）禁止给社团招致不合理债务的义务。高管不得同意给社团招致债务的活动，除非当时其有合理理由相信社团必须承担债务之时能够履行债务（第59条）。第60条明确了高管行使权力或履行义务时合理利用信息和建议的权利，第61条明确高管向社团、而社团成员负有义务，第62~73条详细规定了利益冲突披露规则，第63条明确高管负有与社团利益冲突交易的披露义务，要求与社团相关事务存在利益关系的高管必须向委员会披露该利益的种类和程度的细节（包括若能量化的利益之金钱价值），且必须在知道存在利益冲突之后尽快予以披露。

  由上可知，新西兰明确高管对登记社团注意义务的客观履行标准，即须尽"尽相同情形下具有相同职责的理性人应尽的注意和勤勉"之履行标准，但存在两大缺陷：（1）未明确高管的注意义务与忠实义务之间的关系，加之未明确高管忠实义务的客观履行标准，使忠实义务的履行标准走向纯粹的主观化，可能引发将来司法适用分歧。（2）高管注意义务的一般客观履行标准缺乏能力子义务履行要求，且缺乏信赖高管特别能力的特别客观履行标准。《登记社团法》（2022）对高管注意义务的履行标准仅要求具备合理审慎人应尽的注意（care）和勤勉（diligence），未要求具备合理审慎人应具备的技能（skill），2013年新西兰法学会认为登记社团高管不需要满足合理技能标准之理由是："不同于涉及人们行事角色方式的注意和谨慎，技能属于能力考量。被选任为社团高管可能并非基于他们的管理能力。许多人被选举或任命为高管，是因为他们取得了社团成员基于综合考虑后的信任和支持。也有许多人担任高管是因为轮值或无人愿意担任或合适担任。这些情形下期望他们为社团履职尽合理注意和勤勉是合理的，但要求他们具备相应技能是不合理的，因为他们不具备履职的必备能力即可。"[①]正因如此，《登记社团法草案》（2021）说明（explanatory note）明确登记社团高管履职须尽合理的注意和勤勉，但新西兰《公司法》为公司高管设定了要求具备合理能力的更高标准（reasonable skill）。[②] 显然，这对登记社团高管的注意义务要求低于公司高

---

① See The Law Commission report A New Act for Incorporated Societies (NZLC R129, 2013), available at https://www.lawcom.govt.nz/sites/default/files/projectAvailableFormats/NZLC%20R129.pdf, p.77, visited on March 20, 2022.

② See Incorporated Societies Bill 2021 15 - 1, available at https://www.legislation.govt.nz/bill/government/2021/0015/17.0/whole.html#LMS100809, Explanatory note, p.7, visited on March 20, 2022.

管,也使"注意子义务"和"勤勉子义务"缺乏明确的判断标准,因为任何人行事方式合理与否,均无法脱离其人品和能力予以评价,缺乏能力的考量基础,注意义务的履行标准形同虚设,这也正是美国和加拿大非营利法人法对董事及高管的注意义务强调同时具备"注意""勤勉""能力"三者的根本原因。另,新西兰忽视了高管具有被信赖的特别知识、经验和能力情形,缺乏特殊情形登记社团高管须尽其特别能力之客观履行标准。

（四）小结

由上比较可知,美、加、新三国均将非营利组织董事信义义务区分为忠实义务与注意义务,各自确定了相应的履行标准。相较而言,美国模式更为合理。加拿大的董事及高管注意义务及新西兰高管注意义务均缺乏忠实义务的客观履行标准。此外,虽均采"相似情形合理审慎之人注意标准"之客观履行标准,但前者忽视了同时考虑特定董事或高管的知识、经验和能力的客观因素,后者不仅缺乏特定高管具有被信赖的特别能力情形时特别能力注意标准,且明确完全不考虑高管的能力因素。而美国确定董事及高管信义义务的客观履行标准,不仅统一了忠实义务与注意义务的履行标准,且将考虑特定董事的知识和经验因素定性为客观因素,即采"相似情形相似职位之人注意标准"兼"特定董事或高管特别能力注意标准",较好体现了董事及高管信义义务履行与非营利法人最佳利益实现之间的价值冲突平衡。

二、非营利组织理监高信义义务履行标准的大陆法系考察

德国、意大利、葡萄牙、我国澳门等大陆法系国家和地区基于法典体系化需要,民法典虽未明确规定社团和财团的董事等管理人员履行职责的注意义务,但相关法律条文的体系解释实乃强调董事有偿履职时的注意义务采善良家父注意标准,无偿履职时采处理自己事务的注意标准。

（一）德、意、葡等非营利组织董事及高管信义义务的履行标准

德国非营利组织基本法由民法典规定,民法典虽未规定董事对非营利组织的信义义务,但明确董事负有注意义务,采一般合理审慎人注意的履行标准并区分董事任职取酬与否,董事忠实义务内含于董事注意义务之中。《德国民法典》规定,社团或财团的董事及特别代理人系社团或财团的法定代理人(第26、30、86条),董事会的业务执行准用民法典第664条至第670条关于委任的规定(第27条),[1]委任为受任人因接受委任负有为委任人无偿处

---

[1] 台湾大学法律学院、台大法学基金会编著:《德国民法典》,北京大学出版社2017年版,第633页;《德国民法典》,杜景林、卢谌译,中国政法大学出版社2014年版,第208页。

理其所委托事务之义务(第662条)。董事注意义务区别于诚实义务,源自德国《民法典》第276条的"社会上的注意",以过失责任为原则。① 依据《德国民法典》第276、277条,债务人必须对故意和过失负责任,有过失地实施行为系义务人疏于交易上必要的注意,只须对在自己的事务中通常所尽的注意负责的人,不免除因重大过失而发生的责任。现今德国法摒弃了罗马法上的"善良家父"概念,采取"以同职业、同年龄人的行为来衡量行为人的行为"的标准。② 董事实施了侵权行为或违反了他作为受委托人对社团的义务,须对社团、社团成员以及第三人承担个人责任,但都以董事的过错行为为前提条件;董事无偿履职的,仅就其故意或重大过失对社团和社团成员负责,而对第三人的外部关系中,董事责任没有被限制在故意和重大过失的情况,但董事可就其轻过失致第三人的损害对社团享有损害赔偿义务的免除请求权。③ 申言之,董事及特别代理人作为社团和财团的受任人,履职时对社团和财团负有注意义务,且注意义务的注意标准须区分有偿履职与无偿履职:有偿履职董事及特别代理人负"其所涉及的交往圈子中普通成员的能力"④的注意义务,须尽一般合理谨慎人的注意义务,而无偿或低酬履职的,须尽处理自己事务的注意义务,以鼓励或促进无偿或低酬担任社团名誉职务的董事。但是,德国学者认为企业管理者责任领域缺乏基于给付行为无对价或其他类似事由降低管理者的注意义务的正当性基础,依德国《股份法》第93条第1款及第116条规定,德国公司董事及监事的注意义务并未以其任职取酬与否,而是以其职位职责要求确定注意标准,与英国公司董事注意义务标准相同,一般采"通常的、认真的业务执行人"注意义务的客观标准,⑤个人能力不足不能成为董事为自己辩护的理由,董事具有特殊知识和能力的,须尽个人特别能力之注意程度。⑥ 德国《有限公司法》及《股份法》均未明文规定公司业务执行机关成员之忠实义务,但法界一致肯认公司机关成

---

① 张国琦:《董事信义义务体系扩张的实现路径——最高人民法院再审案件"斯曼特案"的价值发现》,《河南科技学院学报》2021年第1期。
② 王利明:《侵权行为法研究》(上卷),中国人民大学出版社2004年版,第505~507页。
③ [德]汉斯·布洛克斯、沃尔夫·迪特里希·瓦尔克:《德国民法总论》,张艳译,杨大可校,冯楚奇补译,中国人民大学出版社2019年版,第328页。
④ [德]迪尔克·罗歇尔德斯:《德国债法总论》,沈小军、张金海译,沈小军校,中国人民大学出版社2014年版,第185页。
⑤ 有学者认为德国公司董事勤勉义务的判断标准采"专家型"标准,高于美、日等国的合理谨慎之人标准(刘敬伟:《董事勤勉义务判断标准比较研究》,《当代法学》2007年第5期),显属误读。
⑥ 杨大可、林指:《商业判断规则在我国的引入:争议、实践与德国镜鉴》,《河南财经政法大学学报》2022年第4期。

员负有忠实义务，[1]同理，德国社团或财团董事对社团或财团也应负有忠实义务。社团或财团董事的忠实义务是伴随董事就职契约同在的诚实信用原则或配虑义务而产生的义务，法源依据是《德国民法典》第 242 条的诚实信用原则及第 241 条第 2 款的配虑义务规则(基于诚实信用原则考虑他人利益保护之义务)，可引申出禁止竞业行为、保守秘密行为及禁止利益冲突行为等义务。[2] 从非营利组织董事忠实义务履行标准之法源依据而言，《德国民法典》第 276 条苛加给董事的合理审慎人注意义务实乃涵盖董事忠实义务。

意大利规定了非营利组织管理人负善良家父注意义务，未明确管理人忠实义务。《意大利民法典》规定，意大利社团或财团设管理及代表社团或财团的管理人，管理人依据有关委托的规定承担责任(第 18、25 条)，管理人的权利和义务受有关委托契约规定的调整(第 2260 条)；作为受托人的管理人负有以善良家父般谨慎注意实施受托活动的义务，管理人的注意义务标准参照公司董事注意义务即以其任职的性质和职权所要求的勤勉注意来履行法律和章程规定的义务(第 1710、2392 条)，但无偿委托时过失责任应在较轻的范围内予以考虑，仅就故意或重大过失行为承担责任(第 1710、789、798、1768、1812、1821、2030 条)，即负处理自己事务的同一注意义务。显然，意大利社团或财团的管理人与德国社团或财团董事的注意义务标准基本相同，有偿任职采善意家父(即一般合理谨慎人)注意标准，无偿任职采处理自己事务注意标准。

葡萄牙以及我国澳门地区民法典的社团和财团规定基本相同，规定非营利组织管理人负善良家父的注意义务，未明确其忠实义务。社团或财团的行政管理机关和监事会的据位人为其受任人，其对社团或财团的义务由章程订定，章程无订定的，适用经作出必要配合之有关委任之法律规定(《葡萄牙民法典》第 165 条、我国澳门地区《民法典》第 152 条)。行政管理机关和监事会的据位人履职有过错致社团(或财团)或第三人损害的，对该损害负有赔偿义务(《葡萄牙民法典》第 798、800、500、499、483、1158 条、我国澳门地区《民法典》第 787、789、493、492、477、1084 条)，过错须按每一具体情况以对善良家父之注意要求予以认定(《葡萄牙民法典》第 487 条、我国澳门地区《民法典》

---

[1] 曾宛如：《董事忠实义务之内涵及适用疑义——评析新修正公司法第二十三条第一项》，《台湾本土法学杂志》第 38 期，2002 年 9 月。

[2] 依据类比解释，其他学者对德国公司董事忠实义务的分析同样适用于德国非营利组织董事忠实义务分析。楼建波、姜雪莲：《信义义务的法理研究——兼论大陆法系国家信托法与其他法律中信义义务规则的互动》，《社会科学》2017 年第 1 期；曾宛如：《董事忠实义务之内涵及适用疑义——评析新修正公司法第二十三条第一项》，《台湾本土法学杂志》第 38 期，2002 年 9 月。

第 480 条)。葡萄牙和我国澳门地区虽区分委任之有偿与无偿,但意义仅在于区分受任人可否取酬,对受任人的注意义务履行标准并无影响。显然,此与德、意不同,葡萄牙、我国澳门地区社团或财团行政管理机关和监事会的据位人无论履职取酬与否,均须尽善良家父注意义务。

综上,德国与意大利、葡萄牙及我国澳门地区均未规定非营利组织董事及监事的忠实义务,仅明确其注意义务,均采善良家父或合理审慎人注意标准。德国与意大利均依履职取酬与否区分董事或管理人应尽的注意义务标准,有偿任职采合理审慎人注意标准,无偿任职采处理自己事务注意标准。但是,葡萄牙和我国澳门地区对非营利组织管理人的注意义务标准不区分管理人履行取酬与否,更为合理,因为,非营利组织的设立服务于非营利目的,且弘扬、鼓励非营利组织参与者的利他、志愿、公益精神,对非营利组织董事或管理人加诸善良管理人注意义务,与其从事非营利活动的初衷并不冲突。但是,德国与意大利、葡萄牙及我国澳门地区均忽视了非营利组织董事或管理人的知识、经验和能力高于合理审慎人能力情形,不当降低了此种情形的注意义务标准。

(二) 日本非营利组织董监事等人信义义务的履行标准

日本 2006 年颁布了统一的非营利组织单行法即《一般社团法人及一般财团法人法》①(简称《一般法人法》)《公益社团法人及公益财团法人法》(下称《公益法人法》),《公益法人法》仅规制一般法人的公益法人性质认定。日本非营利组织理监高分为一般社团法人的理事、监事、会计监察人与一般财团法人的理事、监事、会计监察人、评议员,一般社团法人与一般财团法人(统称为"一般法人")理监高的信义义务规定完全相同,理事或代表理事负责执行一般法人之业务且为一般法人之代表(第 77、91 条)。

《一般法人法》详细规定了非营利组织理监高的忠实义务。《一般法人法》第 83 条抽象规定了一般法人理事的忠实义务,即"一般法人理事应遵守法令、章程及社员总会之决议,忠实履行法人职务"。第 84、85、88、92 条规定了一般法人理事的三种具体忠实义务:(1) 利益冲突交易之公开义务,即"理事为自己或第三人欲与一般社团法人或其事业部门进行交易时,或一般社团法人为理事债务提供保证及欲与理事以外之人从事与一般社团法人及该理事间利益相反之交易时,理事应于社员总会上公开有关该当交易之重要事实

---

① 本书引用的《日本一般社团法人及一般财团法人法》中译本系我国台湾地区东海大学法律学院范姜真媺教授所译,在此感谢范姜真媺教授 2013 年提供的中译本,北京大学法学院民商法学硕士、北京天同律师事务所王融擎律师的微信公众号"有闲法学"2017 年 11 月 9 日也全文刊登了该中译本。

并受其承认,设置理事会的,已为利益冲突交易的理事应及时将有关该交易之重要事实向理事会报告,不得迟延";(2) 损害法人行为之报告义务,即"理事发现有明显损害一般社团法人之虞之事实时,应立即向社员(设置监事的一般社团法人时为监事)报告该当事实";(3) 合规义务,即"理事不得为一般社团法人目的范围外之行为及其他违反法令或章程之行为"。《一般法人法》第99至103条具体规定了一般法人监事的四种忠实义务:(1) 理事不当行为之报告义务,即"监事认为理事为不当行为、有为该当行为之虞或有违反法令或章程之事实或者有明显不当之事实时,应及时向理事或理事会报告";(2) 出席理事会之义务,即"监事应出席理事会,认为有必要时,并应陈述意见";(3) 对社员总会之报告义务,即"监事应调查理事欲提出于社员总会之议案、书类及其他法务省令所规定者。于此情形,认为违反法令或章程,或有明显不当事项时,应向社员总会报告其调查结果";(4) 理事为法人目的外行为之阻止义务,即"监事于理事有为设置监事之一般社团法人目的范围外之行为,及其他违反法令或章程之行为,或有为上开行为之虞时,如因该当行为对该设置监事之一般社团法人有生明显损害之虞时,监事对该当理事得请求停止该当行为"。

　　日本一般法人理监高的注意义务规定在民法典之中。一般社团法人与理监事及会计监察人间之关系适用民法上的委任相关规定(《一般法人法》第64条)。依《日本民法典》第644条规定,受托人处理委托事务,负有善良管理人的注意义务,故日本一般法人理监高履职,负有善良管理人的注意义务。

　　关于注意义务与忠实义务之关系,日本学界存在"异质说"与"同质说"之争,前者强调忠实义务是受托人不能以侵害委托人利益来满足自身或第三人的利益的不作为义务,后者则为日本通说,主张注意义务与忠实义务存在一定同质性,忠实义务仅系注意义务的内容之一,该说以日本最高法院昭和45年(1970年)6月24日大法庭判决为标志,该判决认为商法规定的忠实义务系民法上的善管注意义务的进一步明确规定,不能将其看作比委任关系产生的善管义务更高的、其他种类的义务规定。[1]

　　由上,日本非营利组织董事、监事及会计监察人负有的信义义务虽分为忠实义务与注意义务,但忠实义务内含于注意义务之中;注意义务采善良管理人履职的注意标准,但忽视了受信人知识、经验和能力高于善良管理人的特殊情形,不当降低了此情形的注意义务履行标准。

---

[1] 梁爽:《董事信义义务结构重组及对中国模式的反思——以美日商业判断规则的运用为借镜》,《中外法学》2016年第1期。

三、混合法系非营利组织管理人或董事信义义务的履行标准

马耳他和魁北克属于混合法系法域,其非营利组织主要通过民法典规制,具体规定了非营利组织管理人或董事信义义务的履行标准。

（一）马耳他非营利组织管理人信义义务的履行标准

马耳他法律制度融合了英国法和法国法的因子,2004年《马耳他民法典》根据修订的《信托法》增设了信义之债的第1124A、1124B条规定。《马耳他民法典》附录二"法律组织"规制的非营利组织包括社团和基金会,任何组织均应由一名或多名管理人(administrators)管理,管理人应负责保持占有和控制组织的财产、保护此等财产并确保遵守组织章程、本附录规定及其他特别法,管理人是指主管人员或被任命负责开展和管理组织之人,包括总裁、董事、受托人或委员会委员及以其他名字履行此等职能的任何人,管理人因受制于聘用条款须受该法典第1124A条规定的信义之债（fiduciary obligation）的约束（第7条）。据此,非营利组织管理人对非营利组织负有信义义务。第1124A条第1款规定,信义之债基于法律、准合同、信托以及推定为受信人（fiduciary）的下列职责或行为而产生:(a)负有保护他人利益的义务。……

《马耳他民法典》第1124A条第4款详细规定了非营利组织管理人信义义务的履行标准。在所有情形不得违背信义义务并以最大诚信履行债务且诚实行事的前提下,无论如何,受信人依据法律明文规定或排除或变更该义务的任何文件的明示条款应当:(a)尽善良家父之勤勉履行债务;(b)避免任何利益冲突;(c)不得从其职位或职权中获取任何未披露或未授权的利润;(d)当多人负有信义义务时公平行事;(e)将作为受信人取得或持有的任何财产与其自身财产或其因负有类似义务而为其他人取得或持有的财产分隔开来;(f)保存在载明其所负信义义务的权利人利益的书面文件保留合适的记录;(g)提交信义义务项下财产的相关账目;(h)基于请求将因信义义务而持有的任何财产返还给依法享有权利之人,其指定之人或可适用的法律另行规定之其他人。第1124A条第5款规定,除依法享有的任何其他救济外,受信人的行为违反信义义务的,应当将任何财产以及直接或间接取得的所有其他利益,返还与义务相对人。第1132条还规定了债务履行要求的勤勉程度:(1)除本法典规定的寄存规定外,无论债的目的仅为当事人一方利益抑或双方利益,任何情形下,债务履行所应尽的勤勉程度为第1032条规定的善良家父之勤勉;(2)本法典规定的某些情形下,本规则可以更低或更高的勤勉严格程度予以适用。第1032条规定了侵权过错的认定标准:(1)某人之行为未尽善良家父之谨慎（prudence）、勤勉（diligence）和注意（attention）,被

认定为有过错;(2)法律未明确规定时,任何人均不对未尽更高程度的谨慎、勤勉或注意产生的损害承担责任。

显然,马耳他非营利组织管理人信义义务未明确二分为忠实义务与注意义务,实乃涵盖注意义务与忠实义务的全部内容;避免利益冲突、不得利用职位获取利益、返还信义之债的财产、所受不当利益归入委托人、合规义务等被普通法定性为忠实义务,实乃善良家父勤勉注意义务之具体体现。《马耳他民法典》第1124A条第4款确立了非营利组织管理人信义义务之客观履行标准——善良家父勤勉履职的注意义务标准,而依《马耳他民法典》第1132条,不排除管理人知识、经验和能力高于善良家父情形管理人履职须尽个人特别能力之注意义务,故马耳他非营利组织管理人的注意义务履行标准与美国完全相同。

(二)魁北克非营利组织管理人信义义务的履行标准

加拿大魁北克非营利组法人登记规定在《魁北克公司法》第三部分及《加拿大公司法》的第二部分,规制非营利法人设立的《魁北克民法典》规范了在魁北克开展活动的非营利法人之权力、义务和责任。依《魁北克民法典》第321~330条,非营利组织董事被视为非营利法人的受托人并受第2130~2195条的委任规定调整,其规定的董事忠实及诚实义务(obligations of loyalty and honesty)规则来源于普通法的信义义务原则。[①] 依《魁北克民法典》第321~330条,董事负有下列义务:董事须遵循法律、设立行为和章程课加的义务且在授权范围内活动;董事须谨慎、勤勉地行事;董事须为法人利益诚实和忠实行事;董事不得将法人财产与自己财产混合,不得为其个人或第三人利益使用法人的财产或因履职所获得的任何信息;董事应避免置身于个人利益与作为董事的义务相冲突的境地,应向法人申报利益冲突事项;董事须立即通知法人其取得法人财产或与法人订立合同的信息并指明其取得的权利的性质和价值且予以记录。依第2138条,董事作为受托人,应完成接受的委任事务,且应当谨慎和勤勉履行;他也应为委托人最佳利益诚实和忠诚地行事,并应避免使自身处于自身利益与委托人利益相冲突的境地。依第2146条,董事作为受托人,不得为自己的利益使用因履行委任事务取得的任何信息或负责受领或管理的财产,但委托人同意或法律规定或委托合同许可受托人使用的除外。

---

① See André Laurin, Directors of Quebec non-profit organizations, available at https://www.lavery.ca/DATA/PUBLICATION/811_en~v~directors-of-quebec-non-profit-organizations-npos-.pdf, visited on November 20, 2020.

由上可知,魁北克非营利法人董事信义义务分为忠实义务与注意义务,董事负有不得利用非营利法人的财产或信息、不得谋求与董事义务冲突的利益、报告利益冲突交易的信息等被普通法定性的忠实义务,实乃董事注意义务之体现,因为不得害及他人利益乃注意义务之必然内容。《魁北克民法典》第2137条规定,授权受托人实施属于其职业或行业一般内容的行为,或可以由此等职业或行业的性质推断出来的行为,不必明示说明。据此,魁北克非营利法人董事注意义务之履行标准实采基于董事所处职位及行业的合理审慎人注意标准,但忽视了董事的知识、经验和能力高于善良家父情形的注意义务履行标准。

四、我国非营利组织理监高信义义务履行标准的应然选择

2022年12月全国人大常委会公布的《中华人民共和国公司法(修订草案二次审议稿)》第180条设两款分别规定了公司董监高的忠实义务①与勤勉义务,②未明确忠实义务的履行标准,将勤勉义务的履行标准界定为"管理者通常应有的合理注意"之客观标准。我国现行非营利组织法缺乏理监高信义义务及其履行标准的明确规定。由上文分析可知,非营利组织理监高的忠实义务与注意义务之内容不可分割,美国《示范非营利法人法》(2021)第830(a)条之官方评述主张,第830(a)条规定的非营利法人董事忠实义务之行为标准与第830(b)条规定的董事注意义务行为标准完全相同,均采相似情形相似职位之人注意标准及兼顾理监高个人特别能力注意标准,魁北克民法典规定的社团董事注意义务行为标准亦暗含此标准。基于价值考量及比较法考察,我国非营利组织理监高的信义义务应采统一、客观的履行标准——相似情形相似职位之人注意标准及兼顾理监高个人特别能力注意标准。③

非营利组织理监高信义义务的行为标准涵盖"情境考量的标准"(circumstance-adjusted standard)与"能力考量的标准"(skill-adjusted standard)这两个不可分割的客观标准,兼顾了理监高所在岗位一般要求的

---

① 即"董事、监事、高级管理人员对公司负有忠实义务,应当采取措施避免自身利益与公司利益冲突,不得利用职权谋取不正当利益"。
② 即"董事、监事、高级管理人员对公司负有勤勉义务,执行职务应当为公司的最大利益尽到管理者通常应有的合理注意"。
③ 李新天、易海辉:《企业基金会内部控制人民事责任的法理溯源及其承担》,《理论月刊》2015年第9期。诸多学者提出了公司董事注意义务标准的类似观点。翁小川:《董事注意义务标准之厘定》,《财经法学》2021年第6期;李依怡:《论董事勤勉义务的判断标准与判断前提》,载梁慧星主编:《民商法论丛》第73卷,社会科学文献出版社2022年版,第78~99页;梁爽:《董事信义义务结构重组及对中国模式的反思——以美日商业判断规则的运用为借镜》,《中外法学》2016年第1期。

注意程度与理监高自身能力范围内能够达到的注意程度,既考虑了行业岗位的一般性准入门槛,也能促使理监高个体在管理或监督非营利组织运营事务时尽到最大的努力。①"情境考量的标准"乃底线行为标准,要求非营利组织理监高须尽相似情形相似职位之人履职应尽的谨慎、勤勉和能力之义务,具体考量因素包括非营利组织的类型、章程规定、组织规模、业务性质、理监高担任的职务及职责等,体现了理监高具体岗位职责履行的行业一般性谨慎、勤勉和能力要求。"能力考量的标准"高于底线行为标准,要求履职能力高于相似情形相似职位之人的理监高须尽个人特别的知识、经验和能力,实乃人品可信及能力可信之信义义务必然要求。是故,非营利组织理监高的履职能力必须达到相似情形相似职位之人之履职注意标准,不得以能力不足为由主张限制或免除责任,但其履职能力高于相似情形相似职位之人之履职注意标准的,则须尽个人特别能力,否则,违背信义义务。须注意,理监高个人的"技能、经验、专业背景、从业时间等个人化因素"属非营利组织所信任的客观事实,并非学者所言的主观要素,②乃属客观要素。

有学者提出的慈善组织或财团法人理事注意义务标准仅强调相似情形相似职位之人标准即"一般谨慎人"注意标准,③明显忽视了"能力考量的标准"。

有学者主张,忠实义务的法定标准都应高于营利法人董事(非营利组织董事行为暗含客观上的利他主义精神),将"一般谨慎人"要求作为非营利组织董事注意义务的法定标准更具合理性(基于非营利组织形态的内部差异性),④或认为我国非营利组织的理事义务的建设应该突出组织的公益属性,对理事设定高于公司董事的义务程度,⑤有失允当,因为:(1)缺乏非营利组织理事义务的明确标准。(2)非营利组织的范围并非仅限于公益性非营利组织,还包括互益性非营利组织,如社会团体。(3)尽管营利组织与非营利组织的宗旨不同,但营利组织董监高与非营利组织理监高的信义义务及其行为标准并无本质不同。正因如此,美国公司法及非营利法人法对公司董事及

---

① 翁小川:《董事注意义务标准之厘定》,《财经法学》2021年第6期。
② 翁小川:《董事注意义务标准之厘定》,《财经法学》2021年第6期;徐航:《信义义务的一般理论及其在中国法上的展开》,《中外法学》2020年第6期。
③ 王涛:《论慈善组织高管的谨慎义务》,《北京航空航天大学学报(社会科学版)》2017年第6期;刘利君:《财团法人理事责任制度比较研究》,《罗马法与学说汇纂》2015年第1期。
④ 税兵:《非营利组织董事责任规则的嬗变与分化——以美国法为分析样本》,《政治与法律》2010年第1期。
⑤ 李政辉:《论非营利组织理事义务的标准选择》,《福建江夏学院学报》2015年第3期;税兵:《非营利组织董事责任规则的嬗变与分化——以美国法为分析样本》,《政治与法律》2010年第1期。

高管与非营利法人董事及高管之忠实义务和注意义务均采同一、客观的行为标准。我国学者提出的《中国非营利组织法专家建议稿》主张借鉴《美国非营利法人示范法》(1987)第8.30条规定，非营利法人理监高应当承担与公司董事、监事及高级管理人员相似的受信义务(包括忠实义务和勤勉义务)，[1]较为合理。

有学者主张，鉴于非营利组织董事异质化特征，为体现董事权利义务相均衡的法政策取向，应区分非营利组织带薪理事和无薪理事、志愿理事与非志愿理事、执行理事与非执行理事，为无薪理事、非志愿理事及非执行理事应负相对较低的注意义务，[2]有失允当，因为：非营利组织理监高注意义务的行为标准之决定因素是其实现非营利组织公益或互益宗旨所需的岗位职责，而不是其履职取酬与否、履职志愿与否、履职代表组织与否，忠实且勤勉履职乃所有理监高均应承担的信义义务，否则，无法保障非营利组织宗旨之圆满实现。因此，非营利组织所有理监高的注意义务之行为标准理应相同，除非章程另有约定。

第三节 非营利组织理监高违背信义义务的民事责任

域外民法典或非营利组织法均规定了非营利组织理监高违背信义义务对非营利组织及第三人的民事责任，而我国现行非营利组织理监高的民事责任立法十分薄弱，《民法典》《慈善法》缺乏非营利组织理监高民事责任规定，非营利组织管理三大行政法规中仅《基金会管理条例》第43条规定了基金会理事违法决策给基金会造成财产损失的民事赔偿责任，《社会团体管理条例》和《民办非企业单位登记管理暂行条例》则未规定社会团体及民办非企业单位理监高的民事责任。形成鲜明对比的是，我国较为重视公司董监高的民事责任立法，《公司法》第148~152条规定了董监高违背信义义务给公司造成损失的民事赔偿责任，2021年12月全国人大常委会向社会公开征求意见公布的《中华人民共和国公司法(修订草案)》第190条还增设公司董事及高管

---

[1] 陈金锣、金锦萍、刘培峰等：《中国非营利组织法专家建议稿》，社会科学文献出版社2013年版，第197、198页。

[2] 罗昆：《非营利法人的私法规制》，中国社会科学出版社2017年版，第188页；刘利君：《财团法人理事责任制度比较研究》，《罗马法与学说汇纂》2015年第1期；税兵：《非营利组织董事责任规则的嬗变与分化——以美国法为分析样本》，《政治与法律》2010年第1期。

因故意或重大过失违背信义义务给他人造成损失的与公司承担连带责任规定。信义义务乃法定义务,理监高违背信义义务且给非营利组织或他人造成损失的,理应承担民事责任。因非营利组织最佳利益的实现依赖于理监高的合理且积极履职,非营利组织理监高的民事责任不应采无过错或过错推定的归责原则,应采过错责任归责原则。因主观上的过错须通过客观的违法行为来体现,符合侵权行为的发生、损害后果的发生和侵权行为与损害后果之间具有因果关系这三个要件的,侵权责任人应承担过错侵权责任。① 综观域外立法及司法可知,非营利组织理监高的民事责任应区分理监高对非营利组织的民事责任与对第三人的民事责任。

一、大陆法系非营利组织理监高民事责任的立法考察

德国非营利组织分为非营利社团与财团,《德国民法典》规定了非营利社团或财团的董事及特别代理人之民事责任。(1) 董事及特别代理人执行业务活动对社团或财团的民事责任,区分任职有偿与否,无偿或低酬履职的,仅就其故意或重大过失行为担责。依《德国民法典》第 276 条,债务人必须对故意和过失负责任,过失系疏于交易上必要的注意,故作为社团和财团受托人的董事及特别代理人履职时对社团和财团负有必要的注意义务。董事及特别代理人在代理权范围内以社团或财团名义对外订立债务合同对第三人所负债务,由社团或财团承担民事责任(第 30 条)。若该损害系董事或特别代理人履职过失行为所致,须对社团或财团负责,由社团或财团依《德国民法典》第 27 条第 3 款、第 664 条和第 280 条第 1 款的规定向董事或特别代理人追偿;② 若董事或特别代理人无偿担任职务或每年取酬不超过 720 欧元的,仅就故意或重大过失行为对社团或财团负责(第 31a 条第 1 款第 2 句),社团或财团不得要求董事或特别代理人因其一般过失行为所致损害承担赔偿责任,此规定系《德国民法典》根据 2013 年通过的《巩固名誉职法》增设,旨在通过限制无偿担任职务的机关成员(董事会成员)或特别代理人的责任来促进不取报酬或只取低报酬的机关成员或特别代理人参与社团的管理。③ (2) 董

---

① 伍治良:《论信用评级不实之侵权责任——一种比较法视角》,《法商研究》2014 年第 6 期。
② [德] 赫尔穆特·科勒:《德国民法总论》,刘洋译,北京大学出版社 2022 年版,第 477 页。
③ 《德国民法典》,陈卫佐译注,法律出版社 2020 年版,第 14 页(脚注 30);台湾大学法律学院、台大法学基金会编著:《德国民法典》,北京大学出版社 2017 年版,第 22、23 页;[德] 赫尔穆特·科勒:《德国民法总论》,刘洋译,北京大学出版社 2022 年版,第 477 页。有学者认为,德国《巴伐利亚财团法》第 14 条规定财团董事只需对"故意或重大过失"违反义务行为造成的损失负有赔偿义务(刘利君:《财团法人理事责任制度比较研究》,《罗马法与学说汇纂》2015 年第 1 期),未关注到《德国民法典》2013 年增设的第 31a 条已废除该条州法规定。

事或特别代理人执行业务活动致第三人损害且其应负损害赔偿义务的,由董事或特别代理人与社团或财团对第三人作为连带债务人承担民事责任(第31、31a、823、840条)。① 若董事或特别代理人被受害人要求承担责任的,无偿或低酬任职的董事或特别代理人可向社团或财团主张免责请求权,但故意或重大过失造成损害发生的除外(第31a条第2款第1句)。② 但是,德国股份公司董事民事责任限制并不区分任职取酬与否,而是直接设定从损失10%到至少董事固定年薪一倍半的免赔额度(《德国股份法》第93、94、116条)。

《意大利民法典》规定了社团管理人履职对社团的民事责任,管理人的民事责任承担直接适用合伙管理人及公司董事的注意义务及责任承担规则,且区分履职有偿与否,但未规定社团管理人履职对第三人的民事责任。依《意大利民法典》第18、22条及第1710、2260、2392条关于合伙和公司规定,社团管理人履职违背善良家父般谨慎注意义务给社团造成损失的,须向社团承担连带赔偿责任,由新任管理人或清算人依据社团大会决议对管理人提起追究责任诉讼,未参与致损行为或对其提出异议的管理人不承担责任;管理人能够证明自己无过失的,不承担责任;管理人履职是无偿的,过失责任应当在较轻的范围内考虑,即仅对履职不当的故意或重大过失行为负责。

我国澳门地区民法典承继葡萄牙民法传统,两者的社团和财团的行政管理机关及监事会据位人履职不当的民事责任规定基本相同。依澳门《民法典》第145条、《葡萄牙民法典》第162条,法人机关须包括一个合议制的行政管理机关和一个监事会。(1)法人机关据位人履职不当对社团和财团的民事责任。我国澳门地区《民法典》第149条规定,法人机关据位人的作为或不作为违反法定或章程所定义务并给社团或财团造成损害的,须向该社团或财团负责,但能证明无过错的除外。若为社团,该作为或不作为系根据社员之决议或建议作出的,据位人亦无须向社团负责;行政管理机关及监事会的据位人在决议时放弃投票的,须对决议所致之损失负责。《葡萄牙民法典》虽未明确规定社团或财团据位人对社团或财团的民事责任,但通过体系解释可得出与我国澳门规定基本相同的结论。依《葡萄牙民法典》第164条,法人机关

---

① [德]卡尔·拉伦茨:《德国民法通论》(上册),王晓晔等译,法律出版社1998年版,第218页;[德]迪特尔·梅迪库斯:《德国民法总论》,邵建东译,法律出版社2001年版,第860页;[德]托马斯·莱赛尔、吕迪格·法伊尔:《德国资合公司法》(上册),高旭军等译,上海人民出版社2019年版,第231页;叶林、叶冬影:《公司董事连带/赔偿责任的学理考察——评述〈公司法修订草案〉第190条》,《法律适用》2022年第5期。
② [德]赫尔穆特·科勒:《德国民法总论》,刘洋译,北京大学出版社2022年版,第477页。

据位人对法人之义务及责任由其章程订定,章程无订定者,适用经作出必要配合之有关委任之规定;依第1161条,受任人负有按委任人指示作出一切属委任范围内之行为、应委任人请求报告有关管理情况、告知委任执行情况、提交委任终结或应委任人要求提供报告及向委任人交付从执行或从事委任事宜中受收受的一切等义务;依第798、799条,作为债务人的受任人因过错而不履行委任义务的,须对作为债权人的社团或财团因此所受之损失负责,除非受任人证明其义务之不履行或瑕疵履行非其过错所致。(2)法人机关据位人履职不当致害第三人的民事责任。依我国澳门地区《民法典》第150条,法人机关据位人须就其担任职务时所造成之损害,按照一般规定对第三人负责。《葡萄牙民法典》第165条规定:"法人对其代表、人员或受任人之作为或不作为,负有一如委托人对受托人之作为或不作为所应负之民事责任。"依我国澳门地区《民法典》第477、493、490条及《葡萄牙民法典》第483、500、497条规定,据位人因故意或过失不法履职行为造成第三人损害且应负赔偿责任的,由据位人与社团或财团作为连带债务人对第三人承担赔偿责任,若据位人在委任内部关系上存有过错的,社团或财团在向受害人作出赔偿后,对局外人享有求偿权,同样地,据位人在委任内部关系上不存在过错的,其向受害人赔偿后,有权针对社团或财团提起偿还有关赔偿的诉讼,法人与据位人均有过错的,相互之间的求偿权依过错程度及过错造成的后果确定。① 申言之,法人机关据位人只要存在履职不当行为且导致损害第三人利益的,须与法人共同对第三人承担损害赔偿责任,据位人履职不当造成第三人损失对法人而言无过错或有部分过错的,其承担责任后对法人享有全部或部分求偿权。

日本《一般法人法》详细规定了非营利组织理监高的民事责任。(1)与营利法人代表越权交易并非绝对无效不同,理事代表一般社团法人从事法人目的范围外行为的,不发生法人的责任,由理事承担责任。理由是,非营利法人"目的范围内"的判断一直作严格解释,源于应对非营利法人成员予以保护的法人政策,与营利法人参与的商业交易优先保护交易安全的法政策不同。② (2)理监事等履职不当给一般社团法人造成损害,对一般社团法人负有赔偿责任,但其善意且无重大过失的,可依法定程序免除其责任。理事、监事或会计监察人怠忽其职务时,对一般社团法人因此所生之损害负赔偿责任

---

① [葡]卡洛斯·莫塔·平托:《民法总论》(中译本),澳门法律翻译办公室、澳门大学法学院,1999年,第175、176页。
② [日]近江幸治:《民法讲义Ⅰ·民法总则》,渠涛等译,北京大学出版社2015年版,第116页;[日]山本敬三:《民法讲义Ⅰ·总则》,解亘译,北京大学出版社2012年版,第388页。

（第111条），未经全体社员同意不得免除（第112条）；该当理监事等执行职务为善意且无重大过失的，以造成一般社团法人损害的赔偿数额扣除因违反竞业及利益相反交易限制该当交易理事或第三人所得利益数额后之数额为限度得依社员总会之决议免除之，理事向社员总会提出理事责任免除之议案时应得监事之同意（第113条）；该当理监事等执行职务为善意且无重大过失的，在本条规定的免除数额限度内得于章程订立以理事（负该当责任之理事除外）过半数同意即得免除，变更章程之免除理事责任条款之议案向社员总会提出情形及依章程条款得理事免除理事责任之议案向理事会提出情形均应得监事之同意，有全体社员（负前项责任之理监事等除外）议决权1/10（章程另有约定除外）以上议决权之社员于同项期间内为同项异议陈述的，一般社团法人不得以章程条款所定的理事过半数同意予以免除。（第114条）；一般社团法人外部理监事等怠忽职务给一般社团法人造成损害的赔偿责任，其执行职务为善意且无重大过失的，于章程所定数额范围内得以章程条款规定以一般社团法人预定数额与最低责任限度数额之任一较高之数额作为限度，由一般社团法人与外部理监事等缔结契约（第115条）。理事为自己交易而损害一般社团法人利益之损害赔偿责任，不得以怠忽任务作为不能归责于该理事之事由而免除其责（第116条）。理监事等对一般社团法人所生损害负赔偿责任时，其他理监事等亦负该当损害赔偿责任的，皆为连带债务人（第118条）。（3）理监事等执行职务致第三人损害，若存在恶意或有重大过失，对第三人负赔偿责任（第117条），一般社团法人亦承担赔偿责任（第78条），即理监事等与一般社团法人负不真正连带责任；①理监事等对第三人所生损害负赔偿责任时，其他理监事等亦负该损害赔偿责任的，皆为连带债务人（第118条）。

瑞士、芬兰、爱沙尼亚、韩国、我国台湾地区相关规定均明确了法人董事或理事与法人对第三人损害的连带责任，与葡萄牙及我国澳门规定基本相同，均以履职过失、而非故意或重大过失为条件。《瑞士民法典》第35条规定："法人对其机关所为之法律行为和其他行为，负其责任。行为人有过错时，亦应负个人责任。"依《瑞士债务法》第754、827条，公司董事会成员、执行公司事务或清算的人，因其故意或过失违反义务，致公司、股东和公司债权人受有损害者，应负赔偿责任。《芬兰财团法》第12条规定："财团的机关的成员，以及财团的官员和监事，应当对执行职务中因为故意或者过失给财团造

---

① ［日］近江幸治：《民法讲义Ⅰ·民法总则》，渠涛等译，北京大学出版社2015年版，第119页。所谓不真正连带责任，是指各债务人基于不同的发生原因而对同一债权人负有以同一给付为标的的债务清偿责任，因一个债务人的履行而使全体债务均归于消灭，但存在终局责任人，此时数个债务人之间所负的责任即为不真正连带责任。

成的损害承担赔偿责任。对于因为违反本法或者财团章程给第三人造成的损害,上述规定同样适用。"依《爱沙尼亚财团法》第23、32条,财团理事或监事基于过错,不履行期职责或未依要求的方式履行期职责,造成财团的债权人损害的,与财团对债权人承担连带责任。《韩国民法典》第35条规定:"法人对理事或其他代表人因职务行为导致他人的损害,负赔偿责任,但理事或其他代表人不得因此免除自己的损害赔偿责任。因法人目的范围之外的行为致他人损害的,赞成或执行该项决议的社员、理事或其他代表人应承担连带赔偿责任。"我国台湾地区"民法典"第28条规定:"法人对于其董事或其他有代表权之人因执行职务所加于他人之损害,与该行为人连带负赔偿之责任。"

由上比较大陆法系非营利组织理监高民事责任立法可知:(1)非营利组织理监高履职不当给非营利组织造成损失的赔偿责任,德国和意大利免除无偿或低酬任职理事履职一般过失行为之责任,葡萄牙、我国澳门地区及日本则不区分理监高任职取酬与否,对社团法人负同等责任,但日本允许通过章程条款或社员总会决议在免赔额度内免除理监事等履职善意且无重大过失行为(即一般过失行为)之责任。申言之,葡萄牙以及我国澳门地区非营利组织理监高的民事责任承担最重,只要存在履职过失,均应承担民事责任;德国和意大利次之,无偿或低酬任职理事履职的故意或重大过失行为及有偿任职理事履职的所有过失行为之民事责任均不得免除;日本最轻,所有理监高的一般过失行为之民事责任可在免赔额度内通过章程或社团总会决议予以免除。(2)除意大利外,其他国家和地区均规定了非营利组织理监高履职不当给第三人造成损失的赔偿责任,由理监高与非营利组织对第三人承担不真正连带责任。但是,日本要求以理监事等恶意或重大过失为必备要件,其他国家和地区则无此要件,理监高存在过失行为即可。相较而言,日本理监高对第三人的民事责任较轻。

二、英美法系非营利组织理监高民事责任的立法考察

美国公司法及特拉华州最高法院均否定公司董事或高管对公司债权人负担信义义务,[①]《示范非营利法人法》第832、842条也规定非营利法人董事及高管仅对非营利法人或成员负有信义义务,未确立董事及高管对非营利法人债权人的信义义务及其民事责任,第831、842条仅规定董事及高管违背信义义务给非营利法人或成员造成损失的民事责任及其司法判断标准。第831条确立了低于第830条董事行为标准的董事责任标准:非营利法人董事

---

① [美]理查德·D.弗里尔:《美国公司法》,崔焕鹏等译,法律出版社2021年版,第139页。

仅就信义义务履行的不当行为(misfeasance)或不作为(nonfeasance)给非营利法人造成的损失承担责任,若其诚信履职且履职决策符合法定程序,即使事后证明该决策错误或不够明智或未能满足第 830 条的董事行为标准,也不承担个人责任。① 依第 831 条官方评述,第 831 条确立了董事责任司法审查(judicial review)的三步法。第一步,由诉请董事承担责任的原告证明董事不能依据董事责任限制规则、董事利益冲突交易安全港规则或法人机会安全港规则主张责任排除抗辩,若不能证明董事行为违反法定决策程序,则董事责任可被限制或免除,法院无须进一步审查。若原告能证明董事行为存在第 831(d)条及第 202(c)条规定的董事责任禁止免除的"董事接受了无权取得的经济利益""故意损害法人或其成员利益""非法分配法人财产"或"故意触犯刑法"等任一情形,即证明董事利益冲突交易不符合第 860 条规定的任一批准程序,或证明不存在第 202(b)(10)条规定的法人机会丧失的董事责任限制或免除的章程条款且董事未依第 870 条规定的程序提请法人注意法人商业机会或成员大会或董事会未按照第 860 条规定程序否决法人商业机会利益,董事不得主张免责抗辩。若原告证明董事行为违反法定决策程序而董事不能主张免责抗辩,则进入第二步,依据经营判断法则(BJR)进一步考量董事责任是否成立,与经营判断法则相关的司法审查推定、标准及程序事项可能将与法人决定相关的董事行为与董事责任隔绝开来。② 第 831(a)(2)条确立了经营判断法则司法审查的消极标准,即被异议的董事行为被证明是下列行为或决定或由其产生的结果,董事应承担责任:(1) 非诚信的行为;或者(2) 一项决定,该董事不能合理相信该决定符合法人最佳利益或该董事未就该决定获取其合理相信当时应获取的适当信息;或者(3) 董事因与一个被异议行为存在重大利害关系的另一人存在家庭、财务或商业关系而缺乏客观性,或者董事受与一个被异议行为存在重大利害关系的另一人支配或控制而缺乏独立性,且此关系、支配或控制能被合理预期影响董事就被异议行为作出不利于法人的判断,证明上述合理预期存在后董事也无法证明有理由相信被异议的行为合乎法人最佳利益;或者(4) 董事未能持续地对法人经营和事务行使监督职能,或者出现负有合理注意义务的董事须尽调查义务的重大关切的特定事实和情况,董事未予合理调查以尽及时注意义务;或者(5) 董事接受了其无权享有的经济利益,或者董事存在违背与法人及其成员公平交易的董事义务之其他行为,且该行为依据可适用的法律可被起诉。由此,第

---

① 美国《示范非营利法人法》第 831 条官方评述(OFFICIAL COMMENT)。
② 美国《示范非营利法人法》第 831 条官方评述(OFFICIAL COMMENT)。

831(a)(2)条实质上确立了与美国法律研究院(ALI)《公司治理原则：分析与建议》第4.01(c)条本质相同的经营判断法则司法审查积极标准,即满足如下全部条件的,董事不承担责任:(1)诚信。董事履行董事义务的行为符合诚信要求。(2)合理相信。董事应当合理相信他(她)的决定符合法人最佳利益且应当获取与当时情形下其合理相信恰当程度的行为相关的充分信息。(3)客观或独立。董事与该商业判断的有关事项没有利害关系。(4)持续关注。董事履行监督职能,须持续关注法人经营及事务,若出现重大关切的特定事实和情况,董事须尽及时调查义务。(5)合理经济利益。董事不得接受其无权享有的经济利益。申言之,经营判断法则为基于信息充足、诚信且合理相信符合法人最佳利益而作出经营决定的董事提供了推定保护,该推定具有两重功能：一为举证分配之程序功能,将初次举证责任分配予原告,由原告举证证明被告董事在作成决定之时信息不充分或基于恶意;二为实质规范功能,若原告无法举证,被告董事无须自证当时作成决定的信息充分或系基于善意,由此排除法院介入对该决定之实质审查,被告董事亦因此免负损害赔偿责任。① 诉请主张董事责任的原告通过第二步证明董事违背经营判断法则的,为获得金钱损害赔偿,第三步须进一步举证证明：(1)非营利法人或其成员已遭受损害;(2)受异议的董事行为是造成上述损害的近因。美国特拉华州"公司法"判例表明,适用经营判断法则时全部的信义义务均受到检视。② 第842(d)条确立的高管责任标准适用第831条的董事责任标准相关原则等可适用的法律。正如学者所言,为鼓励管理者的企业家精神,美国创设经营判断法则,以董事责任的司法审查标准取代董事义务的行为标准,采取类似重大过失的注意义务标准,对董事注意程度要求较低。③《示范非营利法人法》第831条官方评述称,董事作出合理判断之外的经营决定可推定为非诚信(bad faith),被称之为放任疏忽(reckless indifference)或者故意漠视(deliberate disregard)④,实乃重大过失(gross negligence)。⑤ 因此,美国非营利法人董事及高管的民事责任实采履职违反信义义务之故意或重大过失标

---

① 林国彬：《董事忠诚义务与司法审查标准之研究——以美国特拉华州公司法为主要范围》,《政大法学评论》第100期(2007年12月刊)。
② 刘连煜：《董事责任与经营判断法则的运用——从我国台湾地区"司法"判决看经营判断法则的发展》,《证券法苑》2020年第2期。
③ 翁小川：《董事注意义务标准之厘定》,《财经法学》2021年第6期。
④ 美国《示范非营利法人法》第831条官方评述(OFFICIAL COMMENT)。
⑤ 如美国破产法审查委员会(National Bankruptcy Review Commission)在其报告中亦将重大过失(gross negligience)界定为"reckless indifference"或"deliberate disregard"。详见李江鸿：《论破产管理人的民事责任——以英美法之借鉴为视角》,《政治与法律》2010年第9期。

准,一般过失行为则不承担民事责任,且允许章程设立董事及高管履职一般过失行为免责条款,《科罗拉多州非营利法人法》(2013)第7-128-402(1)条及《亚利桑那州非营利法人法》(2015)第10-3202-B-1条也如此规定。

　　加拿大《非营利法人法》(CNCA)分散规定了非营利法人董事及高管的民事责任。一是详细规定了董事非法分配法人财产及任职期间法人拖欠雇员薪资的民事责任。第145条规定了董事非法分配法人财产的民事责任:(1)投票支持或同意批准向非营利法人成员、董事或高管与本法不符的支付或分配的决定之董事须对已支付或分配且未被法人收回的金钱或其他财产归还给法人承担连带责任;(2)已执行依据本条作出的判决承担了非法分配法人财产责任的董事有权向作为该判决基础的非法分配法人行为之其他投票支持或同意的董事按其各自份额予以追偿;(3)负有非法分配法人财产责任的董事有权向法院申请命令(order),责令法人成员或其他人将其支付或交付其违反本法取得的金钱或其他财产;(4)受理董事依据上述(3)提交的申请,法院若认为该申请请求合理,可以签发命令,若认为合适,可继续签发命令;(5)依据本条追究董事责任的诉讼应在批准非法分配决定的作出之日起两年内提起。第146条规定了董事对法人雇员薪资支付的民事责任:第146(1)条规定董事们对其任职期间雇员向非营利法人提供服务的6个月内的应负薪资债务承担连带责任,第146(2)(3)(4)(5)(6)条进一步规定了董事责任的前提条件、董事责任限制、董事责任额为执行后余额、董事代位权、董事按责任份额追偿等内容。二是隐晦规定了董事及高管的民事责任。第148、149条本为董事及高管的信义义务规定,但第148(4)条规定一般不得通过合同、章程、内部管理细则或决议减轻董事或高管依据本法或行政法规履职的义务或减轻其违反本法或行政法规的责任;第149(1)条规定,董事若已尽合理审慎人在相似情形下会应尽的注意、勤勉和能力,则其不承担第145条或第146条项下的民事责任,亦符合第148(2)(3)条项下义务履行要求。加拿大安大略省《非营利法人法》(ONCA)对非营利法人董事及高管的民事责任规定与CNCA的上述规定基本相同:第39条规定了董事对已非法分配或支付的法人金钱或财产之责任,第40条规定了董事对法人拖欠雇员薪资之责任;ONCA第43(3)条规定与CNCA第148(4)条规定基本相同,ONCA第44条规定与CNCA第149(1)条规定基本相同。申言之,加拿大联邦和安大略省的非营利法人董事和高管履职违背信义义务,不论基于故意还是过失、一般过失还是重大过失,均须对非营利法人承担民事责任。

　　新西兰《登记社团法》(2022)并未专门规定登记社团高管(officers)的民事责任,但其第4部分"执行"(Enforcement)间接规定了登记社团高管的民事责任。第127条规定的5类执行事务,其中一种类型为通过法院命令执行高管义务;第129条规定,法院可以根据申请作出一项或多项命令,包括宣告及执行社团章程或内部管理细则项下高管权利或义务的命令,指令高管履行和遵守社团章程或内部管理细则的命令,禁止高管以违背社团章程或内部管理细则的方式履职的命令,责令违背社团章程或内部管理细则之人赔偿因该违法行为给社团、成员或前成员造成的损失的命令,法院认为合适的其他任何命令。第4部分第二分部进一步细化了高管义务执行的法院命令。其中,第133条规定,法院接到依据本分部提出的申请,若确信高管或前高管已经或者可能违反社团章程或内部管理细则或本法规定的义务,可以对社团高管或前高管作出一项或多项命令:(a) 宣告并执行高管义务的命令;(b) 指令履行及遵守高管义务的命令;(c) 禁止高管以违背信义义务的方式履职的命令;(d) 责令高管全部或部分赔偿因其违反信义义务给社团造成的损失或损害的命令;(e) 责令返还利润的命令;(f) 责令高管或前高管退还财产给社团的命令;(g) 法院认为合适的其他命令。第134条规定了法院命令的申请主体,包括:(a) 社团;或(b) 社团成员或高管(仅限于第135~138条);或(c) 社团登记官,社团登记官申请仅适用于登记官认为高管已经或可能违背义务行为是严重或将会是严重的,且申请的目的系为了公共利益。新西兰商业、创新及就业部2015年公布的《登记社团法征求意见稿》说明(Explanatory note)①解释道:"执行登记社团高管义务的法院命令"这一分部允许法院作出执行高管义务的各种命令,这些命令包括禁止高管以违背高管义务方式履职的命令或责令高管赔偿给社团造成的损失。新西兰法学会《登记社团新法报告》(2013)建议修改1908年《登记社团法》并制定登记社团新法,第29条建议为"新法当规定:高管信义义务系禁止社团章程的任何规则或条款予以排除的强制性义务,试图排除高管任何义务的社团章程的任何规则或条款没有效力。高管是对社团、而非社团成员负有义务。因此社团成员或前成员仅可以代表社团对违反信义义务的高管提起诉讼",第80条建议为"新法应当规定,社团有权申请法院命令要求违背信义义务的高管赔偿社团损失",第81条建议为"新法应当规定,经法院准许,社团成员有权代表社团申请法院命令要求违背信义义务的高管赔偿社团损失",第82条建议为"新法应当规定,基于社团利益及公共利益保护需要,社团登记官有权代表社团申请法院命令要

---

① See Commercial, Consumers & Communications Branch, Ministry of Business, Innovation & Employment of New Zealand, Exposure Draft: Incorporated Societies Bill(November 2015), available at https://www.mbie.govt.nz/assets/7d5df7c03a/exposure-draft-incorporated-societies-bill.pdf, p15, visited on March 20, 2022.

求违背信义义务的高管赔偿社团的重大损失"。① 因此,新西兰与加拿大及其安大略省规定基本相同,登记社团高管履职违背信义义务,不论基于故意还是过失、一般过失还是重大过失,均须对社团承担民事责任。

由上比较可知,美国董事及高管的民事责任较轻:(1)美国非营利法人董事或高管履职违背信义义务,仅就其故意或重大过失致害行为对非营利法人承担民事责任,加拿大及安大略省、新西兰非营利法人董事或高管须就其履职违背信义义务的一切过错行为承担民事责任。(2)加拿大及安大略省明确禁止章程事先免除非营利法人董事及高管的民事责任,新西兰亦暗含禁止章程事先免除登记社团高管的民事责任,美国对此虽未明确规定,但其仅要求非营利法人董事或高管对履职不当的故意或重大过失行为负责,履职不当的一般过失行为无须担责,当然允许事先约定免除董事或高管履职一般过失行为的民事责任。

三、混合法系非营利组织理监高民事责任的立法考察

《马耳他民法典》附录二"法律组织"详细规定了非营利组织管理人的民事责任。(1)管理人对非营利组织等的民事责任。已登记的非营利组织管理人故意参与损害法人利益的不法行为,须就法人遭受的任何损害承担个人责任(第16条第3款);管理人代表组织缔结组织不享有利益或仅为管理人个人利益的债务合同,若其未披露其个人利益或利益冲突的,由其就此等债务的履行对组织承担个人责任(第16条第4款b项);管理人若违反章程或本附录规定的职责而恶意行事或履职时存在过失,须就该损失对组织承担个人责任(第16条第4款c项);管理人如(c)项规定一样行事或存在利益冲突情形,须对受益人或代表此等受益人的检察长承担个人责任(第16条第4款d项)。一般情形下债务人在债务履行中应尽第1032条规定的善良家父之勤勉注意义务,特定情形下可高于或低于该规则的严厉程度而适用之(《民法典》第1132条),管理人无偿担任受任人的,其对其过失所承担的责任轻于收受报酬的受任人(《民法典》第1874条)(2)管理人对第三人的民事责任。已登记的非营利组织管理人对组织的债务不承担个人责任,但在下列情形下就组织的债务对第三人承担个人责任:管理人缔结债务时存在欺诈或恶意;管理人明知或应知组织不存在可避免支付不能导致清算的合理预期,仍缔结利

---

① See *The Law Commission report A New Act for Incorporated Societies* (NZLC R129, 2013), available at https://www.lawcom.govt.nz/sites/default/files/projectAvailableFormats/NZLC%20R129.pdf, p16、17、82、147, visited on March 20, 2022.

益第三人的债务合同,管理人须就组织的债务对第三人承担个人责任(第16条第4款a项)。质言之,管理人对第三人承担民事责任限于其故意或重大过失履职不当情形。(3) 数名管理人的,承担连带责任,但对其他管理人违反章程或职责的行为知悉且及时提出异议并采取合理措施予以阻止或对其他管理人意图违反章程或职责的行为采取合理措施避免其发生的管理人不承担责任(第16条第5、6款)。(4) 组织章程或任何协议关于管理人蓄意违法、重大过失或违反义务免责的条款无效(第16条第7款)。

《魁北克民法典》仅有两条规定可用于调整非营利法人理事对法人的民事责任:(1) 出现欺诈法人情形,经利害关系人申请,法院可以裁决参与被指控行为或因此获得个人利益的董事就法人遭受的损害,在指定的范围内承担责任。(2) 如法人董事未正确并迅速地提供关于其取得法人财产或与法人订立合同的信息,经法人或其成员申请,法院可以采用其他手段宣告该行为无效或命令该董事汇报账目并将已实现之利润或利益返还给法人。

相较魁北克而言,马耳他对非营利组织管理人的民事责任规定较为全面。

四、我国非营利组织理监高民事责任的应然选择

通过如上比较法考察可知,域外非营利组织理监高履职违背信义义务给非营利组织或第三人造成损失的民事责任制度并非完全一致且功能并非完全等同,主要体现在:(1) 在民事责任类型上,美国、加拿大及其安大略省、魁北克省和新西兰仅规定了董事或高管对非营利法人的民事责任,德国、日本、葡萄牙、我国澳门和马耳他区分规定了理监高对非营利法人和第三人的民事责任。(2) 在民事责任构成要件上,仅美国非营利法人董事或高管仅就履职违背信义义务的故意或重大过失行为对非营利法人承担民事责任,加拿大及安大略省及新西兰非营利法人董事或高管就履职违背信义义务的一切过失行为对非营利法人承担民事责任,葡萄牙以及我国澳门地区非营利法人据位人就履职违背信义义务的一切过失行为对非营利法人及第三人承担民事责任,德国非营利法人理事或意大利非营利法人管理人无偿或低酬任职的仅就故意或重大过失背信行为对非营利法人和第三人承担责任,日本和马耳他的理监高对非营利组织的民事责任以其过失履职为条件、对第三人的民事责任则以其故意履职或重大过失履行不当为条件。(3) 在对第三人民事责任上,马耳他和日本均以理监高履职不当的故意或重大过失行为给第三人造成损失为条件,但马耳他仅由管理人就组织债务承担个人责任,日本则由理监高等与非营利法人对第三人承担不真正连带责任,而德国、瑞士、芬兰、爱沙尼

亚、葡萄牙以及我国澳门、台湾地区等则以理监高履职不当的过失行为给第三人造成损失为条件,由理监高与非营利法人对第三人承担不真正连带责任,但德国同时规定,无偿或低酬任职的理事可就其一般过失行为向非营利法人主张免责请求权。(4)在民事责任免除上,马耳他、加拿大及安大略省明确规定不得事先通过章程或约定免除非营利法人理监高的民事责任,新西兰、德国、意大利、葡萄牙以及我国澳门地区均暗含禁止章程事先免除理监高的民事责任,不过德国和意大利无偿或低酬任职理事或管理人的一般过失行为责任可法定免除,日本则允许通过章程事先约定或由法人决议事后在法定免赔额度内免除理监事等履职的一般过失责任,重大过失责任则不允许免除。域外制度差异源于各自不同立法政策。我国未来创制非营利组织理监高的民事责任制度,可合理借鉴域外立法经验,建议作如下建构:

第一,非营利组织理监高执行职务,违反忠实及注意义务,给非营利组织造成损失的,应当承担赔偿责任,不论任职取酬与否。我国学者主张,社会组织理事、监事等高级管理人员违反法律和章程规定决策或执行不当,给社会组织造成损失的,应当依法承担赔偿责任。① 另有学者主张,理监高若未从非营利法人获得报酬的,就其过失导致的损害部分可以免除赔偿责任,否则,有失公允。② 公允与否取决于合理的价值判断,若脱离理监高的信义义务履行,一律免除无偿或低酬任职的理监高履职的一般过失责任,明显不利于非营利组织宗旨实现,且并不一定符合理监高参与志愿服务的初衷,加拿大、新西兰、马耳他、葡萄牙、我国澳门地区理监高民事责任也不区分任职取酬与否。德国和意大利规定无偿或低酬任职的社团理事仅就履职的故意或重大过失违信行为担责,但"促进社会人士担任名誉理事职务参与社团管理活动"的德国立法利益缺乏合理性:社会人士以名誉理事职务参与社团管理活动,即使违背信义义务,也无须担责,无异于助长"好心人办坏事"及社会人士沽名钓誉之风。

第二,非营利组织理监高执行职务,因故意或重大过失违反忠实及注意义务,给第三人造成损失的,应当与非营利组织承担连带赔偿责任。《最高人民法院关于审理人身损害赔偿案件适用法律若干问题的解释》第9条曾规定:"雇员在从事雇佣活动中致人损害的,雇主应当承担赔偿责任;雇员因故

---

① 喻建中:《社会组织法立法研究》,中国社会科学出版社2017年版,第240~242页;李政辉:《论非营利组织理事义务的标准选择》,《福建江夏学院学报》2015年第3期。
② 陈金罗、金锦萍、刘培峰等:《中国非营利组织法专家建议稿》,社会科学文献出版社2013年版,第202~205页;税兵:《非营利组织董事责任规则的嬗变与分化——以美国法为分析样本》,《政治与法律》2010年第1期。

意或者重大过失致人损害的,应当与雇主承担连带赔偿责任。雇主承担连带赔偿责任的,可以向雇员追偿"。2009年通过的《侵权责任法》第34条并未采纳故意或者重大过失致人损害的雇员与雇主承担连带赔偿责任规定,理由是:"在什么情况下可以追偿,情况比较复杂。根据不同行业、不同工种和不同劳动安全条件,其追偿条件应有所不同,哪些因过错、哪些因故意或者重大过失可以追偿,本法难以作出一般规定,用人单位与其工作人员之间以及因个人劳务对追偿问题发生争议的,宜由人民法院在审判实践中根据具体情况处理。"①《民法典》第62条、②第1191条③分别规定了法人自己责任、法人对他人的行为责任,均未规定法定代表人或法人工作人员须与法人对第三人承担连带赔偿责任。我国学者主张,完全免除一切场合下的工作人员的赔偿责任,容易造成道德风险,有放纵工作人员无视他人权益之嫌,且实践中不乏用人单位无赔偿能力,而工作人员有经济实力情形,免除有故意或重大过失工作人员的赔偿责任,对受害人保护不利,对用人单位也不公平,建议将《民法典》第1191条解释为"用人单位应当承担责任,但不排除受害人对有故意或重大过失的工作人员的赔偿请求权"。④ 目前我国"董事对公司债权人责任"制度安排非常保守,《民事案件案由规定》没有"董事损害公司债权人利益责任纠纷"案由,《公司法》及其司法解释规定公司债权人追究董事责任的事项较少,仅限于董事未履行增资监督责任、未履行抽逃出资监督责任及股份公司董事未依法履行清算义务责任三类情形、七种具体诉讼类型,"董事对公司债权人责任"也被控制在较轻的责任程度上。⑤ 为保护公司债权人利益,强化公司董事及高管的履职责任,2021年12月公布的《公司法修订草案(征求意见稿)》第190条新增:"董事、高级管理人员执行职务,因故意或者重大过失,给他人造成损害的,应当与公司承担连带责任"。参酌日本、马耳他等域外非营利法人理监高对第三人民事责任立法及我国公司法修改趋势,我国应

---

① 全国人大法律委员会副主任委员张柏林2009年12月22日在第十一届全国人民代表大会常务委员会第十二次会议上的《全国人民代表大会法律委员会关于〈中华人民共和国侵权责任法(草案)〉审议结果的报告》。
② 即"法定代表人职务侵权行为的责任承担法定代表人因执行职务造成他人损害的,由法人承担民事责任。法人承担民事责任后,依照法律或者法人章程的规定,可以向有过错的法定代表人追偿"。
③ 即"用人单位的工作人员因执行工作任务造成他人损害的,由用人单位承担侵权责任。用人单位承担侵权责任后,可以向有故意或者重大过失的工作人员追偿"。
④ 杨代雄主编:《袖珍民法典评注》,中国民主法制出版社2022年版,第1049、1050页;邹海林、朱广新主编:《民法典评注侵权责任编1》,中国法制出版社2020年版,第304页。
⑤ 邓辉、姚瑶:《董事对公司债权人责任的实证考察与制度重塑》,《中国应用法学》2019年第6期。

增设非营利法人理监高因故意或重大过失致人损害由其与非营利法人承担连带责任规定。

非营利法人理监高对第三人即非营利法人的债权人之损害承担赔偿责任,其责任基础为理监高对非营利法人债权人的信义义务,组织法的法人机关理论及行为法的债权人代位权、第三人侵害债权、特别法定责任等理论无法周延地解释理监高对非营利法人债权人的责任基础。① 法人机关理论无法为理监高对第三人承担民事责任提供理论依据,其功能仅在于解决法人组织体在法律上的行为活动和责任承担问题,但不能解释董事等法人机关成员对第三人的民事赔偿责任。② 债权人代位权、第三人侵害债权与特别法律规定理论难以为理监高对非营利法人债权人等第三人的义务提供合理的理论依据:第三人对理监高行使债权人代位权的条件之一是理监高对非营利法人负有赔偿义务,若理监高的行为有利于非营利法人而损害了非营利法人债权人的利益,此时非营利法人债权人以债权人代位权为据要求理监高承担责任的条件无法满足;主张公司董事对公司债权人的责任为一种侵犯债权人债权的侵权责任③或将公司董事对公司债权人的责任视为法律的"特殊规定",④均未明确理监高对第三人的义务来源及民事责任基础。因理监高与第三人对组织信息的不对称可能引发理监高实施不当减损法人清偿能力、损害法人债权人等第三人利益的隐蔽行为或道德风险,⑤市场制约派提出的利息率设定、担保提出、限制从事机会主义行为的契约条款等市场化方法难以完全解决这类代理问题,⑥"组织法视角下的信义义务理论可担此重任"。⑦ 非营利组织理监高须忠实且勤勉履职以实现非营利组织最佳利益,基于利益

---

① 李建伟、岳万兵:《董事对债权人的信义义务——公司资本制度视角的考察》,《中国政法大学学报》2022年第2期;冯果、柴瑞娟:《论董事对公司债权人的责任》,《国家检察官学院学报》2007年第1期。
② 类似观点参见王长华:《公司法人机关理论的再认识——以董事对第三人的责任为视角》,《法学杂志》2020年第6期;邹碧华:《论董事对公司债权人的民事责任》,《法律适用》2008年第9期。
③ 冯果、柴瑞娟:《论董事对公司债权人的责任》,《国家检察官学院学报》2007年第1期。
④ 李飞:《论董事对公司债权人负责的法理正当性——从法人组织体说的局限性及其超越之路径展开》,《法制与社会发展》2010年第4期。
⑤ 邓辉、姚瑶:《董事对公司债权人责任的实证考察与制度重塑》,《中国应用法学》2019年第6期。
⑥ 岳万兵:《公司债权人特殊风险的类型分析——对公司法债权人保护的展望》,《河南大学学报(社会科学版)》2022年第1期;王长华、余丹丹:《论代理成本视角下董事对第三人责任的正当性》,《河南财经政法大学学报》2017年第2期。
⑦ 李建伟、岳万兵:《董事对债权人的信义义务——公司资本制度视角的考察》,《中国政法大学学报》2022年第2期。

相关者理论或法人社会责任理论,"最佳利益"并非仅指非营利组织利益,而是包括非营利组织利益在内的非营利组织的成员、债权人、雇员、消费者、社区等多种利益群体的共同利益,理监高负有公平对待并一体保护这些利益群体利益的信义义务。理监高对第三人的信义义务,由其与非营利组织对受害第三人承担连带责任,可周全保护受害人利益,实现非营利法人、理监高与第三人的交易效率价值的帕累托最优①及社会总福利的增加。②

    非营利组织理监高对第三人的民事责任,为过错推定的特别侵权责任,须具备执行职务违背信义义务的故意或重大过失行为、造成第三人损害及二者之间具有因果关系等三个构成要件。理监高违背对第三人的信义义务给第三人造成损害的民事责任,毋庸置疑属侵权责任,因《民法典》第1191条无法予以适用,须由非营利组织法专门规定这一特殊侵权责任。因处于信息弱势地位,受害第三人难以举证证明理监高基于故意或重大过失的违信行为,采举证责任倒置的过错推定归责原则较为公平,即推定存在理监高执行职务的违信故意或重大过失行为,由理监高反证予以推翻。理监高民事责任的具体构成要件认定如下:(1)理监高存在执行职务违反忠实及注意义务的故意或重大过失行为。基于衡平保护理监高与第三人利益的立法政策考量,宜借鉴日本、马耳他等国家立法经验,参考美国非营利法人董事及高管对非营利法人的责任也以故意或重大过失行为为必要条件的规定,理监高对第三人承担民事责任以履职背信的故意或重大过失行为为要件。公司法领域,公司董事对公司债权人的责任也以恶意或重大过失懈怠任务为要件,如德国《股份法》第93条第5款规定、《韩国商法典》第401条第1款规定。③"执行职务",应采内在关联的判断标准,即理监高等法人机关工作人员所实施的与其被分配的事务具有通常事理上的内在关联行为,非营利法人可为预见、事先防范、计算其可能的损害并将其内化于经营成本以分散风险。④ 理监高履职故意违反信义义务损害第三人利益的,主观恶性较大,具有较强的可非难性,理应对第三人承担赔偿责任。理监高履职因重大过失违反信义义务,损害第三人

---

① 李飞:《论董事对公司债权人负责的法理正当性——从法人组织体说的局限性及其超越之路径展开》,《法制与社会发展》2010年第4期。
② 王长华、余丹丹:《论代理成本视角下董事对第三人责任的正当性》,《河南财经政法大学学报》2017年第2期。
③ [韩]李哲松:《韩国公司法》,吴日焕译,中国政法大学出版社2000年版,第493页。
④ [德]汉斯·布洛克斯、沃尔夫·迪特里希·瓦尔克:《德国民法总论》,张艳译,杨大可校,冯楚奇补译,中国人民大学出版社2019年版,第327页;[德]赫尔穆特·科勒:《德国民法总论》,刘洋译,北京大学出版社2022年版,第474页;于敏、李昊等:《中国民法典侵权行为编规则》,社会科学文献出版社2012年版,第477页。

利益的,即理监高不仅未尽相似情形相同职位之人的履职注意义务且未尽一般普通人的注意义务,其主观恶性与故意相差无几,理应对第三人承担侵权赔偿责任。理监高履职因一般过失违反信义务的,履职未尽注意义务明显缺乏故意或重大过失行为的可非难性,且理监高快速、合理处理繁杂的非营利组织事务较为艰难,为平衡维护理监高的利益与第三人的利益,此时合理的选择是由非营利组织对第三人承担民事责任,非营利组织对外承担责任后由章程或决议决定是否对理监高行使追偿权。① (2) 理监高履职违反信义务的故意或重大过失行为造成第三人的损害包括直接损害与间接损害,且两者之间具有因果关系。直接损害是指理监高的故意或重大过失行为直接对第三人造成的损害,如法人清算时理事怠于履行清算义务而造成第三人的损害,法人破产或濒临破产情形、理事欺诈行为造成第三人的损害等。间接损害是指理监高的故意或重大过失行为造成非营利组织财产不当减少进而对第三人造成的损害,②如理事违法分配法人财产或利润致使法人无财产可供清偿第三人的债权等。有公司法学者主张,为避免因公司董事责任过重而产生驱逐效应,我国立法上可以适度限制过失董事对公司债权人的连带赔偿责任。③ 显然,该观点并未考虑到公司董事对第三人的民事责任是以履职不当的故意或重大过失行为为必要条件,故意或重大过失的可非难性较强,不应存在赔偿责任限制,且域外立法允许董事责任赔偿限制的对象是董事的一般过失行为。同理,非营利组织理监高对第三人的民事责任,不存在责任赔偿限制问题。

非营利组织理监高违信执行职务的故意或重大过失行为造成第三人的损害由其与非营利组织承担连带赔偿责任,该责任为不真正连带责任。不真正连带责任是指多数责任人基于不同发生原因而偶然产生的同一内容的给付,各负全部履行的义务,并因债务人之一的履行而使全体债务人的债务均归于消灭的一种责任方式。连带责任的债务人向债权人清偿后可向其他连带债务人追偿,而不真正连带责任中,向债权人清偿全部债务的债务人除可向终局责任人求偿外,不得向其他债务人追偿。非营利法人理事或高管经授权以非营利法人代理人身份执行职务,因故意或重大过失违背信义务,致

---

① 类似观点参见吴建斌、乌兰德:《试论公司董事第三人责任的性质、主观要件及归责原则》,《南京大学学报(哲学·人文科学·社会科学)》2005年第1期;郑佳宁:《法国公司法中管理层对第三人的责任》,《比较法研究》2010年第6期。
② 王长华:《董事对第三人责任的认定》,《西部法学评论》2017年第2期。
③ 叶林、叶冬影:《公司董事连带赔偿责任的学理考察——评述〈公司法修订草案〉第190条》,《法律适用》2022年第5期。

使非营利法人的债权人利益受损的,不属于《民法典》第1168条规定的共同侵权型连带责任、第1169条规定的"教唆、帮助他人实施侵权行为"型非共同侵权型连带责任、第1170条规定的"共同危险行为"型非共同侵权型连带责任,可类推适用《民法典》第167条关于"代理人知道或者应当知道代理事项违法仍然实施代理行为,或者被代理人知道或者应当知道代理人的代理行为违法未作反对表示的,被代理人和代理人应当承担连带责任"的规定、第1171条关于"二人以上分别实施侵权行为造成同一损害,每个人的侵权行为都足以造成全部损害的,行为人承担连带责任"的规定,由理事或高管与非营利法人向该债权人承担连带责任,①由理监高与非营利法人承担不真正连带赔偿责任,对第三人已承担赔偿责任的一方可向终局责任人追偿。值得注意的是,2022年12月全国人大常委会公布的《中华人民共和国公司法(修订草案二次审议稿)》第190条规定为减轻公司董事及高管违背信义义务给第三人造成损失的赔偿责任,将2021年12月全国人大常委会公布的《中华人民共和国公司法(修订草案)》第190条规定即"董事、高级管理人员执行职务,因故意或者重大过失,给他人造成损害的,应当与公司承担连带责任"修改为"董事、高级管理人员执行职务,给他人造成损害的,公司应当承担赔偿责任;董事、高级管理人员存在故意或者重大过失的,也应当承担赔偿责任",明显缺乏正当性基础:董事及高管履职违背信义义务系故意或重大过失导致的,属严重违背信义义务,主观明显存在恶意,可非难性较强,不属于各国董事及高管责任险的保险范围,域外立法也均不免除故意或重大过失履职的董事及高管对第三人的连带赔偿责任。

---

① 叶林、叶冬影:《公司董事连带赔偿责任的学理考察——评述〈公司法修订草案〉第190条》,《法律适用》2022年第5期。

第七章　非营利组织民法治理的立法模式及结构设计

改革推动立法,立法引领改革,凡重大改革须于法有据。2011年《中国特色社会主义法律体系》白皮书提出突出加强社会领域立法,逐步完善社会组织法律制度。中共十八大定调加快形成政社分开、权责明确、依法自治的现代社会组织体制,激发社会组织活力。法律概念乃法律体系的基石,法律体系的形成端赖于不同抽象程度之法律概念的逻辑区分,政策语词"社会组织"须功能转化为法律概念"非营利组织",[①]故建构现代非营利组织法律体系乃现代社会组织体制法治内涵的题中之义。非营利组织是自然人、法人或其他组织设立的非营利性、非政府性的组织,乃社会建设的重要力量。因应非营利组织改革需要,《民法典》虽确立了"非营利法人"概念及其类型归属,但其并未解决我国现行非营利组织立法及理论存在非营利组织的性质、内涵及外延不清、类型化逻辑不自足、财产归属缺乏合理界定、治理机制及退出机制缺失、理事监事及高管民事责任阙如等诸多缺陷,非营利组织的民法治理远远滞后于社会治理现实发展需要。非营利组织统一立法的实证调研表明,非营利组织的民法治理是项系统工程,需要以民法治理为逻辑红线,公法治理为必要补充,离不开内容完备、形式和谐的非营利组织治理法律体系之支撑。民法典的大规模修改缺乏立法可行性,近些年来我国学界及实务界多主张非营利组织统一立法模式,未来我国应制定统一、单行的非营利组织基本法,建构彰显现代社会组织体制改革方向、契合非营利组织民法治理逻辑主线、结构科学且内容合理的非营利组织制度,而确立非营利组织统一立法的原则、模式及结构,乃首要前提。

[①] 王名、金锦萍等:《社会组织三大条例如何修改》,《中国非营利评论》2013年第2期。

第一节　我国非营利组织统一立法的实证调研

为非营利组织统一立法提供实证支持,2014年笔者组成课题组专门调研非营利组织运行现状。[①] 课题组选取了26家非营利组织作为调查样本,其中有4家鉴于多种原因,未填写其组织名称,另22家调查对象分别是：北京市协作者社会工作发展中心、四川省成都市田园社工服务中心、河南省郑州市金水区华心社工服务中心、宁夏回族自治区银川公益行动联合会、重庆慧灵智障人士社区援助中心、重庆市民悦社会工作服务中心、江苏省苏州市社会工作者协会、广东家教通家长服务中心、广东省深圳市融雪盛平社工服务中心、广东省深圳市新现代社工服务中心、广东省深圳市龙岗区正阳社会工作服务中心、广东省深圳市人本社工服务社、广东省东莞市鹏星社会工作服务社、湖北省武汉市武昌区华大凯乐幼儿园、湖北省武汉市洪山区博奥培训学校、湖北省武汉楚馨社会工作服务中心、湖北省武汉市太阳之家互助中心、湖北省武汉市博雅社工服务中心、湖北省武汉市青少年发展基金会、湖北省武汉市江夏区志愿者联合会、湖北省武汉市中华路街阳光家园、华中科技大学文华学院。选取的这些调查对象保障了实证调研数据的普遍性和代表性：一是调查对象覆盖非营利组织全部类型,其中社会团体占38.64%,民办非企业单位、民间组织、自发的兼职社会青年发起的民间组织占46.15%,民办学校、基金会分别占11.54%、3.84%(见表7-1)；二是调查对象所涉地域代表性强,上述26家非营利组织遍及北京、湖北、广东、四川、重庆、宁夏、河南、江苏等八省、自治区、直辖市,涵盖我国东、中、西、南、北部地区及经济发达与欠发达地区。

表7-1　被调查的非营利组织类别分布

选项	宗教团体	福利机构	社会团体	基金会	民办学校	民办医院	其他社会组织
频数	0	0	10	1	3	0	12
比例	0	0	38.46%	3.84%	11.54%	0	46.15%

[①] 本节内容已作为本书前期研究成果发表。伍治良：《我国非营利组织统一立法的实证调研》,《法学》2014年第7期。本课题实证调研得到了武汉科技大学文法学院教授、湖北非营利组织研究中心主任李莉博士、湖北经济学院法学院梨桦教授和武汉市民政局的大力支持,在此一并致谢。

本次问卷调查共发放问卷 26 份,收回有效问卷 26 份。调查问卷内容分为 7 个部分,设计了 75 个调查问题,调查内容主要包括非营利组织的基本信息、非营利组织的功能及性质、非营利组织的分类、非营利组织的财产归属、非营利组织的运行、非营利组织的外部监管、非营利组织的政府支持。调查问卷内容设计全面、合理,涵盖非营利组织设立至终止全过程,覆盖非营利组织运行诸环节,有助于全面了解非营利组织的发展现状,分析存在的问题。

一、非营利组织统一立法实证调研情况

(一)非营利组织的功能及性质

被调查的 26 家非营利组织活动领域涵盖行业服务、社区服务、社会救助、就业服务、民办教育、职业教育、体育健身娱乐、环境保护、防灾救灾、社工服务、心理咨询、文化艺术、康复医疗、调查研究、政策咨询、法律服务、志愿服务、国际交流等。在问及"您认为非营利组织的基本功能是什么?"时,92.31%、84.62%、76.92%的被调查者分别回答"弥补政府提供公共服务的不足""动员社会资源""加强社会自我治理"是非营利组织的功能,只有 46.15%回答"架构政府与社会沟通的桥梁"属非营利组织的功能(见图 7-1)。

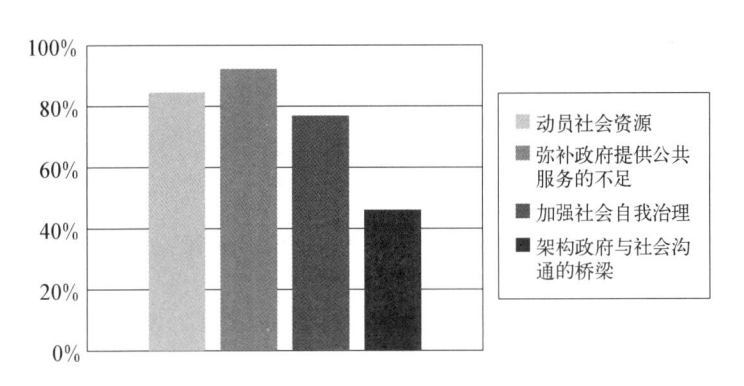

图 7-1 非营利组织基本功能的认知

被调查的 26 家非营利组织,其中自然人创办的 12 家,政府有关部门发起及企业与政府部门共同发起的 7 家,企业创办的 3 家,社会团体创办的 3 家,分别占比 46.15%、26.92%、11.54%、11.54%(见图 7-2);其活动资金主要来源于政府、组织开展的业务活动收入、企业赞助、社会公众捐赠、国内非营利组织、会费或服务收费及组织成员内部募集,分别占比 65.38%、38.46%、34.62%、30.77%、26.92%、19.23%、11.54%(见图 7-3);

其法定代表人的来源分布中,个人占34.62%,退休人员占7.69%,来自企业的占15.38%,来自事业单位的占11.54%,来自其他社会组织的占19.23%(见图7-4)。

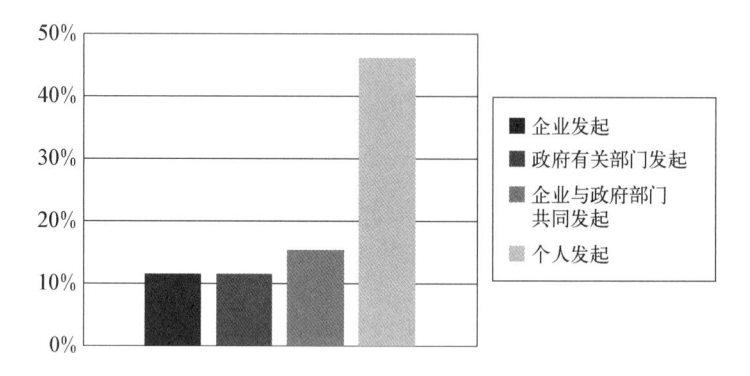

图7-2 被调查对象的创办人分布

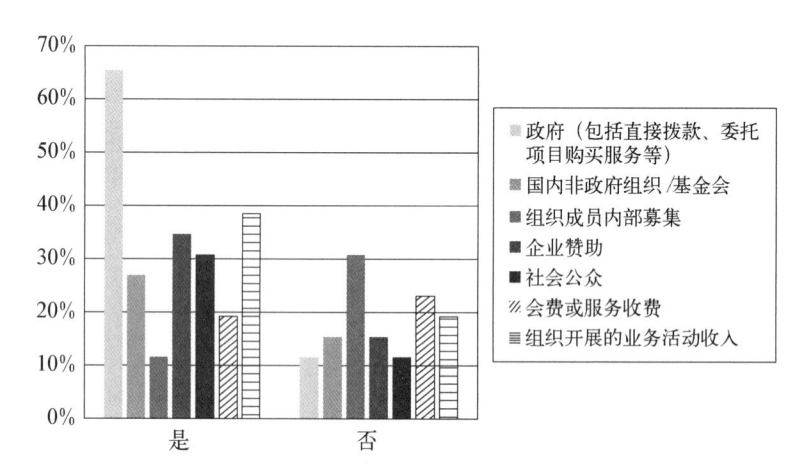

图7-3 被调查对象的活动资金来源

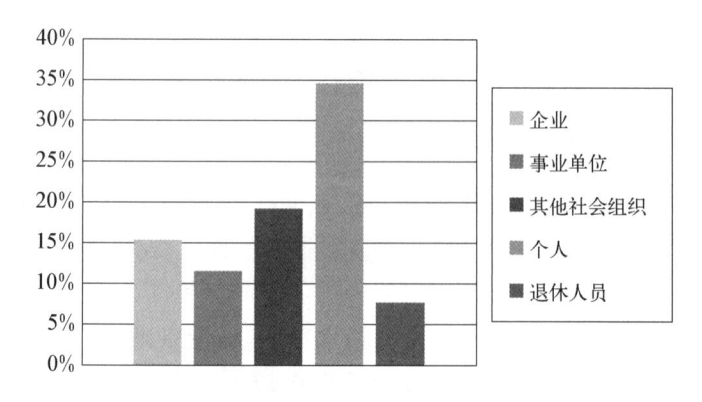

图7-4 被调查对象的法定代表人来源

第七章　非营利组织民法治理的立法模式及结构设计

在问及"您清楚什么是非营利组织吗?"时,80.77%的被调查者表示"清楚",19.23%表示"知道一些"(见图7-5)。在问及"您认为我国法律应将您所在组织名称定性为以下哪种称谓更为合理?"时,38.46%的被调查者表示应称"非营利组织",34.62%表示应称"社会组织",19.23%表示应称"非政府组织",11.54%表示应称"民间组织"。在问及"您认为非营利组织的根本性质是?"时,赞同"组织独立运作,不受政府干预"(即非营利组织的自治性)的占69.23%,赞同"组织财产及利润不得分配给组织成员或出资"(即非营利组织的非营利性)的占61.54%,赞同"不是由国家设立的"(即非营利组织的非政府性)的占57.69%,赞同"不以组建政党为目的"(即非政治性)的占50%,赞同"非宗教性"的占23.08%(见图7-6)。

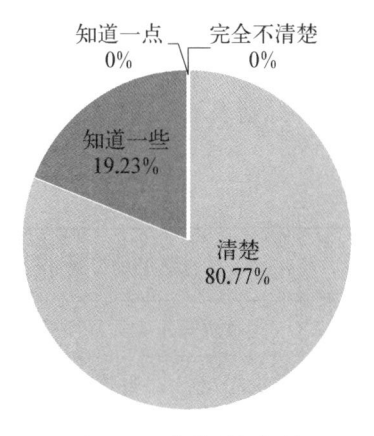

图7-5　非营利组织的性质了解

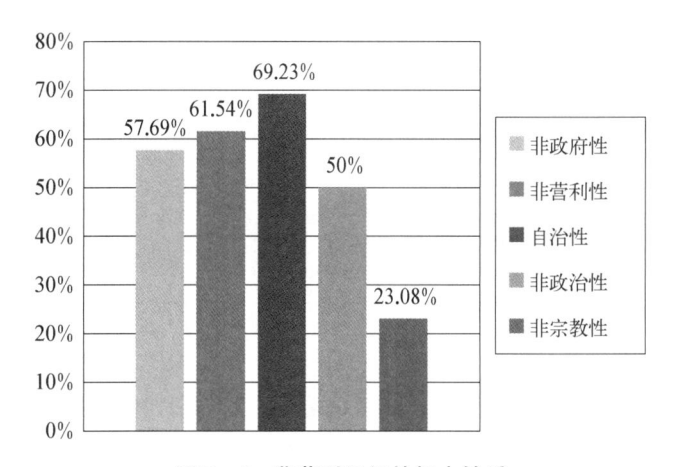

图7-6　非营利组织的根本性质

在问及"我国《民办教育促进法》将民办学校定性为非营利组织,同时允许其取得一定的合理回报,您认为此类民办学校是否属于非营利组织?"时,46%的被调查者回答"是",64%则回答"不是"。在问及"您认为哪些组织是非营利组织范围?"时,57.96%的被调查者认为参加人民政协的八大人民团体是非营利组织,42.31%则回答不是;57.96%的被调查者认为由国家设立、经费由财政提供且纳入参照公务员管理的组织属非营利组织,34.62%则回答不是;肯定与否定宗教组织属非营利组织的被调查者各占

50%；42.31%、46.15%、61.54%的被调查者分别认为村委会、居委会、小区业主委员会是非营利组织，否定的比例分别为 57.69%、53.85%、38.46%；65.38%的被调查者认为大学设立的学生社团及研究机构是非营利组织，34.62%则表示不是；38.46%认为群众兴趣性、互益性组织开展活动，事先须经登记许可或备案，61.54%则认为无须事先登记许可或备案；53.85%的被调查者认为未经登记或备案的群众兴趣性、互益性组织是非营利组织，46.15%则表示不是(见表7-2)。

表7-2　非营利组织的外延范围

下列组织是否属非营利组织	是	否
参加人民政协等八大人民团体	57.69%	42.31%
由国家设立、经费由财政提供且纳入参照公务员管理的各级法学会、计生协会等组织	57.69%	34.62%
寺、庙、教堂等宗教组织	50%	50%
村民委员会	42.31%	57.69%
居民委员会	46.15%	53.85%
小区业主委员会	61.54%	38.46%
大学设立的学生社团及研究机构	65.38%	34.62%
未经登记或备案的老乡会、同学会、车友会、驴友会、秧歌队、红白喜事会等群众兴趣性、互益性组织	53.85%	46.15%

上述数据表明：

第一，对非营利组织的社会功能缺乏全面认知。非营利组织对自身功能的全面认知是功能充分发挥的必备前提。调查结果显示，尽管被调查的26家非营利组织活动领域广泛，几乎遍及非营利组织所有功能范围，被调查者亦充分认识到非营利组织的动员社会资源、补充提供公共服务及促进社会自我调节功能，但对其架构政府与社会沟通的桥梁之功能认知不足，只占46.15%。这在一定程度上反映出，我国当前社会对非营利组织社会功能缺乏全面认识，忽视非营利组织之缓冲政府与民众之间冲突、有效预防和化解社会矛盾的功能；尤其是非营利组织不了解其媒介政社互动功能，难以自觉发挥其反映民众诉求和反馈政府意见的促进政社良性互动功能，导致民众直接绕开非营利组织寻求上访救济，涉法涉诉上访居高不下，突发、易发的社会矛盾难以及时消解。

第二,对非营利组织的基本性质缺乏清晰认知。非营利组织的基本功能决定其非营利性、非政府性、非政治性、自治性、组织性和私法主体性,非营利性和非政府性乃其基本性质。首先,非营利组织区别于营利性组织的根本特征是其非营利性,即非营利组织不以营利为目的且收入和利润不得分配给其成员或出资人。基于非营利性组织从事公益事业,国家往往给予公益性非营利组织所得税免除及公益捐赠税前抵扣待遇等税收优惠,促进非营利组织的发展。依据《民办教育促进法》及相关法律规定,民办学校可登记为非营利组织并享受公益性非营利组织的税收优惠待遇,民办学校出资人可以取得合理回报的规定明显违背非营利组织非营利性属性,背离了公益性非营利组织的公益性宗旨。调查显示,六成多的被调查者不仅认识到非营利性系非营利组织的基本性质,且认为《民办教育促进法》规定的出资人可以取得合理回报的民办学校不属非营利组织,这表明非营利组织的非营利性特征已大体上被社会接受。但是,仍有近四成被调查者认为非营利性并非非营利组织的基本性质即非营利组织的收入和利润可以分配给其成员或出资人,这表明非营利组织的非营利性特征未被社会清晰认知。其次,非营利组织设立初衷旨在弥补政府失灵缺陷,非营利组织与政府组织在社会建设中的基本功能及运行规则不同,非政府性乃非营利组织另一基本性质。调查显示,26家被调查对象中,有7家是由政府有关部门发起及企业与政府部门共同发起设立,占26.92%,有17家活动资金来源于政府,有3家法定代表人来自事业单位,有三四成亦认为政府性、非自治的组织也是非营利组织。这表明我国非营利组织对政府的依附性较强,非政府性不足,非营利组织的非政府性特征未被社会清晰认知,一定程度上阻碍了非营利组织的发育成长及制度健全。

第三,企业和社会团体创办的非营利组织比例偏低。公民通过自主行使各项权利,民主表达诉求,参与社会公共事务,推进社会发展进程,而非营利组织是公民通过结社自由实现自身非物质性需求的组织形式。但公民个人能力及财力毕竟有限,创办的非营利组织往往难以充分调动社会资源,发展空间受限,难以与企业和社会团体创办的非营利组织相比,企业和社会团体应成为非营利组织创办的主力军。调查数据显示,调查显示,在被调查的26家非营利组织中,自然人创办的12个,占46.15%,企业和社会团体创办的仅为6家,占23.08%。这表明自然人成为非营利组织创办者的主流,公民民主意识和社会公共意识较强,但企业和社会团体创办非营利组织的动力不足,比例偏低。

第四，对非营利组织的民法治理缺乏足够认知。我国官方政策层面对非营利性组织曾使用过"非政府组织""民间组织""社会组织"等语词，但这些语词并非法律语言，无法融入民事主体体系。组织称谓的选择事关非营利组织纳入民事主体体系的立法技术设计，我国现行民法及域外一些大陆法系民法均将民事主体体系中的组织体划分为营利组织与非营利组织。尽管38.46%的被调查对象认为应称"非营利组织"，但34.62%认为应称"社会组织"，19.23%认为应称"非政府组织"，11.54%认为应称"民间组织"。这表明，大多数被调查者并不完全了解民法调整非营利组织的功能，因而对我国民事主体类型化体系中的营利组织与非营利组织之组织体类型化体系缺乏了解，这可能与我国目前调整非营利组织的基本法主要为国务院颁布的三部行政法规（即《社会团体登记管理条例》《基金会管理条例》《民办非企业单位登记管理暂行条例》）而并非原《民法通则》有关。

第五，对非营利组织的外延范围缺乏准确认知。不少被调查者对非营利组织外延范围的认识较为模糊，原因在于对非营利组织的非政府性认识错误。小部分被调查者将参加人民政协的八大人民团体、由国家设立、经费由财政提供且纳入参照公务员管理的各级法学会、计生协会等组织纳入非营利组织范围，系不当扩大了非营利组织外延范围，将国家设立的以公共服务为目的这些公法人纳入非营利组织范围，实质上否定了非营利组织的非政府性特征；大部分被调查者否定村委会和居委会之非政府性特征，进而将其排除在非营利组织范围之外；半数意见认为宗教组织不应纳入非营利组织范围，这表明不少被调查者对非营利组织的非政府性理解缺乏合理认识。

第六，对无权利能力团体地位缺乏基本认知。无权利能力团体是指不具有民事主体资格但可以依法开展活动的组织，德、日、意、法、荷、瑞士、韩及我国台湾地区等域外民法均作了规定，但我国大陆民法未予规定，且将其作为非法组织对待。从鼓励公民结社与社会稳定维护之利益冲突衡平考量，我国应允许无害于社会公共利益的非政治性组织无须登记或备案即可开展活动。调查显示，大部分被调查者赞同群众兴趣性互益性组织开展活动，无须事先登记许可或备案，这体现了社会要求国家不应对公民结社自由限制过多的呼声。但诸多被调查者认为大学设立的学生社团及研究机构、未经登记或备案的群众兴趣性互益性组织属非营利组织，系混淆了非营利组织与无权利能力团体之间的区别，原因在于对无权利能力团体地位缺乏基本认知，无权利能力团体属于不具有民事主体资格但可开展活动的组织体，而非营利组织则享有民事主体资格。

（二）非营利组织的分类

26家被调查对象，具有法人资格22家占84.62%，非法人组织型4家占

15.38%。在问及"我国现行立法将非营利组织划分为社会团体、民办非企业单位和基金会,您认为是否合理?"时,77%认为"有待改进",仅19%认为"很合理"(见图7-7)。在问及"您认为通过立法明确划分非营利组织的类型,是否意义重大?"时,54%认为"意义重大",38%认为"有意义",8%认为"无所谓"。在问及"将非营利组织分为法人型非营利组织(包括公益性社会团体法人、互益性社会团体法人和捐助法人)和非法人型非营利组织(包括公益性非法人社会团体、互益性非法人社会团体和非法人捐助团体),您认为是否合理?"时,仅8%认为不合理,31%认为很合理(见图7-8)。

对现行非营利组织划分的看法

图7-7 对现行非营利组织划分的看法

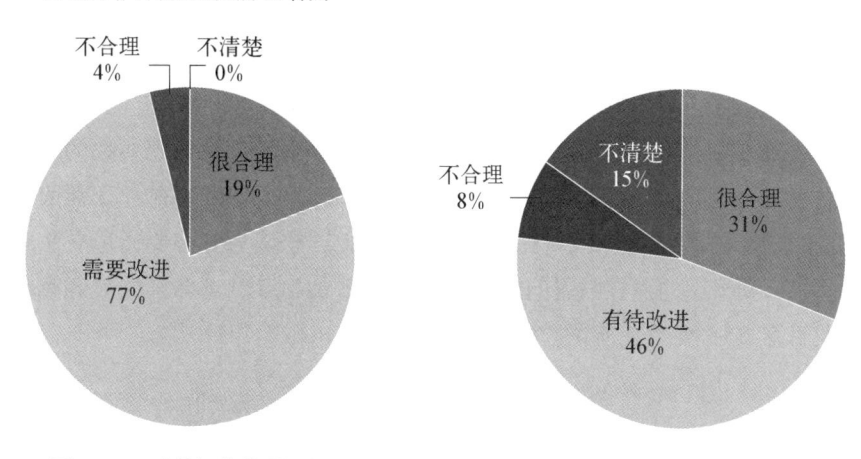

图7-8 对非营利组织创新分类的看法

上述数据表明:

第一,现行非营利组织类型划分不合理,需要立法改进。我国《社会团体登记管理条例》《民办非企业单位登记管理暂行条例》《基金会管理条例》将现行非营利组织划分为社会团体、民办非企业单位和基金会,这种非营利组织类型化模式缺乏逻辑严谨的体系化分类标准:一是将性质本属相同、均以财产聚合为设立基础的民办非企业单位与基金会分开立法,模糊了捐助法人本质属性,且导致设置了不合非营利组织非营利性特征的民办非企业单位之"个体"及"合伙"形式。二是未区分社会团体的公益型与互益型,忽视了二者在财产归属及责任承担等方面之间的差异。因此,仅19%的被调查者认为现行非营利组织分类很合理,表明现行非营利组织三分法模式的社会接受度较低;92%的被调查者认为通过立法明确划分非营利组织类型"意义重大""有意义",表明现行非营利组织类型划分需要立法完善。

第二,本课题组提出的非营利组织创新分类的社会接受度高于现行非营利组织分类。课题组以私法主体之法人组织与非法人组织的区分为基本划分标准,同时考量非营利组织的设立基础与设立宗旨不同,将非营利组织分为公益性社会团体法人、互益性社会团体法人、捐助法人、公益性非法人社会团体、互益性非法人社会团体以及非法人捐助团体,覆盖了所有非营利组织类型且比现行非营利组织类型划分更为科学。调查数据显示,31%、46%的被调查者分别认为该创新分类"很合理""有待改进",这表明该创新分类的社会接受度高于现行非营利组织划分,未来非营利组织立法予以采用具有一定现实基础。

(三) 非营利组织的财产归属

财产是非营利组织运营及责任承担的物质基础。在问及"您所在的组织对原《民法通则》相关规定的了解程度"时,7.69%、30.77%、9.23%的被调查者分别回答"不了解""不太了解""一般了解"。在问及"您认为您所在的组织的财产归属明确吗?"问题时,76.93%、7.69%、15.38%的被调查者分别回答"明确""不明确""存在争议"(见图7-9);在问及"您认为有必要通过立法来明确非营利组织的财产归属问题吗?"时,84.62%、7.69%、7.69%的被调查者分别回答"有必要""无所谓""没必要"(见图7-10)。

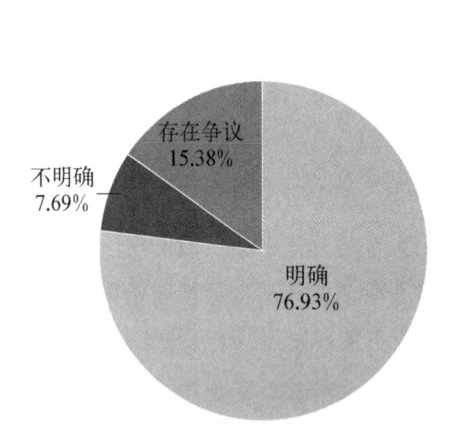

图7-9 非营利组织财产归属是否明确

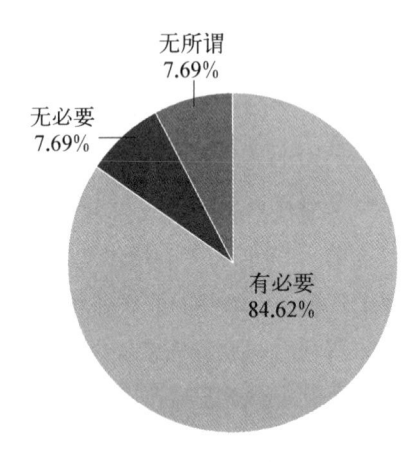

图7-10 非营利组织财产归属应否立法明确

课题组分别对公益性社会团体法人、互益性社会团体法人、捐助法人、公益性非法人社会团体、互益性非法人社会团体、非法人捐助团体等六类非营利组织存续期间及解散时的财产归属予以调查,归属主体的选项设计主要包括:发起人、出资人、受益人、组织自身、捐助人、同类性质的其他非营利组织,组织与发起人、出资人、受益人共有以及允许章程约定,调查的具体数据见表 7-3、7-4。

表 7-3 非营利组织存续期间的财产归属

归属主体\类型	公益性社会团体法人	互益性社会团体法人	公益性非法人社会团体	互益性非法人社会团体	捐助法人	非法人捐助团体
发起人	3.85%	0	0	3.85%	0	0
出资人	19.23%	15.38%	19.23%	11.54%	3.85%	7.69%
受益人	15.38%	15.38%	11.54%	23.08%	11.54%	15.38%
组织自身	7.69%	3.85%	15.38%	0	11.54%	15.38%
捐助人	—	—	—	—	7.69%	15.38%
组织与发起人、出资人、受益人共有	53.85	61.54%	46.15%	57.69%	57.69%	46.15%

表 7-4 非营利组织解散时的财产归属

归属主体\类型	公益性社会团体法人	互益性社会团体法人	公益性非法人社会团体	互益性非法人社会团体	捐助法人	非法人捐助团体
发起人	0	0	0	0	0	0
出资人	19.23%	7.69%	19.23%	11.54%	7.69%	11.54%
受益人	11.54%	11.54%	3.85%	15.38%	11.54%	11.54%
组织自身	11.54%	0	3.85%	3.85%	11.54%	7.69%
捐助人	—	—	—	—	7.69%	3.85%
组织与发起人、出资人、受益人共有	42.31%	38.46%	53.85%	30.77%	34.62%	34.62%
同类性质的其他非营利组织	15.38%	—	15.38%	—	23.08%	26.92%
允许章程约定其财产归属	—	42.31%	—	38.46%	—	—

上述数据表明：

第一，对非营利法人的财产归属认知明显不当。法人享有独立的财产权，非营利法人亦不例外。调查显示，认为公益性社会团体法人、互益性社会团体法人和捐助法人存续期间的财产归属于该法人自身所有的比例分别为7.69％、3.85％、11.54％，认为属于此类组织与发起人、出资人、受益人共有的比例竟分别高达53.85％、61.54％、57.69％。这表明，大多数被调查者对非营利法人财产归属认识错误，显属系对民法法人财产归属制度缺乏基本把握。

第二，对非营利组织的财产归属整体认识模糊，混淆了法人型与非法人型非营利组织、公益型与互益型社会团体之间的财产归属差异。调查中，尽管76.93％的被调查者认为本组织的财产归属明确，但实际上对各类非营利组织财产的应然归属认知并不清晰。调查显示，分别仅有7.69％、3.85％、11.54％的被调查者认为公益性社会团体法人、互益性社会团体法人、捐助法人存续期间的财产属于该法人所有，多数被调查者认为社会团体法人和捐助团体法人与非法人社会团体和非法人捐助团体存续期间的财产为社会团体法人与发起人、出资人、受益人共有；分别仅有19.23％、11.54％、7.69％的被调查者认为，公益性非法人社会团体、互益性非法人社会团体、非法人捐助团体存续期间的财产属其出资人所有，多数被调查者认为，社会团体法人和捐助团体法人与非法人社会团体和非法人捐助团体解散时的财产为社会团体法人与发起人、出资人、受益人共有。分别仅有15.38％、23.08％的被调查者认为，公益性社会团体法人、捐助法人解散时的剩余财产应移交类似目的的其他组织，仅42.31％的被调查者认为，互益性社会团体法人解散时的剩余财产属于成员共同共有且允许章程约定归属；分别仅有19.23％、11.54％、11.54％的被调查者认为公益性非法人社会团体、互益性非法人社会团体、非法人捐助团体解散时的剩余财产应移交给其出资人，42.31％的被调查者认为公益性非法人社会团体财产归属允许章程约定其归属，38.46％的则认为互益性非法人社会团体财产归属允许章程约定其归属。84.62％的被调查者表示有必要通过立法来明确非营利组织的财产归属。这表明被调查者总体上对非营利组织财产归属认识模糊：一是多数调查者将法人型与非法人型非营利组织的财产归属性质等同，混淆了法人型与非法人型非营利组织的财产归属差异，且错将非营利法人存续期间的财产归属权界定为该组织与发起人、出资人、受益人的共同所有权；二是混淆了公益型与互益型社会团体之间的财产归属差异，允许章程约定公益性非法人社会团体的财产归属，背离了其公益宗旨，且不合民法机理。究其根源，调查对象对非营利组织财产归属整体认识模糊的原因可能在于：一是现行立法未系统规定非营利组织存续期间及解散时的财产归属问题,也未区分公益性与互益性社会团体的财产归属;二是并未理解非营利性特征的真正内涵,亦未能区分公益性与互益性社会团体。

(四)非营利组织的运行

被调查的 26 家非营利组织中,民政部门登记的 22 家、占 91.66%,工商部门登记的 1 家,其他部门登记的 1 家,2 家未作答。这 26 家非营利组织人事来源及状况是:20 家聘用了专职人员,2 家未聘用,分别占比 76.92%、7.69%;16 家聘用了志愿者,3 家未聘用,分别占比 61.54%、11.54%;18 家聘用了大学毕业生,4 家未聘用,分别占比 69.23%、15.38%;10 家聘用了其他单位兼职人员,8 家未聘用,分别占比 38.46%、30.77%;2 家聘用了政府退休干部;10 家表示人员流动性大、工作人员待遇稳定且积极性高,9 家表示则否,分别占比 38.46%、34.62%(见表 7-5)。

表 7-5 被调查者人事来源及状况

人事来源及状况	是	所占比例	否	所占比例
政府退休干部	2	7.69%	15	57.69%
其他单位兼职人员	10	38.46%	8	30.77%
专职聘用人员	20	76.92%	2	7.69%
志愿者	16	61.54%	3	11.54%
大学毕业生	18	69.23%	4	15.38%
人员流动性大	10	38.46%	8	30.77%
工作人员的待遇稳定,积极性高	10	38.46%	9	34.62%

在问及"您认为您所在组织的总体运行状况如何?"时,11.54%、61.54%、19.23%、3.85%的被调查者分别回答"很好""较好""一般""较差"。在问及运行情况时,86.92%的被调查者表示有正式的、书面的组织章程,91.3%的被调查者表示开具了独立的银行账户,91.3%的被调查者表示按年度对财务状况进行了审计,63.64%的被调查者表示为政府举办或是在政府支持下建立;在问及内部治理状况时,50%、42.31%、19.23%的被调查者分别回答设置了理事会、监事会、内部监督部门,7.69%的被调查者表示未严格按照组织章程运作(见表 7-6)。

表 7-6　被调查对象内部治理状况

治理结构情况及比例	有	百分比	没有	百分比
理事会	13	50%	6	23.08%
监事会	11	42.31%	13	50%
内部监督部门	5	19.23%	15	57.69%
组织治理结构是否严格按章程运作	完全	基本	没有	
	26.92%	57.69	7.69%	

在问及"制约非营利组织发展的主要因素"时，73.08%的被调查者回答"缺乏资金"及"缺乏专业化管理人才"，53.85%的回答"政府扶持不够"，50%的回答"政社不分"，42.31%的回答"社会公众认同不够"，30.77%的回答"内部管理混乱"，26.92%的回答"行政监管不到位"（见图 7-11）。

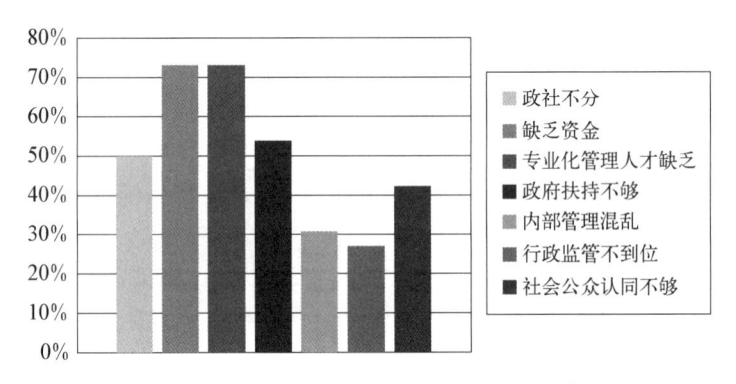

图 7-11　制约非营利组织发展的主要因素

上述数据表明：

第一，非营利组织设立登记制度亟待完善。依据现行法律规定，登记是设立非营利组织的设立须在民政部门办理登记手续，公司、合伙企业等营利性组织的设立则在工商部门办理登记手续；工商部门作为营利组织登记不享有非营利组织法律地位，无法享受非营利组织的税收优惠待遇。调查显示，91.67%的被调查者均在民政部门办理设立登记手续，但仍有少数非营利组织是在工商部门或其他部门进行登记。这表明，少数非营利组织不愿或无法在民政部门办理登记，究其根源，乃非营利组织双重管理体制的准入门槛过高所致。

第二，非营利组织内部治理不到位。任何组织均需要内部治理结构保障其健康运行，科学合理的治理结构是非营利组织良性运作的必要前提，理事会与监事会是非营利组织最为重要的两个治理机构。调查显示，仅50%的被调查者设有理事会、42.31%的设有监事会、19.23%的设有内部监督部门，且7.69%的表示未严格按照组织章程运作；19.23%的认为总体运行状况"一般"，3.85%的认为总体运行状况"较差"，30.77%的认为"内部管理混乱"。这表明，一些非营利组织治理机构设置不到位，有的即使设置了全部治理机构，亦未能真正发挥其功能，即非营利组织的内部治理不到位。

第三，资金及专业管理人才缺乏是制约非营利组织发展的主要因素。调查显示，制约非营利组织发展的主要因素包括缺乏资金、缺乏专业化管理人才、政府扶持不够、政社不分、社会公众认同不够、内部管理混乱、行政监管不到位等。因缺乏资金、专业管理人才，非营利组织兼职人员及志愿者的聘用比例不低，工作人员待遇不稳定、积极性不，38.46%的被调查者表示其人员流动性大。非营利组织资金及专业化管理人才缺乏的根源在于制度供给不足，遗产税制度及社会劝募师制度的缺失使捐赠及募捐的动力不足是非营利组织资金来源匮乏的主要原因，社会工作专业人员专业技术岗位设置、职业晋升及薪酬制度的缺失是非营利组织专业化管理人才缺乏的主要原因。

（五）非营利组织的外部监督

非营利组织的健康发展离不开政府及社会的外部监督。在问及"您所在组织与主管部门或登记管理部门的关系"及"您所在组织与当地政府的关系"时，46.15%、42.31%的被调查者分别认为应为独立、平行关系，34.62%、23.08%的被调查者分别认为实际关系为领导与被领导关系（见表7-7）。

表7-7 被调查对象与政府部门之间的关系

	您所在组织与业务主管部门和(或)登记管理部门的实际关系	您所在组织与业务主管部门和(或)登记管理部门的理想关系	您所在组织与当地政府的实际关系	您所在组织与当地政府的理想关系
领导与被领导	34.62%	11.54%	23.08%	15.38%
指导与被指导	23.08%	34.62%	30.77%	30.77%
独立平行关系	19.23%	46.15%	19.23%	42.31%
没啥关系	7.69%	7.69%	11.54%	0

在问及"您认为您所属组织与政府当前的关系利弊?"时,50%的被调查者回答"利大于弊",7.69%回答"弊大于利",11.54%回答"没任何坏处",23.08%回答"说不清楚"。但在问及"业务主管部门和(或)登记管理部门对您所在组织财政方面的影响?"时,15.38%的被调查者回答"很大",23.08%回答"较大";在问及"业务主管部门和(或)登记管理部门对您所在组织组织人事方面的影响?"时,11.54%回答"很大",34.62%回答"较大";在问及"当地政府对您所在组织组织人事方面的影响?"时,3.8%回答"很大",19.23%回答"较大"(见图7-12)。

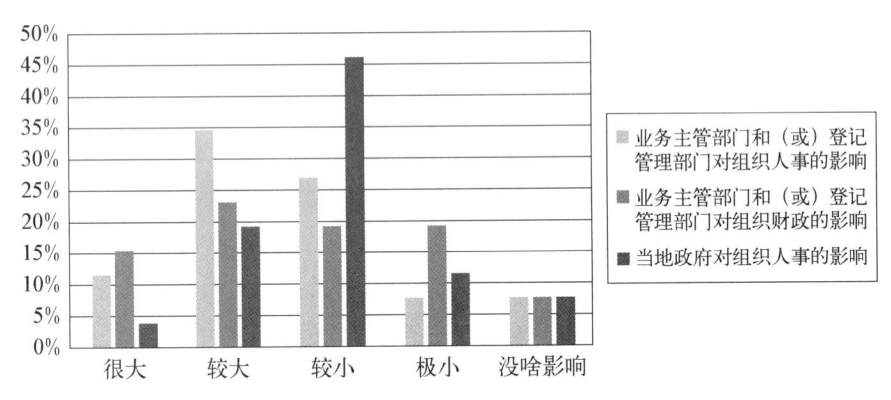

图7-12 政府有关部门对非营利组织的影响

财政税务监管方面,在问及"税务部门对您所在组织进行税务检查""财政部门对您所在组织进行财政检查"时,26.92%的被调查者表示税务部门未对其进行检查,38.46%表示财政部门未对其进行检查(详见图7-13);在问及"您所在组织财务是否经历审计?"时,38.46%的被调查者回答接受过独立的会计/审计事务所审计,11.54%回答接受过政府审计(详见图7-14)。信息披露方面,在问及"您所在组织财务收支情况有没有公开披露?"时,

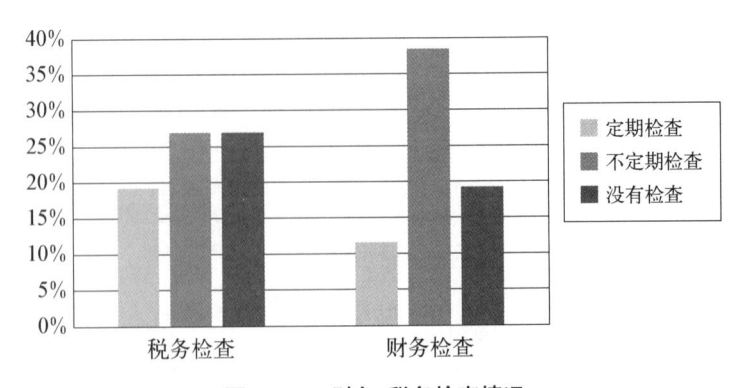

图7-13 财务、税务检查情况

23.08%回答向组织内部所有其他成员公开,仅15.38%回答通过网站、媒体等方式向社会公开,7.69%回答仅向管理层公开,7.69%回答未进行信息披露(见图7-15)。

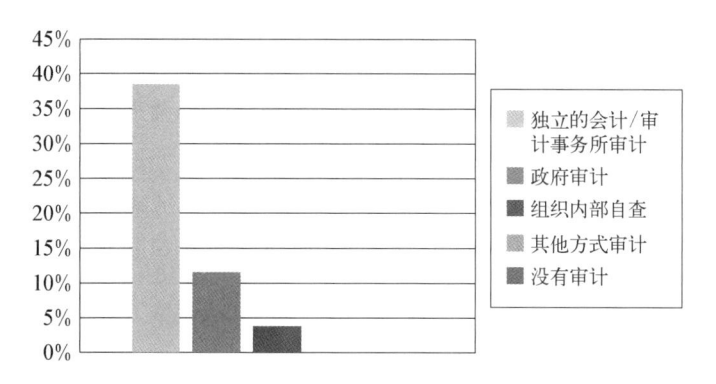

图7-14 所在组织的财务审计情况

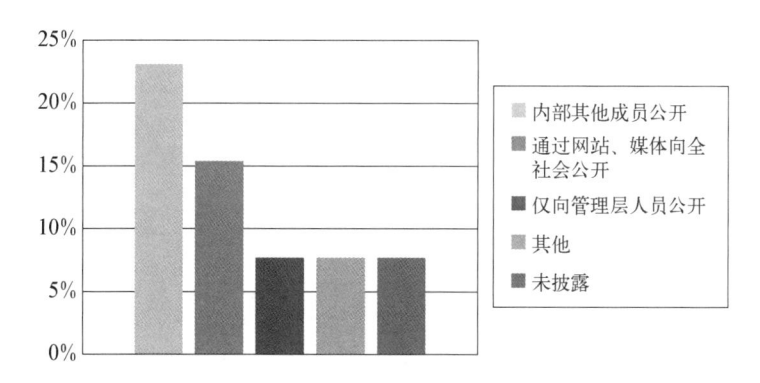

图7-15 组织财务收支公开披露情况

上述数据表明:

第一,政府未能严格履行非营利组织监管职能。政府监管是非营利组织外部监督的重要组成部分。调查结果表明,政府部门未能正确履行其监管职能:一方面,政府部门对非营利组织监管过度。被调查者认识到政府与非营利组织之间的独立、平行的监督与被监督关系,但实际上政府对非营利组织过度监管,甚至是居于领导地位,侵蚀了非营利组织的非政府性及自治性。调查显示,34.62%、15.38%的被调查者认为主管部门(或登记管理部门)、当地政府与其实际关系是领导与被领导关系,46.12%、38.46%的被调查者分别认为业务主管部门或登记管理部门对其人事、财政影响过大,24.03%的当地政府对其组织人事方面影响过大。另一方面,少数政府部门对非营利组织监管乏力。调查显示,税务部门常规监管缺失,26.92%的被调查者表示税务部门未对其进行检查;财政部门监管不足,38.46%的被调查者表示财政部门未对其进行检查;审计部门监管薄弱,仅11.54%的被调查者接受过政府审计。

第二,非营利组织的信息披露滞后于社会监督需要。非营利组织的社会监督方式主要包括第三方评估、舆论监督和利益相关者监督,非营利组织的信息披露则为社会监督作用发挥的前提和基础。调查显示,非营利组织向外部披露信息的比例明显偏低,仅15.38%的被调查者向全社会公开披露信息,即使在非营利组织内部,也仅23.08%、7.69%的分别向内部成员、管理者披露信息。非营利组织信息披露不够,无法满足社会监督非营利组织的需要,导致公众知情权的丧失,使舆论监督和利益相关者监督功能无法发挥。

（六）非营利组织的政府支持

非营利组织系社会建设的主体力量,非营利性及非政府性特征决定非营利组织必须给予税收优惠、财政补贴、行政奖励及购买公共服务等政策支持。在问及"您是否了解组织相关税收优惠政策?"时,13.04%的被调查者表示"很了解",56.52%表示"知道一点、不是很了解",30.43表示"不太清楚";在问及"您所在组织是否享受到了税收优惠?"时,21.74%的被调查者表示"享受到了",39.13%表示"没有享受",39.13%表示"不太清楚";在问及"您对目前的非营利组织税收优惠情况是否满意?"时,23.08%的被调查者表示"满意",而46.15%表示"不满意";在问及"您认为哪些类型非营利组织应该享受税收优惠?"时,69.23%、46.15%、65.38%、23.08%、50%、38.46%的被调查者分别认为公益性法人、互益性法人、公益性非法人、互益性非法人、捐助法人、非法人捐助团体应享受税收优惠(详见图7-16);在问及"您所在组织是否享有公益捐赠税前扣除资格?"时,42.31%的被调查者回答"享有",26.92%回答

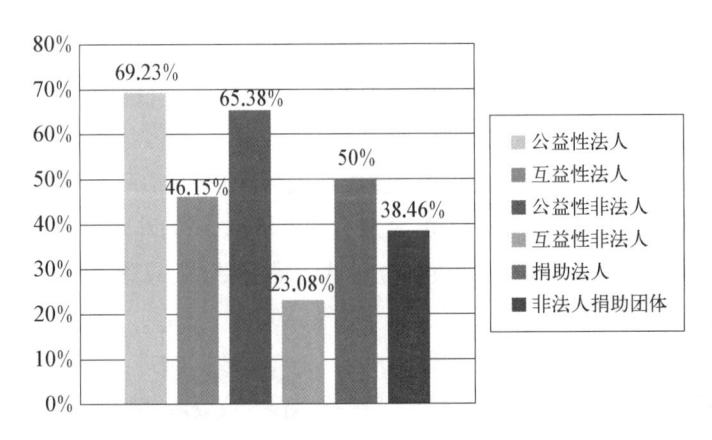

图7-16 应享受税收优惠的非营利组织类型

"不享有";在问及"您认为非营利组织税收优惠政策及实施存在哪些不足?"时,57.69%的被调查者认为非营利组织税收优惠规定抽象、优惠税种范围不明确且优惠力度不大,34.62%认为税收优惠认定过严、透明度不高,7.69%认为存在其他不足(见图7-17)。

在问及"您所在组织是否受到政府财政补贴或财政奖励?"时,50%被调查者表示接受了,34.62%表示没有;在问及"您所在组织是否承接过政府购买公共服务业务?"时,

图7-17 非营利组织税收优惠政策不足

50%的被调查者回答"承接了",26.92%回答"没有";在问及"您认为我国政府购买非营利组织公共服务制度存在哪些问题?"时,42.31%的被调查者认为缺乏相应法律制度,19.23%认为购买非营利组织公共服务业务范围有限,15.38%认为购买非营利组织公共服务税收优惠不足,3.85%认为存在其他问题(详见图7-18)。在问及"您所在组织设立受到政府哪些支持?"问题时,46.15%的表示受到资金支持,30.77%的表示接受了场所支持,34.62%的表示政府帮助解决了业务主管单位,11.54%的表示享受到了登记程序简化的政府支持,7.69%的表示没有受到政府的任何支持(见图7-19)。

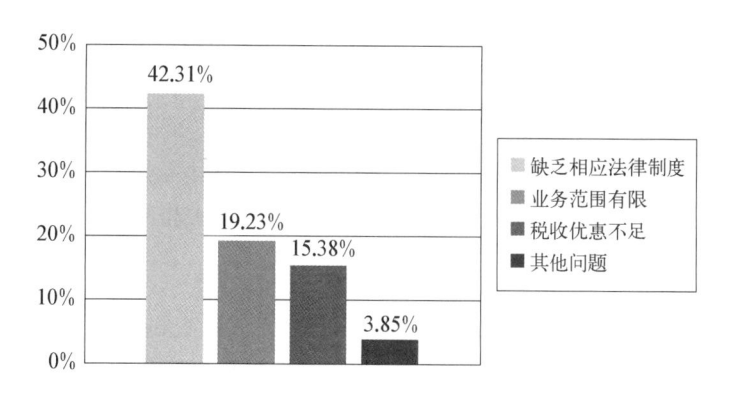

图7-18 政府购买公共服务制度存在的问题

在问及"您所在组织需要政府提供哪些支持?"问题时,76.92%的被调查者表示需要财政支持和项目经费支持,57.69%的表示需要政府加强宣传普及活动,50%的表示需要政府提供组织能力培训,50%表示需要政府建立社会组织人才队伍和薪酬体,42.31%表示需要政府制定激励措施、提供必须的设备和物资、建立和完善社会组织活动评估和表彰体系(见图7-20)。

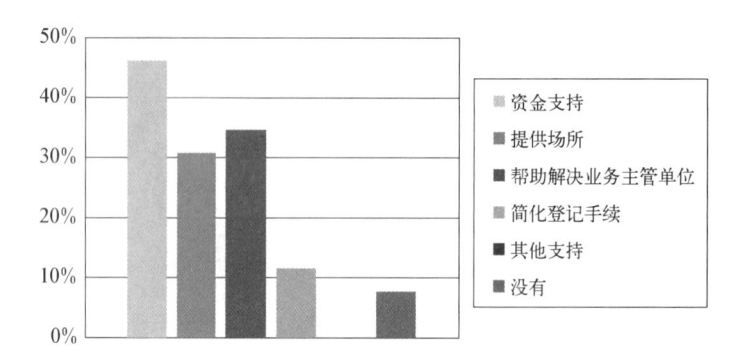

图 7‑19　被调查对象受到政府支持情况

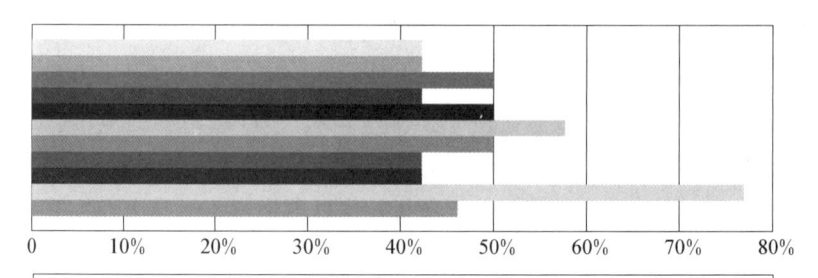

图 7‑20　被调查者对象需要政府提供支持情况

上述数据表明：

第一，非营利组织的税收优惠制度有待完善。调查显示，我国现行非营利组织税收优惠制度诸多方面亟待完善：一是享受税收优惠待遇的非营利组织范围较窄，未能遍及所有非营利组织，仅 21.74% 的被调查者表示享受到了免税优惠，仅 42.31% 的被调查者享有公益捐赠税前扣除资格。尤其是立法应否给予互益性社会团体以税收优惠待遇，存有争议。调查显示，仅 46.15% 的被调查者认为互益性社会团体法人应享受税收优惠，23.08% 认为互益性非法人社会团体应享受税收优惠。二是非营利组织税收优惠规定抽象，税收优惠税种范围不明确，税收优惠力度有限。三是税收优惠资格的实际认定过严，透明度较低，缺乏有效的税收优惠监督机制。

第二，政府购买公共服务、财政补贴、行政奖励、孵化非营利组织等政府支持措施有待加强。尽管50%的被调查者表示曾接受政府财政补贴或奖励、承接政府购买公共服务业务，但政府支持非营利组织措施仍有待加强。一是政府购买非营利组织公共服务制度有待健全，42.31%、19.23%、15.38%的被调查者分别认为政府购买公共服务缺乏相应法律制度支撑，政府购买公共服务范围有限且税收优惠不足。二是财政补贴、行政奖励、孵化非营利组织等政府支持措施仍须加强。虽然46.15%的被调查者表示曾接受政府资金支持，但仍有76.92%和42.31%的被调查者分别表示需要政府提供财政支持和项目经费支持、提供必需的设备和物资，50%的被调查者要求政府建立社会组织人才队伍和薪酬体系、提供组织能力培训，46.15%要求政府提供场所支持，42.31%要求政府制度行政奖励等激励措施，42.31%要求政府建立和完善社会组织活动评估和表彰体系。

二、非营利组织统一立法实证调研的主要启示

通过上述实证调研发现，非营利组织的社会功能及基本性质并未被社会全面认知，非营利组织的性质界定、外延范围、类型体系、财产归属、治理结构、政府监督、社会监督、自律监督、税收优惠、财政支持等非营利组织私法治理公法治理制度明显滞后与社会建设发展，我国亟需出台统一的非营利组织法，尽快完善非营利组织法律制度，具体内容包括：

一是明确非营利组织的功能及性质。非营利组织的基本功能决定其主体的法律性质定位。非营利组织的基本功能不能厘定，则其主体性质无法确定；非营利组织主体性质不能确定，则无法在民事主体体系中确立其合理位置，进而无法将非营利组织纳入现行民事主体体系之中。因此，立法明确非营利组织的基本功能及主体性质是非营利组织统一立法的首要前提。

二是厘清非营利组织的内涵与外延。厘清概念的内涵及外延是规则、原则和制度建构的首要任务。非营利组织内涵与外延的界定是非营利组织制度研究的起点，亦为非营利组织统一立法的基石。

三是合理厘定非营利组织的类型体系。现实中的非营利组织类型多样，性质各异，既有法人型组织，也有非法人型组织，既有人合型组织，也有财产聚合型组织，既有公益型组织，亦有互益性组织。法乃实质理性与形式理性的统一，既要求法律制度设计满足社会发展需要，亦强调法律制度体系的内在和谐。非营利组织的私法主体性及法的实质理性与形式理性统一要求，非营利组织立法不仅需要规制不同类型的非营利组织，还要将不同类型的非营利组织嵌入民事主体体系之中，保障非营利组织的类型体系与民事主体体系相容。

四是明晰非营利组织的财产归属。财产权归属明确是非营利组织良性发展的根本保障,有利于真正实现非营利组织之宗旨。必须克服立法及实践中非营利组织财产归属不清之缺陷,在尊重我国传统民事主体及所有权理论的基础上,区分法人型与非法人型非营利组织、公益型与互益型社会团体之间的财产归属差异,合理界定非营利组织的财产归属。

五是健全非营利组织内部治理机制。健全的内部治理结构是非营利组织自治的必然要求,非营利组织的非营利性和非政府性决定了公益性非营利组织的"所有者"缺位,更需要完善的治理结构保障非营利组织健康发展。我国现行非营利组织法律规定缺乏治理结构内容,民政部发布的非营利组织示范章程设计了治理结构内容,但缺乏强制规范效力。

六是完善非营利组织监管制度。强化非营利组织的政府监管,健全统一登记、各司其职、协调配合、分级负责、依法监管的社会组织管理体制,明确登记管理机关、财政、税务、审计等政府部门的监管职责,加强对非营利组织运行过程的监督等。

七是强化非营利组织的政府支持。建构系统、全面、可操作的非营利组织税收优惠制度,明确享受税收优惠的非营利组织范围、免税资格及公益捐赠税前抵扣认定条件、税种优惠范围、税收优惠幅度、税收优惠监督等内容,有力保障非营利组织更好实现其宗旨。

八是采取非营利组织统一立法模式。调查显示,我国现行非营利组织制度管控色彩较浓,分散立法模式对非营利组织的功能、性质、内涵、外延、类型体系、财产归属、治理结构、责任体系等主要制度缺乏系统、合理定位,被调查者对非营利组织运行的诸多必备制度认识较为模糊,非营利组织因此发育不足。我国非营利组织立法可借鉴域外立法模式,同时考量非营利组织类型的复杂性,采取统一立法模式,以原《民法通则》为统帅,以非营利组织基本法为主导,在原《民法通则》民事主体章节中规定非营利组织的类型体系,在非营利组织基本法中规定非营利组织设立至终止所有环节的具体制度。

第二节 我国非营利组织立法的基本原则[①]

立法的基本原则体现了法律基本价值取向及立法技术安排,是立法的基

---

① 本节及本章第三节内容已作为本书前期研究成果发表。伍治良:《我国非营利组织立法的原则、模式及结构》,《经济社会体制比较》2014年第6期。

本准绳。遵循立法的基本原则,有助于提高立法水平,协调立法活动的种种关系,统一立法的主旨和精神,使立法活动与其调整对象之间体现一以贯之的精神品格。[1] 为建构实质理性与形式理性相统一的非营利组织法律体系,我国非营利组织立法应遵循非营利组织培育与规制并重、立法传统继承与适度创新以及法律制度体系和谐的原则。

一、非营利组织培育与规制并重原则

我国《宪法》第35条明确赋予公民结社自由权。但现行非营利组织制度对非营利组织培育不足、规制过多,主要表现在:其一,繁琐的双重管理模式。我国现行"归口登记、双重负责、分级管理"模式下,业务主管部门对非营利组织的人事、财务等具有重大影响,且导致大量"草根组织"因难以获得登记而陷入被取缔的困境,阻碍了非营利组织的发育成长。其二,严格的准入制度。人员、资金数量的较高要求扼杀了规模较小、组织松散、较为灵活的非营利性质组织的活动空间;"必要性"之审查限制非营利组织的竞争,有碍于组织运作效率与社会公信力的提升,不利于非营利组织实现优胜劣汰;分支机构设立之限制,不当限制了非营利组织的发展壮大。其三,简陋的税收优惠措施。我国现行非营利组织税收优惠制度零散、内在体系不和谐、税收优惠待遇规定不全面,未区分公益型与互益型非营利组织,缺乏非营利组织从事营利活动的税收优惠规定,导致非营利组织培育不足。其四,缺乏可操作性的政府购买公共服务制度。我国《政府采购法》并不能完全适用于政府购买非营利组织公共服务,国务院有关部委依据《政府采购法》出台的系列政府采购政策性规定效力层次低,内容难以涵盖政府购买非营利组织公共服务的全部程序,致使政府购买非营利组织公共服务活动缺乏科学合理的法律依据。因此,为加快推进我国社会建设,必须大力培育非营利组织。首先,积极培育非营利组织是保障公民结社自由的根本需要。公民结社权是非营利组织赖以产生、运行和发展的权利基础,大力培育非营利组织乃实现宪法确立的公民结社自由权利之根本举措。其次,积极培育非营利组织是促进社会建设的重要手段。现代文明社会结构已然分化为政治、市场与社会三领域,各领域活动主体、基本功能及运行逻辑迥异。非营利组织属社会建设领域而非政治活动领域之重要力量,具有动员社会资源、补充提供公共服务、促进社会自治、媒介政社良性互动之功能。积极培育非营利组织,有利于发挥其社会建设功能,促进社会全面健康发展。再次,积极培育非营利组织是非营利

---

[1] 周旺生:《论中国立法原则的法律化、制度化》,《法学论坛》2003年第3期。

组织健康发展的内在要求。非营利组织存在运作资金来源不足、管理人员素质缺乏专业性等天然缺陷，迫切需要国家供给非营利组织孵化培育机制，以促进非营利组织发育成长。

非营利组织的运行并非绝对自由，需要合理规制，原因在于：一是结社自由的内在要求。"自由是做法律所许可的一切事情的权利；如果一个公民能够做法律所禁止的事情，他就不再有自由了，因为其他的人也同样会有这个权利。"①质言之，任何自由不是绝对的，而是有限度的，需要合理限制，非营利组织的运行亦不例外，须遵守国家法律法规及相关政策，予以合理规制。二是克服非营利组织内在缺陷的必然要求。因"所有人缺位"，非营利组织的运行极易产生管理者家长作风、资金运用缺乏有效规制、公信力降低等志愿失灵问题，需要政府监督、社会监督和自律监督合力规制。

因此，我国非营利组织立法应体现非营利组织培育与规制并重原则，以充分发挥非营利组织功能。② 近些年来我国顶层制度设计凸显了这一原则，不仅要求加快形成现代社会组织体制，重点培育、优先发展行业协会商会类、科技类、公益慈善类、城乡社区服务类社会组织，且要求完善相关法律法规，建立健全统一登记、各司其职、协调配合、分级负责、依法监管的社会组织管理体制，健全社会组织管理制度，推动社会组织完善内部治理结构。

二、立法传统继承与适度创新原则

黑格尔说："凡是合乎理性的东西都是现实的，凡是现实的东西都是合乎理性的。"黑格尔"两个凡是"命题强调理性主导现实，现实按照理性运动，只有在理性基础上才能实现理性和现实的统一，③其认识论价值在于肯定社会规律的客观性及通过现象把握本质和规律性。④ 因此，法学的任务乃把握法律的"理性"，探寻合乎基本价值、现实需求与规范逻辑之必然性要求的"现实"——法律原理，符合必然性要求的"现存"法律才能转变成"现实"的法律，"现实"的法律一旦丧失必然性，则必然灭亡。申言之，符合价值、事实与逻辑必然性要求的非营利组织法律制度是合乎理性的，是合理的，合理的非营利组织法律制度应当予以继承。首先，合理的传统制度适应了社会发展需要。

---

① ［法］孟德斯鸠：《论法的精神（上）》，张雁深译，商务印书馆 1982 年版，第 154 页。
② 王名：《关于加快出台三大条例　改革社会组织管理体制的建议》，《学会》2013 年第 9 期。
③ 游兆和：《论对黑格尔哲学思想的四重误解》，《学术研究》2013 年第 8 期。
④ 金延：《黑格尔"凡是"命题的深刻含义》，《人文杂志》1984 年第 3 期。

我国诸多符合非营利组织发展的现实需要，有助于培育发展非营利组织，亦被各国实践证明合理有效的非营利组织法律制度，如非营利组织免税资格认定、公益性捐赠税前扣除、政府购买公共服务等政府支持非营利组织制度，应予继承。其次，传统合理制度的继承便于民众的接受，保障法律的连续性和权威性。我国《民法典》舍弃了传统大陆法系民法理论的社团法人与财团法人二分的法人分类模式及社团法人和财团法人概念，沿袭了企业法人与非企业法人二分的法人分类传统并将非营利法人二分为社会团体法人与捐助法人，采已被社会熟知及接受的"社会团体法人"概念，舍"财团法人"概念并代之以"捐助法人"概念，较为合理，保障了法律的社会可接受性、连续性和权威性。

法律的生命在于经验而非逻辑，社会的发展并非完全遵循人类理性建构的法律逻辑，"社会的需要和社会的意见常常是或多或少地走在'法律'的前面的"。① 囿于非营利组织功能认知的不足，我国现行非营利组织立法的体系不完备、质量不高、层次偏低、协调性差，非营利组织的私法主体性质定位不清，非营利组织的类型化缺乏统一的逻辑分类标准，非营利组织的私法主体要件过苛过高，未登记非营利组织缺乏法律地位，非营利组织理事、监事及高级管理人员的信义义务及民事责任缺乏系统规定，严重滞后于社会建设的现实需要，严重影响非营利组织的活力激发及功能发挥。因此，我国未来非营利组织统一立法必须在合理继承传统法律制度基础上适当借鉴域外立法经验，适度创新立法内容，建构形式理性及实质理性相统一的非营利组织制度，克服现行制度缺陷，促进非营利组织健康发展。

三、法律制度体系和谐原则

健全的法律制度要求法律制度外在体系的和谐，我国非营利组织立法应遵循法律制度体系和谐原则：一是形式法治的根本要求。法治社会要求法律制度的明确性、稳定性和可预期性，外在体系的和谐乃法治的形式理性要求。故非营利组织立法必须确保法律制度体系和谐，实现法律规范的系统化和逻辑化，保障社会治理有序进行。二是公权力合理行使的保证。体系和谐的非营利组织立法为政府监管非营利组织设定了权力行使的程序控制机制，有利于规范政府执法，避免不当干预非营利组织自我治理。三是非营利组织功能发挥的必要保障。体系和谐的非营利组织立法可有效引导非营利组织依法、有序自治并参与社会治理，内容冲突的非营利组织制度则导致非营利

---

① ［英］亨利·梅因：《古代法》，沈景一译，商务印书馆1959年版，第15页。

组织活动无所适从。

我国现行非营利组织法律制度的外在体系不和谐,导致实践中出现非营利组织性质定位不清、设立登记较难、理监高信义义务及民事责任缺乏规制导致非营利组织运营的公信力不足等现实问题,不利于非营利组织健康有序发展。首先,现行非营利组织制度主要表现为行政法规或者部门规章,立法层次低,权威性不足。其次,现行非营利组织立法多属非营利组织管理的程序法而非实体法,公民结社权落实之实体内容缺乏完备规定。其三,非营利组织单行法之间内容重复或冲突,如法人型民办非企业单位与基金会同属捐助法人,却分别由《民办非企业单位登记管理暂行条例》《基金会管理条例》予以规制。其四,非营利组织立法与其他相关法律制度不协调,如单行法之非营利组织双重管理、严格准入等制度与鼓励结社自由之宪法精神冲突;《公益事业捐赠法》中受赠财产之"社会公共财产"界定与《民法典》的所有权理论相冲突,引发不必要的非营利组织财产归属争议,出现与民法所有权制度机理相悖的"公益产权""总有""公同共有"等观点;非营利组织税收与税法制度不相协调等,如非营利组织的税收优惠待遇被规制在营利组织所得税法之中,缺失互益性组织与公益性组织的税收待遇区分规定,《税收征管法》关于登记、票据、检查等规定难以适用于非营利组织。[①] 因此,为激发非营利组织活动所需的科学合理制度供给,我国未来非营利组织立法应保障法律制度体系的和谐。

第三节　我国非营利组织民法治理的立法模式

非营利组织民法治理的立法模式安排需要非营利组织统一立法模式的系统支撑,非营利组织立法模式乃非营利组织法律体系的立法技术安排。我国未来非营利组织立法应当批判借鉴域外立法模式有益经验,扬弃自身立法传统,选择合理的立法模式,建构完备的非营利组织法律体系,实现非营利组织法内在价值体系和谐与外在逻辑体系完备的统一,促进我国非营利组织健康发展。

一、域外非营利组织立法模式的启示

域外非营利组织的立法模式主要存在统一立法与分散立法之分,前者旨

[①] 许捷:《我国非营利组织税收制度分析与建议》,《税务研究》2007年第6期。

在实现非营利组织立法的形式体系化,以民法典或统一的非营利组织法规制非营利组织,后者注重实质意义上的非营利组织立法,以不同类型的非营利组织单行法分散规制非营利组织或一国之内不同法域分别立法规制非营利组织。域外无论统一立法还是分散立法模式,非营利组织立法的内容均涵盖组织法和行为法内容,既包括非营利组织的界定、设立、变更、终止、组织结构、法律责任等组织法内容,也涵盖非营利组织的非营利经营行为、与组织宗旨相关的商业行为、理监高行为准则及责任标准等行为法内容,仅存在行为法内容规制的完备与粗陋之差异而已,并不存在学者所言非营利组织立法的组织法模式与行为法模式的截然二分问题。[①] 大陆法系、英美法系及混合法系国家或地区的政治制度及法律传统不同,非营利组织立法模式略有差异,但多采统一立法模式。

(一)英美法系国家非营利组织立法模式评析

美国系联邦制国家,非营利组织法虽属州立法权限而采各州分散立法模式,体系庞大而精细完整,[②]但实采统一立法模式,实现了组织法与行为法、权利法与管理法的有机统一。[③] 美国各州颁布的《非营利法人法》内容大同小异,均以美国律师协会(ABA)起草的《示范非营利法人法》为参考依据,《示范非营利法人法》(2021)包括总则、设立、宗旨和权力、派生诉讼、成员及财产规定、成员会议、董事及高管、章程及细则修改、资产处置、解散、实体交易、外国非营利法人、过渡规定等14章内容。宾夕法尼亚、阿肯色、爱荷华、内华达等不少州及哥伦比亚特区颁布了《未登记非营利社团法》,也均以美国统一州法委员会会议(NCCUSL)起草的《统一未登记非营利社团法》(2008)为参考依据,《统一未登记非营利社团法》包括本法名称,定义,与其他法律的关系,准据法,实体、永续及权力,财产的所有权及转移,不动产授权转让声明,未登记社团的责任,未登记社团的起诉和被诉,对未登记社团的判决或命令之效力,未登记社团的代理程序服务,未登记社团诉讼或程序不受成员或管理人变化影响,诉讼管辖成员并非代理人,成员同意,成员会议及程序规定,成员义务,成员资格及其暂停、开除或除名,成员辞职,成员权不可转让,经理选任及其管理权,经理义务,经理会议程序规定,成员或经理获取信息的权利,禁止财产分配,赔偿和其他允许的支付,报销、补偿、预付及保险,解散、清算及终止,登记代理人任命,不动产及动产的交易,合并,本法适用及制定的统一

---

① 刘太刚:《我国非营利组织基本法的立法模式探讨》,《江苏行政学院学报》2011年第2期。
② 扶松茂:《美国政府与民间非营利组织之间的制度规范研究》,《天津行政学院学报》2010年第5期。
③ 盖威:《市民社会视角的中国社团立法研究》,复旦大学2010年博士学位论文,第102页。

性,与全球及国内商事法中电子签名的关系,保留条款,效力分割条款,废止条款,生效日期等 37 条内容。《示范非营利法人法》和《未登记非营利社团法》全面规范了非营利组织的组织规则及行为规则,但篇章结构设计缺乏大陆法系法典化的形式体系逻辑性。2015 年 NCCUSL 及 ABA 联合公布了供各州统一营利组织与非营利组织立法参考的示范法——《统一商业组织法典》(UBOC),非营利组织法保留了《示范非营利法人法》和《统一未登记非营利社团法》的基本内容。美国联邦层面颁布的《国内税收法典》(IRC)第 501(c)(3)条规制的 28 种类型免税组织涵盖非营利组织、社会企业和公益信托等,统一规制了非营利组织免税资格及公益捐赠税前扣除资格的认定。[①] 从规范内容而言,美国各州非营利法人法及未登记非营利社团法实乃非营利组织的组织法与行为法、权利保障法与管理规制法的统一,《国内税收法典》主要从行为法角度规范非营利组织获取免税资格的权利保障。

英国属单一制国家,但四个法域均享有一定的自治权,非营利组织立法采各法域分散立法模式,但各法域的非营利组织立法内容实质相同。基于非营利组织源于慈善事业的历史传统,英国各法域以慈善组织立法引领非营利组织立法。英国非营利组织大体分为社团法人、信托、未登记社团、保证有限公司、社区利益公司等五种类型,经慈善委员会认定为慈善组织的非营利组织可享受税收优惠待遇。规制互益性及公益性社团的立法,体现为适用于英格兰、威尔士及苏格兰的《互益性及公益性社团法》(Co-operative and Community Benefit Societies Act 2014)、适用于北爱尔兰的《工业互助会法》[Industrial and Provident Societies Act (Northern Ireland) 1969]及《储蓄互助会,互益性及公益性社团法》[the Credit Unions and Co-operative and Community Benefit Societies Act (Northern Ireland) 2016];规制保证有限公司、社区利益公司的立法,体现为适用于英格兰、威尔士及苏格兰的《公司法》(2006)、适用于北爱尔兰的《公司法》(2006);规制信托的立法,体现为适用于英格兰及威尔士的《受托人法》、适用于北爱尔兰的《受托人法》、适用于苏格兰的《信托法》及《慈善及受托人投资法(苏格兰)》[The Charities and Trustee Investment (Scotland) Act 2005];规制慈善组织的立法,体现为适用于英格兰、威尔士及苏格兰的《慈善法》、适用于北爱尔兰的《北爱尔兰慈善法》、适用于苏格兰的《慈善及受托人投资法(苏格兰)》等。英国未登记社团可以开展活动,但不具有独立的法律人格,由普通法规制。综观英国各法域

---

① 丁晶晶、李勇、王名:《美国非营利组织及其法律规制的发展》,《国外理论动态》2013 年第 7 期。

的非营利组织立法,其内容实质上基本相同,因缺乏国家层面的非营利组织统一立法,难免存在制度重叠乃至冲突的缺陷。

加拿大属联邦制国家,由10个省及3个领地组成,规制非营利组织及慈善组织的法律存在14个法域,联邦及各省陆续由公司法调整模式改行独立的非营利组织法调整模式,联邦层面的统一非营利组织法、各省层面的分散非营利组织法及民法典规制非营利组织等三种模式并存,但其立法内容本质上相同。联邦层面的非营利组织基本法包括《非营利法人法》(The Canada Not-for-profit Corporations Act 2009)、《非营利法人法实施规则》(The Canada Not-for-profit Corporations Regulations 2011)及《慈善组织登记法》[The Charities Registration (Security Information) Act]及《国内税法》(The Income Tax Act),安大略省2020年颁布了《非营利法人法》(The Ontario Not-for-Profit Corporations Act 2009),不列颠哥伦比亚省2016年颁布了新的《社团法》(The British Columbia Societies Act),其他省还颁布了适用于各省的《慈善机构法》或《慈善资金募集企业法》。加拿大《非营利法人法》共283条,设解释与适用、设立、能力与权力、组织财产、债券、债券证书、登记与转让、信托债券、接管人、接管管理人与扣押财产保管人、董事与高管、管理细则与成员、财务披露、公开审计、组织基本变更、清算与解散、诉讼救济、抗辩与惩罚、电子文书及其他文书、一般规定、无股本的特别法法人、过渡规定、配套修改、协调修改、废除与生效等部分(part),系统创设了非营利法人的组织规则及行为规则,但篇章结构安排缺乏大陆法系法典化的形式体系逻辑性。魁北克省虽属混合法域,但恪守大陆法系民法传统,主要由《民法典》规制社团法人、财团法人与未登记社团等三类非营利组织。

综上,美、加采联邦制政治制度,英国采单一制,三国之内各法域均享有私法立法权,导致一国之内各法域采行分散的非营利组织立法模式。但是,各法域的非营利组织立法内容实质相同,实采统一的非营利组织基本法模式。

(二) 大陆法系国家非营利组织立法模式评析

德国非营利组织基本法采民法典规制模式。德国虽属联邦制国家,联邦及各州议会均有立法权,但德国《基本法》第72、74条规定,基于在联邦范围内建立同等价值的生活条件、维护法律统一及维护经济统一的立法需要,联邦立法权就民法、结社和集会法等八个方面的共同立法权事项优先于州法,[①]故德国联邦议会通过的《德国民法典》确立了德国非营利组织统一立法

---

① [德] 何意志:联邦德国的立法体制和程序,《行政学研究》1995年第3期;贾红梅:《德国中央与地方立法权限的划分及其关系》,《人大工作通讯》1995年第21期。

模式。德国非营利组织的法定类型主要包括《德国民法典》规制的非营利社团、财团和未登记社团，《德国公司法》规制的公益有限责任公司，《德国合作社法》规制的合作社①等类型，税法还规定了属英美法系信托性质的未登记财团非自治基金会(non-autonomous foundation)，②非营利社团和财团为德国非营利组织的基本类型，合作社为非营利的人合组织。德国非营利组织的私法治理规范主要体现在《德国民法典》总则篇私法人制度之中，主要规范非营利社团法人、财团法人及无权利能力社团的设立、治理结构、财产归属、法人机关及代理人责任、解散、清算、终止等组织法及行为法内容。1919年生效的《魏玛宪法》第124条专门确立了公民结社自由的宪法基本权利，赋予德国人民组织其目的不违背刑法的社团及法团之权利，而1964年联邦议会通过、2007年修改的《调整公共结社权的法律》(亦称《社团法》)主要从公法管制角度限制、惩罚结社自由的滥用，分为总则、关于社团的禁令、被禁止社团财产的查封与没收、特殊规定及结束规定等5章33条。③ 德国非营利组织获取税收优惠资格，须向财政机构提交公益组织认定申请，若符合《德国税捐通则》第51～57条规定的非营利组织目的公益性及非营利性条件的，则应被赋予公益组织资格，依法享有《企业所得税法》第5条规定的免交企业所得税和营业税、按照7%优惠税率缴纳增值税(正常税率19%)及公益捐赠或会费税前扣除待遇。④

日本非营利组织基本法采统一的非营利组织基本法模式。2006年日本实行法人立法模式改革，营利组织及非营利组织均该改采民法典之外的单行法统一规制模式，民法典仅保留法人制度共通的5条通则性规定，颁布了区分非营利组织的设立与公益性认定、非营利组织设立由许可主义转向准则主义的《关于一般社团法人以及一般财团法人的法律》(《一般法人法》)和《关于公益社团法人以及公益财团法人认定等法律》(《公益法人认定法》)。由此，日本现行非营利组织法律制度包括《一般法人法》《公益法人认定法》和之前已颁布的《特定非营利活动促进法》(《NPO法》)和《宗教法人法》《私立学校

---

① 苑鹏：《德国最新〈合作社法〉的修订变化及其对我国的启示》，《学习与实践》2016年第7期。
② 张冈成、黄浩明：《德国非营利组织：现状、特点与发展趋势》，《德国研究》2012年第2期；[德]鲁佩特·格拉夫·施特拉赫维茨：《德国的社团和基金会——服务提供者还是市民社会主体?》(钟瑞华译)，载[英]阿米·古特曼等：《结社：理论与实践》，吴玉章、毕小青等译，生活·读书·新知三联书店2006年版，第368～382页。
③ 高媛：《非营利组织参与社会救助：德国模式的立法借鉴》，《中共福建省委党校学报》2016年第8期。
④ 徐妍、殷露阳：《非营利组织营利性收入的税法规制探讨——以德国体育协会营利性收入》，《常州大学学报(社会科学版)》2019年第2期。

法》《医疗法》《社会福祉法》等特定公益法人法,形成了以《一般法人法》和《公益法人认定法》为非营利组织基本法、以《NPO法》和特定公益法人法为公益组织特别法的非营利组织法律体系。《一般法人法》共344条,分为总则、一般社团法人、一般财团法人、清算、合并、杂则、罚则7章及附则,条文数远远超过了修改前民法的条文数。《公益法人认定法》共66条,分为总则、公益法人的认定、公益法人认定委员会及设置于都道府县的合议制机关、杂则、罚则5章及附则。依据《一般法人法》在法务省法务局登记设立的一般法人,可向内阁府公益认定等委员会事务局或都道府县的总务部总务科或文书课提交公益组织认定申请,经政府委托的内阁府公益认定等委员会或都道府县的合议制机构实质审查认定符合《公益法人认定法》的公益组织认定条件,行政部门必须迅速以首相或都道府县知事的名义送达"公益认定书"。① 《NPO法》系1998年日本为促进公益性志愿活动而颁布,将进行特定非营利活动的团体作为经主管机关"认证"的"公益法人"对待,②其地位相当于以《日本民法典》原第34条为基础的"公益法人制度"下的特别法。③《NPO法》实施后的前3年间,NPO法人仅享有与非法人型NPO相同的税收优惠政策,即会费收入、捐赠收入以及政府补助金等非营利性项目可纳入法人税及法人住民税的非课税对象,而经政府特别认定的独立行政法人、日本红十字会、社会福祉法人、部分学校法人以及公益法人等则享受全方位的税收优惠,为此2001年日本政府出台"认定NPO法人制度",但NPO法人认定基准极为苛刻,导致认定NPO法人制度长期形同虚设。经过2011年和2012年《NPO法》的修订,大幅度降低了NPO法人的设立门槛与税收优惠资格认定基准,融合与统一了NPO法人的设立认证程序与税收优惠资格获取的"认定NPO法人"认定程序,NPO法人认证、认定及监管等事务的主管部门均由内阁府转移给都道府县或政令指定都市,并导入"暂认定NPO法人制度"(有效期为3年,可享受除遗产捐赠免税和视作捐赠制度之外的税收优惠政策)。④ 申言之,NPO法人的登记设立与公益认定程序区分与一般法人设立与公益法人认定区分实质上相通,但是,一般法人、公益法人与NPO法人出现相互交叉和相互渗透的"加拉帕戈斯现象",⑤新公益法人规定严格,而NPO法人运营规定

---

① 俞祖成:《日本公益法人认定制度及启示》,《清华大学学报(哲学社会科学版)》2017年第6期。
② [日]近江幸治:《民法讲义Ⅰ·民法总则》,渠涛等译,北京大学出版社2015年版,第85页。
③ 周江洪:《非营利法人制度改革及其对我国的启示》,《浙江学刊》2008年第6期。
④ 俞祖成:《日本NPO法人制度的最新改革及启示》,《国家行政学院学报》2013年第6期。
⑤ 俞祖成:《日本非营利组织:法制建设与改革动向》,《中国机构改革与管理》2016年第7期。

不是很严格：①"认定 NPO 法人"的认定机关与公益法人的认定机关不同，前者为租税特别措施法规定的财务省国税厅长官，后者则为公益认定等委员会；二者的认定基准也不同，前者仅适用于公益社团，NPO 法人认定制度设立了 8 项正面及反面认定标准，后者适用于公益社团和公益社团，《公益法人认定法》第 5 条规定了 18 项正面认定标准，第 6 条规定了 6 项反面认定标准。正因如此，《NPO 法》仍面临不少亟待解决的难题，如如何保障认定 NPO 法人制度的有效实施、如何实现 NPO 法人制度与社团/财团法人制度的有效整合。② 为此，日本学者曾主张将《NPO 法》纳入新的一般法人体系或是公益法人体系中去，我国学者亦认为如果日本一般法人或是公益法人的新法体系确实有利于公益组织的发展，《NPO 法》将有可能归并到新法体系中去，从而实现统一的非营利法人制度。③

俄罗斯非营利组织基本法采民法典为统帅、统一基本法为支柱模式。2014 年俄罗斯修订民法典法人分类制度，整合了之前的非营利组织分类分散立法并确立了非营利组织的基本类型、划分标准、财产归属及责任承担等原则性规定，第 50 条列举了 15 种非营利组织，第 123 条在保留商业组织与非营利组织的法人一级分类既有标准基础上，将非营利组织重新划分为非营利社团组织与非营利财团组织，④非营利社团包括消费合作社、公共组织（含社会运动）、协会（联合会）、公证员协会、律师协会、不动产所有人合伙、哥萨克团体和社区等，非营利财团包括社会用途基金、机构、自治性非营利组织和宗教组织。《公民公开结社组织法》确立了公民结社权，明确了公民结社组织的非营利性和非政府性特征。俄罗斯《非营利组织法》共 34 条，分为总则、非营利组织的形式、非营利组织的成立、改组和解散、非营利组织的活动、非营利组织的管理、非营利组织和国家权力机关和最后规定 7 章，具体规定了非营利组织设立、运行及终止的组织法及行为法规则。《信仰自由和宗教组织法》确立了宗教组织的非营利组织法律地位，并区分未登记、不具有法人资格的宗教团体与已登记、具有法人资格的宗教组织。《慈善活动和慈善组织法》区分非营利组织设立与慈善组织认定，规定获得慈善组织登记的非营利组织

---

① 周江洪：《日本非营利法人制度改革及其对我国的启示》，《浙江学刊》2008 年第 6 期。
② 俞祖成：《日本 NPO 法人制度的最新改革及启示》，《国家行政学院学报》2013 年第 6 期。
③ 周江洪：《日本非营利法人制度改革及其对我国的启示》，《浙江学刊》2008 年第 6 期。
④ 2012 年 4 月 2 日，时任俄罗斯总统梅德韦杰夫正式提交给国家杜马审议的关于修订俄联邦民法典第一部分、第二部分、第三部分、第四部分以及部分俄联邦立法文件的联邦法律草案有关法人制度的重大体系性变化内容即体现了这一思路。龚兵：《俄联邦民法典现代化之路》，《俄罗斯东欧中亚研究》2013 年第 2 期。

享有税收优惠、国家物质技术保障和资助的资格。

综上,德、日、俄三国非营利组织基本法的立法模式并不相同,德国采民法典规制模式,日本采统一基本法模式,俄罗斯则采民法典为统帅、统一基本法为支柱模式。

(三)混合法系国家非营利组织立法模式评析

混合法系承继了大陆法系与英美法系的法律传统,英美法系国家之内的大陆法系法域(如英国的苏格兰、加拿大的魁北克省和美国的路易斯安那州)被裹挟在英美法之中,受英美法影响较大,这里仅分析混合法系下作为独立国家的南非和马耳他非营利组织立法模式。

南非非营利组织基本法采统一基本法模式。南非的法律体系深受英国法与荷兰法影响,系罗马-荷兰民法(Roman-Dutch civilian law)、英国普通法(English common law)、习惯/固有法(customary / indigenous law)和宗教属人法(religious personal law)的混合物。① 南非并未制定民法典,其私法具有非法典化的罗马法模式特征,②其适用的罗马-荷兰法主要是家庭法、继承法和物权法,制定了《遗嘱法》《土地转让法》《儿童照管法》《婚姻法》《共有土地权利法》《民事结合法》等民事单行法,英国法引入南非的主要为法院的模式、陪审制度、刑事诉讼法、证据法及公司、航运、保险、票据等商法。③ 南非因未制定民法典,其非营利组织立法采行统一的非营利组织基本法模式,建立了以《非营利组织法》为主导、以《公司法》《信托财产管理法》《社会福利发展管理法》等单行法及普通法为配套的非营利组织法律体系。《非营利组织法》共36条,分为本法的解释和目的、适宜环境的建立、非营利组织的登记、规章及一般规定共5章,规制的非营利组织包括为公共目的设立且收入及财产不得分配给其成员或管理人的信托、公司和其他团体,即南非非营利组织分为志愿团体、公益信托和非营利公司。志愿团体是最传统、最常见的服务社区的非营利组织,由普通法规制,其成立仅须满足成员为三人以上及达成设立非营利组织的共同目的合意两个条件,口头或书面的合意均可,满足团体存续不受成员变动影响、团体拥有独立于其成员的财产及团体成员不因其成员身份而对团体财产享有任何权利这三个条件的,即可被法院认定为法人团体(universitas),否则,属于非法人团体(non-corporate associations)。公益信托

---

① 夏新华、刘星:《论南非法律体系的混合特性》,《时代法学》2010年第4期。
② 徐国栋:《非洲各国法律演变过程中的外来法与本土法——固有法、伊斯兰教法和西方法的双重或三重变奏》,《法律文化研究》2018年第11辑。
③ 徐国栋:《罗马法作为金砖诸国的共同法——以民法的法典化为中心》,《求是学刊》2012年第1期。

由《信托财产控制法》规制,非营利公司由《公司法》规制。依据《南非所得税法》,南非所有的非营利组织均可向南非税务局免税处依法申请登记成为公益组织(PBO)以获取收入免税资格和公益捐赠税前抵扣资格。但是,南非非营利组织法因受普通法影响,公益信托和非营利公司可依《非营利组织法》登记为非营利组织,且未登记的志愿团体可否具有法律人格由法院个案判定,均难以契合大陆法系民事主体制度逻辑体系,且《非营利组织法》内容不够全面,缺乏非营利组织治理结构、理监高信义务及民事责任、非营利组织终止及破产等制度。

马耳他非营利组织基本法采民法典规制模式。马耳他法律制度系英国法和法国法的混血儿,但法国的法律传统对马耳他民法产生了重大影响,《马耳他民法典》的体例及内容基本上以《法国民法典》为蓝本。《马耳他民法典》最初制定时其第一编人法与《法国民法典》一样,并未规定法人制度,直至2007年专门通过第13号法案增设《民法典附录二》以规制法人制度并增设民法典第1A条作为《民法典附录二》增设的预备性规定,《民法典附录二》规定了非营利组织的基本内容。《民法典附录二》分为法律组织、法律人格、基金会和社团、组织的终结共四题(Title)。第一题"法律组织"分为预备性规定与定义、外国组织与国际组织两个分题(sub-title);第二题"法律人格"分为法人、管理人、登记员、组织的登记、未登记的组织、与组织有关之人的责任、组织的责任、杂项规定八个分题;第三题"基金会和社团"分为预备性规定与定义、基金会、社团三个分题。南非另颁布了《志愿组织法》及《登记志愿组织(免税)规则》,公益或慈善性质的社团或基金会均可申请登记成为登记志愿组织并依法享受免税待遇。显然,马耳他非营利组织立法的民法典模式实质上与德国模式相同,即,社团分为营利社团与非营利社团,营利社团由马耳他商法典及公司法等特别法调整,非营利社团、公益基金会、未登记社团等非营利组织均由民法典调整。

综上,基于不同的政治制度及法律传统,三大法系的非营利组织基本法立法模式有同有异,英美法系采统一的非营利组织基本法模式,大陆法系存有德国民法典规制模式、日本统一基本法模式与俄罗斯民法典为统帅、统一基本法为支柱模式,混合法系存有南非统一基本法模式与马耳他民法典规制模式。

二、我国非营利组织立法模式之选择

鉴于我国民法承继大陆法系传统,法人及非营利法人分类模式有别于德国、马耳他,同时考量民法典体系化需要及其统帅功能,我国未来非营利组织法律体系应借鉴俄罗斯模式并适度创新,以《民法典》的非营利组织原则规定为统帅、以统一的非营利组织基本法为支柱、以其他配套单行法为补充。

(一)我国非营利组织法律体系须以《民法典》总则编的非营利组织原则规定为统帅

法律区分公法与私法,系界分国家与个人、政府与社会、公权与私权、自治与强制的内在要求,乃现代法基本原则和法秩序的基础。① 公法乃国家或国家授予的公权者至少为法律关系一方主体、以权力服从关系为基础且促进公共利益的法律,私法乃法律关系主体为自然人、非公权者的组织或非以公权主体身份参与法律关系的国家或公权者、以平等关系为基础且实现私人利益或促进公共利益的法律,规制非营利组织内部关系及行为活动的非营利组织法当属私法。② 旨在实现成员或发起人非物质性追求目标的非营利组织乃私法主体,须由作为私法的民法界定其性质及类型,确定其在民事主体体系中的地位。民法法典化是大陆法系国家治理体系现代化的必然要求,民法典是大陆法系国家现代化法律体系的标配,我国2020年编纂完成的《民法典》解决了民事立法长期存在的散乱、矛盾和缺漏等问题,为民事活动及司法裁判提供了体系化预期。我国《民法典》总则编设置的民事主体制度确认了自然人、法人及非法人组织参与民事法律关系并享有民事权利、承担民事义务的民事主体地位,设置的非营利法人制度尽管存在非营利组织的性质及类型定位不清、未登记非营利组织地位缺失等缺陷,但界定了非营利法人的非营利性质及治理机构,从宏观上基本统帅了非营利组织自我治理及参与社会治理的活动边界及功能空间。英美法系国家因缺乏民法典制定传统,其非营利组织基本法完全采取统一的非营利组织单行法模式难以契合我国承继的大陆法系立法传统。大陆法系的日本非营利组织基本法采统一单行法模式,其民法典总则编的法人制度删除了原民法典第38~84条规定,被2006年实施的公司法、一般法人法、公益认定法、NPO法及其他特别法所抽空,成为一个孤零零的空架子,仅保留的营利法人与非营利法人(含公益型与互益型)的成立(第33条)、法人的能力(第34条)、外国法人(第35条)、法人登记(第37条)及外国法人登记(第37条)5个条文能否发挥民法典的统帅功能,能否涵盖、支撑一切法人的组织规则和行为规则不无疑问,能否作为与自然人并列的民法上的完整的"人"也值得怀疑,中国未来《民法典》建设须予以警惕。③ 相较而言,俄罗斯模式较为契合大陆法系法律传统及非营利组织法治建设现

---

① [日]美浓部达吉:《公法与私法》,黄冯明译,中国政法大学出版社2003年版,第3页。
② 刘培峰等:《社会组织基本法的立法思路》,《中国非营利评论》2013年第2期。
③ 周江洪:《日本非营利法人制度改革及其对我国的启示》,《浙江学刊》2008年第6期。

实,民法典总则编法人制度确立了非营利组织的性质、类型、设立、治理结构、财产归属及责任承担的基本原则,有利于发挥民法典的宏观统帅功能,而非营利组织的组织规则及行为规则内容繁多,篇幅较大,不宜置于抽象化程度较高的民法典总则编,宜由统一单行法规制。

(二)我国非营利组织法律体系须以统一的非营利组织基本法为支柱

我国应制定统一的非营利组织基本法,主要理由在于:(1)可全面、统一规制各类非营利组织的组织规则及行为规则,可节约立法资源,可避免我国现行非营利组织管理的三部行政法规的内容重复、冲突、疏漏。(2)时机已成熟。现代社会组织体制要求建立内容完备、体系科学的非营利组织法律制度,制定统一的非营利组织法当属合理选择;制定统一的非营利组织基本法,有助于提升社会对非营利组织功能及性质的整体认知;我国非营利组织法律理论研究渐趋成熟,不少学者主张我国应采取非营利组织统一立法模式,[1]提出"在民法典中对非营利法人进行一般的原则性规定,然后在法律层面上直接制定一部非营利组织法,以解决现有问题"的立法构想及建议稿。[2] 近十几年来,每年3月的全国"两会"上不少全国人大代表及全国政协委员提出我国制定统一的非营利组织法或社会组织法的议案、提案。近年来,我国非营利组织管理的行政立法已呈统一化趋势,如2018年8月、2022年10月民政部分别公布了《社会组织登记管理条例(草案征求意见稿)》和《社会组织名称管理办法(征求意见稿)》。(3)契合国际立法趋势。非营利组织是现代文明社会的社会治理重要力量,不可或缺,且类型繁多,活动领域宽广,触及社会每个角落,故英美法系的美国和加拿大、大陆法系的日本和俄罗斯、混合法系的南非均颁布统一的非营利组织单行法予以规制。但是,大陆法系的德国和混合法系的马耳他均仅采民法典规制模式,缺乏统一的非营利组织单行法,尽管民法典也规定了非营利社团法人和财团法人的一些组织规则和行为规则,但囿于抽象化程度较高的民法典的篇幅限制,不可能作出全面、系统性规定,如非营利组织理监高的信义义务及民事责任缺乏明确规定,只得参引委托合同、债务履行、信义之债等其他分则内容予以解释、适用;民事立法采民商分立模式,割裂民法与商法,将非营利组织纳入民法典规制范畴,营利组织则由商法典及公司、商事合伙等商事单行法调整而游离于民法典之外,形成较为发达且可适时修改完善的营利组织法与较为滞后且难以适时修改的

---

[1] 王名、金锦萍等:《社会组织三大条例如何修改》,《中国非营利评论》2013年第2期。
[2] 陈金罗、金锦萍、刘培峰等:《中国非营利组织专家建议稿》,社会科学文献出版社2013年版,第393页。

非营利组织法之"冰火两重天"局面。

我国未来建构统一的非营利组织基本法,宜借鉴日本立法模式,区分非营利组织的设立与公益组织认定,分别制定《非营利组织法》与《公益法人认定法》或《慈善法》,前者全面规制非营利组织的设立、运行及终止的组织规则及行为规则,后者重在规范公益型非营利组织主导社会资源的第三次分配规则。中共二十大报告指出,"分配制度是促进共同富裕的基础性制度。坚持按劳分配为主体、多种分配方式并存,构建初次分配、再分配、第三次分配协调配套的制度体系",公益型非营利组织系第三次分配的重要社会力量。我国《慈善法》规范的慈善组织与日本《公益法人认定法》规制的公益组织、英国《慈善法》规制的慈善组织、美国《国内收入法典》规制的免税组织功能相同,可考虑借鉴日本及英国立法经验,由《慈善法》实现日本《公益法人认定法》的公益组织认定功能并规制慈善活动,废除《企业所得税法》赋予财政税务部门认定非营利组织免税资格的做法,将《财政部、国家税务总局关于非营利组织免税资格认定管理有关问题的通知》的合理规定纳入《慈善法》作为慈善组织的认定条件,由作为非营利组织登记主管机关的民政部门委托由财税部门、民政部门及第三方人士组成的慈善组织认定委员会认定慈善组织,赋予被认定为慈善组织的非营利组织以免税资格及公益捐赠税前扣除资格。

(三)我国非营利组织法律体系须以配套单行法为补充

首先,非营利组织基本法仅规制各类非营利组织设立、运营及终止的普遍共性问题,村民(居民)自治组织、宗教组织、行业协会商会、志愿服务组织等特殊非营利组织须配套单行法予以规范。村民(居民)自治组织属地域性非营利组织,与民主政治制度及农村集体经济制度的落实密切相关,与其他非营利组织不同,须另行单独立法规制;行业协会商会对其会员拥有信用评价、失信惩戒、执业资格许可或剥夺等社会公权力,与其他非营利组织也不同,须另行单独立法规制,实现行业自治规范与会员权益救济机制的有机统一;宗教组织属信仰型非营利组织,与其他非营利组织有别,非营利组织属公司形态的特殊非营利组织,宜分由宗教法、公司法等配套单行法予以规制;为促进志愿服务活动,规范志愿者及志愿服务组织,提升志愿服务法律层级,可考虑将我国《志愿服务条例》上升为《志愿服务法》。其次,非营利组织的发展离不开政府的"硬件"和"软件"支持,须由配套的单行行政法支持非营利组织的健康发展。由《企业所得税法》明确公益型非营利组织即慈善组织的免税资格及公益捐赠税前扣除资格,建立给予公益型非营利组织行政补贴制度,为非营利组织发展所需的资金提供造血功能;建立政府支持非营利组织培育和发展的行政指导、行政补贴、行政奖励、金融支持、政府购买非营利组织服务、管理人才培养等制度,加强非营利组织能力建设,激发非营利组织活力,发挥非营利组织第三次分配功能。

第四节　我国非营利组织民法治理的结构设计

如上文所析,我国未来非营利组织法律体系的建构模式,须以《民法典》的非营利组织原则规定为统帅、以统一的非营利组织基本法为支柱、以其他配套单行法为补充。我国现行《民法典》总则编的法人制度对非营利组织的性质界定及类型划分存在一定缺陷,需要重构。未来建构统一的非营利组织基本法,需要起草统一各类非营利组织、篇章结构合理的《非营利组织法》并适当修改现行《慈善法》。其他配套的单行法因类型较多,须结合配套制度建设的具体要求逐一修改。

一、我国民法典总则编的非营利组织原则规定再造

我国《民法典》总则编的法人制度虽界定了非营利法人的非营利性质及治理机构,但存在非营利组织的性质及类型定位不清、未登记非营利组织地位缺失等不足。为发挥民法典总则编的统帅功能,确立未来统一的非营利组织基本法的合理立法思路,须再造《民法典》总则编的法人及非营利法人制度。

第一,未来修改《民法典》,将法人的元分类由现行营利法人、非营利法人与特别法人三分法改为公法人与私法人二分法。由此,公法人与私法人的主体性质及功能空间得以区分,非营利法人的非营利性和非政府性特征与私法主体的基本性质之完全契合得以明确,避免事业单位法人、公法社会团体、公法捐助法人不当遁入非营利法人的外延范围,进而挤占私法主体性质的非营利组织之生存和发展空间,阻碍真正的非营利组织之活力激发和功能发挥。

第二,未来修改《民法典》,确立非营利法人与营利法人二分的私法人元分类,将私法人二分为社会团体法人与捐助法人,将社会团体法人再分为公益型与互益型,将捐助法人再分为资助型(即基金会)与运作型(即社会服务机构),将基层群众性自治组织定位为地域性社会团体法人,宗教团体法人与宗教活动场所法人分别划入社会团体法人与捐助法人之中。由此,非营利法人与营利法人得以区分,人合型非营利法人(即社会团体法人)与资合型非营利法人(即捐助法人)得以区分,类型划分清晰且丰富多样的非营利法人能够

为社会力量创设满足自身非物质性利益追求的非营利组织提供合理的制度供给。

第三，未来修改《民法典》，确立未登记非营利组织之非法人组织地位，赋予无害于公序良俗的未登记社会团体或捐助团体以合法主体地位，允许其以自己的名义开展活动，可以自己的名义取得财产、起诉或被诉、承担民事责任，其民事责任承担等规则准用社会团体法人或捐助法人的相关规定，实现结社自由与公序维护之间价值冲突的合理平衡，更好地促进人的自由和全面发展。

第四，未来修改《民法典》，确立非营利公司之新型非营利组织地位，采取非营利法人类型开放化的立法技术以克服非营利组织类型的封闭性缺陷，将非营利法人的类型条款设计为"非营利法人包括社会团体法人、捐助法人、非营利公司"，未来《公司法》修订时增设公益有限责任公司的公司新类型。

二、我国统一非营利组织基本法的篇章结构设计

如上文所析，我国未来统一的非营利组织基本法应区分非营利组织的设立与公益组织认定，分别制定《非营利组织法》与《慈善法》。鉴于我国已颁布《慈善法》，对其予以适当修订即可，未来应重点起草、制定《非营利组织法》。《非营利组织法》的篇章结构设计，须遵循非营利组织立法的基本原则，在合理借鉴域外立法经验的基础上适当创新，实现统一的非营利组织单基本的内在价值与外在体系的有机统一。

（一）我国四部非营利组织基本法专家建议稿评析

我国专家学者提出了四部非营利组织基本法专家建议稿，一定程度上促进了我国非营利组织基本法的统一立法进程，具有一定合理性，但均需完善。

中国社会科学院法学研究所莫纪宏领衔起草的《中华人民共和国民间组织法（专家建议稿）》[①]共59条，设民间组织的登记、法人地位、民间组织的管理和监督以及民间组织的解散、终止和撤销6章，强调民间组织的公益性特征，明确了民间组织的法人地位以及其设立条件。但是，该建议稿起草较早，仅简单糅合了当时非营利组织立法，明显滞后于现代社会的非营利组织制度建设需要：首先，"民间组织"并非法律概念，不符合立法语言要求。其次，调整范围不当。事业单位属典型的公法主体，社科院版将其纳入民间组织范围，模糊了非营利组织之非政府性即私法主体性，不当扩大了非营利组织的外延范围，难以契合政社分开的现代社会组织体制改革方向。其三，民间组

---

① 莫纪宏：《为立法辩护》，武汉大学出版社2007年版，第375~380页。

织仅强调公益性特征,行业协会商会等互益性社会团体被不当排除在外。其四,坚持非营利组织双重管理制度,与我国逐步放松非营利组织管理体制的顶层制度设计不符,不利于非营利组织发展。

北京大学法学院金锦萍领衔起草的《中国非营利组织法专家建议稿》[①]共170条,设总则、非营利组织的设立、组织机构、变更与终止、财产、财务和会计、非法人社团、外国非营利法人的分支机构、非营利组织的监管、法律责任、附则等,系统规定了非营利组织的设立、变更及终止,全面规范了社团法人及财团法人的治理机构及运行规则。但是,该建议稿仍存一定缺陷:首先,非营利组织类型化不够合理。社团法人与财团法人二分的私法人分类与《民法典》的营利法人、非营利法人与特别法人的法人分类发生冲突,且其采用的社团法人与财团法人概念与《民法典》的社会团体法人、捐助法人概念明显冲突。其次,非法人团体通过备案取得合法地位的制度无法完全解决未登记非营利组织的合法地位问题。其三,非营利组织的公益法人认证规定较为简单,缺乏公益法人的认证条件及程序,缺失公益法人认证与非营利组织税收优惠的制度衔接。且,非营利组织的公益法人认定条件及程序较为复杂,日、英、美等域外立法经验表明,不宜由非营利组织基本法规制,宜由《慈善法》或《公益法人认定法》规范。其四,社团法人与非法人社团剩余财产的归属未区分公益型与互益型,导致互益性社团剩余财产的归属不合理。其五,非营利组织理监高的信义义务及民事责任规则较为简单,缺乏理监高信义义务缺乏履行标准规则,缺失理监高违信行为对第三人的民事责任规定。

广东海洋大学陈伟斌等起草的《中国社会组织法专家建议稿》[②]共79条,设总则、成立登记、变更、终止、治理结构、培育扶持、监督管理、涉外社会组织分支机构与涉外项目、法律责任及附则9章,基本确立了非营利组织的组织规则及行为规则。但是,该建议稿也存在一定不足:其一,社会组织概念并非法律概念,且与《民法典》的"非营利法人"概念不一致,民办非企业单位概念也与《民法典》的"社会服务机构"概念不一致,不符合立法技术要求。其二,忽视非营利组织的私法主体性,未能明确社会组织的非营利性及非政府性特征。其三,简单合并非营利组织管理的三部行政法规,导致非社会团体、民办非企业单位与基金会的非营利组织三分法与《民法典》规定的社会团体法人与捐助法人的非营利法人二分法缺乏合理衔接。其四,未明确非营利

---

① 陈金罗、金锦萍、刘培峰等:《中国非营利组织法专家建议稿》,社会科学文献出版社2013年版,第1~74页。
② 陈伟斌等:《〈中国社会组织法〉专家建议稿与起草说明》,中国法制出版社2015年版。

组织双重管理制度的适用条件,导致登记前置许可缺乏合理限制。其五,未明确未登记非营利组织的合法地位、财产归属及责任承担规则。其六,缺乏非营利组织理监高的信义义务及民事责任的系统规则。

湘潭大学喻建中起草的《〈中华人民共和国社会组织法〉(立法建议稿)》(湘大版)[①]共118条,设总则、社会组织的登记、社会组织的组织机构、行为规范、扶持措施、监督管理、法律责任及附则8章,基本确立了非营利组织的组织规则及行为规则。但是,该建议稿仍有待完善:其一,社会组织概念并非法律概念,且与《民法典》的"非营利法人"概念不一致,不符合立法技术要求。其二,未明确非营利组织的私法主体性质,公法社会团体被不当纳入非营利组织范围。其三,非社会团体、基金会与社会服务机构的非营利组织三分法与《民法典》规定的社会团体法人与捐助法人的非营利法人二分法缺乏合理衔接。其四,未明确非营利组织登记前置许可的条件,导致双重管理体制的适用缺乏合理限制。其五,未明确未登记非营利组织的法律地位、财产归属及民事责任承担规则。其六,未区分社会团体的公益型与互益型,导致互益型社会团体剩余财产处理规则缺失。其七,非营利组织理监高的信义义务及民事责任规则不够全面,缺失理监高信义义务的履行标准、理监高违信行为对第三人的民事责任规则。

2020年全国两会期间,全国人大代表、中华全国律师协会副会长刘守民提出"关于制定《中华人民共和国非营利组织法》的议案",主张我国应建构以民法为统帅、非营利组织基本法为主导、非营利组织单行法为补充的非营利组织法律体系,境内非营利组织基本法宜采组织法与行为法合一模式,篇章结构可设计为总则、设立、组织机构、变更和终止、财产的管理和使用、监管、公益组织认定和法律责任七章,并设计了各章内容基本框架。[②] 该议案提出的篇章结构及其内容设计建议基本合理,但公益组织认定纳入非营利组织法,似欠允当,因公益组织认定内容及程序较为复杂,且域外多另行单独立法。

(二)我国统一非营利组织基本法的篇章结构设想

我国未来建构统一的非营利组织基本法,可参照我国《公司法》的结构设计,合理借鉴域外立法经验及专家建议稿内容,与修改后的《民法典》总则编的非营利组织原则规定保持合理衔接,实现自身内在体系与外在体系的有机

---

① 喻建中:《社会组织法立法研究》,中国社会科学出版社2017年版,第153~371页。
② 四川省律师协会:《全国人大代表刘守民:建构科学完备的非营利组织法律体系,是现代社会组织体制的本质要求》,http://www.scslsxh.com/a/zhuanti/canzhengyizheng/2020/0525/1432.html,2020年5月23日访问。

统一,其篇章结构及内容创新设想如下:

第一章为总则。总则主要规范非营利组织法的立法目的、适用范围、基本原则及非营利组织的内涵、性质、类型,应新创如下内容:明确非营利组织的立法目的是保障公民结社自由,促进和规范非营利组织的发展,发挥非营利组织动员社会资源、补充提供公共服务、促进社会自治及媒介政社良性互动的功能;明确非营利组织为自然人、法人或非法人组织设立的非营利性和非政府性组织,非营利性包括公益性与互益性,非政府性与私法主体性互为表里,将人民团体、群众团体、事业单位等公法人排除在非营利组织之外;创新非营利组织类型化体系,将村(居)民自治组织、非营利公司、慈善(公益)信托纳入非营利组织范围,村(居)民自治组织属地域型社会团体法人,非营利公司、慈善(公益)信托属特殊的非营利组织,未登记的社会团体或捐助团体属非法人组织型非营利组织;创新非营利法人类型化体系,依次以组织宗旨、成立基础及组织形式为分类标准,将非营利法人分为社会团体法人、捐助法人及其他非营利法人,将社会团体法人再分为公益型与互益型,将捐助法人再分为基金会法人、社会服务机构法人与宗教活动场所法人。

第二章为非营利组织的设立。本章主要规范各类非营利组织取得私法主体资格的组织性实体要件及法律确认程序,创新内容重在放宽非营利组织设立的准入门槛:降低非营利组织设立的组织性实体要件,放宽人员、资金要求、竞争和规模限制等;取消非营利组织设立登记的双重管理制度,废除业务主管单位前置许可制度;改行准则设立主义,实行形式审查,符合设立条件的应无条件办理登记;取消强制设立登记,允许无害于社会的未登记非营利组织开展活动。

第三章为非营利组织的组织机构和治理机制。本章主要规范非营利组织组织机构的产生、任期、职权、会议召集、表决方式及决议程序、法定代表人,创新内容重在:建立权责明确、相互制约、协调运转和科学决策的治理机制,明确权力机构/决策机构、执行机构和监督机构的职权及行使程序,保障非营利组织依法自治;明确非营利组织权力机构/决策机构、执行机构或监督机构的决议内容违反法律、行政法规的无效;明确非营利组织权力机构/决策机构、执行机构或监督机构决议的可撤销,即决议作出的会议召集程序、表决方式违反法律、行政法规或组织章程,或者决议内容违反组织章程的,允许理事、监事、发起人、捐助人等利害关系人在法定期限内申请法院撤销。

第四章为理事、监事及高管的任职资格、信义义务和民事责任。本章创新内容重在保障非营利组织理监高以可靠的人品和能力履行信义义务,切实保护非营利组织及第三人的权益,主要包括:创设非营利组织理事、监事及高管对非营利组织及利益相关第三人利益维护负有忠实且勤勉履职的信义义务,明确理监高履职负有遵守法律及组织章程、竞业禁止、禁止未经同意的利益冲突交易、禁止未经同意剥夺非营利组织的商业机会、保守非营利组织秘密等具体义务;明确理监高信义义务的履行标准为相似情形相似之人忠实履职且尽合理的注意、勤勉及能力义务之注意标准,兼采理监高个人特别能力注意标准;创设理监高履职违信行为给非营利组织造成损失的民事赔偿责任,赋予非营利组织对失职理监高提起直接诉讼的权利,赋予利害关系人及检察机关代表非营利组织对失职理监高提起派生诉讼的权利;明确理监高履职因故意或重大过失违信行为造成第三人损失之时与非营利组织对第三人承担连带赔偿责任。

第五章为非营利组织的变更与终止。本章主要规范非营利组织的合并与分立的类型、限制、程序及权利义务承担、终止的事由、程序及剩余财产归属,新创内容包括:健全退出机制,修改《企业破产法》并将其适用范围扩及非营利组织;明确非营利组织终止的剩余财产归属规则,公益性非营利组织的收入、利润或剩余财产禁止分配并应移交给相同或类似宗旨的其他非营利组织,互益性社会团体法人的剩余财产归属允许章程自治或权力机关自主决定,未登记非营利组织的剩余财产准用同类型非营利法人的剩余财产处理规则。

第六章为非营利组织的业务开展。[①] 本章主要规范非营利组织的业务活动,内容包括业务活动范围、财产管理和使用、信息披露、财务和会计,新创内容如下:明确非营利组织须依照法律和章程独立、自主开展活动,允许非营利组织开展与组织宗旨相关的必要营利活动,营利活动收入只得用于非营利目的事业,否则,不得享受税收优惠待遇;明确非营利组织的财产只能用于章程规定的目的和用途,禁止向他人投资、提供借款或担保,营利组织超越非目的事业范围的行为无效,确保非营利组织宗旨实现;明确非营利组织客观、准确、完整披露信息的义务,要求非营利组织在其官网和社会组织信用信息公示系统不定期及时公布登记情况、章程、组织机构、业务开展等信息,定期公布年度工作报告和财务会计报告,自觉接受社会公众的监督;明确非营利组织的社会责任,要求非营利组织遵守法律、行政法规,遵守社会公德,诚实守信,不得损害非营利组织的发起人、捐助人、工作人员、债权人等第三人利益。

第七章为外国非营利组织分支机构。参照《境外非政府组织境内活动管

---

① 喻建中:《社会组织法立法研究》,中国社会科学出版社 2017 年版,第 353~355 页。

理法》,本章主要规范外国非营利组织分支机构的登记机关、登记办法、法律地位、法律责任、名称、章程及活动范围等,新创内容重在适度放松管控:允许外国非营利组织在华设立分支机构,由国务院依立法授权制定登记管理条例;允许外国非营利组织在华代表机构及分支机构在中国境内依法组织募捐、接受捐赠,但不得违背公序良俗。

第八章为非营利组织的支持和监督。本章主要规范非营利组织的政府支持与政府监督、行业监督和社会监督,新创内容包括:明确政府支持非营利组织发展的税收优惠、行政指导、行政补贴、行政奖励、金融支持、政府购买非营利组织服务、人才培养等措施,大力培育和发展非营利组织,提升非营利组织能力建设,激发非营利组织活力;健全统一登记、各司其职、协调配合、分级负责、依法监管的非营利组织管理体制,明确登记管理机关、税务机关、财政机关和审计机关的监管职责;规范非营利组织的行业自律监督,强化社会自治。

第九章为法律责任。本章主要规范非营利组织及设立人的民事责任、行政责任以刑事责任、非营利组织理监高的行政责任及刑事责任、非营利组织的行政管理机关工作人员的行政责任及刑事责任。

结　　语

古希腊哲学家亚里士多德指出:"法治应当包含两重意义:已成立的法律获得普遍的服从,而大家所服从的法律又应该本身是制定得良好的法律。"良法是中国特色社会主义法治体系的重要组成部分,系国家治理体系现代化的衡量标准,乃法律规范内容的价值合理性与法律规范形式的体系合理性之统一。域外社会建设发达的国家和地区实践表明,科学完备的非营利组织民法治理制度较好促进了非营利组织的健康发展及其促进社会自治、补充提供公共服务、媒介政社互动、动员社会资源等基本功能的充分发挥。随着社会建设步伐的逐步加快及社会体制改革的逐步深化,我国非营利组织的公法治理模式正逐步转向民法治理模式,非营利组织良法之治的春天已来临。

社会体制改革顶层政策奠定了非营利组织民法治理之良法价值目标。改革开放以来,我国践行政治、市场与社会的功能分化与协调发展逻辑,陆续启动、推进、深化经济体制改革、政治体制改革和社会体制改革。中共十八大报告明确将社会建设纳入建设中国特色社会主义"五位一体"的总体布局并要求"激发社会组织活力,加快形成政社分开、责权明确、依法自治的现代社会组织体制";《中共中央关于全面深化改革若干重大问题的决定》要求"激发社会组织活力。正确处理政府和社会关系,加快实施政社分开,推进社会组织明确权责、依法自治、发挥作用。……限期实现行业协会商会与行政机关真正脱钩";《关于改革社会组织管理制度促进社会组织健康有序发展的意见》(2016)明确"以社会团体、基金会和社会服务机构为主体组成的社会组织,是我国社会主义现代化建设的重要力量";中共二十大报告强调发挥社会组织参与城乡社区治理、推进共同富裕、发挥第三次分配作用、国家协商的功能。这些政策释放出政社分开理念,凸显了非营利组织的非政府性及非营利性本质属性,无疑确立了非营利组织民法治理的良法价值目标。

全面推进依法治国和推进国家治理体系和治理能力现代化的顶层政策确立了非营利组织民法治理的良法形式目标。《中共中央关于全面深化改革若干重大问题的决定》提出"加快形成科学有效的社会治理体制,确保社会既充满活力又和谐有序";《中共中央关于全面推进依法治国若干重大问题的决定》提出"加强社会组织立法,规范和引导各类社会组织健康发展";《关于改革社会组织管理制度促进社会组织健康有序发展的意见》提出"到2020年政社分开、权责明确、依法自治的社会组织制度基本建立,结构合理、功能完善、竞争有序、诚信自律、充满活力的社会组织发展格局基本形成";中共十九大报告指出"全面深化改革总目标是完善和发展中国特色社会主义制度,推进国家治理体系和治理能力现代化";《中共中央关于坚持和完善中国特色社会主义制度、推进国家治理体系和治理能力现代化若干重大问题的决定》提出"建设中国特色社会主义法治体系""加快形成完备的法律规范体系""完善党委领导、政府负责、民主协商、社会协同、公众参与、法治保障、科技支撑的社会治理体系";中共十九届五中全会及二十大提出"到二〇三五年基本实现国家治理体系和治理能力现代化",二十大报告强调要"完善社会治理体系,健全共建共治共享的社会治理制度"。这些政策提出非营利组织活力激发及规范发展的法治化及体系化目标,无疑凸显了非营利组织民法治理的良法形式目标。

我国公法治理主导的非营利组织法律制度明显滞后于社会建设现实需要,迫切需要建构非营利组织民法治理的良法制度。非营利组织的良法体系须彰显政社分开及组织自治理念,以《民法典》的非营利组织原则规定为统帅、以统一的非营利组织基本法为支柱、以其他配套单行法为补充。未来应修订《民法典》总则编法人及非营利法人类型化制度,将法人二分为公法人与私法人,将私法人二分为非营利法人与营利法人,确立无害于社会的未登记非营利组织、非营利公司等新型非营利组织地位。未来应制定统一的非营利组织基本法,设总则,非营利组织的设立,组织机构和治理机制,理事、监事及高管的任职资格,信义义务和民事责任,变更与终止,业务开展,外国非营利组织分支机构,支持和监督及法律责任等9章,再造或续造非营利组织民法治理规范。

思想指导行动,理念引领立法。我国非营利组织民法治理的良法制度建构需要成熟的非营利组织民法治理理论引领,相较于公司等营利组织法研究,我国非营利组织民法治理理论研究相当薄弱。期待我国民法学人高度重视非营利组织民法治理研究,为非营利组织民法治理的良法制度建设提供智识支持,共同迎来非营利组织民法治理的春天。

主要参考文献

一、中文著作/译作

1 蔡磊：《非营利组织基本法律制度研究》，厦门大学出版社2005年版。
2 陈嘉映：《海德格尔哲学概论》，生活·读书·新知三联书店1995年版。
3 陈金罗、金锦萍、刘培峰等：《中国非营利组织法专家建议稿》，社会科学文献出版社2013年版。
4 陈荣宗：《非法人团体之权利能力论》，台湾三民书局1990年版。
5 陈甦主编，谢鸿飞、朱广新副主编：《民法总则评注》（上册），法律出版社2017年版。
6 陈伟斌等：《〈中国社会组织法〉专家建议稿与理由说明》，中国法制出版社2015年版。
7 陈晓军：《互益性法人法律制度研究》，法律出版社2007年版。
8 陈晓军：《互益性法人法律制度研究：以商会行业协会为中心》，法律出版社2007年版。
9 褚松燕：《在国家和社会之间——中国政治社会团体功能研究》，国家行政学院出版社2014年版。
10 褚松燕：《中外非政府组织管理体制比较》，国家行政学院出版社2008年版。
11 褚莹：《美国私有慈善基金会法律制度》，知识产权出版社2012年版。
12 ［德］迪尔克·罗歇尔德斯：《德国债法总论》，沈小军、张金海译，沈小军校，中国人民大学出版社2014年版。
13 ［德］迪特尔·梅迪库斯：《德国民法总论》，邵建东译，法律出版社2000年版。
14 ［德］格茨·怀克、克里斯蒂娜·温德比西勒：《德国公司法》（第21版），殷盛译，法律出版社2010年版。
15 《德国民法典》，陈卫佐译注，法律出版社2015年版。
16 《德国民法典》，陈卫佐译注，法律出版社2020年版。
17 《德国商事公司法》，胡晓静、杨代雄译，法律出版社2014年版。
18 ［德］哈特穆特·毛雷尔：《行政法学总论》，高家伟译，法律出版社2000年版。
19 ［德］汉斯·布洛克斯：《德国民法总论》，张艳译，杨大可校，冯楚奇补译，中国人民大学出版社2019年版。
20 ［德］汉斯·布洛克斯、［德］沃尔夫·迪特里希·瓦尔克：《德国民法总论》（第33

版),张艳译,中国人民大学出版社 2012 年版。
21 [德]赫尔穆特·科勒:《德国民法总论》,刘洋译,北京大学出版社 2022 年版。
22 [德]黑格尔:《法哲学原理》,范扬、杨企泰译,商务印书馆 1961 年版。
23 [德]卡尔·拉伦茨:《德国民法通论》(上册),王晓晔等译,法律出版社 1998 年版。
24 [德]卡尔·拉伦茨:《德国民法通论》,王晓晔等译,法律出版社 2003 年版。
25 [德]考夫曼:《法律哲学》,刘幸义等译,法律出版社 2011 年版。
26 [德]托马斯·莱赛尔、吕迪格·法伊尔:《德国资合公司法》(上册),高旭军等译,上海人民出版社 2019 年版。
27 邓正来:《市民社会理论研究》,中国政法大学出版社 2002 年版。
28 《独联体成员国示范民法典》,张建文译,法律出版社 2014 年版。
29 杜景林、卢谌:《德国民法典评注:总则·债法·物权》,法律出版社 2011 年版。
30 《俄罗斯联邦民法典》,黄道秀译,北京大学出版社 2007 年版。
31 [法]布尔迪厄:《文化资本与社会炼金术》,包亚明译,上海人民出版社 1997 年版。
32 [法]孟德斯鸠:《论法的精神》(上),张雁深译,商务印书馆 1982 年版。
33 [法]托克维尔:《论美国的民主》(下),董果良译,商务印书馆 1988 年版。
34 冯利、章一琪:《中国草根组织的功能与价值——以草根组织促发展》,社会科学文献出版社 2014 年版。
35 高丙中、袁瑞军主编:《中国公民社会发展蓝皮书》,北京大学出版社 2008 年版。
36 郭剑平:《非政府组织参与社会救助的理论与实证分析》,山东人民出版社 2013 年版。
37 郭剑平:《治理视野下社会组织的作用与法治化建设研究》,中国政法大学出版社 2019 年版。
38 国家民间组织管理局编:《2008 年中国社会组织理论研究文集》,中国社会出版社 2009 年版。
39 国家税务总局政策法规司编:《中国税收政策前沿问题研究》,中国税务出版社 2005 年版。
40 《国外慈善法译汇》,杨道波等译校,中国政法大学出版社 2011 年版。
41 国务院发展研究中心社会发展研究部课题组:《社会组织建设现实、挑战与前景》,中国发展出版社 2011 年版。
42 国务院法制办政法司、民政部民间组织管理局:《〈社会团体登记管理条例〉〈民办非企业单位登记管理暂行条例〉释义》,中国社会出版社 1999 年版。
43 《韩国最新民法典》,崔吉子译,北京大学出版社 2010 年版。
44 [韩]李哲松:《韩国公司法》,吴日焕译,中国政法大学出版社 2000 年版。
45 何美欢:《香港代理法》,北京大学出版社 2009 年版。
46 胡岩:《财团法人之研究》,中国政法大学出版社 2013 年版。
47 黄海波:《宗教非营利组织的身份建构研究》,上海社会科学院出版社 2013 年版。
48 黄立:《民法总则》,中国政法大学出版社 2002 年版。

49 黄茂荣：《法学方法与现代民法》，中国政法大学出版社 2001 年版。

50 黄名述、张玉敏：《罗马契约制度与现代合同法研究》，中国检察出版社 2006 年版。

51 黄晓勇：《中国民间组织报告(2008)》，社会科学文献出版社 2008 年版。

52 黄晓勇主编：《社会组织蓝皮书：中国社会组织报告(2019)》，社会科学文献出版社 2019 年版。

53 黄晓勇主编：《中国民间组织报告(2009—2010)》，社会科学文献出版社 2009 年版。

54 黄晓勇主编：《中国民间组织报告(2011—2012)》，社会科学文献出版社 2012 年版。

55 黄异：《行政法总论》，三民书局 1992 年版。

56 纪海龙：《瑞士民法：基本原则与人法》，中国政法大学出版社 2015 年版。

57 贾西津：《第三次改革：中国非营利部门战略研究》，清华大学出版社 2005 年版。

58 江平主编：《法人制度论》，中国政法大学出版社 1994 年版。

59 蒋学跃：《法人制度法理研究》，法律出版社 2007 年版。

60 金锦萍：《非营利法人治理结构研究》，北京大学出版社 2005 年版。

61 金锦萍、葛云松主编：《外国非营利组织法译汇》，北京大学出版社 2006 年版。

62 金锦萍：《中国非营利组织法前沿问题》，社会科学文献出版社 2014 年版。

63 金自宁：《公法/私法的二元区分的反思》，北京大学出版社 2007 年版。

64 康晓光：《非营利组织管理》，中国人民大学出版社 2011 年版。

65 康晓光：《权力的转移：转型时期中国权力格局的变迁》，浙江人民出版社 1999 年版。

66 雷兴虎：《公司法学》，北京大学出版社 2006 年版。

67 李本松编：《国外非政府组织法规汇编》，中国社会出版社 2003 年版。

68 李芳：《慈善性公益法人研究》，法律出版社 2008 年版。

69 李适时主编：《中华人民共和国民法总则释义》，法律出版社 2017 年版。

70 李昕：《作为组织手段的公法人制度研究》，中国政法大学出版社 2009 年版。

71 李依怡：《论董事勤勉义务的判断标准与判断前提》，载梁慧星主编：《民商法论丛》第 73 卷，社会科学文献出版社 2022 年版。

72 李鹰：《行政主导型社会治理模式之逻辑与路径》，中国政法大学出版社 2015 年版。

73 李永军主编：《中国民法典总则编草案建议稿及理由》，中国政法大学出版社 2016 年版。

74 李宇：《民法总则要义：规范解释论与判解集注》，法律出版社 2017 年版。

75 联合国、欧盟委员会、经济合作与发展组织、国际货币基金组织、世界银行编：《2008 年国民账户体系》，中国国家统计局国民经济核算司、中国人民大学国民经济核算研究所译，中国统计出版社 2012 年版。

76 梁慧星：《民法总论》(第 2 版)，法律出版社 2004 年版。

77 梁慧星：《民法总论》，法律出版社 1996 年版。

78 梁慧星：《民法总论》，法律出版社 2021 年版。

79 梁慧星主编：《中国民法典草案建议稿附理由：总则编》，法律出版社 2013 年版。

80 梁慧星主编：《中国民法典草案建议稿附理由：总则编》，法律出版社 2004 年版。

81 廖洪、石国亮等编著：《澳大利亚非营利组织》，中国社会出版社 2011 年版。

82 廖鸿主编：《社会组织建设的新视野：中国和澳大利亚经验分析》，时事出版社 2010 年版。

83 刘培峰：《结社自由及其限制》，社会科学文献出版社 2007 年版。

84 刘太刚：《非营利组织及其法律规制》，中国法制出版社 2009 年版。

85 刘志欣、孙莉莉、杨洪刚：《非政府组织管理：结构、功能与制度》，清华大学出版社 2013 年版。

86 罗昆：《财团法人制度研究》，武汉大学出版社 2009 年版。

87 罗昆：《非营利法人的私法规制》，中国社会科学出版社 2017 年版。

88 罗培新、李剑、赵颖洁：《我国公司高管勤勉义务之司法裁量的实证分析》，《证券法苑》2010 年第三卷。

89 《马耳他民法典》，李飞译，齐云校，厦门大学出版社 2012 年版。

90 美国法律研究院：《公司治理原则：分析与建议》（上册），楼建波等译，法律出版社 2006 年版。

91 ［美］莱斯特·M.萨拉蒙等：《全球公民社会——非营利部门视界》，贾西津、魏玉等译，社会科学文献出版社 2007 年版。

92 ［美］莱斯特·M.萨拉蒙：《公共服务中的伙伴——现代福利国家中政府与非营利组织的关系》，田凯译，商务印书馆 2008 年版。

93 ［美］理查德·D.弗里尔：《美国公司法》，崔焕鹏等译，法律出版社 2021 年版。

94 ［美］罗伯特·L.佩顿、迈克尔·P.穆迪：《慈善的意义与使命》，郭烁译，中国劳动社会保障出版社 2013 年版。

95 《民法总则立法背景与观点全集》编写组：《民法总则立法背景与观点全集》，法律出版社 2017 年版。

96 民事诉讼法研究会：《民事诉讼法之研讨（三）》，台湾三民书局 1990 年版。

97 莫纪宏：《为立法辩护》，武汉大学出版社 2007 年版。

98 漠耘：《主体哲学的私法展开：权利能力研究》，法律出版社 2012 年版。

99 ［挪］马德斯·安登斯、［英］弗兰克·伍尔德里奇：《欧洲比较公司法》，汪丽丽、汪晨、胡曦彦译，法律出版社 2014 年版。

100 ［葡］卡洛斯·莫塔·平托：《民法总论》（中译本），澳门法律翻译办公室、澳门大学法学院，1999 年。

101 《葡萄牙民法典》，唐晓晴等译，北京大学出版社 2009 年版。

102 秦晖：《政府与企业以外的现代化——中西公益事业史比较研究》，浙江人民出版社 1999 年版。

103 清华大学商法研究中心编：《商事法论集》第 21 卷，法律出版社 2012 年版。

104 人民法院出版社编著：《最高人民法院民事案件案由适用要点与请求权规范指引》，人民法院出版社 2020 年版。

105 ［日］近江幸治：《民法讲义Ⅰ·民法总则》，渠涛等译，北京大学出版社2015年版。
106 ［日］美浓部达吉：《公法与私法》，黄冯明译，中国政法大学出版社2003年版。
107 ［日］山本敬三：《民法讲义Ⅰ·总则》，解亘译，北京大学出版社2012年版。
108 ［日］石田文次郎：《土地总有权史论》，印斗如译，台湾土地银行研究室，1959年。
109 ［日］四宫和夫：《日本民法总则》，唐晖、钱孟姗译，台湾五南图书出版公司1995年版。
110 申素平：《高等学校的公法人地位研究》，北京师范大学出版社2010年版。
111 施启扬：《民法总则》，中国法制出版社2010年版。
112 施天涛：《公司法论》，法律出版社2005年版。
113 十四所高等院校马克思主义哲学原著教程编写组：《〈路德维希·费尔巴哈和德国古典哲学的终结〉教程》，河南人民出版社1984年版。
114 石碧波：《非法人团体研究》，法律出版社2009年版。
115 石晓波：《非法人团体研究》，法律出版社2009年版。
116 史际春：《国有企业法论》，中国法制出版社1997年版。
117 史尚宽：《民法总论》，中国政法大学出版社2000年版。
118 史尚宽：《物权法论》，中国政法大学出版社2000年版。
119 史尚宽：《债法总论》，中国政法大学出版社2000年版。
120 税兵：《非营利法人解释——民事主体的视角》，法律出版社2010年版。
121 宋炳庸、朴兴镇、金河禄：《韩国民法》，吉林人民出版社2005年版。
122 塔玛·弗兰科：《证券化：美国结构融资的法律制度》，潘攀译，法律出版社2009年版。
123 台湾大学法律学院、台大法学基金会编著：《德国民法典》，北京大学出版社2017年版。
124 覃有土主编：《商法学》，中国政法大学出版社1999年版。
125 滕威：《合伙法理论研究》，人民法院出版社2013年版。
126 《外国非营利组织法译汇（二）》，金锦萍等译，社会科学文献出版社2010年版。
127 王继军：《公法与私法的现代诠释》，法律出版社2008年版。
128 王利军等：《社会组织建设的法治化路径》，中国检察出版社2013年版。
129 王利明：《侵权行为法研究》（上卷），中国人民大学出版社2004年版。
130 王利明：《中国民法典草案建议稿及说明》，中国法制出版社2004年版。
131 王利明主编：《民法学》（上册），高等教育出版社2022年版。
132 王利明主编：《中华人民共和国民法总则详解》（上册），中国法制出版社2017年版。
133 王名等编著：《日本非营利组织》，北京大学出版社2007年版。
134 王名：《非营利组织管理概论》，中国人民大学出版社2010年版。
135 王名、李勇、黄浩明编著：《英国非营利组织》，社会科学文献出版社2009年版。
136 王名、刘培峰：《民间组织通论》，时事出版社2004年版。
137 王名：《社会组织论纲》，社会科学文献出版社2013年版。

138　王名：《中国社会改革——从政府选择到社会选择》，社会科学文献出版社 2001 年版。

139　王名主编：《中国民间组织 30 年——走向公民社会》，社会科学文献出版社 2008 年版。

140　王融擎：《日本民法：条文与判例》，中国法制出版社 2018 年版。

141　王雪琴：《慈善法人研究》，山东人民出版社 2013 年版。

142　王泽鉴：《民法总则》，北京大学出版社 2009 年版。

143　韦祎：《中国慈善基金会法人制度研究》，中国政法大学出版社 2010 年版。

144　魏定仁主编：《中国非营利组织法律模式论文集》，中国方正出版社 2006 年版。

145　魏磊杰、张建文主编：《俄罗斯联邦民法典的过去、现在及其未来》，中国政法大学出版社 2012 年版。

146　温公颐：《逻辑学》，高等教育出版社 1958 年版。

147　文军：《非营利组织与中国社会发展》，贵州人民出版社 2004 年版。

148　伍治良：《中国民法现代化的理论逻辑——以内容体系、评价标准与目标模式为视角》，法律出版社 2013 年版。

149　徐涤宇、张家勇主编：《〈中华人民共和国民法典〉评注（精要版）》，中国人民大学出版社 2022 年版。

150　徐国栋主编：《绿色民法典草案》，社会科学文献出版社 2004 年版。

151　徐锦中编著：《逻辑学》，天津大学出版社 2001 年版。

152　徐经泽主编：《社会学概论》，山东大学出版社 1991 年版。

153　徐强胜、王少禹编著：《公司法原理精要与实务指南》，人民法院出版社 2008 年版。

154　薛夷风：《民商事组织形态法律制度的研究》，法律出版社 2011 年版。

155　杨代雄主编：《袖珍民法典评注》，中国民主法制出版社 2022 年版。

156　杨道波：《公益性社会组织约束机制研究》，中国社会科学出版社 2011 年版。

157　杨立新：《侵权责任法》，法律出版社 2010 年版。

158　杨与玲主编：《民法总则争议问题研究》，清华大学出版社 2004 年版。

159　《意大利民法典》，陈国柱译，中国人民出版社 2010 年版。

160　《意大利民法典》，费安玲等译，中国政法大学出版社 2004 年版。

161　尹田：《民法典总则之理论与立法研究》，法律出版社 2010 年版。

162　[英]海顿：《信托法》，周翼、王昊译，法律出版社 2004 年版。

163　[英]亨利·梅因：《古代法》，沈景一译，商务印书馆 1959 年版。

164　于海涌编著：《中国民法典草案立法建议（提交稿）》，法律出版社 2016 年版。

165　于敏、李昊等：《中国民法典侵权行为编规则》，社会科学文献出版社 2012 年版。

166　俞江：《近代中国民法学中的私权理论》，北京大学出版社 2003 年版。

167　俞可平主编：《中国公民社会制度环境》，北京大学出版社 2006 年版。

168　喻建中：《社会组织法立法研究》，中国社会科学出版社 2017 年版。

169　袁浩、刘绪海：《社会组织治理的公共政策研究》，广西师范大学出版社 2014 年版。

170 约翰斯·霍普金斯大学民间社会研究中心与联合国统计司经济统计处编写：《国民账户体系非营利机构手册》(2003)，联合国出版物，2005年。
171 曾世雄：《民法总则的现在与未来》，中国政法大学出版社2001年版。
172 翟继光：《美国联邦最高法院税法案例评析》，立信会计出版社2009年版。
173 张开平：《英美公司董事法律制度研究》，法律出版社1998年版。
174 张民安：《现代英美董事法律地位研究》，法律出版社2007年版。
175 张清：《非政府组织的法治空间：一种硬法规制的视角》，知识产权出版社2010年版。
176 张清：《社会组织的软法治理研究》，法律出版社2015年版。
177 张翔：《非法人团体的事实属性与规范属性》，法律出版社2016年版。
178 张远凤：《德鲁克管理学》，北京燕山出版社2017年版。
179 张远凤、邓汉慧、徐军玲编著：《非营利组织管理理论、制度与实务》，北京大学出版社2016年版。
180 赵青航：《民办非企业单位法律制度研究》，浙江人民出版社2011年版。
181 赵旭东：《企业法律形态论》，中国方正出版社1996年版。
182 郑云瑞：《物权法论》，北京大学出版社2011年版。
183 中共中央文献研究室：《毛泽东文集》第7卷，人民出版社1999年版。
184 中国青少年发展基金会、基金会发展研究会编：《处于十字路口的中国社团》，天津人民出版社2001年版。
185 中国现代国际关系研究院课题组：《外国非政府组织概况》，时事出版社2010年版。
186 中国政法大学澳门研究中心、澳门政府法律翻译办公室编：《澳门民法典》，中国政法大学出版社1999年版。
187 中华人民共和国国家统计局：《2016中国国民经济核算体系》（附录三《中国国民经济核算体系(2016)》的主要变化），中国统计出版社2017年版。
188 周少青：《中国的结社权问题及其解决：一种法治化的路径》，法律出版社2008年版。
189 周志忍、陈庆云：《自律与他律：第三部门监督机制个案研究》，浙江人民出版社1999年版。
190 朱慈蕴编著：《公司法原论》，清华大学出版社2011年版。
191 邹世允：《中国慈善事业法律制度完善研究》，法律出版社2013年版。

二、中文论文

1 "SNA的修订与中国国民经济核算体系改革"课题组：《SNA关于机构部门分类的修订与中国机构部门的调整研究》，《统计研究》2012年第7期。
2 包颖：《顶层设计＋地方创新：社会组织改革开动双引擎》，《中国社会组织》2014年第1期。
3 鲍绍坤：《社会组织及其法制化研究》，《中国法学》2017年第1期。

4 蔡立东：《法人分类模式的立法选择》，《法律科学》2012年第1期。

5 蔡立东、王宇飞：《职能主义法人分类模式批判——兼论我国民法典法人制度设计的支架》，《社会科学战线》2011年第9期。

6 蔡睿：《论"非法人组织"的认定标准——以〈民法总则〉的颁布为背景》，《司法改革论评》2017年第2期。

7 曹卉、汪火根：《非营利组织的社会整合功能浅析》，《南昌航空大学学报（社会科学版）》2007年第2期。

8 柴一凡：《新时期社会组织立法路径研究》，《社会保障研究》2020年第3期。

9 陈本寒，艾围利：《董事注意义务与董事过失研究——从英美法与大陆法比较的角度进行考察》，《清华法学》2011年第2期。

10 陈晨、胡鸿高：《论当代英美董事注意义务的法律标准》，《法制与社会发展》2002年第4期。

11 陈锦川：《2002年北京高级人民法院著作权判例要点及评析》，《中国专利与商标》2003年第3期。

12 陈赛金：《人民团体在法律中的指代范围应符合宪法原意》，《法学》2020年第6期。

13 陈甦：《籍合组织的特性与法律规制的策略》，《清华法学》2018年第3期。

14 陈小君：《〈民法典〉特别法人制度立法透视》，《苏州大学学报（法学版）》2021年第1期。

15 陈晓军：《论互益性法人》，《比较法研究》2008年第3期。

16 陈秀梅：《我国非政府组织监管机制完善研究》，南京理工大学，2013年硕士学位论文。

17 陈扬、许晓明、谭凌波：《组织制度理论中的"合法性"研究述评》，《华东经济管理》2012年第10期。

18 程啸、张发靖：《现代侵权行为法中过错责任原则的发展》，《当代法学》2006年第1期。

19 楚风华、魏建国：《公法人制度及其对经济体制改革的意义——兼析经济体制改革的法制模式》，《兰州大学学报》2001年第4期。

20 丛淑萍、刘耀东：《非法人团体民事主体地位的比较法研究》，《山东社会科学》2009年第7期。

21 崔拴林：《论我国私法人分类理念的缺陷与修正——以公法人理论为主要视角》，《法律科学》2011年第4期。

22 崔智友：《中国村民自治的法学思考》，《中国社会科学》2001年第3期。

23 戴建华：《论法的安定性原则》，《法学评论》2020年第5期。

24 ［德］何意志：联邦德国的立法体制和程序，《行政法学研究》1995年第3期。

25 ［德］康·茨威格特、海·克茨：《瑞士民法典的制定及其特色》，谢怀栻译，《环球法律评论》1984年第3期。

26 ［德］马斯·莱赛尔：《德国民法中的法人制度》，张双根译，《中外法学》2001年第

27　邓峰：《领导责任的法律分析——基于董事注意义务的视角》，《中国社会科学》2003年第3期。

28　邓辉、姚瑶：《董事对公司债权人责任的实证考察与制度重塑》，《中国应用法学》2019年第6期。

29　丁晶晶、李勇、王名：《美国非营利组织及其法律规制的发展》，《国外理论动态》2013年第7期。

30　丁元竹：《民生保障和社会治理制度的核心要义——基于功能、历史逻辑、愿景视角》，《开发导报》2019年第6期。

31　杜金富、王旭：《为住户服务的非营利机构核算范围》，《中国金融》2022年第12期。

32　段华洽、王荣科：《中国非政府组织的合法性问题》，《合肥工业大学学报（社会科学版）》2006年第3期。

33　［法］让-玛丽·蓬蒂埃：《法国地方公共团体概念的辨析》，施思璐译，《华北科技学院学报》2013年第4期。

34　樊云慧：《论我国社会企业法律形态的改革》，《法学评论》2016年第5期。

35　范健：《对〈民法总则〉法人制度立法的思考与建议》，《扬州大学学报（人文社会科学版）》2016年第2期。

36　方流芳：《从法律视角看中国事业单位改革》，《比较法研究》2007年第3期。

37　冯果、柴瑞娟：《论董事对公司债权人的责任》，《国家检察官学院学报》2007年第1期。

38　伏虎、马庆钰：《中外非营利部门经济核算前沿观点述评》，《行政管理改革》2019年第10期。

39　扶松茂：《美国政府与民间非营利组织之间的制度规范研究》，《天津行政学院学报》2010年第5期。

40　盖威：《市民社会视角的中国社团立法研究》，复旦大学，2010年博士学位论文。

41　盖威：《市民社会视角的中国社团立法研究》，复旦大学2010年博士学位论文。

42　甘燕飞：《东南亚非政府组织：源起、现状与前景——以马来西亚、泰国、菲律宾、印度尼西亚为例》，《东南亚纵横》2012年第3期。

43　高丙中：《社会团体的合法性问题》，《中国社会科学》2002年第2期。

44　高红、张志勤：《备案制与我国基层社会组织发展创新》，《中共青岛市委党校　青岛行政学院学报》2012年第5期。

45　高敏雪：《在国民经济核算中给予非营利机构一个名分——"中国国民经济核算体系2016"中的一个变化》，《中国统计》2018年第7期。

46　高星阁：《论作为民事执行对象的"公法人"——以我国台湾地区"立法"为镜鉴》，《西部法学评论》2020年第2期。

47　高媛：《非营利组织参与社会救助：德国模式的立法借鉴》《中共福建省委党校学报》2016年第8期。

48　葛伟军：《英国公司法改革及其对我国的启示》，《财经法学》2022 年第 2 期。

49　葛云松：《法人与行政主体理论的再探讨——以公法人概念为重点》，《中国法学》2007 年第 3 期。

50　龚兵：《俄联邦民法典现代化之路》，《俄罗斯东欧中亚研究》2013 年第 2 期。

51　龚维斌：《新中国 70 年社会组织方式的三次变化》，《中央党校（国家行政学院）学报》2019 年第 6 期。

52　顾建光：《非政府组织的兴起及其作用》，《上海交通大学学报（哲学社会科学版）》2003 年第 6 期。

53　关爽、李春生：《走向综合监管：国家治理现代化背景下社会组织治理模式转型研究》，《学习与实践》2021 年第 7 期。

54　郭富青：《我国公司法移植信义义务模式反思》，《学术论坛》2021 年第 5 期。

55　郭明瑞：《民法总则中非法人组织的制度设计》，《法学家》2016 年第 5 期。

56　郭志年：《非营利组织准入规制与运营规制研究》，中国地质大学（北京），2012 年硕士学位论文。

57　韩业斌：《社会组织参与社会治理的法律困境及其出路——以泰州天价环境诉讼案为例》，《法治社会》2019 年第 2 期。

58　何晓裴：《新加坡社会组织考察》，《群文天地》2011 年第 8 期。

59　何宇飞：《中印两国非营利部门的比较：一个初步的探索》，《华东理工大学学报（社会科学版）》2016 年第 3 期。

60　何增科：《市民社会概念的历史演变》，《中国社会科学》1994 年第 5 期。

61　何志鹏、刘海江：《国际非政府组织的国际法规制：现状、利弊及展望》，《北方法学》2013 年第 4 期。

62　洪永红：《关于非洲法的概念与法系思考》，《法律文化研究》2005 年第 1 辑。

63　胡仙芝：《自由、法治、经济杠杆：社会组织管理框架和思路——来自法国非营利社团组织法的启示》，《国家行政学院学报》2008 年第 4 期。

64　环建芬：《〈民法总则〉中非法人组织具体类型探析》，《时代法学》2019 年第 1 期。

65　黄文艺：《重构还是终结——对法系理论的梳理与反思》，《政法论坛》2011 年第 3 期。

66　贾红梅：《德国中央与地方立法权限的划分及其关系》，《中国人大》1995 年第 21 期。

67　贾西津：《以统一立法解决现行社会组织分类中的问题》，《中国社会组织》2014 年第 14 期。

68　贾西津：《印度非营利组织及其法律制度环境考察报告》，《学会》2007 年第 4 期。

69　贾西津：《英国的非营利组织》，《学习时报》2015 年 8 月 27 日。

70　江必新：《法律行为效力：公法与私法之异同》，《法律适用》2019 年第 3 期。

71　江平、赵旭东：《法人分支机构法律地位析》，《中国法学》1991 年第 5 期。

72　蒋军洲：《〈菲律宾民法典〉的保守与创新》，《河北法学》2007 年第 10 期。

73　解锟：《英国慈善组织监管的法律构架及其反思》，《东方法学》2011 年第 6 期。

74　金锦萍：《社会企业的兴起及其法律规制》，《经济社会体制比较》2009 年第 4 期。

75　金锦萍：《社会团体备案制引发的法律问题——兼论非法人社会团体的权利能力》，《求是学刊》2010 年第 5 期。

76　金锦萍：《社会组织合法性应与登记切割》，《学会》2012 年第 11 期。

77　金锦萍：《为什么非得非营利组织——论合约失灵场合中社会公共服务的提供》，《社会保障评论》2018 年第 1 期。

78　金锦萍：《寻求特权还是平等：非营利组织财产权利的法律保障——兼论"公益产权"概念的意义和局限性》，《中国非营利评论》2008 年第 1 期。

79　金延：《黑格尔"凡是"命题的深刻含义》，《人文杂志》1984 年第 3 期。

80　敬乂嘉：《从购买服务到合作治理——政社合作的形态与发展》，《中国行政管理》2014 年第 7 期。

81　康晓强：《国家治理视域下的群团组织转型：逻辑路线与突出短板》，《人文杂志》2019 年第 1 期。

82　康晓强：《群团组织的中国逻辑》，《学习时报》2017 年 9 月 20 日。

83　康晓强：《群众团体与人民团体、社会团体》，《社会主义研究》2016 年第 1 期。

84　雷兴虎、陈虹：《社会团体的法律规制研究》，《法商研究》2002 年第 2 期。

85　黎桦：《特别法人制度的法律构造及制度展开——以〈民法典〉第 96～101 条为分析对象》，《法商研究》2022 年第 4 期。

86　黎军：《保障公民基本权利之法律保留原则》，《深圳大学学报（人文社会科学版）》2004 年第 1 期。

87　李芳：《民间慈善团体的合法性问题》，《青海社会科学》2009 年第 1 期。

88　李飞：《论董事对公司债权人负责的法理正当性——从法人组织体说的局限性及其超越之路径展开》，《法制与社会发展》2010 年第 4 期。

89　李海东：《SNA 的修订与中国非营利机构核算的改进》，《统计研究》2014 年第 5 期。

90　李昊：《我国民法总则非法人团体的制度设计》，《暨南学报（哲学社会科学版）》2015 年第 12 期。

91　李恒光：《非营利组织概念界定的国际比较》，《青岛科技大学学报》2004 年第 1 期。

92　李建良：《论公法人在行政组织建制上的地位与功能——以德国公法人概念与法制为借镜》，《月旦法学杂志》第 84 期。

93　李建伟、岳万兵：《董事对债权人的信义义务——公司资本制度视角的考察》，《中国政法大学学报》2022 年第 2 期。

94　李开国：《评民法草案的体系结构》，《现代法学》2004 年第 4 期。

95　李琨：《非营利组织社会资本与社会建设研究》，《武汉科技大学学报（社会科学版）》2015 年第 2 期。

96　李楠、马庆钰：《中德政府与社会组织关系比较》，《行政管理改革》2018 年第 1 期。

97　李培林、徐崇温、李林：《当代西方社会的非营利组织——美国、加拿大非营利组织考察报告》，《河北学刊》2006 年第 2 期。

98 李培林:《中国社会组织体制的改革和未来》,《社会》2013 年第 3 期。

99 李芹:《试论民间组织的非营利性及其与政府的关系》,《山东大学学报(哲学社会科学版)》2005 年第 3 期。

100 李晴、商木林、黄明兵:《基层社会团体备案制度探讨》,《学会》2007 年第 2 期。

101 李伟:《俄罗斯结社法分析》,《学会》2007 年第 1 期。

102 李晓倩、蔡立东:《基金会法律制度转型论纲——从行政管控到法人治理》,《法制与社会发展》2013 年第 3 期。

103 李昕:《法人概念的公法意义》,《浙江学刊》2008 年第 1 期。

104 李昕:《公法人概念缘起的法哲学思考》,《哲学动态》2008 年第 12 期。

105 李昕:《论公法人制度建构的意义和治理功能》,《甘肃行政学院学报》2009 年第 4 期。

106 李昕:《论目的主导的公法人组织形态类型化》,《法学杂志》2015 年第 11 期。

107 李新天、易海辉:《企业基金会内部控制人民事责任的法理溯源及其承担》,《理论月刊》2015 年第 9 期。

108 李学举:《用十七大精神统一思想,充分发挥社会组织在现代化建设中的重要作用》,《社团管理研究》2007 年第 3 期。

109 李艳:《新加坡合作社发展概况与经验启示》,《山东行政学院学报》2019 年第 2 期。

110 李宜钊:《投资社会资本:中国非营利组织发展的另一种策略》,《海南大学学报(人文社会科学版)》2010 年第 2 期。

111 李永军:《我国未来民法典中主体制度的设计思考》,《法学论坛》2016 年第 2 期。

112 李永军:《以"社团法人与财团法人"的基本分类构建法人制度》,《华东政法大学学报》2016 年第 5 期。

113 李咏:《中国 NGO 狭缝求生》,《财经》2002 年第 13 期。

114 李政辉:《非营利四论》,《西南政法大学学报》2019 年第 4 期。

115 李政辉:《论非营利组织理事义务的标准选择》,《福建江夏学院学报》2015 年第 3 期。

116 李政辉:《论非营利组织理事义务的标准选择》,《福建江夏学院学报》2015 年第 3 期。

117 梁慧星:《〈中华人民共和国民法总则(草案)〉:解读、评论和修改建议》,《华东政法大学学报》2016 年第 5 期。

118 梁爽:《董事信义义务结构重组及对中国模式的反思——以美日商业判断规则的运用为借镜》,《中外法学》2016 年第 1 期。

119 廖鸿:《德国基金会的管理及其启示》,《中国民政》2018 年第 11 期。

120 林国彬:《董事忠诚义务与司法审查标准之研究——以美国特拉华州公司法为主要范围》,《政大法学评论》第 100 期,2007 年 12 月刊。

121 林家祺:《人民团体行政管理机制之探讨——以内政部 104 年之人民团体法修正草案为中心》,《法令月刊》2016 年第 8 期。

122　林莉红：《民间组织合法性问题的法律学解释——以民间法律援助组织为视角》，《中国法学》2006年第1期。

123　林岩：《历史发生学视域下的马克思精神生产理论》，《烟台大学学报(哲学社会科学版)》2018年第4期。

124　刘敬伟：《董事勤勉义务判断标准比较研究》，《当代法学》2007年第5期。

125　刘敬伟：《董事勤勉义务判断标准比较研究》，《当代法学》2008年第5期。

126　刘坤：《英国慈善法律制度对我国慈善立法的启示》，《社团管理研究》2011年第2期。

127　刘力：《政府采购非营利组织公共服务——德国实践及对中国的启示》，《政法论坛》2013年第4期。

128　刘利君：《财团法人理事责任制度比较研究》，《罗马法与学说汇纂》2015年第1期。

129　刘连煜：《董事责任与经营判断法则的运用——从我国台湾地区"司法"判决看经营判断法则的发展》，《证券法苑》2020年第2期。

130　刘培峰等：《社会组织基本法的立法思路》，《中国非营利评论》2013年第2期。

131　刘培峰、税兵、邓国胜、马长山、王名、马剑银：《社会组织基本法的立法思路》，《中国非营利评论》2013年第2期。

132　刘水林、王波：《社会企业法的性质：社会法私法化的新路径——以英国社区利益公司条例为样本的分析》，《上海财经大学学报》2012年第1期。

133　刘太刚：《我国非营利组织基本法的立法模式探讨》，《江苏行政学院学报》2011年第2期。

134　刘同君、陶玮：《村民自治的主体与性质——读〈宪政的法理言说〉引发的思考》，《江苏大学学报(社会科学版)》2009年第2期。

135　刘伟：《2008SNA关于统计单位和机构部门修订的创新及启示》，《统计与决策》2011年第8期。

136　刘向文、圭宇：《试析俄罗斯联邦对非政府组织的法律规制》，《郑州大学学报(哲社版)》，2009年第4期。

137　刘雅斌：《基层群众性自治组织的宪法定位》，《黑龙江省政法管理干部学院学报》2012年第3期。

138　刘召成：《部分权利能力制度的构建》，《法学研究》2012年第5期。

139　刘召成：《德国法上民事合伙部分权利能力理论及其借鉴》，《政治与法律》2012年第9期。

140　柳经纬、亓琳：《比较法视野下的非法人组织主体地位问题》，《暨南学报(哲学社会科学版)》2017年第4期。

141　柳经纬：《"其他组织"及其主体地位问题——以民法总则的制定为视角》，《法制与社会发展》2016年第4期。

142　楼建波、姜雪莲：《信义义务的法理研究——兼论大陆法系国家信托法与其他法律中信义义务规则的互动》，《社会科学》2017年第1期。

143 陆建华:《大陆民间组织的兴起——对北京三个绿色民间组织的个案分析》,《中国社会科学季刊》(香港)2000年冬季号。

144 陆晶:《我国非政府组织管理法制化问题研究》,吉林大学,2011年博士学位论文。

145 罗昆:《财团法人的设立原则探析》,《武汉大学学报(哲学社会科学版)》2008年第5期。

146 罗昆:《我国民法典法人基本类型模式选择》,《法学研究》2016年第4期。

147 马长山:《从国家构建到共建共享的法治转向——基于社会组织与法治建设之间关系的考察》,《法学研究》2017年第3期。

148 马长山:《非营利组织立法的现实进路与问题——兼评〈中国非营利组织法专家建议稿〉》,《中国非营利评论》2013年第2期。

149 马德坤:《新中国成立以来社会组织治理的政策演变、成就与经验启示》,《山东师范大学学报(社会科学版)》2020年第2期。

150 马怀德:《公务法人问题研究》,《中国法学》2000年第4期。

151 马慧娟:《青年社会组织:一个"若隐若现"的庞大群体》,《中国青年报》2014年7月13日第3版。

152 马金芳:《我国社会组织立法的困境与出路》,《法商研究》2016年第6期。

153 马骏驹:《法人制度的基本理论和立法问题之探讨(上)》,《法学评论》2004年第4期。

154 马庆钰:《对非政府组织概念和性质的再思考》,《天津行政学院学报》2007年第9卷第4期。

155 马庆钰、谢菊、李楠:《中德政府与社会组织关系特征的比较分析——基于法团主义视角》,《经济社会体制比较》2019年第6期。

156 马新彦:《罗马法所有权理论的当代发展》,《法学研究》2006年第1期。

157 马玉丽、李坤轩:《强政府、强社会:新加坡社会组织参与社会治理的经验与启示》,《中国第三部门研究》2020年第2期。

158 孟大川:《职权法定原则的内涵意义与要求》,《探索》2001年第5期。

159 孟勤国、张素华:《公司法人人格否认理论与股东有限责任》,《中国法学》2004年第3期。

160 《民政部就〈基金会管理条例〉相关政策答问》,《人民日报海外版》2004年4月20日第6版。

161 民政部"日本NPO法律制度研修"代表团 文国锋:《日本民间非营利组织:法律框架、制度改革和发展趋势——"日本NPO法律制度研修"考察报告》,《学会》2006年第10期。

162 闵凡祥:《互助的政治意义:英国现代社会福利制度建构过程中的友谊会》,《求是学刊》2016年第1期。

163 [南非]科尼利厄斯·G.凡·德尔·马尔维:《大陆法系与普通法系在南非与苏格兰的融合》,翟寅生译,《清华法律评论》2010年第1辑。

164　彭恒军：《社会治理主体建设与群团组织的改革与创新——解读中共中央〈关于加强和改进党的群团工作的意见〉》，《工会理论研究》2015年第6期。

165　蒲晓磊：《民法总则草案提请审议：法人拟分为营利性和非营利性两类》，《法制日报》2016年6月28日第001版。

166　齐红：《结社自由与非法人社团制度》，《环球法律评论》2004年第3期。

167　乔申乾等：《南非民间组织考察报告》，《学会》2007年第3期。

168　屈茂辉：《基层群众性自治组织法人制度三论》，《现代法学》2022年第1期。

169　屈茂辉、张彪：《法人概念的私法性申辩》，《法律科学》2015年第5期。

170　渠涛：《中国社会团体法律环境的民法制度整合》，载吴玉章主编：《社会团体的法律问题》，社会科学文献出版社2004年版。

171　任自力：《村民委员会的法律地位辨析》，《中国农业大学学报（社会科学版）》2006年第3期。

172　沈国琴：《社会团体登记制度反思》，《北方法学》2010年第1期。

173　施雪琴：《菲律宾的非政府组织发展及其原因》，《南洋问题研究》2002年第1期。

174　石国亮：《国外政府与非营利组织合作的新形式——基于英国、加拿大、澳大利亚三国实践创新的分析与展望》，《四川师范大学学报（社会科学版）》2012年第3期。

175　史柏年：《"全球性结社革命"及其启示》，《中国政治青年学院学报》2006年第3期。

176　史广龙：《民商合一立法方法在瑞士民法典中的实现》，《法律方法》2014年第2期。

177　税兵：《法人独立责任辨析——从语境论的研究进路出发》，《四川大学学报（哲学社会科学版）》2005年第2期。

178　税兵：《非营利法人概念疏议》，《安徽大学学报（哲学社会科学版）》2010年第2期。

179　税兵：《非营利法人解释》，《法学研究》2007年第5期。

180　税兵：《非营利组织董事责任规则的嬗变与分化——以美国法为分析样本》，《政治与法律》2010年第1期。

181　宋亚辉：《营利概念与中国法人法的体系效应》，《中国社会科学》2020年第6期。

182　苏丽：《俄罗斯非营利组织发展研究》，中央民族大学，2011年硕士学位论文。

183　眭鸿明、陈爱武：《非法人组织的困境及其法律地位》，《学术研究》2004年第4期。

184　孙光焰：《也论公司、股东与董事之法律关系》，《法学评论》1999年第6期。

185　孙国瑞、丁海俊：《民事责任与私法自治——兼论民事权利、义务与责任的关系》，《法学杂志》2006年第3期。

186　孙录宝：《"十四五"时期社会组织发展的基本思路和策略建议》，《学会》2021年第3期。

187　孙伟林、臧宝瑞：《南非社会组织考察报告》，《社团管理研究》2007年第3期。

188　孙忠、郜军：《俄罗斯民法学界对新民法典的修订——以对"法人"的修订为中心》，《上海政法学院学报（法治论丛）》2013年第1期。

189　谭启平、黄家镇：《民法总则中的法人分类》，《法学家》2016年第5期。

190　谭启平、应建均：《"特别法人"问题追问——以〈民法总则（草案）〉（三次审议稿）为研究对象》,《社会科学》2017 年第 3 期。

191 谭启平：《中国民法典法人分类和非法人组织的立法构建》,《现代法学》2017 年第 1 期。

192 谭启平、朱涛：《论非法人团体的法律地位》,《云南大学学报（法学版）》2004 年第 6 期。

193 唐鸣、陈荣卓：《村委会组织法修改：问题探讨和立法建议》,《社会科学研究》2010 年第 6 期。

194 唐勇：《论非法人组织的泛主体化及其教义学回正——兼论合手原理的引入与限度》,《中外法学》2021 年第 4 期。

195 陶峰：《通过判例看"其他组织"作为著作权主体的可行性》,《出版发行研究》2011 年第 3 期。

196 田凯：《西方非营利组织理论述评》,《中国行政管理》2003 年第 6 期。

197 汪青松、宋朗：《合规义务进入董事义务体系的公司法路径》,《北方法学》2021 年第 4 期。

198 汪文来：《新加坡、香港培育发展社会组织的启示》,《特区实践与理论》2011 年第 6 期。

199 汪习根：《公法法治论——公私法定位的反思》,《中国法学》2002 年第 5 期。

200 汪志平、李致平：《日本新公司法：演进、背景和变革》,《安徽工业大学学报（社会科学版）》2006 年第 4 期。

201 王保树：《论股份公司控制股东的义务与责任》,《法学》2002 年第 2 期。

202 王长华：《公司法人机关理论的再认识——以董事对第三人的责任为视角》,《法学杂志》2020 年第 6 期。

203 王长华、余丹丹：《论代理成本视角下董事对第三人责任的正当性》,《河南财经政法大学学报》2017 年第 2 期。

204 王丹阳：《德国民事合伙之债务与责任学说的演变》,《政治与法律》2009 年第 5 期。

205 王建文：《我国董事信义义务制度的扩张适用：一般规定的确立》,《当代法学》2023 年第 1 期。

206 王建学：《论法国公法上的地方公共团体的概念》,《东南学术》2010 年第 1 期。

207 王军：《公司经营者忠实和勤勉义务诉讼研究——以 14 省、直辖市的 137 件判决书为样本》,《北方法学》2011 年第 4 期。

208 王名：《非营利组织的社会功能及其分类》,《学术月刊》2006 年第 9 期。

209 王名：《关于加快出台三大条例　改革社会组织管理体制的建议》,《学会》2013 年第 9 期。

210 王名、金锦萍等：《社会组织三大条例如何修改》,《中国非营利评论》2013 年第 2 期。

211 王名、刘求实：《中国非政府组织发展的制度分析》,《中国非营利评论》2007 年第 1 期。

212	王名:《社会组织:提出的不仅仅是概念》,《中国社会报》2007年3月12日。
213	王其源、孙莉莉:《新加坡基层社会组织的生成机制及其启示》,《重庆工商大学学报(社会科学版)》2019年第2期。
214	王诗宗、宋程成:《独立抑或自主:中国社会组织特征问题重思》,《中国社会科学》2013年第5期。
215	王世强:《美国社会企业法律形式的设立与启示》,《太原理工大学学报》2013年第1期。
216	王世强:《日本非营利组织的法律框架及公益认定》,《学会》2012年第10期。
217	王世强:《社会企业的官方定义及其认定标准》,《社团管理研究》2012年第6期。
218	王世强:《社区利益公司——英国社会企业的特有法律形式》,《北京政法职业学院学报》2012年第2期。
219	王世强:《印度非营利组织:法律框架、登记管理和税收体制》,《社团管理研究》2012年第9期。
220	王世强:《英国慈善组织的法律形式及登记管理》,《社团管理研究》2012年第8期。
221	王涛:《论慈善组织高管的谨慎义务》,《北京航空航天大学学报(社会科学版)》2017年第6期。
222	王文宇:《揭开法人的神秘面纱——兼论民事主体的法典化》,《清华法学》2016年第5期。
223	王向民:《分类治理与体制扩容:当前中国的社会组织治理》,《华东师范大学学报(哲学社会科学版)》2014年第5期。
224	王向民、鲁兵:《社会组织治理的"法律—制度"分析》,《华东师范大学学报(哲学社会科学版)》2019年第5期。
225	王修晓、张萍:《悖论与困境:志愿者组织合法性问题分析》,《学习与实践》2012年第11期。
226	王艳梅、祝雅柠:《论董事违反信义义务赔偿责任范围的界定》,《北方法学》2019年第2期。
227	王莹莹:《信义义务的传统逻辑与现代建构》,《法学论坛》2019年第6期。
228	王勇、王云玥、赵洋:《国际标准与本土情景融合下中国非营利机构卫星账户的核算框架》,《统计与信息论坛》2021年第11期。
229	王涌:《法人应如何分类——评〈民法总则〉的选择》,《中外法学》2017年第3期。
230	王涌:《中国需要一部具有商法品格的民法典》,《中国法律评论》2015年4期。
231	王瑜:《董事勤勉义务在公司催缴出资中的适用——兼评"斯曼特微显示科技(深圳)公司与胡秋生损害公司利益责任纠纷案"》,《社会科学家》2020年第9期。
232	王真真:《董事勤勉义务制度的利益衡量与内涵阐释》,《财经法学》2022年第3期。
233	王作全:《日本公司法典的最新发展及其立法启示》,《青海社会科学》2018年第4期。
234	韦克难、陈晶环:《新中国70年社会组织发展的历程、成就和经验——基于国家与

社会关系视角下的社会学分析》,《学术研究》2019 年第 11 期。

235 韦祎:《公益慈善团体的财产所有权之辩》,《法治研究》2009 年第 2 期。

236 卫学莉:《基层群众性自治组织职能定位与优化》,《人民论坛》2015 年第 26 期。

237 翁小川:《董事注意义务标准之厘定》,《财经法学》2021 年第 6 期。

238 吴丙新:《法律概念的生成》,《河南省政法管理干部学院学报》2006 年第 1 期。

239 吴建斌、乌兰德:《试论公司董事第三人责任的性质、主观要件及归责原则》,《南京大学学报(哲学·人文科学·社会科学)》2005 年第 1 期。

240 伍治良:《良法善治:社会治理现代化的衡量标准》,《光明日报》2014 年 4 月 6 日理论版。

241 伍治良:《论信用评级不实之侵权责任——一种比较法视角》,《法商研究》2014 年第 6 期。

242 伍治良:《我国非营利组织立法的原则、模式及结构》,《经济社会体制比较》2014 年第 6 期。

243 伍治良:《我国非营利组织内涵及分类之民法定位》,《法学评论》2014 年第 6 期。

244 伍治良:《我国非营利组织统一立法的实证调研》,《法学》2014 年第 7 期。

245 夏新华、刘星:《论南非法律体系的混合特性》,《时代法学》2010 年第 4 期。

246 肖海军:《非法人组织在民法典中的主体定位及其实现》,《法商研究》2016 年第 2 期。

247 肖海军、傅利:《非营利组织法人化管制的检讨与厘正——基于公法强制转型私法自治的进路》,《社会科学战线》2017 年第 9 期。

248 肖海军:《民法典编纂中非法人组织主体定位的技术进路》,《法学》2016 年第 5 期。

249 谢海定:《中国民间组织的合法性困境》,《法学研究》2004 年第 2 期。

250 谢鸿飞:《〈民法总则〉法人分类的层次与标准》,《交大法学》2016 年第 4 期。

251 谢晖:《论法律规则》,《广东社会科学》2005 年第 2 期。

252 谢蕾:《西方非营利组织理论研究的新进展》,《国家行政学院学报》2002 年第 1 期。

253 徐国栋:《诚信与善意:手足还是异类?》,《光明日报》2013 年 11 月 12 日第 11 版。

254 徐国栋:《诚信与善意:手足还是异类?》,《光明日报》2013 年 11 月 12 日第 11 版。

255 徐国栋:《非洲各国法律演变过程中的外来法与本土法——固有法、伊斯兰教法和西方法的双重或三重变奏》,《法律文化研究》2018 年第 11 辑。

256 徐国栋:《罗马法作为金砖国家的共同法——以民法的法典化为中心》,《求是学刊》2012 年第 1 期。

257 徐国栋:《〈民法典〉规定的非法人组织制度与三国民法中类似制度的关系梳理》,《河南大学学报(社会科学版)》2021 年第 1 期。

258 徐国栋:《主观诚信概念在中国民法理论中的地位》,《政治与法律》2011 年第 5 期。

259 徐航:《信义义务的一般理论及其在中国法上的展开》,《中外法学》2020 年第 6 期。

260 徐化耿:《论私法中的信任机制——基于信义义务与诚实信用的例证分析》,《法学家》2017 年第 4 期。

261 徐澜波、李丹：《构建事业法人，明确民办非企业单位法律主体地位》，《上海财经大学学报》2009 年第 6 期。

262 徐晓松、徐东：《我国公司法中信义义务的制度缺陷》，《天津师范大学学报（社会科学版）》2015 年第 1 期。

263 徐妍、殷露阳：《非营利组织营利性收入的税法规制探讨——以德国体育协会营利性收入》，《常州大学学报（社会科学版）》2019 年第 2 期。

264 徐永涛、郭勇：《网络社团合法性困境的法律分析》，《山东行政学院学报》2012 年第 4 期。

265 许彩艳：《2008SNA 与 2016CSNA 关于机构部门分类修订的比较研究》，《统计与决策》2020 年第 8 期。

266 许捷：《我国非营利组织税收制度分析与建议》，《税务研究》2007 年第 6 期。

267 许宪春：《论中国国民经济核算体系 2015 年的修订》，《中国社会科学》2016 年第 1 期。

268 薛子进：《中国硬笔书法家协会：何以非法存在 13 年》，《法制日报》2002 年 10 月 14 日。

269 鄢一美：《俄罗斯社会转型与私法体系的形成》，《法治现代化研究》2018 年第 3 期。

270 颜厥安：《公立大学不是营造物》，《人本教育札记》（台北）1995 年第 1 期。

271 杨超：《菲律宾的非政府组织》，《东南亚纵横》2011 年第 7 期。

272 杨大可、林指：《商业判断规则在我国的引入：争议、实践与德国镜鉴》，《河南财经政法大学学报》2022 年第 4 期。

273 杨道波：《〈民法典〉中的非营利法人制度》，《聊城大学学报（社会科学版）》2020 年第 2 期。

274 杨帆、王诗宗：《志愿失灵的治理：一种反思》，《公共管理与政策评论》2017 年第 1 期。

275 杨光华、陈晓春：《非营利组织产权问题研究》，《哈尔滨学院学报》2005 年第 3 期。

276 杨立新：《〈民法总则〉规定的非法人组织的主体地位与规则》，《求是学刊》2017 年第 3 期。

277 杨丽、佐藤仁美：《日本公益法人改革对国际 NGO 的影响与启示》，《社团管理研究》2012 年第 3 期。

278 杨群英、莫丽月：《我国民间组织的"草根"境遇及现行登记管理制度之改革》，《湘潭大学学报》2008 年第 3 期。

279 姚瑶：《公司型社会企业的中国化：法律定位与监管逻辑》，《河北法学》2019 年第 7 期。

280 叶金强：《私法中理性人标准之构建》，《法学研究》2015 年第 1 期。

281 叶林：《董事忠实义务及其扩张》，《政治与法律》2021 年第 2 期。

282 叶林：《私法权利的转型——一个团体法视角的观察》，《法学家》2010 年第 4 期。

283 叶林、叶冬影：《公司董事连带/赔偿责任的学理考察——评述〈公司法修订草案〉

第 190 条》,《法律适用》2022 年第 5 期。

284　叶熙昊:《论中国捐助法人理事信义义务的构建》,华东政法大学,2021 年硕士学位论文。

285　伊强:《国外非营利组织立法辨析》,《法学研究》2011 年第 1 期。

286　易继明:《社会组织退出机制研究》,《法律科学》2012 年第 6 期。

287　殷安军:《瑞士法上民商合一立法模式的形成——兼评"单一法典"理念》,《中外法学》2014 年第 6 期。

288　尹田:《论非法人团体的法律地位》,《现代法学》2003 年第 5 期。

289　尹田:《论自然人的法律人格与权利能力》,《法制与社会发展》2002 年第 1 期。

290　尹田:《物权主体论纲》,《现代法学》2006 年第 2 期。

291　[英]霍普勋爵(Lord Hope of Craighead):《普通法世界中的混合法系》,刘晗译,《清华法学》2012 年第 6 期。

292　游兆和:《论对黑格尔哲学思想的四重误解》,《学术研究》2013 年第 8 期。

293　于建嵘:《中国基督教家庭教会合法化研究》,《战略与管理》2010 年第 3、4 期合刊。

294　俞可平:《中国公民社会:概念、分类及制度环境》,《中国社会科学》2006 年第 1 期。

295　俞可平:《走向国家治理现代化——论中国改革开放后的国家、市场与社会关系》,《当代世界》2014 年第 10 期。

296　俞祖成:《日本 NPO 法人制度的最新改革及启示》,《国家行政学院学报》2013 年第 6 期。

297　俞祖成:《日本非营利组织:法制建设与改革动向》,《中国机构改革与管理》2016 年第 7 期。

298　俞祖成:《日本公益法人认定制度及启示》,《清华大学学报(哲学社会科学版)》2017 年第 6 期。

299　虞政平:《法人独立责任质疑》,《中国法学》2001 年第 1 期。

300　喻建中:《软法视角下的社会组织立法转型》,《时代法学》2016 年第 5 期。

301　袁雪石:《论行政许可名称法定——以"放管服"改革为背景》,《财经法学》2017 年第 3 期。

302　苑鹏:《德国最新〈合作社法〉的修订变化及其对我国的启示》,《学习与实践》2016 年第 7 期。

303　岳万兵:《公司债权人特殊风险的类型分析——对公司法债权人保护的展望》,《河南大学学报(社会科学版)》2022 年第 1 期。

304　曾宛如:《董事忠实义务之内涵及适用疑义——评析新修正公司法第二十三条第一项》,《台湾本土法学杂志》第 38 期,2002 年 9 月。

305　詹成付:《必须坚持社会组织的非营利性和非行政性》,《学会》2017 年第 6 期。

306　詹轶:《论中国社会组织管理体制的变迁——现代国家构建的视角》,《武汉大学学报(哲学社会科学版)》2015 年第 4 期。

307　张国琪:《董事信义义务体系扩张的实现路径——最高人民法院再审案件"斯曼特

案"的价值发现》,《河南科技学院学报》2021年第1期。

308 张海军：《"社会组织"概念的提出及其重要意义》，《社团管理研究》2012年第12期。

309 张海鹏：《非营利性民办学校登记为事业单位的悖论及其破解——以〈民办学校分类登记实施细则〉第7条为中心》，《复旦教育论坛》2021年第1期。

310 张佳琪：《菲律宾非政府组织发展路径分析》，《学会》2019年第9期。

311 张建文：《俄罗斯联邦民法典的法人财产权理论与模式》，《燕山大学学报（哲学社会科学版）》2010年第1期。

312 张力：《法人功能性分类与结构性分类的兼容解释》，《中国法学》2019年第2期。

313 张力：《法人与非法人组织的体系区隔及其突破——以"类型序列论"改造〈民法通则〉第37条》，《甘肃政法学院学报》2007年第5期。

314 张力：《法人制度中的公、私法调整方法辨析——兼对公、私法人区分标准另解》，《东南学术》2016年第6期。

315 张力：《行政法人在公法组织主体化进程中的功能、构造与适用范围》，《河北法学》2016年第6期。

316 张林江：《社会组织立法的三个核心命题》，《行政管理改革》2015年第3期。

317 张宁：《哈萨克斯坦的非营利组织》，《俄罗斯中亚东欧市场》2011年第8期。

318 张其鉴：《民法总则中非法人组织权利能力之证成》，《法学研究》2018年第2期。

319 张清、武艳：《包容性法治框架下的社会组织治理》，《中国社会科学》2018年第6期。

320 张网成、黄浩明：《德国非营利组织：现状、特点与发展趋势》，《德国研究》2012年第2期。

321 张闻祺：《我国民法总则中的法人分类方式探析》，《中州学刊》2017年第2期。

322 张翔：《论契约团体事实属性与规范属性间的断裂与弥补》，《法律科学》2016年第4期。

323 张新宝：《从〈民法通则〉到〈民法总则〉：基于功能主义的法人分类》，《比较法研究》2017年第4期。

324 张新宝：《〈民法总则〉对法人分类的规定及其解读》，《社会治理》2017年第7期。

325 张新宝、汪榆淼：《论"为其他非营利目的"成立的法人》，《法学评论》2018年第4期。

326 张新宝、汪榆淼：《〈民法总则〉中"非法人组织"基本问题研讨》，《比较法研究》2018年第3期。

327 张旭勇：《集体所有、村委管理与村民的行政诉讼原告资格——兼论"村"的公法人地位》，《浙江社会科学》2012年第5期。

328 张珣、杨善华：《"共识"、"无害"、"主流"下的存在合理性——从同乡会的架构和发展看中国民间组织的生存智慧》，《广东社会科学》2011年第1期。

329 张艳、张芳：《当代中国民间社会团体发展的"合法性"危机》，《海南大学学报（人文社会科学版)》2008 年第 5 期。

330　张莹：《俄罗斯非营利组织发展状况探析》，《哈尔滨商业大学学报(社会科学版)》2013 年第 3 期。

331　张永健：《资产分割理论下的法人与非法人组织》，《中外法学》2018 年第 1 期。

332　赵廉慧：《论信义义务的法律性质》，《北大法律评论》2020 年第 1 辑。

333　赵旭东：《民法总则草案中法人分类体系的突破与创新》，《中国人大》2016 年第 14 期。

334　郑超：《全国政协委员安纯人：遏制乱象　规范监管　促进社会组织健康发展》，《中国社会报》2017 年 3 月 8 日第 2 版。

335　郑杭生：《关于社会建设的内涵和外延——兼论当前中国社会建设的时代内容》，《学海》2008 年第 4 期。

336　郑佳宁：《法国公司法中管理层对第三人的责任》，《比较法研究》2010 年第 6 期。

337　郑佳宁：《信义关系视角下公司董事地位与职能构造》，《湖北社会科学》2022 年第 9 期。

338　中国政法大学民商经济法学院民法研究所"中国民法典研究小组"　李永军等：《中华人民共和国民法总则(专家建议稿)》，《比较法研究》2016 年第 3 期。

339　周江洪：《日本非营利法人制度改革及其对我国的启示》，《浙江学刊》2008 年第 6 期。

340　周俊强：《从"非法人单位"到"其他组织"——从〈著作权法〉的修改看我国法人制度的局限》，《法律适用》2003 年第 3 期。

341　周旺生：《论中国立法原则的法律化、制度化》，《法学论坛》2003 年第 5 期。

342　周友军：《德国民法上的公法人制度研究》，《法学家》2007 年第 4 期。

343　周玉萍：《非营利组织发展中的社会管理改革分析》，《社团管理研究》2012 年第 8 期。

344　朱苏力：《语境论——一种法律制度研究的进路和方法》，《中外法学》2000 年第 1 期。

345　朱伟东、刘建平：《多元法律背景下的苏丹冲突法》，《河北法学》2007 年第 12 期。

346　朱玮、何旺翔：《合伙民事主体资格再探究——从德国学界对此问题的讨论及其相关判决说起》，《学海》2006 年第 1 期。

347　朱羿锟：《论董事问责的诚信路径》，《中国法学》2008 年第 3 期。

348　朱羿锟、彭心倩：《论董事诚信义务的法律地位》，《法学杂志》2007 年第 4 期。

349　朱圆：《论信义法的基本范畴及其在我国民法典中的引入》，《环球法律评论》2016 年第 2 期。

350　朱圆、赵晶晶：《英国社区利益公司法律制度及其立法启示》，《福州大学学报(哲学社会科学版)》2021 年第 6 期。

351　邹碧华：《论董事对公司债权人的民事责任》，《法律适用》2008 年第 9 期。

三、中文其他文献资料

1. 北航法学院课题组(龙卫球主持):《中华人民共和国民法典·通则编》草案建议稿【条文版】,http://www.fxcxw.org/index.php/home/xuejie/artindex/id/9597.html。
2. 北京市民政局课题组:《关于促进民办非企业单位发展研究报告》,http://zyzx.mca.gov.cn/article/yjcg/mjzz/200807/20080700018673.shtml。
3. 财政部国际司:《英国、法国社会组织发展与管理体制情况介绍》,http://gjs.mof.gov.cn/pindaoliebiao/cjgj/201308/t20130821_980382.html。葛云松:《非营利组织发展的法律环境》,http://www.people.com.cn/GB/40531/40557/41317/41320/325957.html。
4. 《关于〈中华人民共和国慈善法(草案)〉的说明》,http://www.npc.gov.cn/npc/lfzt/rlyw/2015-10/31/content_1949164.htm。
5. 《民政部关于〈社会组织登记管理条例(草案征求意见稿)〉公开征求意见的通知》,http://www.mca.gov.cn/article/xw/tzgg/201808/20180800010466.shtml。
6. 民政部、国家发展和改革委员会印发的《"十四五"民政事业发展规划》(民发〔2021〕51号)。
7. 深圳市民政局:《民间组织培育发展和监督管理的比较研究——新加坡、香港、深圳三地调研报告》,http://www.szmz.sz.gov.cn/xxgk/gzyj/200701/t20070125_1713544.htm。
8. 中共中央组织部、人事部关于印发《工会、共青团、妇联等人民团体和群众团体机关参照〈中华人民共和国公务员法〉管理的意见》的通知(组通字〔2006〕28号)。
9. 中国法学会民法典编纂项目领导小组和中国民法学研究会组织:《中华人民共和国民法典·民法总则专家意见稿(提交稿)》,http://www.360doc.com/content/16/0814/15/33935722_583159169.shtml。
10. 中国社会科学院民法典立法研究课题组:《民法总则建议稿》,http://www.cssn.cn/fx/fx_yzyw/201603/t20160303_2895289.shtml。

四、外文著作

1. Helmut K. Anheier, Avner Ben-Ner, *The Study of the Nonprofit Enterprise: Theories and Approaches*, New York: Klumer Academic/Plenum Publishers, 2003.
2. Helmut K. Anheier, *Nonprofit Organizations: Theory, Management, Policy*, London: Routeledge, 2005.
3. Marion R. Fremont-Smith, *Governing Nonprofit Organizations: Federal and State Law and Regulations*, Cambridge: Harvard University Press, Belknap Press, 2004.
4. Melvin A. Eisenberg, *Corporations and Other Business Organizations: Statutes, Rules, Materials, and Forms*, 2009 edition, New York: Thomson Reuters Foundation Press, 2009.
5. Michael Allison, Jude Kaye, *Strategic Planning for Nonprofit Organizations: A Practical Guide for Dynamic Times*, 2nd Edition, San Francisco: Jossey-Bass, 2004.

6 Pasquale Ferraro, *Legal and Organizational Practices in Nonprofit Management*, Boston: Kluwer Law International, 2000.

7 Richard P. Chait, William P. Ryan, Barbara E. Taylor, *Governances as Leadership: Reframing the Work of Nonprofit Boards*, New York: John Wiley & Sons, 2004.

8 Tamar Frankel, *Fiduciary Law*, Oxford: Oxford University Press, 2010.

五、外文论文

1 Barrett, David W., "A Call for More Lenient Director Liability Standards for Small, Charitable Nonprofit Corporations", *71 Ind. L. J. Fall*, 1996.

2 Cobb, Arthur L. Loeser, Hahn, "Bankruptcy Options for the Financially Distressed Nonprofit Hospita", *American Bankruptcy Institute Journal*, December January, 2003.

3 Criddle, Evan J. and Miller, Paul B. and Sitkoff, Robert H., "Introduction: The Oxford Handbook of Fiduciary Law", in Evan J. Criddle, Paul B. Miller and Robert H. Sitkoff eds., *The Oxford Handbook of Fiduciary Law*, New York: Oxford University Press, 2019.

4 D. Gordon Smith, "The critical resource theory of fiduciary duty", *Vanderbilt law review*, October, 2002.

5 Evan J. Criddle, "Liberty in Loyalty: A Republican Theory of Fiduciary Law", *Texas Law Review*, April, 2017.

6 Galston, Miriam, "Civic Renewal and The Regulation of Nonprofita", *Cornell J. L. & Pub. Poly.*, Spring, 2004.

7 Gareth G Morgan, "The spirit of Charity", *Charity Studies Professional Lecture*, April, 2008.

8 Henry Hansmann, "The Role of Nonprofit Enterprise", *Yale Law Journal*, April, 1980.

9 Hone, Michael C., "Aristotle and Lyndon Baines Johnson: Thirteen Ways of Looking at Blackbirds and Nonprofit Corporations", *Case Western Reserve Law Rev.*, 1989.

10 Kosaras, Andras, "Federal Income and State Property Tax Exemption of Commercialized Nonprofits: Should Profit-Seeking Art Museums be Tax Exempt", *New Eng. L. Rev*, Fall, 2000.

11 Leonard I. Rotman, "Understanding Fiduciary Duties and Relationship Fiduciarity", *McGill Law Journal*, November, 2017.

12 Lester M. Salamon, "Of Market Failure, Voluntary Failure, and Third-Party Government: Toward a Theory of Government-Nonprofit Relations", *Nonprofit and Voluntary Sector Quarterly*, April, 1987.

13 Lester M. Salamon & Stefan Toepler, "The Influence of the Legal Environment on the Development of the Nonprofit Sector", *Center for Civil Society Studies Working Paper Series* No.17, 2000.

14 Oliver, C., "Strategic Responses to Institutional Processes", *Academy of Management Review*, 1991.

15 Paul B. Miller, "A Theory of Fiduciary Liability", *McGill Law Journal*, February, 2011.

16 Paul B. Miller, "The Identification of Fiduciary Relationships", in Evan J. Criddle, Paul B. Miller and Robert H. Sitkoff, eds., *The Oxford Handbook of Fiduciary Law*, New York: Oxford University Press, 2019.

17 Pekkanen, Robert., "Japan's New Policies: The Case of the NPO Law", *Journal of Japanese Studies*, November, 2000.

18 Remus Valsan, "Fiduciary Duties, Conflict of Interest, and Proper Exercise of Judgment", *McGill Law Journal*, September, 2016.

19 Sasso, Peggy, "Searching for Trust in the Not-for-Profit Boardroom: Looking Beyond the Duty of Obedience to Ensure Account", *Ucla L. Rev*, August, 2003.

20 Tamar Frankel, "Fiduciary Law", *California Law Review*, May, 1983.

21 Tamar Frankel, "The Rise of Fiduciary Law", *Boston University School of Law Public Law Research Paper*, August, 2018, available at https://scholarship.law.bu.edu/cgi/viewcontent.cgi?article=1345&context=faculty_scholarship.

22 Tamar Frankel, "Towards Universal Fiduciary Principles", *Queen's Law Journal*, Spring, 2014.

23 Weisbrod Burton, "Toward a Theory of the Voluntary Nonprofit Sector in Three-sector Economy", in Edmund S. Phelps(ed.), *Altruism, Morality, and Economy Theory*, New York: Russel Sage, 1974.

24 Wood, Kevin M., "Legislatively-Mandated Charity Care for Nonprofit Hospitals: Does Government Intervention Make Any Difference?" *Review of Litigation*, Summer, 2001.

六、外文其他文献资料

1 AMENDMENTS TO THE CIVIL CODE OF QUÉBEC, https://www.ulcc.ca/en/2008-quebec-city-qc/235-civil-section-documents/442-unincorporated-nonprofit-associations-report-civil-code-quebec-2008.

2 Civil Code of the Czech Republic in English edition, http://obcanskyzakonik.justice.cz/images/pdf/Civil-Code.

3 Commercial, Consumers & Communications Branch, Ministry of Business, Innovation & Employment of New Zealand, Exposure Draft: Incorporated Societies Bill

(November 2015), https://www.mbie.govt.nz/assets/7d5df7c03a/exposure-draft-incorporated-societies-bill.pdf.

4　FACT SHEET: Non-Governmental Organizations (NGOs) in the United States, https://www.state.gov/non-governmental-organizations-ngos-in-the-united-states/.

5　Federal Law No.135 - FZ on Charitable Activities and Organisation (1995, amended 2004), http://www.imolin.org/doc/amlid/Russian_Federal_Law_on_Charity_and_Charitable_Organizations.

6　Incorporated Societies Bill 2021 15 - 1, https://www.legislation.govt.nz/bill/government/2021/0015/17.0/whole.html#LMS100809, Explanatory note.

7　Joint Project To Create A Harmonized Legal Framework For Unincorporated Nonprofit Associations In North America Statement Of Principles, https://www.ulcc.ca/en/annual-meetings/216 - 2007 - charlottetown-pe/civil-section-documents/586-unincorporated-non-profit-associations-statement-of-principals-2007.

8　NONPROFIT LAW IN CZECH REPUBLIC, https://www.cof.org/country-notes/czech-republic.

9　NONPROFIT LAW IN ENGLAND & WALES, https://www.cof.org/country-notes/england-wales.

10　NONPROFIT LAW IN GERMANY, https://www.cof.org/country-notes/nonprofit-law-germany.

11　NONPROFIT LAW IN HUNGARY, https://www.cof.org/country-notes/hungary.

12　NONPROFIT LAW IN KENYA, https://www.cof.org/country-notes/nonprofit-law-kenya.

13　NONPROFIT LAW IN SOUTH AFRICA, https://www.cof.org/country-notes/nonprofit-law-south-africa.

14　Reforming the law on Scottish unincorporated associations and criminal liability of Scottish partnerships, https://assets.publishing.service.gov.uk/government/uploads/system/uploads/attachment_data/file/39246/ConDoc-Unincorporated-Associations-and-Partnerships.

15　RUSSIAN FEDERAL LAW ON NON-COMMERCIAL ORGANIZATIONS (with the Amendments and Additions of January 31, 22016 in English edition), http://www.icnl.org/research/library/files/Russia/RussiaNCOEng.

16　Scottish Law Commission Discussion Paper on Unincorporated Associations (DISCUSSION PAPER No 140, December 2008), https://www.scotlawcom.gov.uk/files/8412/7877/4124/dp140.

17　The Law Commission report A New Act for Incorporated Societies (NZLC R129, 2013), https://www.lawcom.govt.nz/sites/default/files/projectAvailableFormats/NZLC%20R129.pdf.

18 UNIFORM UNINCORPORATED NONPROFIT ASSOCIATION ACT, drafted by the NATIONAL CONFERENCE OF COMMISSIONERS ON UNIFORM STATE LAWS, https://www.uniformlaws.org/HigherLogic/System/DownloadDocumentFile.ashx?DocumentFileKey=4e8cc4f9-7441-4fa8-9f24-ecfe883b64d8&forceDialog=0.

19 UNIFORM UNINCORPORATED NONPROFIT ASSOCIATIONS ACT, https://www.ulcc.ca/en/uniform-acts-en-gb-1/551-unincorporated-nonprofit-associations-act/82-unincorporated-non-profit-associations-act.

20 US Internal Revenue Code.

后　　记

　　黑格尔曾说,偶然性一般讲来,是指一个事物存在的根据不在自己本身而在他物而言。我踏入非营利组织的民法治理研究新领域,源于10年前协助中南财经政法大学徐汉明教授创立社会治理法学学科,及其对我的引领、鼓励,本书也是我10年研究心得的阶段性总结。

　　1996年我从中南政法学院硕士毕业并考入湖北省检察院,此后工作了8年多,立过二等功,论文曾获湖北省哲社成果三等奖,曾被评为第二届湖北省"省直机关十大杰出青年",先后挂职天门市和黄冈市两地检察院担任党组成员、副检察长,担任省院民事行政检察处副处长、侦查监督处常务副处长(主持工作)。这一切,离不开先后担任分管检察长和常务副检察长的徐汉明博士的抬爱和提携。2004年底我离开检察机关,先后调入上海对外贸易学院、中南财经政法大学从事民商法学教研工作。2012年初,我曾经的老领导徐汉明博士被中南财经政法大学特聘为法学院教授,他又将我招入麾下,协助创建了中南财经政法大学法治发展与司法改革研究中心(下称"中心"),重点研究社会治理法及司法改革,安排我负责中心及研究院科研事务管理。当年,我与徐汉明教授共同主持并完成了湖北省委政法委、省综治办、省维稳办和省法学会2012年度重大课题"坚持问题导向:构建中国特色社会发育模式"。中共十八大报告提出"要加快形成党委领导、政府负责、社会协同、公众参与、法治保障的社会管理体制,加快形成政社分开、权责明确、依法自治的现代社会组织体制"后,我协助徐汉明教授创建了以社会治理法治为研究重点、与法治发展与司法改革研究中心合署办公的非营利组织——湖北法治发展战略研究院,共同确定了社会治理法治的六个研究方向,我结合社会治理法与自身民商法专业将非营利组织的民法治理作为新的研究方向。2012年底受中心和研究院资助,我主持并独立承担"我国非营利组织统一立法研究"重大课题研究。2014年我以前期研究成果为基础、以《非营利组织的民法治理逻辑》为题申报国家社科基金后期资助项目,获批立项。2014年底,我建议将"社会治理法治"专业首创为"社会治理法学"学科、编写"社会治理法学原论"教材并创立"湖北省社会治理法学研究会",被徐汉明教授采纳后,逐一得到落实。在徐汉明教授的带领下,全国首创的社会治理法学科发展迅猛,已形成本、硕、博及博士后的完整人才培养体系,为社会治理法治建设培养了大批专门人才。

本书出版之际,特向徐汉明教授表示衷心感谢,感谢他二十多年来对我工作、学术和生活一如既往的关心。本书课题研究得到中南财经政法大学法治发展与司法改革研究中心及湖北法治发展战略研究院的鼎力支持,在此特别感谢中心和研究院党支部书记姜公映教授、副院长徐柏才教授、办公室主任徐凤鸣老师及谢陈老师、科研部丁丽莉老师、发展部部长汪洋老师等的帮助和信任。

我国台湾地区东海大学法律学院范姜真嬶教授通过邮件向我提供了她所翻译的《日本一般社团法人及一般财团法人法》中译本。北京大学法学院非营利组织法研究中心主任、博士生导师、金锦萍副教授向我赠送了3本她与陈金罗、刘培峰等教授合作的专著《中国非营利组织法专家建议稿》。本书课题的实证调研,得到了武汉科技大学湖北非营利组织研究中心主任李莉教授、湖北经济学院梨桦教授和武汉市民政局的大力支持。我与非营利组织管理研究的中南财经政法大学公共管理学院张远凤教授不时探讨非营利组织治理的重大理论问题,2018年还受邀参与她主持的湖北省民政厅重大课题"社会组织培育与监管研究"的相关探讨。在此,一并表示深深谢意。

本书课题研究期间,得到时任中南财经政法大学法学院院长、宪法行政法学博士生导师方世荣教授,时任中南财经政法大学法学院副院长、现任法学院院长、长江学者、法理学博士生导师陈柏峰教授,中南财经政法大学法学院原党委书记蔡明辉老师、肖崇明老师、现任党委书记张学平老师、党委副书记李晓老师、校图书馆原馆长及现任发展规划部部长高利红教授、校组织人事部原副部长及现任法与经济学院党委书记周俊杰老师的无私关心;还得到我所在的国家级重点学科——中南财经政法大学民商法学科的大力支持,时任法学院院长、博士生导师徐涤宇教授,时任法学院副院长、博士生导师张家勇教授,博士生导师麻昌华教授,法学院副院长肖志远副教授及李俊副教授,民商法学系主任陈晓敏副教授、副主任孟令志副教授及张作华副教授、宋敏副教授、唐义虎副教授等民商法学系同仁,以及刑事司法学院侦查学博士生导师董少平教授的大力支持。

在此期间,我的部分研究成果陆续在《光明日报》《经济社会体制比较》《法学》《法学评论》上发表并被全文转载或转摘,感谢张素华教授、谢青编辑、丁开杰编辑的无私抬爱和辛勤编辑。

本书的出版，还要感谢上海社会科学院出版社经济、法律编辑室主任应韶荃编辑、袁钰超编辑。他们的宽容理解，使我有充足时间把握域外非营利组织民法治理的最新立法趋势及学术前沿成果，在提交课题结项成果之后，我又三度全面修改完善本书内容；他们的宝贵修改建议，使本书观点论证更为充分、合理，也避免了一些文字错漏。

　　本书课题研究期间，见证了2016年《慈善法》《境外非政府组织在境内活动管理法》、2017年《民法总则》《志愿服务条例》及2020年《民法典》等非营利组织民法治理相关法律法规的颁布，见证了中共中央关于全面依法治国、全面深化改革、改革社会组织管理制度促进社会组织健康有序发展、推进国家治理体系和治理能力现代化等顶层政策的出台，也见证了2020年至2022年期间非营利组织在防控新冠疫情中的功能发挥及一些不足。这些，都为课题的深入研究及不断修改完善提供了丰富素材。但是，因国内民法学者对非营利组织法研究不多，域外非营利组织立法及研究的中文资料较少且存有一些错漏，加之近年来英美法系、大陆法系及混合法系非营利组织立法也在不断修改、完善，需要投入大量时间及精力检索并研究三大法系二十多个国家和地区的非营利组织立法的英文文献及相关研究成果。因时间及个人能力有限，本书难免存在一些错漏，敬请读者批评指正。

伍治良
2023年2月2日于武汉南湖津发书斋